《朱子语类》文献语言研究

刘 杰 著

图书在版编目(CIP)数据

《朱子语类》文献语言研究 / 刘杰著. —杭州 ：浙江工商大学出版社，2018.5

ISBN 978-7-5178-2716-0

Ⅰ. ①朱… Ⅱ. ①刘… Ⅲ. ①朱熹(1130—1200)—哲学思想—研究②《朱子语类》—研究 Ⅳ. ①B244.75

中国版本图书馆 CIP 数据核字(2018)第 080680 号

《朱子语类》文献语言研究

刘 杰 著

策划编辑 任晓燕

责任编辑 沈明珠 白小平

封面设计 林朦朦

责任印制 包建辉

出版发行 浙江工商大学出版社

(杭州市教工路 198 号 邮政编码 310012)

(E-mail:zjgsupress@163.com)

(网址:http://www.zjgsupress.com)

电话:0571-88904980,88831806(传真)

排 版 杭州朝曦图文设计有限公司

印 刷 虎彩印艺股份有限公司

开 本 710mm×1000mm 1/16

印 张 21.75

字 数 379 千

版 印 次 2018 年 5 月第 1 版 2018 年 5 月第 1 次印刷

书 号 ISBN 978-7-5178-2716-0

定 价 59.00 元

浙江工商大学出版社营销部邮购电话 0571-88904970

序

在中华文化的传承上，朱熹集理学之大成。朱熹的讲学语录是反映其理学思想体系的重要文献，也是宋代文人口语的实录，从中可“听”到朱子的经国之谋、济民之政、出处之义、交际之道，更可“看”到当时师生问答的鲜活场景，尤其是庆元党禁时的人情世态和朱子的心态，可以说非常真实地反映了一代理学大师朱熹的思想演变脉络和南宋当时的社会生活及语言使用状况。而从最初所记“语录”到汇编为“语类”，其中各本异文错综复杂，后世刊印的传本也多有不同。诚如入矢义高《〈朱子语类〉口语语汇索引》序曾说“《朱子语类》的文章，是读了好久也不会减少难懂的部分”，非浅尝辄止者可探得其奥要。

近年来朱子语录词语的研究已成为汉语词汇研究中的一个新热点，而学界鱼龙混杂，诚如《朱子语类》卷四载朱熹说“气有清浊，则人得其清者，禽兽则得其浊者。人大体本清，故异于禽兽；亦有浊者，则去禽兽不远矣”。在治学和为人上，清者不畏崎岖山路，不畏艰辛劳苦，不断攀登，一步一个脚印，做出扎扎实实的真学问，活出生命的精彩和人生的价值；浊者却毫无敬畏学术之心，不择手段蝇营狗苟，混学位混职称，更有甚者以剪贴拼凑为“学术”，混淆视听，败坏学风，不惮自露门外汉之丑而贻笑大方，所作所为禽兽不如，人所不齿。所幸众所周知，古往今来凡卓有成效的学术研究无不是建立在扎实的语料与实学实证基础之上，而天道酬勤，人在做、天在看，褒优贬劣，学人心中自有一杆秤。

令人欣喜的是刘杰博士自2007年至今一直潜心《朱子语类》的研究，十年磨一剑，所撰《〈朱子语类〉文献语言研究》立足朱子语录各本异文，考探朱子语录的版本流传，研讨古白话词汇的演变脉络，可谓创获良多。我与刘杰君的师生缘始于2006年，刘杰君来函有意从我攻读博士学位，遂于2007年入学，并成为我申报的国家社科基金项目“《朱子语类》词汇研究”课题组成员。当时台北“故宫博物院”所藏宋刻《晦庵先生朱文公语录》还难以一睹，而《晦庵先生朱文公语录》与今传本《朱子语类》的编纂体例不同，作为唯一流传至今的宋椠朱子语录，其保存朱子讲学原貌显然更真切，提供了朱子语录最初传播的“活化石”，可供探讨由早期各家所记朱子讲学语录到按内容分类所编语类的传承渊源。有鉴于此，刘杰君不辞辛劳，用了近一年时间，前往北京中国国家图书馆善本阅览室，据宋刻《晦庵先生朱文公语录》的缩微胶片逐条核对过录成电子文本，在我们其后整理点校《晦庵先生朱文公语录》和进行朱子语录词汇研究上有其筚路蓝缕之功，同时也为我们拟以“《朱子语类》文献语言研究”作为选题撰写博士学位论文奠定了扎实基础。

三年中，刘杰君学习上刻苦勤奋，领悟力强，为人正直，乐于助人，在古籍整理和语言研究方面用力甚勤，所获亦丰。答辩委员会一致认为其所撰博士论文《〈朱子语类〉文献语言研究》是国内外首次对《朱子语类》所做的文献及其语言综合研究的力作，尤其是注重实证，使用了时代早于通行本的宋刻本考斠各本异文，补正了通行本的一些讹误，充分显示了其驾驭所学文献学与语言学知识的功力，具有训练有素的从事中国古典文献综合研究和深层研究的专业学养和纯朴学风。

知无涯，学无涯，从事学术研究是一个不断学习完善的过程，也是一个边学边探索的过程。我自 1981 年参加编纂《汉语大词典》至今，研究古白话文献和词汇已有三十多年，曾陆续考释有近千条词语，撰有《宋儒语录词语汇释》和《朱子语类词语汇释》初稿，并着手进行《朱子语类》的汇校汇注。近年来我们在研读考斠《朱子语类》时越来越深感此书广博犹如深山大海，非三五十篇硕博论文渔猎可尽。经我们逐字逐词比勘，《晦庵先生朱文公语录》《晦庵先生语录大纲领》《朱子语录类要》和徽州本《朱子语类》中有不少内容不见于今通行本，还有许多内容与今通行本相异，从中可见黎靖德编订《朱子语类》前未经删削改易的大量原始记录，保存了朱熹门人弟子所记讲学语录的原貌。《朱子语类》各本在编排和内容上的异同形成互补和参证，不仅可据以补正今通行本的讹失，为朱熹理学和朱子学的研究以及思想史的研究提供了珍贵的原始资料，而且也为宋代用字和汉字史研究、同近义词辨析、异形词考辨、汉语词义系统和词汇史的研究提供了大量鲜活的第一手材料。

由于汉语在由古至今的发展中既有各地言与言(口语与口语)的歧异，又有古今言与文(口语与书面语)的歧异，长时期的言文分离，既给探索汉语发展的来龙去脉和演变规律造成一定的困难，又使突破这一困难成为汉语史研究乃至语言学研究中最引人入胜的课题，尤其是 20 世纪初汉语的文白转型不仅完成了汉语表述系统的重大变革，而且还隐含着价值观念的更新。在汉语词汇浩繁的多元异质现象面前,我们既深感这一领域大有作为,如行山阴道上,循其所以然而渐入佳境,也常深感学无止境,时不我待,尚有许多空白未能填补,尤其是文献的考斠非亲力亲为者诚难知其中甘苦。在探讨佛经音义、朱子语录和《忠义直言》《官话指南》《官话类编》《圣谕广训直解》《汉洋合字汇》等古白话文献所载东汉至明清的语言现象时,我们逐渐意识到一部汉语史也就是言语与语言的演变史,言语与语言的演变是贯穿汉语古今发展的主线,进而力图从文白此消彼长的角度着眼,探源抉微,张皇幽眇,理论和实证并举,时间上贯通古今,地域上贯通方言和通语,从共时语料中进行历时的语言演变分析,探讨汉语由古至今的发展中为什么变、怎样变、为什么这样变而不那样变的发展规律和不同阶层雅俗文化相融合的价值取向。

记得我刚略懂人事,家父家母就告诉我要敬惜字纸,要有敬畏心,要学好,要做好人。父母亲的教导于平白朴实中内蕴着纯真深奥的哲理,代表了天下所有父母对自己子女的期盼。因为如果我们每一个人都是"人皆可以为尧舜"的好人,每一个人都能"为天地立心,为生民立命,为往圣继绝学,为万世开太平",那么我们的社会一定会是和谐美好的。人总是由蹒跚学步到健步如飞,求知也总是由懵然无知到茅塞顿开,由渐悟到顿悟,由勤思苦学而豁然开朗,而举头三尺有神明,人生一世,不可虚度,更不可妄度。我从教三十年来深感授人以鱼不如授人以渔,授课重在引导学生自悟,掌握基本功和研究方法,不仅知其然,而且还要致力于探求其所以然。凡有问学心得和感悟的学生当皆未泯教学相长、潜移默化之情缘,且由此入门,登堂入室,渐在各自感兴趣的研究领域和人生征途中崭露头角,终身受益。这就是师生代代承传的薪火相继。看到学生学有所成是我最快乐的事,我为他们发表的每一篇论文鼓劲,为他们荣获的每一项成果喝彩。一分汗水,一分收获,学术上的创新是象牙塔尖上的真学问,有志者事竟成。刘杰君的大著是我指导的第一篇有关《朱子语类》的博士论文,10 年来刘杰君始终不忘初心,勤勉有为,今已是高校青年教师中创获甚多的佼佼者。在此我们期待刘杰君将其大著的出版作为一个新的起点,再接再厉,贯通古今中外,在语言学研究及国际汉语教学领域续有更多的成果问世,并祈愿好人事业有成,一生平安。

徐时仪

2017 年 12 月 8 日于上海师范大学

前　言

《朱子语类》是朱熹与弟子门人讲学问答的记录。该书全面系统地反映了朱熹理学思想体系，论述范围很广，从自然界到人类本身，都有涉及。《朱子语类》不仅是研究朱熹思想的一部重要著作，也是古白话研究的一部重要语料。目前学术界对于《朱子语类》的语法研究已十分深入透彻，但对于该书的版本研究、词汇研究还很薄弱。

本书的研究，立足于稀见文献考察宋代文人语言。全书分上下两个部分，上编是《朱子语类》文献研究，下编是《朱子语类》词汇研究。全书一共分为 9 章。

第一章绪论。首先介绍了朱熹与《朱子语类》，其次进行了学术回顾，总结了近 20 年来(截至 2009 年)国内外《朱子语类》研究的盛况和取得的主要成就，最后提出本书的研究方法和意义。

第二章研究通行本《朱子语类》及成书之前的几个重要版本。本章依次考述了宋刻本《晦庵先生朱文公语录》和《晦庵先生语录大纲领》、明抄本《晦庵先生朱文公语录》和《晦庵先生语录大纲领》、朝鲜徽州古写本《朱子语类》、黎靖德本《朱子语类》。重点介绍了《晦庵先生朱文公语录》、朝鲜徽州古写本《朱子语类》和黎靖德本《朱子语类》。对版本的考述，反映了通行本《朱子语类》的成书过程和基本的发展脉络。

第三章为中华本《朱子语类》与宋刻本《晦庵先生朱文公语录》的异文比较。本章首先介绍了古籍异文对于汉语史研究的重要作用，然后分别从异文文字、异文词语、异文与文化史、中华本文本校释四个方面对宋刻本进行了全面的校勘整理。

第四章为中华本《朱子语类》与朝鲜古写本《朱子语类》异文比较。本章着重从异文词语与中华本文本校释两个方面考察朝鲜本的学术价值。

第五章研究《朱子语类》的文献学价值。朱熹的思想体系，多半是通过对古代文献的整理研究表述出来的。因此，《朱子语类》包含了朱熹大量的文献学思想，涉及注释学、校勘学、辨伪学、考据学、传统小学等。

第六章和第七章集中研究《朱子语类》的复音词。第六章界定了复音词，并考察了《朱子语类》复音词的分布情况。《朱子语类》的复音词，主要包括理学词、一般社会文化常用词和宋代方俗词、口语词。第六章集中考释了《朱子语类》中的“经画”“顽麻”“名件”“榻鞡”“包罩”等 15 个方俗词。第七章继续探讨《朱子语类》的复音词。第一节结合异文词语，讨论辨析了《朱子语类》中的 48 组同义词。第二节从动词、名词和形容词 3 种词性，讨论辨析了《朱子语类》中的 28 组反义词。第三节考察了《朱子语类》中“急躁/躁急”“大小/小大”“根本/本根”“迫促/促迫”“学问/问学”等 31 组同素异序词语。第四节研究《朱子语类》复音词的新词新义，一共考察了《朱子语类》中的新词 39 个，新义 22 例。其次对《汉语大词典》提出商补，指出失收复音词 21 例，书证滞后 45 例。最后考释了《汉语大词典》失收的 7 个异文词语：“称贴”“发撝”“桔槔”“秋采”“困善”“错总”“落莫”。

第八章讨论《朱子语类》中的多音节词语。三字格和四字格的大量使用，是《朱子语类》作为文人口语的重要特征。本章按结构分类考释了 120 个三字格、133 个四字格。这些三字格、四字格，正统的文献和辞书一般不收，却是研究宋代口语和方言的重要材料。

第九章总结阐述《朱子语类》的语体特征、语言特点和研究价值。

目　　录

上　编　《朱子语类》文献研究

下 编 《朱子语类》词汇研究

上编　《朱子语类》文献研究

第一章　绪　论

第一节　朱熹与《朱子语类》

在中国儒学发展史上，“前古有孔子，近古有朱子”[①]，两位先贤在中国学术思想史和文化史的影响之大和地位之高是毋庸置疑的。孔子集上古学术之大成，开创了儒学，成为中国传统文化的核心人物。朱熹崛起于南宋，继北宋道学兴起、儒学重光之后，融会贯通，集北宋以来理学之大成，成为儒学中坚人物。

鉴于朱熹在中国学术史、文化史等方面的巨大影响，朱熹本人被尊称为“朱子”，其相关的学问则成为一门专门的学科——朱子学。从南宋后期形成并发展至今，朱子学已成为一门国际上的“显学”，研究者遍布全球，研究成果多种多样。朱子之学，涉及广博，对经学、史学、文学、哲学、教育学、伦理学，乃至于自然科学，都有涉及和贡献。朱熹全面深入地总结了中国传统文化，把儒家文化发展到了一个新的历史阶段。

据统计，朱熹留下的著述有 70 余种，除了自著外，还包括合著、编著、整理校定他人著作等，字数逾千万。全祖望评价朱子学为“致广大，尽精微，综罗百代矣”[②]，朱熹继承了程颢、程颐，发展了孔孟，集儒学之精华，建立了形式严密、内容丰富、系统完备的思想体系。朱熹的思想，对在他之后的 700 多年间的中国文化结构、政治生活、伦理思想、价值取向、思维方式、风俗习惯、理想人格等方面都产生了十分重大的影响，而且远播海外，对日本、韩国，以及越南等东南亚各国的思想文化都产生了深刻深远的影响。[③]

---

① 钱穆：《朱子新学案 朱子学提纲》第一册，巴蜀书社 1986 年版，第 1 页。

② 黄宗羲：《宋元学案》卷四十八《晦翁学案》，中华书局 1986 年版。

③ 蔡方鹿：《朱熹与中国文化》，贵州人民出版社 2000 年版，提要、正文第 1—2 页。

朱熹，字符晦，一字仲晦，别号晦庵、晦翁、云谷老人、沧州病叟、遯翁等。[①] 祖籍徽州婺源（今属江西）。生于建炎四年（1130）九月十五日，卒于宁宗庆元六年（1200）三月初九。朱熹逝世时71岁，自登进士第后50多年，历仕高宗、孝宗、光宗、宁宗四朝。朱熹及第后从政时间不长[②]，40多年间，大部分时间都在各地，主要是在福建崇安、建阳一代从事著述和教学活动。当然，在其从政期间也从事讲学教育活动，如在南康军的白鹿洞书院和在潭州的岳麓书院。可以说，著述和讲学占据了朱熹一生的大部分时光。

《朱子语类》是朱熹与其弟子问答的语录汇编，是朱熹在各地讲学时，弟子门人记录整理，最后经黎靖德统一汇编校订而成的讲学问答的实录。该书全面系统地反映了朱熹理学思想体系，论述范围很广，自天地万物之源，至一草一木之微，从自然界到人类本身，无所不谈。此书编排次第，首论理气、性理、鬼神等世界本原问题，以太极、理为天地之始；次释心性情意、仁义礼智等伦理道德及人物性命之原；再论知行、力行、读书、为学之方等认识方法。又分论《四书》《五经》，以明此理。继又斥异端，排释老，明道统。最后是对宋代与历代君臣人物及政治、经济、法制科举等制度的评论。《朱子语类》基本上反映了朱熹的思想，该书内容丰富，析理精密，向为学者推崇。朱熹门人黄榦曾说："师生函丈间，往复诘难，其辨愈详，其义愈精。"（《池州刊朱子语录后序》）由于记录与搜求较详，《语类》[③]不仅可以看到朱熹思想的精微极致之处，更可窥见其思想观点不断发展改定的曲折层次。《语类》内容广博，不仅涉及朱熹本人的学术思想、立身行事，而且也涉及朱熹的日常生活、音容笑貌，在朱熹的著述中占有特殊地位，具有很高的史料价值。

关于《朱子语类》的性质与价值，前人已有论述。如朱熹门人黄榦在《池州刊朱子语录后序》中云："先生之著书多矣，教人求道入德之方备矣。师生函丈间，往复诘难，其辨愈祥，其义愈精。读之竦然，如侍燕闲、承謦欬也！历千载而如会一堂，合众闻而悉归一己，是书之传，岂小补哉！"这段叙述道出了语录体的特殊的解释方式和语言个性：大都以未经修饰的当时的口头语娓娓道来，语体平白亲切。同时，黄榦又说："不可以随时应答之语，

---

① 参见王懋竑：《朱熹年谱》，中华书局1998年版，第287—288页。

② 据高令印考证，朱熹从政整整有七年，而不是《宋史》所载的"立朝才四十余日"，"朱熹任同安县主簿三年，知南康军二年，提举浙东常平茶盐公事九个月，知漳州一年，知潭州二个月，任焕章阁待制兼侍讲四十日，累计方逾七年"。可参见高令印：《朱熹事迹考》，上海人民出版社1987年版，第60页。

③ 本书所述《语类》如无特殊说明，即指《朱子语类》。

易平生著述之书。”也就是说，在研究过程中，应将《语类》与朱熹相应的著作结合起来看。李性传在《饶州刊朱子语类后序》中提出：“愚谓语录与《四书》异者，当以《书》为正；而论难往复《书》所未及者，当以《语》为助；与《诗》《易》诸书异者，在成书之前，亦当以《书》为正，而在成书之后者，当以《语》为是。学者以类求之，斯得之矣。”清代陆陇其也说：“传注损益之妙，往往见于《文集》《语类》，手笔之书有得《语类》而益明者。”这将《语类》的作用及《语类》与《文集》的关系说得十分明白。而且，《语类》所记，最早在朱熹 41 岁时，最晚在其易箦前，前后跨越达 30 年，到后来学者愈多，讲问答辩愈详。朱熹晚年学术思想进程，所赖以保存以备后人窥寻者，无过于《语类》。所以，《语类》所记，无论在专著成书前，还是成书后，无论与原著相一致还是矛盾，都可与之对比参照，从而可以研究朱熹思想的发展脉络和进程，特别是其专著未及者，则更为珍贵。

朱熹讲学用的是当时文人交际的口语，他的门人弟子写入笔记时虽然会有所加工，加以书面化，但毕竟是边听边记，不可能完全改为书面语，往往是直录了朱熹的原话，保存了南宋时期大量鲜活的口语。因此，《朱子语类》所记载的“实际上是书面形式的口语，既有书面语成分，又有口语成分，大致反映了当时文人的口语概貌”[①]。

《朱子语类》综合了 97 家所载的朱熹语录，另有 4 家无名。辅广所录的一部分，曾经朱熹本人审阅，“辅广所录，以先生改本校之”[②]。其他大部分内容，则都是门人弟子各自记录，未经朱熹过目。尽管如此，语录本身的研究价值依然值得重视。首先，朱熹的同一次谈话，多位学生在记录，编辑汇总时，针对一个主题或是同一次谈话的记录也集中保留了下来，详略不同，或各有侧重。同一个内容主题，在不同的时间和场合讲，也被记录了下来。这样，既增加了语料的可靠性，又有利于从各方面考察同一主题内容，不同弟子的记录遣词造句也有差异。其次，朱熹的讲学问答，经学生整理形成《语类》，配合他的相关著作，对于研究朱熹思想的面貌及发展具有重要意义。尽管一直有人提出质疑，质疑《语录》与朱熹思想研究的关系，李性传在编辑《饶录》时，就引用了朱熹本人对编辑程颐语录的必要性加以辩解：“伊川在，何必观？伊川亡，则不可以不观矣。盖亦在乎学者审之而已。”[③]

---

① 徐时仪：《略论〈朱子语类〉在近代汉语研究上的价值》，《上海师范大学学报》（哲社版）2000 年第 4 期。

② 朱熹：《朱子语类》后序，中华书局 1986 年版。

③ 黎靖德：《饶州刊朱子语续录后序》，中华书局 1986 年版。

黎靖德最后编辑汇总的一百四十卷《朱子语类》，应该说是比较完备的，可以从一定层面反映朱熹的思想及发展变化，特别是较为详尽地保留了朱熹晚年的许多议论和看法。结合文集，可进行对照或补充。[①]《朱子语类》由于涉及内容广泛，以及与朱熹思想研究的密切关系，史料价值向来是很高的。

目前，学界研究《朱子语类》的通行本是中华书局的排印本。中华书局以清光绪庚辰贺瑞麟校刻本（即刘氏传经堂本）为底本，参校明成化九年陈炜刻本（即成化本）、吕氏刻本（即吕留良天盖楼刻本）、应元书院刻本，于1986年作为"理学丛书"系列出版。该书排印时除了将双行小字改排单行外，一切依旧，点校者为王星贤。该书正文之前有邓艾民的《朱熹与朱子语类》，接下来是贺瑞麟的《重刻朱子语类序》、正文题名《朱子语类大全》，后附黄榦《池州刊朱子语录后序》、李性传《饶州刊朱子语续录后序》、蔡杭《饶州刊朱子语录后序》、吴坚《建安刊朱子语别录后序》、黄士毅《朱子语类后序》两则、魏了翁《眉州刊朱子语类序》、蔡杭《徽州刊朱子语类后序》、王佖《徽州刊朱子语类后序》、朱子语录姓氏、朱子语类卷目、黎靖德作的序和考订。全书八册，一百四十卷，一共二百零一万字。

本书对《朱子语类》的研究，无论是文献部分还是语言部分，比较和展开，都是以黎靖德本的现代刊印本——中华书局本的《朱子语类》为底本和基础的。中华本作为黎本系统的现代通行本，使用广泛，点校精善，为学者认可，所以选择它作为定本来研究。

第二节 《朱子语类》研究述评

截至2010年，《朱子语类》的相关研究，几乎都是在朱子学这一学科大背景之下，作为材料来源进行朱熹的思想文化的研究，单独以《朱子语类》作为专书研究对象的著述不多。这一点，在中国台湾林庆彰教授《朱子学研究书目》及后来增补的《朱子语类研究书目新编》两本书中有比较集中的体现。仔细研读书目可以发现，在该书"哲学思想"下"总论·哲学著述"子目收有与《朱子语类》相关的条目三十二条（编号为0812—0844）。在这三十二条中，有四条介绍《朱子语类》的各种版本（0815—0818），这四篇论文均是日本学者20世纪六七十年代的研究成果，发表于《华学月刊》《九州中

① 详细内容可参见邓艾民《朱熹与朱子语类》，以及黎靖德：《朱子语类》，中华书局1986年版。

国学报》等刊物上，但因当时的社会历史环境及语言隔阂等原因，这四篇论文一直没有引起国内学者的重视，至今也没有论文中译本。特别值得一提的是第0813这一条，京都中文出版社1982年7月出版了影印日本九州大学图书馆藏本《朝鲜古写徽州本〈朱子语类〉》，该书一共上下两册，1907页。该书在日本的影印出版，由于没有见到朝鲜本的原貌，没有经过仔细的研读，因此长期没有得到国内相关学者的重视，到底有何价值也不得而知。另有五条是从语言角度对《朱子语类》进行的研究，其他均是对《朱子语类》的序文、重刊《朱子语类》的序文、《朱子语类》篇节的翻译等一般性介绍，对于《朱子语类》语言的专门研究还很稀缺，《朱子语类》语言学的价值还未引起学术界的重视。

一、有关《朱子语类》的专门研究

20世纪90年代至2009年，有关《朱子语类》的专门研究逐渐多了起来，国内以《朱子语类》为对象进行专书研究的学位论文一共十五篇，专著两部。现就这些著述的基本情况分述如下。

（一）祝敏彻的专著《〈朱子语类〉句法研究》

祝敏彻认为，《朱子语类》作为一部大型语录，具有文白夹杂的语体特征，保留了大量半文半白的句式，是汉语语法史研究不可或缺的一个重要部分。全书一共七章，主要从以下三个方面展开：第一，以研究《朱子语类》语言结构的句法功能为契机，进而研究句法结构与复音词构词法的关系，以及与成语的关系等。指出从西汉至清代，新的复音词最能产的格式是合成词的联合式，《朱子语类》中联合式复音词占复音词总量的60%以上，但到现代汉语，最能产的构词格式不再是联合式，而是偏正式。作者认为这是鸦片战争以来，汉语受到西方科学文化影响的结果。第二，研究了《朱子语类》新生虚词与新生结构的关系、新生虚词与新生句式的关系。由于唐宋以来“地”“底”“得”“把”“不成”等虚词的大量产生，《朱子语类》也相应地产生了“地”字结构、“底”字结构、“就”字结构等，并出现了一些上古汉语不具备的句式，“把”字句、“和”字句、“不成……”等。第三，研究了《朱子语类》新生关联词语与复句的关系、单句与复句的关系、复句与句群的关系。该书是从汉语语法史的角度研究《朱子语类》句法的，因此与上古汉语、唐代变文、元明清的近代汉语等进行了一些历时比较，书后还附上了作者搜集到的《朱子语类》复音词总表、成语总表。该书是国内第一部《朱子语类》

专书研究的著作，通过大量的语料分析，向学界初步介绍了《朱子语类》的句法特征及半文半白的语言面貌。

(二)吴福祥的专著《〈朱子语类辑略〉语法研究》

吴福祥认为，《朱子语类》作为讲学语录汇编，尽管带有一定的文言成分，但从整体上比较充分地反映了南宋时期的口语面貌和语言实际，因其书卷帙浩繁、内容丰赡，该书是研究南宋语言最重要的资料。但鉴于《朱子语类》一百四十卷内容过于庞大，作者选取清人张伯行编辑的八卷本辑录本《朱子语类辑略》作为研究和考察对象，对相关语法现象进行详尽的描写和分析。该书一共十一章，采用定量分析与静态描写的方式，对《辑略》中的大部分语法范畴、语法成分以及结构式进行了描写和分析，并通过大量的频率统计来描写说明《辑略》的语法现象。

(三)李敏辞的博士论文《〈朱子语类〉的文献学研究》

《〈朱子语类〉的文献学研究》，作者李敏辞，北京大学 1998 年博士论文。作者旨在拾遗补阙，从文献学的角度来研究《朱子语类》，立足《朱子语类》文本来考察朱熹的文献学成就和局限。论文共分四章，采用归纳法和比较法，第一章阐述了朱熹的生平和著作，《朱子语类》的内容及价值、传世版本等基本信息；第二章从校勘、辨伪、考据的角度探讨了朱熹的文献学思想、成就及局限；第三章对《朱子语类》中文字、音韵、训诂等传统小学内容进行了考察，探讨了朱熹及当时的语言文字的特点和实际情况；第四章为《朱子语类》词语研究，考释了部分方俗词语和文化词。

(四)姜勇仲的博士论文《〈朱子语类〉词汇研究》

《〈朱子语类〉词汇研究》，作者(韩)姜勇仲，北京大学 2006 年博士论文。作者尝试建立“汉语历史词汇学”的理论框架，如“新词新义的观察模式”“鉴别新词的标准”“词群理论”“概念场理论”等来进行文献词语的研究。全文一共六章，采用“概念场”理论进行词汇研究，考察《朱子语类》词汇的历时层次和历史演变。作者认为，《朱子语类》的语言系统不是单一的，并通过数据库分析和大量的异文来证明《朱子语类》语言性质的复杂性。该文的亮点在于数据库的运用，建立了一个数据库，每个句子前标明卷、卷内每个自然段的排序号、自然段内每个句子的排序号、中华本的页码、记录者出身地点的代号、记录者的名字，为《朱子语类》历史词汇的研究提供了全新的方法和思路，增加了分析和结论的科学性、准确性。例如，经过分析“做(介词)”“将次”“鏖糟”“了也”等语词,可以验证《朱子语类》每条记录所附带的记录者的信息在一定程度上是可以信赖的。

(五)唐贤清的博士论文《〈朱子语类〉副词研究》

《〈朱子语类〉副词研究》,作者唐贤清,湖南大学 2003 年博士论文。论文以《朱子语类》的副词为研究对象,采取共时研究与历时研究相结合、静态描写与分析归纳相结合、定量分析与定性分析相结合的办法,对《朱子语类》的副词系统进行了详尽的考察分析。论文共分四章。第一章绪论,对副词做界定;第二章依次对《朱子语类》中的程度副词、范围副词、时间副词、情状副词、否定副词、语气副词做穷尽性的统计、描述;第三章对“太”“忒”“煞”“太煞”“忒煞”“大段”“大故”“尽”等双音副词、重叠副词的运用及产生进行了详细的考察;第四章附论,立足“参差”这个词,讨论汉语副词的形成,从“渐”类副词的演变来考察汉语副词的稳定和发展。作者认为《朱子语类》对汉语语法史研究具有重要的价值,语法史上许多重大的问题都能在《朱子语类》中找到实际的例证材料,因为《朱子语类》具有以下语言特点:书面语与口语结合,且以口语为主;通语和方言结合,且以通语为主;文言与白话结合,且以白话为主。论文最后总结出,《朱子语类》副词的特点是:具有完备的副词体系,是一个继承多于发展的相对稳定的系统。

(六)王树瑛的博士论文《〈朱子语类〉问句系统研究》

《〈朱子语类〉问句系统研究》,作者王树瑛,福建师范大学 2006 年博士论文。论文对《朱子语类》全书 6000 多条问句进行了统计分析,在此基础上全面分析描写了问句系统各子系统(特指问、选择问、反复问、是非问等)的使用状况。全文一共四章。第一章绪论,第二章讨论选择问句,第三章讨论反复疑问句,第四章讨论是非问句,第五章讨论特殊疑问句,第六章讨论反问句,第七章讨论附加疑问句,第八章问句系统的语用、语篇分析。最后得出结论:第一,宋代是选择问句发展、完善乃至定型的重要时期。在《朱子语类》中体现在:语气词的使用越来越少,连词由单用逐步过渡到以配对使用为主。第二,《朱子语类》中的反复问句仍以“VP 否”为主,“VP 不 VP”形式较唐代有所发展,“VP 不 VP”经过了一个简化、类化的过程。第三,提出《朱子语类》中“不成”的发展过程,由没有直接结构关系到组成一个常用偏正结构,再发展为一个否定副词,最后由否定副词发展为一个反诘副词。第四,通过语篇理论进行分析,认为问句各子系统的运用受到语境和具体内容的限制，最能体现人际意义的是是非问句、附加问句和反问句。

（七）杨永龙的专著《〈朱子语类〉完成体研究》

《〈朱子语类〉完成体研究》，作者杨永龙，复旦大学2000年博士论文，2001年由河南大学出版社出版。该书运用现代语言学理论，从句法结构、事件类型、情状类型、时制结构等方面对《朱子语类》中表达完成体体义的若干副词、助词、语气词、完毕义动词予以描写和分析，并对完成体及其相关理论进行了一些初步探讨。全书共分五章。第一章讨论《朱子语类》的语料价值和方言基础，认为其语言实质是在文人通语基础上加上闽北方言的成分；第二章利用《朱子语类》和现代汉语的有关例证，介绍和探讨“体”“完成体”及相关理论问题；第三章讨论完成体副词，主要描写了“既”“已”“已自”“已是”等几个副词在《朱子语类》中的使用情况；第四章讨论《朱子语类》中“了”的各种用法及相关问题，将“了”分为四大类九小类；第五章从语法格式和语法意义两个方面，讨论《朱子语类》中“过”的各种用法、来源及虚化过程。[①]

（八）刘子瑜的专著《〈朱子语类〉述补结构研究》

《〈朱子语类〉述补结构研究》，作者刘子瑜，北京大学2002年博士论文，2008年由商务印书馆出版。作者认为，《朱子语类》作为一部文人讲学语录，记录了南宋文人阶层的谈话情况，又出自多位学生之手，语言实录的真实性相当可靠，基本上反映了当时文人阶层的口语面貌，语言接近当时的口语面貌，是研究南宋语言不可多得的口语化较强的语料。[②] 全书正文部分分为五章。第一章为《朱子语类》述补结构的界定和分类；第二章至第五章依次介绍《朱子语类》中的动结式述补结构、动趋式述补结构、“V得O”式动补结构、“V得C”述补结构；第六章是《朱子语类》述补结构的历时与共时比较研究。该书的特点是，在句法和语义两个平面的基础上，建立一个近代汉语述补结构的句法分析模型，从句法和语义两个平面入手，描写和解释述补结构的特点及规律。

---

① 杨永龙：《〈朱子语类〉完成体研究》，河南大学出版社2001年版。

② 刘子瑜：《〈朱子语类〉述补结构研究》，商务印书馆2008年版，第4—5页。

(九)韦伟的硕士论文《〈朱子语类〉助动词研究》

《〈朱子语类〉助动词研究》,作者韦伟,南京师范大学 2005 年硕士论文。论文用穷尽式统计归纳的方式,对《朱子语类》中的助动词进行定量研究,从句法、语义、语用方面对单音节和双音节助动词进行了辨析,并将《朱子语类》中的助动词与先秦"四书"及《世说新语》进行了比较,总结了助动词发展变化的一些规律。

(十)刘文正的硕士论文《〈朱子语类〉量词研究》

《〈朱子语类〉量词研究》,作者刘文正,贵州大学 2006 年硕士论文。论文选择《朱子语类》中的量词作为研究对象,分为名量词、动量词、时间量词三类进行考察,结论是《朱子语类》的量词具有体系完备、数量巨大、结构多样、功能复杂的特点。

(十一)赵金丹的硕士论文《〈朱子语类〉新词新语初探》

《〈朱子语类〉新词新语初探》,作者赵金丹,陕西师范大学 2007 年硕士论文。作者认为,《朱子语类》保留了大量当时的通俗习语和成语,是南宋时期社会生活的体现,这些丰富的新词、新语对于汉语词汇发展史的研究具有重要的价值。论文选取复音词为研究重点,从构词法的角度,将选取的复音词分为八类进行考察。结论认为,《朱子语类》的新复音词形式丰富完备、内部结构严整、语义内涵丰富,验证了复音词逐渐增多是汉语词汇发展史上的趋势这一规律。

(十二)袁勤的硕士论文《〈朱子语类〉复音连词研究》

《〈朱子语类〉复音连词研究》,作者袁勤,四川大学 2007 年硕士论文。论文采用穷尽式统计分析的方法,对《朱子语类》中的复音连词进行了描述。结论认为,《朱子语类》中的复音连词数量众多,但使用频率差别很大,且沿用下来的不多,另有一部分复音连词可提前《汉语大词典》的书证。

(十三)王克荔的硕士论文《〈朱子语类〉介词研究》

《〈朱子语类〉介词研究》,作者王克荔,四川大学 2007 年硕士论文。论文对《朱子语类》中所见的 61 个介词按语法功能分为五类(处所时间方向介词、对象范围介词、凭借依据介词、工具方式介词、原因介词),逐一描述、分析,最后以列表的形式展现《朱子语类》介词的使用状况及特点。

（十四）姚晓霞的硕士论文《〈朱子语类〉语气副词研究》

《〈朱子语类〉语气副词研究》，作者姚晓霞，山东师范大学2008年硕士论文。论文运用三个平面理论，描述、分析了《朱子语类》中的语气副词，并将部分副词的构词方式和词义发展与现代汉语进行了比较。

（十五）崔兰的硕士论文《〈朱子语类〉词缀时空性研究》

《〈朱子语类〉词缀时空性研究》，作者崔兰，南京师范大学2008年硕士论文。论文以《朱子语类》词缀的时空关系和汉语词缀的时空关系为对象，通过定量与定性分析，考述各个词缀的时间性（“阿”“儿”“兀”“打”“们”“亚”“於/于”）和地域性（“老”“头”“子”“家”“生”“自”“取”“地”“当”“有”“行”“第”“个”“小”）。作者认为，《朱子语类》的词缀，从时间层次上看，具有一对一的沿袭性和多对一的融合性，从空间层次上看，个别词缀具有断层式的凝固性，一般词缀具有系统上的互补性。

（十六）张伟博的硕士论文《〈朱子语类〉解释学思想研究》

《〈朱子语类〉解释学思想研究》，作者张伟博，黑龙江大学2008年硕士论文。鉴于朱熹在学术研究中有大量的文本解释，产生了许多解释学的思想和方法，作者借助西方的解释学理论，探讨了《朱子语类》的解释范围及解释原则、主要解释方法和朱熹对解释主题的要求几个问题。

（十七）肖术全的硕士论文《〈朱子语类〉词语考释及相关辞书书证辩说》

《〈朱子语类〉词语考释及相关辞书书证辩说》，作者肖术全，华中师范大学2008年硕士论文。论文选取了“包罩”“冒罩”“蔽窒”“抟摸”等十三个词语进行训释，第二部分将《朱子语类》中出现的部分词语与《汉语大词典》《词源》《古代汉语词典》等语文辞书进行比对，提前了书证八十多例。

二、与《朱子语类》语言研究相关的论文

截至2008年10月，被中国期刊网收录和相关论文集收录的与《朱子语类》语言研究相关的论文也仅六十余篇，现分列如下。

(一)语法方面

祝敏彻的《〈朱子语类〉中的"地""底"的语法作用》(1982)、《〈朱子语类辑略〉中的"便"与"就"》(1983)、《〈朱子语类〉中的动词补语》(1990)、《〈朱子语类〉中的偏正复句》(1991),闵祥顺的《〈朱子语类辑略〉中的复音词的构词法》(1987),冯春田的《〈朱子语类〉"得""了""者"的主要用法分析》(1992),章新传的《〈朱子语类〉的"比"字句及其汉语史价值》(1991),李思明的《〈朱子语类〉中单独作谓语的可能性"得"》(1993)、《〈朱子语类〉的处置式》(1994)、《〈朱子语类〉的让步复句》(1996),木霁弘的《〈朱子语类〉中的时体助词"了"》(1986),刁晏斌的《〈朱子语类〉中几种特殊的"被"字句》(1995),唐贤清的《〈朱子语类〉中的副词"大段"》(2002)、《〈朱子语类〉副词"旋旋"杂议》(2002)、《〈朱子语类〉重叠式副词的类型》(2003)、《〈朱子语类〉重叠式副词的语用分析》(2003)、《〈朱子语类〉重叠式副词的语义、语法分析》(2003)、《〈朱子语类〉副词"大故"探析》(2003)、《〈朱子语类〉中的"太"、"煞"与"太煞"》(2003)、从《〈朱子语类〉的"索性"看汉语副词的发展》(2004),吴福祥的《〈朱子语类辑略〉中带"得"的组合式述补结构》(2000),武振玉的《〈朱子语类〉中的"十分"》(2004),杨永龙的《〈朱子语类〉中"不成"的句法语义分析》(2000),高文盛的《〈朱子语类〉中的让步连词"虽"及相关问题》(2005),徐鹏鹏的《〈朱子语类〉中的词尾"然"》(2006),李文泽的《〈朱子语类〉一书的动量词研究》(2005),何理的《浅析〈朱子语类辑略〉的"比"字句》(2007),刘文正的《〈朱子语类〉附加式双音量词及发展》(2007),罗丹的《〈朱子语类辑略〉中的"般"和"一般"》(2006),周莹的《论〈朱子语类〉疑问句的语用特色》(2007),王树瑛的《〈朱子语类〉中问句系统所体现的人际意义》(2007),徐小波的《〈朱子语类〉"把"字句研究》(2008)。

(二)词汇方面

袁庆述的《〈朱子语类〉方言俗语词考释》(1990),徐时仪的《〈朱子语类〉词语考释》(1991)、《〈朱子语类〉词语特点举隅》(1993)、《〈朱子语类〉口语词探义》(1995)、《略论〈朱子语类〉在近代汉语研究上的价值》(2000),姚振武的《〈朱子语类〉词语杂释》(1993),何洪峰的《释〈朱子语类〉中带"绰"字的词》(1992)、《释〈朱子语类〉中的"撮""绰"——兼与袁庆述先生商榷》(1996),李敏辞的《〈朱子语类〉词语义释》(2004),曹娜的《〈朱子语类〉四字语分析》(2006),崔兰的《〈朱子语类〉"门限"和"石坐子"辩》(2007),金小栋的《〈朱子语类〉词语义释》(2007)。

(三)文献版本及其他方面

姚瀛艇的《黄士毅与〈朱子语类〉》(1982)、徐时仪的《〈朱子语类〉文献价值考论》(1999)、吴培德的《〈朱子语类〉论〈诗经〉》(1999)、徐德明的《朱熹著作版本源流考》(2000)、王风的《从〈朱子语类〉看〈周易本义〉成稿过程》(2003)、徐规的《新本〈朱子语类〉订误举例》(2004)、谢晓东的《〈朱子语类〉中两条重要语录辩误》(2004)、徐鹏鹏的《浅析〈朱子语类辑略〉的比喻特色》(2006)、王春琴的《也论朝鲜古写本〈朱子语类〉的校勘价值》(2007)、张慧远的《〈朱子语类〉"理禅交融"思想探微》(2007)。

三、国外对《朱子语类》的研究

除上述研究外,国外也很关注《朱子语类》的语言现象及相关问题的研究。相关的研究或著述有朝鲜柳希春(1513—1577)的《语录字义》一书,收录了《朱子语类》中的八十多条俗语词。苏联卡尔格伦的《宋代朱熹全书的口语研究》,从《朱子全书》中找到了大量的口语词汇,并且认为,《朱子全书》反映了宋代真正的官方语言——知识分子阶层的口语面貌。[①] 瑞典学者高歌蒂的《朱子全书中所见的宋代口语》一文,也对《朱子语类》中出现的相关口语词进行过探讨。日本的朱子学研究一直比较丰赡,在朱子学的研究中,十分重视《朱子语类》。[②] 吉川幸次郎(1904—1980)与三浦国雄翻译编成《朱子集》一书。《朱子集》实际上是《朱子语类》的选译,全书由三浦国雄撰底稿,吉川幸次郎审订而成。该书从《朱子语类》中选出 120 余条语录,分为《训门人》《对人性的凝视》《圣人可学而至》《历史与文学》等七章,该书不仅对每一条语录都加以绵密而详尽的注释,而且对近世口语的解释亦相当准确。田中谦二著有《朱门弟子师事年考》。田中谦二本是元曲专家,因为对《朱子语类》中的近世口语感兴趣,还联合岛田虔次等人于 1975—1976 年以"《朱子语类》研究"为专题组织了研究班,柳田圣山、岛田虔次、上山春平、山田庆儿、小南一郎、清水茂、三浦国雄等京都学派各领域的学者均加入其中。学者盐见邦彦著有索引书《〈朱子语类〉口语语汇索

---

① 关于《语录字义》和《宋代朱熹全书的口语研究》的相关论述,转引自赵金丹:《〈朱子语类〉新词新语初探》,陕西师范大学 2007 年硕士学位论文,绪论第 5 页。

② 日本朱子学的研究成就,可参见石立善的《战后日本的朱子学研究史述评:1946—2006》一文,该文有多处涉及日本《朱子语类》相关领域的研究状况。

引》,1985年出版,全书以中国台湾正中书局与日本中文出版社影印的明刊本为底本,收录了8000多条口语词语,并标明页码。1992年出版增订本《点校本〈朱子语类〉口语语汇索引》,因为中华本在海外的通行,该书底本也被盐见邦彦换成了中华书局的王星贤点校本。总而言之,日本学者对《朱子语类》的研究,主要集中于文献的挖掘整理,特别是文献的翻译与注释,在各种索引编纂等方面,做了大量扎实的基础性工作。

通过学术研究的回顾可以发现,国内有关《朱子语类》的文献语言研究的热潮,大致兴起于20世纪90年代,2000年以后对于《朱子语类》语言的关注持续不断,专门针对《朱子语类》语言的研究不断涌现。《朱子语类》半文半白的语言特色,以及新旧质并存的、丰富的语法样式和特征,逐渐引起近代汉语研究者的重视,随着一批有价值的论文的发表,学界开始关注《朱子语类》。尤其值得一提的是徐时仪,他较早关注到了《朱子语类》的研究价值并开始深入研究,向学术界介绍《朱子语类》的研究价值,起到了抛砖引玉的作用。自1991年以来,徐时仪先后发表了《朱子语类》语言研究的一系列论文,从具体词语考释到学术价值的考论的近十篇论文,集中考释了“快活”“杭唐”“温吞”“脚手”“含洪”“发动”“大故”“骨董”“大小大”“朴实头”“大段”“落草”“门路”“劳攘”“累坠”“劳动”“精彩”“下梢”“倒断”等几十个富有特色的口语词。从微观和宏观层面向学界充分展示了《朱子语类》的语言特色、词汇面貌和学术价值。《朱子语类》记载了书面形式的口语,反映了上古汉语与近代汉语交叉的中间状态,因此具有相当重要的语料价值。[①]《朱子语类》作为朱熹讲学语录的汇编,不仅反映了朱熹的思想脉络和当时的社会生活概貌,而且反映了南宋时期文人阶层的语言使用状况和古今汉语演变的概貌,文献史料的可信程度比较高。徐时仪在其论文中,还从宏观方面,通过哲学思想、文献学、语言学、文学、史学、文化研究等领域展现了《朱子语类》的文献价值,指出《朱子语类》“堪称是古文献研究中一块焕发着宋代光彩的璞玉”[②]。

---

① 徐时仪:《略论〈朱子语类〉在近代汉语研究上的价值》,《上海师范大学学报》(社会科学版)2000年第4期。

② 徐时仪:《〈朱子语类〉的学术价值考论》,《徽州社会科学》1999年第1期。

第三节　研究方法及意义

正如前文学术回顾所述,20 世纪 90 年代以来,《朱子语类》的学术价值逐渐受到学界的关注和重视,有关《朱子语类》的语言研究成果越来越多,但热点一直集中在语法领域。有关《朱子语类》的语法研究价值前人已有详尽阐述,研究成果丰硕,遍及句法以及副词、介词、连词、助词、量词等各领域,这里不再赘言。而《朱子语类》的词汇研究,则一直处于零散的研究状态,或者是局部的研究状态,缺乏一个全面的考察、微观与宏观相结合的整体研究。赵金丹的硕士论文,讨论和考释了近 100 个复音词,80 多个三字格、四字格。肖术全的硕士论文,考释了 93 个词语。姜勇仲的博士论文在语义场研究时,涉及词语考释 60 多例。3 份学位论文,涉及的词语,不计重复也就 200 多例,远远不能反映《朱子语类》丰富多样的词汇面貌和语录体的口语化、半文半白的语言特征。

《朱子语类》的词汇研究,一直备受汉语史研究者关注,研究价值巨大是众所周知的。但其作为专书词汇研究有困难,是一块硬骨头,因为量太大,一百四十卷,现代刊印本一共八册,经仔细统计,约 202 万字①。语法研究,可以采用抽样(随机抽取若干卷)的方式进行,例如刘子瑜的《〈朱子语类〉述补结构研究》,因此文本量虽大,但不太影响研究的进行和研究结论的得出,也可以采用清人正谊堂的八卷《朱子语类辑略》来进行研究,篇幅大大缩小,语料的收集、统计方便快捷很多,例如吴福祥的《〈朱子语类辑略〉语法研究》。但专书词汇研究,则力求穷尽地考察,只有尽可能地穷尽,才可能为汉语词汇史的研究提供扎实的、富有说服力的语料。《朱子语类》篇幅巨大,词汇面貌丰富多样,是南宋文人语言的反映,也是南宋社会生活语言的一个侧面。语言要素中,新质与旧质并存,雅言和俗语共现,因此不太适合抽样或是采用辑略本进行考察。日本汉语史著名学者入矢义高先生就曾指出“若论宋代口语,该归《朱子语类》”②,从这一提法也可看出篇幅巨大的《朱子语类》对研究宋代语言的重要意义。

---

① 《朱子语类》全书字数一共约为 202 万。这一数字与中华本第一册出版信息显示 2300 千字,有的研究者所称的 230 万,甚至 320 万有很大出入。该数字的得出,是经笔者将中华本电子本与中华本原书逐字对照,删去原电子本重复的、错误的部分,认真校正后,计算机对校正后的电子版统计的结果。

② 转引自盐见邦彦:《〈朱子语类〉口语语汇索引》编辑后记。

汉语词汇史的研究，特别是专书研究，一般的研究者都是选取一部较好的本子做穷尽性考察，很少顾及该书版本的源流变化及传承关系。长期以来，许多学位论文、专著大都是如此。本书的研究与写作，建立在版本考察与文献异文的基础之上，词汇研究的主体立足于《朱子语类》的现代刊本，即中华书局出版的通行本，共时平面与历时考察相结合，力图通过《朱子语类》编纂成书的发展，结合朝鲜古写徽州本和《池录》两个重要本子的校勘和异文材料，展现《朱子语类》存世稀见善本的学术价值，以及《朱子语类》整个词汇面貌的基本情况。

全书的写作分上下两个部分，上编主要是《朱子语类》版本源流的介绍，以及两个重要善本初步的校勘整理。朝鲜本和《池录》，对于通行本《朱子语类》的成书起着至关重要的作用，但还没有引起学术界的充分重视。下编主要以通行本中华书局版《朱子语类》为底本的词汇研究。上编的文献研究与下编的词汇研究并非两个完全独立的部分，上编的大量词汇异文也为词汇研究提供了大量宝贵的实证材料。

第二章　《朱子语类》版本叙录

第一节　宋刻本《晦庵先生朱文公语录》和《晦庵先生语录大纲领》

一、《晦庵先生朱文公语录》

《晦庵先生朱文公语录》，宋刻本，朱熹撰，[宋]李道传编。宋嘉定九年刊刻。本书卷首有“晦庵先生朱文公语录卷二十七”，次行空三格题为“黄义刚录”。左右双边。每页10行每行20字。页心为白口双鱼尾。上象鼻有大小不一的字数，下象鼻有不同刻工的名字，可模糊识别的刻工有蔡浩、王辰、刘大□[①]等人。卷首标题下有“金菊子”的藏印。卷二十七残损非常严重。该书版框高18.8厘米，宽13.9厘米。6册一函，该书现残存7卷。

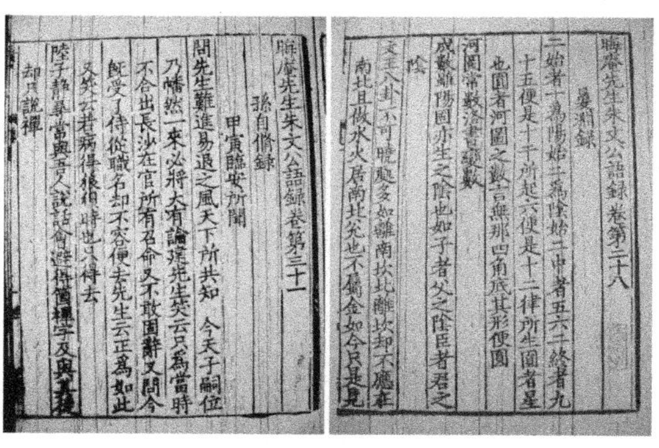

晦庵先生朱文公語録卷第三十一
孫自脩録
甲寅臨安所聞
問先生難進易退之風天下所共知　今天子嗣位
乃幡然一來必將大有論建先生笑云只爲當時
不合出長沙在官所有召命又不敢固辭又聞今
既受了侍從職名却不容便去先生云正爲如此
又笑云若病得狼狽時也只得去
陸子靜尋常與吾人說話會避得箇禪字及與其徒
却只說禪

晦庵先生朱文公語録卷第二十八
[illegible]録
二始者一爲陽始二爲陰始二中者五六二終者九
十五便是十干所起六便是十二律所生圓者星
也圓者河圖之數言無那四角底其形便圓
河圖常數洛書變數
成數雖陽固亦生之陰也如子者父之陰臣者君之
陰
文王八卦不可曉處多如離南坎北離坎却不應在
南北且做水火居南北兌也不屬金如今只是見

图1　宋刻本《晦庵先生朱文公语录》(局部)

① “刘大□”，该刻工名字最后一字残。

《晦庵先生朱文公语录》与现行可见的"语类"编纂体例不同，是以笔录者的姓名排列的。据王重民先生考证，该书即《池录》："按今传《朱子语类》以黎靖德所编《语类》为最著，卷端载诸家序跋及姓氏，持校此本，知此本即《池录》也。"[①]《池录》是李道传和廖德明等三十二人编辑笔录的语录组成四十三卷，加上张洽录续增的一卷，因在池州刻成，得其名，是《朱子语类》中最早的版本。此版本之所以看作是嘉定九年版本，原因有二：一为其避讳止于光宗，宁宗以后的宋讳并不涉及；二为其刻工名。本版的刻工都是南宋前期至中期，活跃在以杭州为中心周围地区的工匠。池州现在归属于安徽省，从广义上来讲应该属于杭州圈。所以这本书是嘉定九年池州版本这点基本上没有疑问。[②]

1940 年以前，该书藏于北京图书馆，后来为防止日本侵华战争的破坏，该书随同其他一批善本图书远渡重洋，寄存于美国国会图书馆，20 世纪 60 年代初转运到台北，现藏于台北图书馆。现中国国家图书馆善本阅览室回藏有该书的缩微胶片一卷。因原件不存于北京图书馆（今中国国家图书馆），所以《北京图书馆古籍善本书目》没有著录，但在《中国善本书提要》中有收录和简要介绍。此本今存卷二十七至三十一，卷三十七至三十八，残存各卷基本信息如下。

第一册、第二册：
晦庵先生朱文公语录卷二十七　黄义刚录二
第三册：
晦庵先生朱文公语录卷二十八　蔓渊录
第四册：
晦庵先生朱文公语录卷二十九　袭盖卿录　甲寅所闻
晦庵先生朱文公语录卷三十　廖谦录　甲寅所闻
晦庵先生朱文公语录卷三十一　孙自脩录　甲寅临安所闻
第五册：
晦庵先生朱文公语录卷三十七　曾祖道录　丁巳所闻
第六册：

---

① 见王重民：《中国善本书提要》，上海古籍出版社 1983 年版，第 224 页。

② 关于宋刻本《晦庵先生朱文公语录》，日本学者藤本信夫在《朝鲜本〈朱子语类〉考》一文的注释中有提及。汲古书院于昭和五十一年 11 月刊的《中国访书志》一书中有《晦庵先生朱文公语录》的介绍，藤本信夫以注的形式保存在《朝鲜本〈朱子语类〉考》中。

晦庵先生朱文公语录卷三十八　沈僩录　戊戌所闻

宋残刻本具有极高的学术价值，主要表现在以下几个方面。

（一）版本学价值

在汇集诸家各个“语录”时，《池录》属于黎靖德所辑诸录中的一个。在黎靖德序言所提及的《池录》《饶录》《饶后录》“蜀类”“徽续类”《建别录》众辑本中，目前能见到的只有《池录》。在今通行本前有序和诸本目录，还有嘉定乙亥黄榦的《池州刊朱子语录后序》：“李君道传贯之自蜀来仕于朝，博求先生之遗书；与之游者亦乐为之搜访，多得记录者之初本……凡三十三家。”[①]现存的《晦庵先生朱文公语录》即《池录》，残存六册七卷，目前为海内孤本，藏于台北图书馆。《池录》按弟子编排，残刻本一共保留了黄义刚、夏渊、袭盖卿、孙自脩、曾祖道、沈僩六个弟子的记录。经与黎靖德整理本比较发现，《晦庵先生朱文公语录》保留了未经整理前记录的最初状态。

《晦庵先生朱文公语录》一书，卷中“玄”“畜”“殷”“恒”“贞”“慎”都有缺笔，凡正文提及“高宗”“神宗”“太宗”“孝宗”“真宗”“本朝”“今天子”等字眼，均空格两到四个字的位置表示敬畏。

刻本中有许多内容是今天黎靖德整理本所没有的。例如以下文字，宋刻本有而今黎整理本无。

（1）而今看文字古聖賢底不差近世文字惟程先生張先生康節說得不差至如門人之說便有病中間嘗節中庸集略□節不成又有說得一節是第二節差了底雖是如此然而看得多覺得煞有得力處[②]

（2）林子武問宣王詩不知如何都使大臣去筑城先生曰也是不可曉對諸侯也是一件大事看召伯當時對仲伯仲山甫也去筑城但古制也有難考處且如漢筑長安城皆於數千里外調發來又皆只是數日□能恁地□萬里來做什麼都不曉古人之意且如說召伯既城王心載寧我徒我旅恁地帶許多人來也自是勞苦古人重民力又不知不只用地頭人卻用遠處人做什麼且如建州南劍上下筑城卻去

---

① 见朱熹：《朱子语类》，中华书局1986年版，第一册序《池州刊朱子语录后序》第2页。

② 《晦庵先生朱文公语录》卷二十七第一册，第52页。中间方框为文字残损，似为“又”或“更”。此段文字在《朱子抄释》卷二有部分保留。

建康府發人來這般都曉不得強為之說便穿鑿[①]

(3)陰陽老小以少者為主如震是少陽却奇一偶二[②]

(4)乾巽一邊為上震隨坤為下伏羲八卦[③]

(5)易道神便如心性情[④]

(6)厲多是這陽爻裏說[⑤]

(7)剛柔始交是震此是龜山說震一而得男也[⑥]

(8)天合作而剃髮也篆文天作而作[⑦]

(9)號平聲取兊象[⑧]

(10)致命猶言將這命送與他相似[⑨]

(11)艮其限是截作兩段去[⑩]

(12)安土是要對那樂天說[⑪]

(13)天只有五行不可問它因甚只有五行[⑫]

(14)康節也是一生二二生四四生八[⑬]

(15)於字猶治於人之於猶言見助於神明也[⑭]

(16)乾坤六爻不相似某嘗說聖人做這物事不是將箇印版子脱出來一箇箇得一樣他各自隨他道理若箇箇一樣便是揚子雲書了故說道易難看蓋緣後世諸儒都將這易做發明天地造化之理易本不是如是蓋易之作本專為教人用做卜筮然而它取象如那隨之時義這般底倒是後來添底初做卦爻時本不如此只是因那卦爻中有這箇道理故說出來說出來時本不為要發明這道理只是說道理在卦爻中時有這象人若占得這爻時便當因這象了看它下面占底且如坤六二云直方大坤卦中唯這一爻最純粹蓋五雖尊位卻是陽

① 《晦庵先生朱文公语录》卷二十七第一册,第 69 页。中间方框为文字残损,无法辨认。

② 《晦庵先生朱文公语录》卷二十八第三册,第 3 页。

③ 同上,"伏羲八卦"为小字。

④ 同上,第 4 页。此句话在《文公易说》卷十九有保留。

⑤ 同上,第 9 页。

⑥ 同上,第 15 页。

⑦ 同上,第 33 页。

⑧ 同上,第 36 页,"平聲"为小字。这句话在《文公易说》卷五有保留。

⑨ 同上,第 38 页。

⑩ 同上,第 41 页。

⑪ 同上,第 50 页。

⑫ 同上,第 54 页。《文公易说》卷十一有保留。

⑬ 同上,第 54 页。

⑭ 同上,第 66 页。《文公易说》卷十七有保留。

爻破了體了四重陰而不中三又不正惟此爻得中正所以就這說箇直方大此是說坤卦之本體然而本意卻是教人知道這爻有這箇德不帶習學而無不利人得這箇時若能直能方能大則亦不習無不利卻不是要發明坤到伊川有這箇病從頭到尾皆然①

(17)外物不接內欲不萌之際南軒以為之際二字當除去今程傳已無之際字②

(18)尹和靖守得緊但不活③

(19)或問必有事焉而勿正如何是正先生曰正有期待④

(20)伊川見朱光庭所編語錄云某在何必讀此若伊川不在則何不可讀⑤

(21)看來工夫寧詳勿略寧近勿遠寧拙勿巧寧下勿高⑥

(22)或問太極一陰陽先生云一陰陽道也陰陽器也⑦

(23)致知誠意自古來只有這話今經筵中亦只講此蓋外此無他道也⑧

(24)問格物以敬為主何先生曰敬者徹上徹下底工夫⑨

(25)或問巧言令色鮮矣仁曰它自使出了此心在外如何得仁⑩

(26)行之而不著焉行之而不明其當然也習矣而不察焉習之而不知其所以然也⑪

(27)忠近誠恕近仁一貫以聖人言之⑫

(28)自朝散大夫以上中奉大夫以下是舊日少卿監階官中大夫太中大夫是大卿監階官自通議大夫宣奉大夫通奉大夫以下是舊時左右仆射尚書中書門下階官⑬

(29)王不待大言不待大國而可以王如湯以七十里文王以百

① 《晦庵先生朱文公语录》卷二十八第三册,第 79 页。《文公易说》卷二有保留。
② 同上,第 80 页。《文公易说》卷六有保留。"今程傳已無之際字"八字为小字。
③ 《晦庵先生朱文公语录》卷二十九第四册,第 4 页。
④ 同上。
⑤ 同上,第 7 页。
⑥ 同上,第 8 页。
⑦ 《晦庵先生朱文公语录》卷三十第四册,第 14 页。
⑧ 《晦庵先生朱文公语录》卷三十一第四册,第 2 页。
⑨ 《晦庵先生朱文公语录》卷三十一第五册,第 12 页。
⑩ 同上。
⑪ 同上,第 30 页。
⑫ 同上,第 32 页。
⑬ 《晦庵先生朱文公语录》卷三十八第六册,第 11 页。另,该段下有小字"此條所記未備"。

里伯者則須有如是資力方可以服人[1]

(30)安邑在河中府濟水發源在此[2]

通过与中华本对校发现,宋残刻本保留了黎靖德未整理前的大量细节信息。

(1)問:"集注云:'德者,行道而有得於身也。'後改'身'作'心',如何?"[3]

宋刻本"问"下有"为政以德"四字,"如何"前有"此意"二字。[4] 这样的例子还有很多,例如中华本两个"安卿问",宋刻本作"陈安卿问"。[5] 中华本"叔器未达内外宾主之辨"一句,宋本"叔"前有"胡"字,"器"下有"说有不违仁章"六字。[6]

(2)林恭甫問此章。[7]

宋刻本"此章"作"鄙夫问于我'空空如也'。这'空空'是指鄙夫,是圣人自谦之辞"。

(3)叔器問集注心與事之分。[8]

宋刻本"叔"前有"胡"字,"集注心与事之分"作"智者之事仁者之心"。

(4)若是,不必遜,則終未免有怨悔;若有怨悔,則讓便未得爲是。[9]

宋刻本此句下另有一句:"不必逊而逊,则终未免有怨悔,若有怨悔则让,便未得为是。"

(5)要看易,須當恁地看,事物都是那陰陽做出來。[10]

宋刻本此下有小字:"甘本注其体谓之易此体是个骨子。"

---

① 《晦庵先生朱文公语录》卷三十八第六册,第 32 页。

② 同上,第 41 页。下有小字"當考"。

③ 《朱子语类》,中华书局 1986 年版,第 536 页第 4 段。

④ 《晦庵先生朱文公语录》卷二十七第一册,第 3 页。

⑤ 《朱子语类》,中华书局 1986 年版,第 2115 页。《晦庵先生朱文公语录》卷二十七,第 7—8 页。

⑥ 《朱子语类》,中华书局 1986 年版,第 787 页。《晦庵先生朱文公语录》卷二十七,第 28 页。

⑦ 《朱子语类》,中华书局 1986 年版,第 960 页。《晦庵先生朱文公语录》卷二十七第一册,第 21 页。

⑧ 《朱子语类》,中华书局 1986 年版,第 819 页。《晦庵先生朱文公语录》卷二十七第一册,第 23 页。

⑨ 《朱子语类》,中华书局 1986 年版,第 881 页。《晦庵先生朱文公语录》卷二十七第一册,第 26 页。

⑩ 《朱子语类》,中华书局 1986 年版,第 1895 页。《晦庵先生朱文公语录》卷二十八第三册,第 51 页。

宋刻本保留了较多当时的语境和细节信息，通过比较，可以看出黎靖德整理删改时的一些通例和原则。宋刻本保留了较为完整的“先生曰”“显道曰”“答曰”等细节成分，黎本则统一作“曰”，宋刻本在弟子师生问答信息的记录上，一般都有姓、名或字，如“陈安卿”“胡叔器”“蔡仲默”等，黎本大都简化为“安卿”“叔器”“仲默”等，去掉姓，只保留名或字，少数情况保留姓，去掉名或字，如“胡问”。

宋刻本还保留了大量的成段的异文，可以和后世的黎本做对比。例如：

(1)而今只據我恁地推測，不知是與不是，亦須逐一去看。然到極處，不過只是這箇。(33 页)

“亦须逐一去看。然到极处，不过只是这箇。”宋刻本作“但是我恁地说他箇无形无状，去何处验证？只去切己理会，此等事久而自会得”。

(2)便如易是卜筮底物事，這箇却方是說他理，未到那用處。到下面“是以明於天之道”，方是說卜筮。(1926 页)

此句话宋刻本作：“这是它有那神，以知来知以藏往，又说箇斋戒以神明其德，皆是得其理不假其物。”

(3)形是這形質，以上便爲道，以下便爲器，這箇分別得最親切，故明道云：“惟此語截得上下最分明。”又曰：“形以上底虛，渾是道理；形以下底實，便是器。”(1935 页)

这段话宋刻本作：“形而上者、形而下者、形以上底虚浑是道理。形以下底实便是器。这箇分别得精切。明道说：‘只是这箇截得上下最分明。’又曰：‘形是这形质，以上便为道，以下便为器。这箇分别得最亲切。’故明道云：‘惟此语截得上下最分明。’”

宋刻本还保留了一部分观点与黎整理的后世传本观点有差异的材料，这些内容，也许可以为朱熹思想史的研究提供一定的现实材料。例如：

(1)宋刻本：“有性焉”，是充满道心，欲其無不及也。(卷二十九，19 页)

中华本：“有性焉”，是限則道心，欲其無不及也。(卷六十一，1462 页第 5 段)

(2)宋刻本：近思錄既載“鬼神者造化之跡”，又載“鬼神者二氣之良能”，似乎不同。(卷二十九，21 页)

中华本：近思錄既載“鬼神者造化之跡”，又載“鬼神者二氣之良能”，似乎重了。(卷九十五，2419 页第 6 段)

宋刻本作为唯一流传至今的“语录”，对于后世“语类”的成书有着直接的材料来源关系。由于成书时间早，大量原始材料未经删削改易，版本面貌更加接近记录的原貌，尽管是残本，但其版本价值是巨大的，有待继续深入挖掘。

(二)语言学价值

宋刻本保留了大量丰富的异文材料。通过与中华本的校勘整理，笔者发现了一大批有价值的异文，可为语言研究提供诸多宝贵的材料。《朱子语类》是宋儒语录中篇幅最大、最具口语特征的一种文献，可作为南宋文人口语研究的反映。《晦庵先生朱文公语录》成书时间早，且未经黎靖德整理删削，因此，与黎本校勘之后的异文语料具有十分重要的研究价值。

1. 文字异文丰富

例如，“疏”与“踈”、“效”与“効”、“箇”与“个”、“玅”与“妙”、“飢”与“饑”、“芘”与“庇”、“恤”与“卹”、“參”与“三”、“己”与“已”、“直”与“真”、“概”与“槩”、“修”与“脩”、“疋”与“劈”、“義”与“义”、“須”与“湏”、“翻”与“飜”、“救”与“捄”、“阱”与“穽”、“博”与“愽”、“嫂”与“㛐”、“欲”与“慾”、“饑”与“飢”、“昏”与“昬”、“駁”与“駮”、“桌”与“卓”、“總”与“揔”、“帖”与“貼”等。大量的文字异文，为宋代文字研究、刻本用字研究提供了大量鲜活的第一手材料。

2. 大量的词语异文，为词语考释和辨析提供了丰富的材料

例如，“程先生说得絮”[①]，“絮”，宋刻本作“忉怛”。“絮”和“忉怛”都是指人说话唠叨、啰嗦。单音节“絮”和双音节的“忉怛”意思基本相同，但在语体和使用语境上存在一定的差别。“才见一庸人胡说”[②]，宋本“胡”作“胡乱”。“胡说”和“胡乱说”体现在语体上，宋刻本显得更加口语化，也许更加接近未经整理修改前的语言面貌。

近义词异文词语数量多，为同近义词的辨析、异形词的考辨、汉语词汇史的研究提供了大量材料。“便只是一箇渾淪道理”[③]，宋刻本“渾淪”作“鶻淪”。“渾淪”和“鶻淪”都是囫囵、整个儿的意思，在宋代口语中比较常见。“時時提撕警策”[④]，宋本“警策”作“警發”。“警策”和“警發”近义但不同义，两者都有鞭策督促的意思，宋刻本使用“警發”有警醒奋发的意思。除此之外，还有“謙遜”与“廉遜”、“襯貼”与“稱貼”、“渾淪”与“鶻淪”、“澆灌”与“澆

① 《朱子语类》，中华书局 1986 年版，第 2827 页。《晦庵先生朱文公语录》卷二十七，第33 页。

② 《朱子语类》，中华书局 1986 年版，第 92 页。《晦庵先生朱文公语录》卷三十，第 15 页。

③ 《朱子语类》，中华书局 1986 年版，第 2828 页。《晦庵先生朱文公语录》卷二十七，第34 页。

④ 《朱子语类》，中华书局 1986 年版，第 319 页。《晦庵先生朱文公语录》卷三十八，第 40 页。

溉”、“偷閒”与“脩然”、“發泄”与“發洩”、“發揚”与“發搗”、“秋采”与“秋採”、“詳審”与“詳密”、“逼塞”与“偪塞”、“差排”与“安排”、“潦草”与“老草”、“差誤”与“差互”、“搏摸”与“搏撲”、“包認”与“抱認”等版本异文词语。很多异文词语，仅仅出现于宋刻本，不见于黎整理本，例如“困善”“廉遜”“稱貼”“澆溉”“桔槔”“老草”“懇請”“分額各屬”等，有的《汉语大词典》词目失收，例如“承替”“懸虚”“秋採”等。

(三)校勘学价值

宋刻本大量的校勘材料还为今天比较精善的本子，如中华书局点校本，提供了诸多可供参考的文本校释依据。一些文本错误，几乎在黎整理本的各后世传本中都一直延续，因此宋刻本《晦庵先生朱文公语录》可从源头上纠正黎本成书以来，流传几百年的各时期刻本一直存在的错误。例如：

(1)“君氏注似專責在上者不能盡爲君之道”[①]，宋刻本“君”作“尹”。检索全文，“尹氏”78 例，“君氏”仅此 1 例，“尹氏”为“尹合靖”。“君氏”当据宋刻本改为“尹氏”。

(2)“如子夏，乃枝葉之功”[②]，宋刻本“功”作“助”。根据前一句“不假枝葉之助也”判断，“功”为“助”之形误，当据宋刻本改。

(3)“往來是感應合當底，憧憧是私。感應自是當有，只是不當私感應耳”[③]，宋刻本此段前有“憧憧往來”四字。此段文字阐释“憧憧往來”，分别解释“往來”和“憧憧”。可见这段文字有脱漏，当据宋刻本补上，否则整段意思突兀。

经笔者仔细考察，可为现通行本——中华书局版《朱子语类》提供文本校释依据的有三十余条。这些校勘材料，可以补正现通行本的错误，可为《朱子语类》及朱熹的相关研究提供一些全新的材料。

二、《晦庵先生语录大纲领》

《晦庵先生语录大纲领》，宋廖德明等辑。《朱子语录姓氏》载其癸巳(乾道九年，即 1173 年)以后所闻，这是廖德明师从朱子有明确年号的最早

---

① 《朱子语类》，中华书局 1986 年版，第 611 页。《晦庵先生朱文公语录》卷二十七，第 2 页。

② 《朱子语类》，中华书局 1986 年版，第 1010 页。《晦庵先生朱文公语录》卷三十七，第19 页。

③ 《朱子语类》，中华书局 1986 年版，第 1812 页。《晦庵先生朱文公语录》卷二十八，第31 页。

的记载。[①] 原书框高 15.8 厘米，宽 10.7 厘米，细黑口，左右双边。原件藏于国家图书馆善本阅览室，北京图书馆出版社 2003 年 12 月影印，作为中华再造善本书系出版。

该书一共三册十卷，其中附录又分为上、中、下三卷，一共收录了朱熹门人十三家所记语录。该书卷首存有藏书家书写的题记："宋板晦庵語錄，孟蘋先生收藏宋元板極富。云此書亦可備一格因以貽之。壬戌冬季儆廬識于京師。"

本书涉及的十三个弟子是：廖德明、余大雅、陈文蔚、李闳祖、叶贺孙、潘时举、杨道夫、沈僩、万人杰、董铢、徐寓、金去伪、林夔孙。每卷按内容归类，同一内容下再按弟子进行分类。例如正文第一页，首先是标题"晦庵先生語錄大綱領之一"，接下来是"門人十三家所錄"。"心性情才"这一内容下，依次罗列廖德明、余大雅、李闳祖等弟子所记内容。

全书目录如下：

卷一 心性情才（六十六条）

卷二 命（四条）

卷三 道德（两条） 道（五条） 德（四条） 诚敬（十六条）

卷四 礼义仁智（四十二条）

卷五 礼乐（四条） 忠恕（十条） 忠信（八条）

卷六 中庸、中和（六条） 言行（五条） 志意（两条） 忿欲、喜怒、善恶、吉凶（五条）

卷七 贤者功用（三十六条）

卷八 贤者功用（五条） 一致之理（六条） 经权（两条） 信顺（两条）

卷九 明经（四十一条）

卷十 尚论圣贤（二十二条） 阴阳造化（十条） 鬼神（五条）

《晦庵先生语录大纲领》按主题及弟子编排，比较方便查看同一主题内容，以及不同弟子的记录有何不同。例如卷五"忠恕"一共十条。以下是几个弟子的记录：

---

① 方彦寿：《朱熹书院门人考》，华东师范大学出版社 2000 年版，第 56—59 页。

主於內為忠，見於外為恕。忠是無一毫自欺處，恕是稱物平施處。（廖德明录）

忠因恕見，恕由忠出。（李闳祖录）

忠恕，一以貫之者，忠也；以貫之者，恕也。體一而用殊。（万人杰录）

天地變化是忠，草木蕃是忠，恕則一恕，則萬壯恕如春，不恕如冬。（徐寓录）

天地是無心底忠恕，聖人是無為底忠恕，學者是求做底忠恕。（沈僩录）

中华书局点校本卷二十七第670—672页也汇集了汤泳、程端蒙、辅广、陈淳等其他弟子对忠恕的记录，可以相互对照，有的中华本没有，有的语词表达有差异，可联系起来看。

《晦庵先生语录大纲领》作为“语录”的精选，按内容分类，罗列弟子的记录。全书一共四万字左右的篇幅。各位弟子记录内容的条目数量分布如下：

弟子 数量 内容	廖德明	余大雅	陈文蔚	李闳祖	叶贺孙	潘时举	杨道夫	沈僩	万人杰	董铢	徐寓	金去伪	林夔孙
心性情才	13	9		5	9	5	4	1	7	3	3	2	4
命	1		1						1	1			
气质　气	8	1	1	1	2			1		1			
道德									2				
道									5				
德	1						3						
诚敬	4	4		4	1	1		1	1				
礼义仁智	7	2		7	7	5	2	1	6	5	4		
礼乐	1					1				1	1		
忠恕	1	2		3				1	1	1	1		
忠信	1			1							1		
中庸　中和	2	1		1				2					

续 表

内容 \ 数量 \ 弟子	廖德明	余大雅	陈文蔚	李闳祖	叶贺孙	潘时举	杨道夫	沈僩	万人杰	董铢	徐寓	金去伪	林夔孙
言行	2			1	1						1		
志意				1	1								
忿欲 喜怒 善恶 吉凶	1	1	2										
贤者功用(卷七)	7	3	2	8	4	2	3	1	3	3			
贤者功用(卷八)	1						1		1				
一致之理			2	5									
经权				1						1			
信顺							2						
明经													
尚论圣贤													
阴阳造化													
鬼神													

全书正文一共收录弟子语录308条。卷一到卷八，明确标明各项内容的数量及记录弟子。其中，卷六“忿慾喜怒善惡吉凶”这一节，“遺書云治怒難治懼亦難克己可以治怒明理可以治懼若於道理見得了何懼之有”未标明出自哪一个弟子，原书该内容后仅有“○以上見”，“見”后空缺。经查阅，中华本归入义刚[①]，但《晦庵先生语录大纲领》所载十三家弟子没有义刚。

卷八“賢者功用”，标明“凡五條”，仅有前三条明确标明分别是廖德明录、万人杰录和杨道夫录，余下两条同样是以“○以上見”作结，“見”后空缺。两段文字内容如下：

(1)問程子曰下學而上達意在言表曰意在言表如下學只是下學如何會上達自是言語形容不得下學上達雖是兩見理會得透只

① 见《朱子语类》卷一百二十，第2885页第2段：“胡叔器问：‘每常多有恐惧，何由可免？’曰：‘须是自下工夫，看此事是当恐惧不当恐惧。遗书云：治怒难，治惧亦难。克己可以治怒，明理可以治惧。若于道理见得了，何惧之有！’”黎靖德整理本将“遗书云”合入朱熹与胡叔器的对答话语中，并在句末明确标明记录者“义刚”。

是一件下學是事上達是理理在事中事不在理外一物之中皆具一理就物中見理便是上達如大而化之之謂聖聖而不可知之為神然亦不離人倫日用之中但恐人不能盡所謂學耳

(2)問居天下之廣居立天下之正位行天下之天道曰大槩只是無些子偏曲且如此心廣然無一毫私意直與天地同量這便是居天下之廣居便是居仁到自家立身更無些不當於理這便是立天下之正位便是守禮及推而見於事更無些不合於義這便是行天下之大道便是由義論上面兩句則居廣居是體立正位是用一兩句則立正位是體行大道是用要知能居天下之廣居自然能立天下之正位行天下之大道

经查阅，两段文字在后世传本中均有保留。第(1)段文字在中华本卷四十四第1141页第5段，文字表述略有差异，记录的弟子是徐寓。第(2)段文字在中华本卷五十五第1315页第2段，文字表述略有差异，记录的弟子是林恪，林恪也不在《晦庵先生语录大纲领》所载十三家弟子之中。

卷九、卷十的“明经”“尚论圣贤”“阴阳造化”“鬼神”均没有分类标明弟子，所以没有数据统计。

《晦庵先生语录大纲领》一书，作为留存至今的宋刻本，版本价值巨大。学术界目前还没有人关注，虽然有类似“选本”的性质，大部分语录条目在后世传本中有保留，也有差异，但还没有学者做过全面深入的考察，其学术价值有待开掘。

第二节　明抄本《晦庵先生朱文公语录》和明刻本《晦庵先生语录类要》

一、明抄本《晦庵先生语录类要》

明抄本《晦庵先生朱文公语录》，来源于宋刻本《晦庵先生朱文公语录》，它和宋刻本一样都是《池录》。该书版框高26.5厘米，宽15.7厘米。五册一函，该书现残存十卷。每页十行，众人所抄，每行字数不定，字体也不甚工整。该抄本与宋刻本都藏于台北图书馆，国家图书馆善本室回藏胶卷一卷。

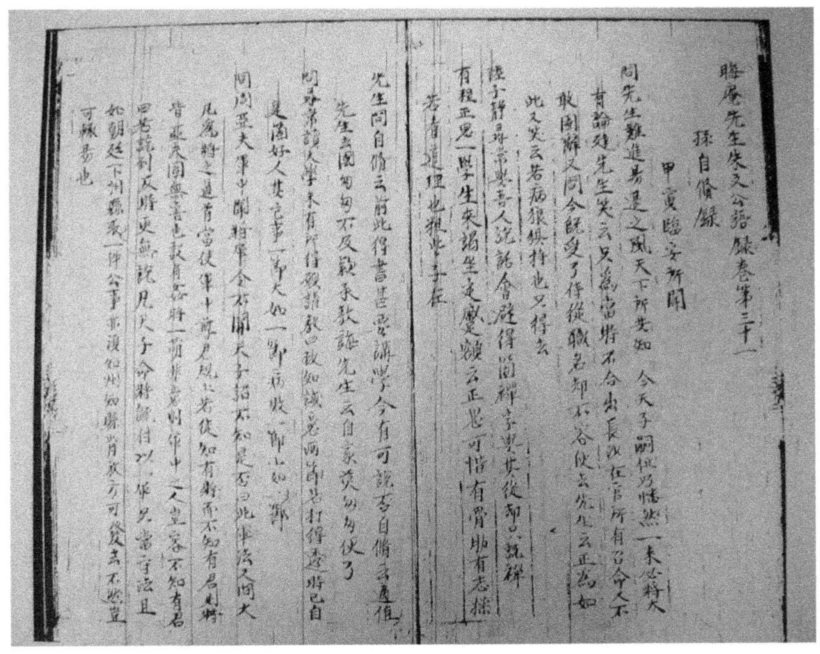
晦庵先生朱文公語録卷第三十一
孫自脩録
甲寅臨安所聞

图 2　明抄本《晦庵先生朱文公语录》(局部)

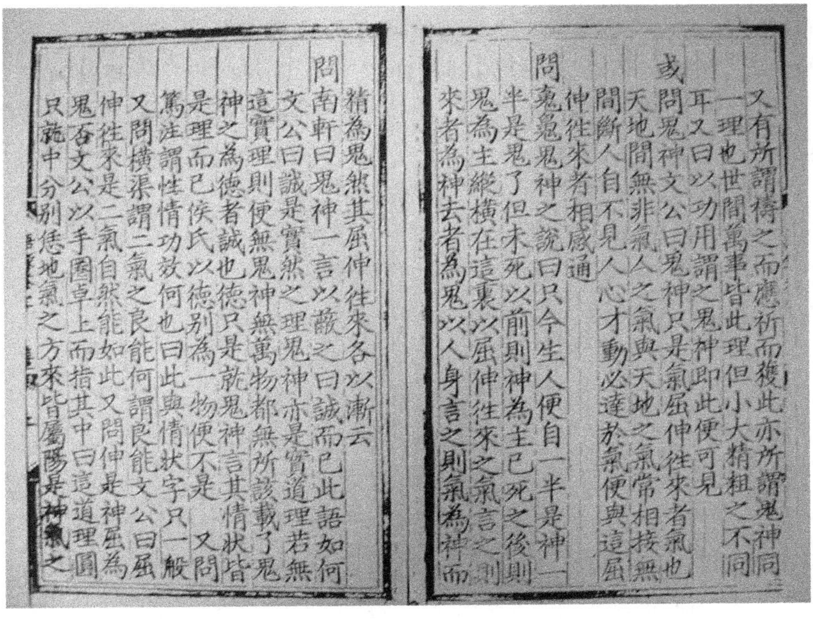

又有所謂禱之而應祈而獲此亦所謂鬼神同
一理也世間萬事皆此理但小大精粗之不同
耳又曰以功用謂之鬼神即此便可見
或問鬼神文公曰鬼神只是氣屈伸往來者氣也
天地間無非氣人之氣與天地之氣常相接無
間斷人自不見人心才動必達於氣便與這屈
伸往來者相感通
問魂魄鬼神之說曰只今生人便自一半是神一
半是鬼了但未死以前則神為主已死之後則
鬼為主縱橫在這裏以屈伸往來之氣言之則
來者為神去者為鬼以人身言之則氣為神而
精為鬼然其屈伸往來各以漸云
問南軒曰鬼神一言以蔽之曰誠而已此語如何
文公曰誠是實然之理鬼神亦是實道理若無
這實理則便無鬼神無萬物都無所該載了鬼
神之為德者誠也德只是就鬼神言其情狀皆
是理而已侯氏以德別為一物便不是　又問
篤注謂性情功效何也曰此與情狀字只一般
又問橫渠謂二氣之良能何謂良能文公曰屈
伸往來是二氣自然能如此又問伸是神屈為
鬼否文公以手圈卓上而指其中曰這道理圓
只就中分別恁地氣之方來皆屬陽是神氣之

图 3　明刻本《晦庵先生语录类要》(局部)

明抄本今存卷二、卷五、卷六、卷十三、卷二十九、卷三十、卷三十一、卷三十二、卷三十三、卷三十八。残存各卷基本信息过录如下：

晦庵先生朱文公語錄卷第二　輔廣錄　甲寅都下所聞

丙晨冬丁巳春竹林精舍所錄

晦庵先生朱文公語錄卷第五　李閎祖錄　戊申所聞

晦庵先生朱文公語錄卷第六　李方子錄　戊申五夫所聞

晦庵先生朱文公語錄卷第十三①

晦庵先生朱文公語錄卷第二十九　襲蓋卿錄　甲寅所聞

晦庵先生朱文公語錄卷三十　廖謙錄　甲寅所聞

晦庵先生朱文公語錄卷三十一　孫自脩錄　甲寅臨安所聞

晦庵先生朱文公語錄卷三十二　潘時舉錄　甲寅所聞

晦庵先生朱文公語錄卷三十三　湯泳錄　乙卯所聞

晦庵先生朱文公語錄卷三十八②

与宋刻本比对，明抄本重复的有卷二十九、卷三十、卷三十一、卷三十八，明残抄本独有的是卷二（辅广录）、卷五（李闳祖录）、卷六（李方子录）、卷十三（残破不清）、卷三十二（潘时举录）。与宋刻本相比，卷名、语录条目的排序完全一致，不同之处在于明抄本在卷数和记录著者之下，保留有记录的时间，有的还有地点，如“乙卯所闻”“甲寅都下所闻”“甲寅临安所闻”。这一备注，使得朱熹讲学的内容、弟子记录的时间地点都有明确的依据可查。

将明抄本与宋刻本抽对若干，笔者发现明抄本存在一些誊抄错误，主要是音形讹误，例如卷二十九，第一页“瞽者見之”，明抄本“之”抄作“知”，第二页“或問聖知”，明抄本“知”抄作“如”。卷三十一第一页“若病得狼狽時”，明抄本“時”抄作“持”，同一页“及與其徒，却只説禪”，明抄本漏“及”字。

明抄本与宋刻本不重复的部分，是目前能看到的《池录》的一部分，因此也具有较高的学术价值，宋刻本与明抄本不相交的部分，可以作为还原《池录》的重要依据。明抄本也可以作为早期材料与黎本相关内容进行比较和校勘，但因出自众人之手，可能部分书写者文化修养不是很高，字形字

① 该卷残破严重，标题记录时间缺损。根据残存内容与中华本比对判断，当为董铢所录。

② 该卷前后残破严重，根据残存内容与中华本比对判断，当为沈僩所录。

体不甚工整，部分页面书写疏密不均，形体大小不一，甚至龙飞凤舞，错讹肯定难免，使用时要慎重。

二、明刻本《晦庵先生语录类要》

明刻本《晦庵先生语录类要》，宋叶士龙辑，明成化六年韩俨刻本。一共五册，每页十一行，每行十九字，黑口四周双边。该书现存于国家图书馆，原件书号01429。封面题写“晦庵语录”四字。现存第七至十四、十六至十八卷。每卷卷数下有“勉斋黄先生门人括苍叶士龙编次”字样。残存各卷内容如下：

晦庵先生語錄類要卷第七　鬼神（缺第十三页）
晦庵先生語錄類要卷第八　古今人物（缺第二十四页）
晦庵先生語錄類要卷第九　君道
晦庵先生語錄類要卷第十　祭禮
晦庵先生語錄類要卷第十一　古今事類
晦庵先生語錄類要卷第十二　政術
晦庵先生語錄類要卷第十三　科舉
晦庵先生語錄類要卷第十三　科舉
晦庵先生語錄類要卷第十四　學術
晦庵先生語錄類要卷第十六　論□□□史古今文[①]
晦庵先生語錄類要卷第十七　讀書法
晦庵先生語錄類要卷第十八　議論

《晦庵先生语录类要》的跋为：

右《文公語錄類要》十八卷，故考亭書院堂長澹軒葉氏手編之書也。堂長諱龍字雲叟。弱冠由括蒼來考亭從勉齋游困家馬學成，行尊臺郡，迎致講說為諸生領袖。

叶士龙，勉斋学派黄榦的学生，相当于朱熹的再传弟子。他根据朱熹与学生讲学问答的记录，分门别类，拟定主题，编辑了《晦庵先生语录类要》

① “論”下三字残。

十八卷。此书《四库总目》没有收，其他目录书也鲜有著录。[①] 关于《晦庵先生语录类要》的来源、传承，《宋元学案》卷六十三有记载：

> 士龍字雲叟，號淡軒，括蒼人。後遷居長樂之唐石，從黄勉齋學，嘗為考亭書院堂長。先是朱子歿後，李氏輯刻其《語錄》於池陽，稍後有黄氏《语类》，楊氏《語略》，勉齋並致不滿。士龍從勉齋游，得聞勉齋所聞於朱子者，因就《文公遺書》，輯為《語錄格言》十九卷。後徐幾為改題今名，而去第十九卷之言兵事者。元大德六年，詹天祥依徐幾校本刻之；此則成化六年，婺源縣知縣韓儼重刻詹本者。

由此可见，明刻本《晦庵先生语录类要》一书，从时间上看是在当时已经出现了李道传的《语录》(即《池录》)、黄士毅的《语类》和杨与立的《语略》的基础和前提下编辑的，由于对先前问世的《语录》和《语类》不甚满意，所以另从《文公遗书》中掘取精华，分门别类，汇总成书。该书的早期形态是《朱子语类格言》十九卷，后删去兵事一卷后形成十八卷本的《晦庵先生语录类要》。《晦庵先生语录类要》虽是后出，但不是直接从《池录》、黄士毅的《语类》和杨与立的《语略》中摘取，所以粗略看，与前面各本比较，是大同小异，但仔细校勘可以发现，文字的表述和语词的选择及排列组合有很多不同。从整体上来看，内容的安排和条目的选择，体现了叶士龙作为再传弟子对朱熹思想的理解和把握。

第三节　朝鲜徽州古写本《朱子语类》

黎靖德本《朱子语类》成书以后，七百多年来，一直占据主导和统治地位。直到 20 世纪 80 年代，日本九州大学图书馆将其珍藏的朝鲜徽州古写本《朱子语类》(以下简称朝鲜本)公之于世，人们才知道，在黎本以前还有一个更早的本子。朝鲜本系摹写徽州宝祐二年再校本，宝祐二年再校本目前已见不到，但因朝鲜本得以流传。[②] 朝鲜本成书早于黎靖德本，采用的材料与黎本大体一致，但取舍上有较大差异，且内容细节上更加丰富完整，语

① 王重民：《中国善本书提要》，上海古籍出版社 1983 年版，第 224 页。

② 徐德明：《朱熹著作版本源流考》，中国文联出版社 2000 年版，第 125—127 页。

言更加口语化。

该书1982年7月由日本中文出版社影印出版，分上下两册，一共1904页。影印本全名《朝鲜古写徽州本朱子语类》，台湾“国家图书馆”有藏，经检索，没有发现国内各大图书馆有藏。目前，华东师范大学古籍所有一部复印本。2002年，上海古籍出版社和安徽教育出版社出版《朱子全书》，其所收《朱子语类》，在点校时就采用了这个本子作为重要的参校本。上海师范大学古籍所于2008年亦从日本复印了这一古写本。

朝鲜本《朱子语类》，严格地说，与黎靖德本《朱子语类》不是同一部书。朝鲜本是早于黎靖德“徽类”《朱子语类》，即徽州紫阳书院翻刻的黄士毅编辑本。[①] 比对校勘发现，朝鲜本规模小于黎本，分卷大致一致，但其内容的安排取舍存在较大差异。朝鲜本成书早于黎本，是通行本黎本的蓝本和主要来源，因此具有较高的学术价值。朝鲜本对于通行本《朱子语类》的成书研究、文本研究，朱熹的思想研究，都有十分重要的价值和意义。

黄士毅编的《朱子语类》，是用《池录》作为底本的，并且加上了三十八家：[②]

> 右 《語錄》總成七十家。除李侯貫之已刊外，增多三十八家。或病諸家所記互有重複，乃類分而考之。蓋有一時之所同聞，退各抄錄。見有差等，則領其意者，斯有詳略。或能盡得於言，而語脈間斷，或就其中粗得一二言而止。今惟存一家之最詳者，而它皆附於下。至於一條之內，無一字之不同者，必抄錄之際嘗相參校，不則非其聞而得於傳錄，則亦惟存一家，而注“與某人同”爾。既以類分，遂課繕寫，而略為義例以為後先之次第。有太極然後有天地，有天地然後有人物，有人物然後有性命之名。而仁義禮智之理則人物之所以為性命者也……凡不可以類分者，則雜次之，而以作文終……
>
> 然始焉妄易分類之意惟欲考其重複。及今而觀之，則夫理一而名疏，問問同而答異者，淺深詳略，一目在前，互相發明，思已過半。至於群經，則又足以起《或問》之所未及，校《本義》之所未定，補《書說》之所未成。而《大學章句》所謂“高入虛空，卑流功利”者，皆灼然知其所指，而不為近似所濤溺矣。誠非小補者！

---

① 朱杰人、严佐之、刘永翔主编：《朱子全书》第14册，上海古籍出版社2010年版，第1—2页。

② 《朝鲜古写徽州本朱子语类》，日本中文出版社1982年版，第9—11页。

黄士毅的序言，对于分类的用处，说得十分清楚。他紧紧抓住一个“理”，即“太极”。在编辑过程中，黄士毅以《池录》为底本，进行了一些修订。卷三十五所收的陈埴的记录，实则是朱熹写给陈埴的一封信，而不是语录；辅广的“广录”，朱熹曾经做过修改，但在收入《池录》时，有三十多条“广录”内容仍然是按照“广录”所收的原文，没有按照朱熹修改后的文字，“蜀类”所以加以修正；《池录》所收的语录，有的地方折成了好多条，如窦从周所记，但“蜀类”依据旧本而不依据《池录》；有的记录同一件事，各家所记，文字上有一些差异，《池录》所收，有的与原抄本页有差异，“蜀类”收录时择其要，并做简单的注释。[①] 由此可见，黄士毅在编辑“蜀类”时，是经过一番认真思索和整合处理的，对于朱熹思想具有深刻的理解和把握。特别是对条目和类目的选择和安排，二十六个门目有机联系，围绕“理”，构成一个思想体系。因此，他所编辑的“语类门目”几乎完全被黎靖德沿用。

朝鲜本与黎靖德本总体规模相当，分卷基本一致，卷一百〇一与一百〇三、卷一百三十八、一百三十九、一百四十互有杂错，表现在朝鲜本卷一百〇一“程子门人”下的子目与黎本有差异。朝鲜本依次为总论、吕与叔、谢显道、杨中立、游定夫、李先之。黎本在此基础上增加侯希圣、尹彦明、张思叔、郭立之、胡康侯，无李先之。朝鲜本卷一百〇二与卷一百〇三卷目分别为“罗氏门人、胡氏门人”和“杨氏门人、尹氏门人”，黎本对调且内容互相有错杂。朝鲜本“尹氏门人”下的郭立之归入程子门人下。黎本“杨氏门人”下无胡仁仲。卷一百三十八至一百四十，朝鲜本内容依次为论文上、论文下、杂类，黎本为杂类、论文上、论文下和拾遗、问疑。

朝鲜本保留了许多通行本所没有的内容。例如：

義剛言[②]，朝鲜本“義”上有三十九字：“義剛歸有日，先生曰：‘公這數日也莫要閑。’義剛言：‘伯靖在此數日，因與之理會天度。’問：‘伯靖之說如何？’”

以卷八十三至九十三为例，有许多的段落就是黎本没有，朝鲜本独有的：

卷八十三黄问（影印本 1231 下）、问滕本侯爵（1234 下）、公孙敖（1234 下）、我思古人（1237 下）、左氏（1238 下）、近时言春秋（1240 下）共计六条。

卷八十四东坡（1245 上）、礼经难考（1245 上）、古礼（1252 上）共三条。

卷八十五今之仪礼（1257 下）、河间献王（1257 下）、旅酬（1260 上）、问

① 姚瀛艇：《黄士毅与〈朱子语类〉》，《河南师范大学学报》（哲学社会科学版）1982 年第 4 期。

② 《朱子语类》，中华书局 1986 年版，第 15 页。

妾母之称(1261 下)、李守约(1263 上)、绎祭(1263 上)共六条。

卷八十六问大司徒(1270 上)、王受贤能之书(1272 下)、淳问(1273 下)、问复仇之义(1274 下)、大凡(1276 上)共五条。

卷八十七郑康成(1278 上)、汉儒(1278 上)、王子(1281 下)、问王制(1281 下)、又如汉初(1283 上)、爱是泛爱(1284 下)、礼器(1284 下)、礼记只是解仪礼(1285 上)、易直字谅(1289 下)、祭易中(1291 上)、嗜欲将至(1291 上)、婚礼(1291 下)、谓以礼退(1293 上)、王出户(1293 下)、问改葬(1293 下)共十五条。

卷八十八无。

卷八十九敬夫在广西(1297 上)、淳问程氏昏礼(1297 下)、某定婚礼(1298 上)、正淳问三年之丧(1301 上)、先生长子小祥(1302 下)、或问祖母服(1302 下)、或问女子已嫁(1302 下)、人家墓圹(1303 下)共八条。

卷九十辅汉卿问天神地示之义(1305 上)、地祇者(1305 上)、天地合祭(1305 上)、郊祀天子登坛(同上)、问南北郊(同上)、问祭天地山川而用牲(1306 上)、刘歆说文武为宗(1308 下)、问本朝十一室(1309 下)、古人所以附于祖者(1310 上)、今不立昭穆(1310 上)、只祭始祖(1310 上)、王者帝其祖之所自出(1310 下)、春秋传毁庙之道(1311 上)、神主之位东乡(1314 下)、李丈问祭仪(1315 上)、始祖之祭(1317 上)、李丈问立春先祖之祭(1317 下)、祭礼主人作初献(1320 上)、饮福受胙即尸酢(1320 上)、问三年而后葬(1320 上)共二十条。

卷九十一皇太子参决时见宰相(1324 下)、近日上殿礼简(1324 下)、问朝见午蹈之礼(1324 下)、黄直卿言廖子晦作宰不廷参(1325 上)、古人上下之分虽严(1325 下)共五条。

卷九十二律管只以九寸为准则(1327 下)、子路问(1333 下)共两条。

卷九十三先生曰孔子之言(1335 下)、杨至之云看孟子(1335 下)、孔子只说中信笃敬(1336 上)、孔子问答曾子(1336 下)、又云且如空门教人(1337 上)、圣人说话(1338 上)、国初人便已崇礼义(1338 上)、近读一小集(1339 下)、胡叔器问横渠似孟子(1340 下)共九条。

朝鲜本保留了许多未经删改的语言环境和背景信息。例如：

性相近①,朝鲜本作“夫子言性相近”。

可學②,朝鲜本作“明道語見程都公墓志可學”。

---

① 《朱子语类》,中华书局 1986 年版,第 1177 页。

② 同上,第 1199 页。

朝鲜本保留了许多未经删减的口语化表达。例如：

有只恁平直說後自好底[1]，朝鲜本“恁”下有“地去”二字，“平直”下有“處”字。

朝鲜本可为今天使用较广的中华书局点校本提供大量有价值的文本校释依据。例如：

因指坐門搖扇者曰：“人熱，自會搖扇，不是欲其搖扇也。”[2]

朝鲜本“門”作“間”。中华本全文“坐間”一共出现 13 例。通过考察发现，“坐間”指朋客师生围坐在一起，进而引申可以指围坐在一起的师生或朋客，例如“先生問坐間學者”（686 页）、“坐間舉佛書亦有克己底說話”（1052 页）、“坐間朋友問是誰做”（2187 页）、“且如坐間說時事”（2740 页）等。此处因不明白“坐間”的意思误将其误为“坐門”。

佛家所謂視聽，甚無道理。且謂物雖視前，我元不曾視，與我自不相干。[3]

朝鲜本“視”作“現”。“視”，中华本出注：“‘視’，各本同，似當作‘現’。”朝鲜本为中华本的疑问提供了现实依据。“視”为“現”之误。

通过将中华本《朱子语类》（即黎靖德传本系统），与黄士毅本《朱子语类》和《池录》（即《晦庵先生朱文公语录》）进行比较，大量的共同点可以进一步证实，黄士毅编辑《蜀类》时，直接征引了《池录》，是以《池录》作为底本进行编辑的。具体表现如下：

每卦當六十四分（1617 页），“十”，朝鲜本及朱文公易说卷二作“日”，宋本也作“日”。

王輔嗣伊川說底各做一樣看（1645 页），朝鲜本“看”下有“方得”，宋本同。

仁是箇道理（1706 页），朝鲜本“是”前有“只”字，宋本同。

說最親切（1704 页），朝鲜本“說”下有“得”字，宋本同。

至是要到那處而未到之辭（1725 页），朝鲜本“那”下有“去”字，宋本同。

手把攣住之象（1756 页），朝鲜本“手”上有“如”字，宋本同。

耕而不必穫（1800 页），宋本无“不”字，朝鲜本也无。

這箇只說理底意思多（1928 页），朝鲜本“只”作“则”，宋本同。

為乾卦（1974 页），《朱文公易说》卷十七此句下注“音幹”，宋本同。

---

① 《朱子语类》，中华书局 1986 年版，第 2082 页。

② 同上，第 232 页。

③ 同上，第 1052 页。

明道只做一箇說(1715 页),朝鲜本“箇”作“意”,宋本同。

陰便在裏了(1730 页),朝鲜本及《朱文公易说》卷十六“在”下有“這”字,宋本同。

只一似無頭底相似(1697 页),朝鲜本“底”前有“龍”字,宋本同。

作與趨者(962 页),朝鲜本“作”上有“子見齊衰者冕衣裳者與瞽者見之雖少必作過之必趨”二十二字,宋本同。

吉甫問性與天道(715 页),朝鲜本“吉甫”上有“甘”字,宋本同。

李德之問立誠意以格之(401 页),此句朝鲜本作“李德之問:‘或問中致知章引程子云:窮理格物,須立誠意以格之。誠意如何却在致知之先?’”凡三十五字,宋本同。

是利於啟行也(1633 页),朝鲜本此下有“易之書大率如此”七字,宋本同。

吉甫問經天緯地之文(730 页),“經天緯地之文”,朝鲜本作二十字:“孔文子何以謂之文,某不曉所謂經天維地之文理。”宋本同。

柳兄言(2058 页),朝鲜本“柳”上有“萍卿”二字,宋本同。

學問只要心裏見得分明(93 页),朝鲜本“學問”上有“大抵”二字,宋本同。

此中學問(452 页),朝鲜本“中”下有“人”字,宋本同。

祖道舉乾九三君子終日乾乾(1694 页),朝鲜本“舉”上有“因論易傳”四字,宋本同。

某昨日思風雷益君子以遷善過(1834 页),朝鲜本此前有“先生言”三字,宋本同。

且如春秋只據赴告而書之(2146 页),朝鲜本“而”下有“後”字,宋本同。

問知如何致物如何格(291 页),朝鲜本此下增四十九字,云:“嘗見南軒說李伯謙云:‘物格則純乎我。’此將格作扞格之格。如先生說只做至字看。然而下手着工夫須有個親切處,更乞指教。”宋本同。

問以善及人而信從者衆(451 页),朝鲜本“以”上有“學而一段程子云”七字,宋本同。

更無分毫不似(568 页),朝鲜本“似”下增六十三字,云:“祖道曰:‘初意止謂顏子聽夫子之說,默默如不曉諭者,退而思省,則其胸中釋然有個開發處。又足見其得一善則拳拳服膺也。’先生曰:‘說得雖好,然却不是如此看。’”宋本同。

我欲仁斯仁至矣(151 页),朝鲜本“我”上有“孔子曰”三字,宋本同。

不得出官(3077 页),朝鲜本此下有小字注文十五字:“樞密院行下文字曰宣，尚書省曰劄子。"宋本同。

又出題目定不肯依經文成片段（2693 页），朝鲜本"又"下有"其所"二字，宋本同。

方能得如此否（916 页），朝鲜本无"得如此否"四字，宋本同。

聖人於陰長之時亦如此戒懼（1836 页），此十四字，朝鲜本作："聖人於君子道消之時，固欲人戒謹恐懼以復天理；然於陰長小人道消之時，亦必如此戒懼。"《朱文公易说》卷五作："聖人於陰消陽長之時，猶欲人戒謹恐懼。"宋本同。

王侍郎普（2183 页），朝鲜本"王"上有"福州"二字，宋本同。

方能過而改（2400 页），朝鲜本"能"下有"聞"字，宋本同。

游氏曰三年無改（511 页），朝鲜本作"尹氏曰"，其上增"父在觀其志一段"七字。宋本同。

某與說（511 页），朝鲜本"與"下有"之"字，宋本同。

僩問若父有大段不是底事（511 页），朝鲜本"僩"上有"先生前一夜說此"七字，"僩"下有"嘗"字。宋本同。

問人心道心（2011 页），朝鲜本"道心"下有"之别"二字，宋本同。

有一分薄者（1525 页），朝鲜本"一"作"十"，宋本同。

又問敬齋箴蟻封（2634 页），上七字朝鲜本作："又問：'敬齋箴云"折旋蟻封"，如何是"蟻封"？'"凡十五字，宋本同。

曰蟻垤也（2634 页），朝鲜本"曰"下有"蟻封"二字，宋本同。

检阅全书，发现中文出版社影印本存在错版，表现在第二卷。具体错误对应如下：

影印本顺序	正确顺序	影印本顺序	正确顺序
19 页上	3	27 页上	13
19 页下	4	27 页下	14
20 页上	5	28 页上	15
20 页下	6	28 页下	16
21 页上	7	29 页上	17
21 页下	8	29 页下	18
22 页上	9	30 页上	1

续 表

影印本顺序	正确顺序	影印本顺序	正确顺序
22 页下	10	30 页下	2
23 页上	11	31 页上	19
23 页下	12	31 页下	20
24 页上	21	32 页上	27
24 页下	22	32 页下	28
25 页上	23	33 页上	29
25 页下	24		
26 页上	25		
26 页下	26		

因为笔者受条件限制不能看到朝鲜本原书，所以无法判断错版是影印时错版的还是原书本来就是错版的。

仔细校勘后发现，朝鲜本作为早期的本子，保存了相当多的口语和原始状态，正如王春琴所说，朝鲜本保持了黎靖德整理前的语言环境，许多条目更加完整且义优。[①] 朝鲜本具有十分丰富的学术价值，有待深入开掘。

第四节 黎靖德本《朱子语类》

一、黎本的基本情况

南宋咸淳六年(1270)，导江(即今成都)黎靖德在“三录二类”的基础上，参考徽州刻的《语类》和吴坚的《建安别录》，经过精心参校，编辑汇总一百四十卷本《朱子语类》。

黎本《朱子语类》充分借鉴黄士毅《蜀类》的门目，分为“理气”“性理”“鬼神”“治道”等二十六门，一百四十卷，一共约两百万字。黎本成书以后，逐渐作为定本流传至今，但到目前为止，还没有人对该书的条目、内容做过仔细的统计。作为研究和审视，这些细致活儿又是必需的。

① 王春琴:《也谈朝鲜古写本〈朱子语类〉的校勘价值》,《商业文化》2007 年第 5 期。

经仔细统计，中华本《朱子语类》全书语类的条目一共有 14295 条，二十六个门目的数量如下：

(1)理气，两卷(卷一到卷二)，169 条，占全书的 1.18%。

(2)鬼神，一卷(卷三)，83 条，占全书的 0.58%。

(3)性理，三卷(卷四到卷六)，351 条，占全书的 2.46%。

(4)学，七卷(卷七到卷十三)，848 条，占全书的 5.93%。

(5)《大学》，五卷(卷十四到十八)，789 条，占全书的 5.52%。

(6)《论语》，三十二卷(卷十九到五十)，3163 条，占全书的 22.13%。

(7)《孟子》，十一卷(卷五十一到六十一)，1061 条，占全书的 7.42%。

(8)《中庸》，三卷(卷六十二到六十四)，518 条，占全书的 3.62%。

(9)《易》，十三卷(卷六十六到七十七)，1773 条，占全书的 12.4%。

(10)《尚书》，两卷(卷七十八到七十九)，408 条，占全书的 2.85%。

(11)《诗》，两卷(卷八十到八十一)，283 条，占全书的 1.98%。

(12)《孝经》，一卷(卷八十二)，10 条，占全书的 0.07%。

(13)《春秋》，一卷(卷八十三)，133 条，占全书的 0.93%。

(14)《礼》，八卷(卷八十四到九十一)，631 条，占全书的 4.41%。

(15)《乐》，一卷(卷九十二)，65 条，占全书的 0.45%。

(16)孔孟周程张子邵朱子，二十九卷(卷九十三到一百二十一)，2327 条，占全书的 16.28%。(包括孔孟周程张子，一卷；周子之书，一卷；程子之书，三卷；张子之书，两卷；邵子之书，一卷；程子门人，一卷；杨氏门人尹氏门人，一卷；罗氏门人胡氏门人，一卷；朱子，十八卷。)

(17)吕伯恭，一卷(卷一百二十二)，49 条，占全书的 0.34%。

(18)陈君举，一卷(卷一百二十三)，27 条，占全书的 0.19%。

(19)陆氏，一卷(卷一百二十四)，68 条，占全书的 0.48%。

(20)老氏，一卷(卷一百二十五)，75 条，占全书的 0.52%。

(21)释氏，一卷(卷一百二十六)，136 条，占全书的 0.95%。

(22)本朝，七卷(卷一百二十七到一百三十三)，528 条，占全书的 3.69%。

(23)历代，三卷(卷一百三十四到一百三十六)，249 条，占全书的 1.74%。

(24)战国汉唐诸子，一卷(卷一百三十七)，79 条，占全书的 0.55%。

(25)杂类，一卷(卷一百三十八)，148 条，占全书的 1.04%。

(26)作文，两卷(卷一百三十九到一百四十)，136 条，占全书的 0.95%。

从条目数量上看，二十六个门目中，最多的是《论语》，三十二卷，占全书条目的22.13%，最少的一门是《孝经》，仅一卷10条，占全书的0.07%。二十六个门目，按照数量由多到少排列依次是：《论语》、孔孟周程张子邵朱子、《易》、《孟子》、学、《大学》、《礼》、本朝、《中庸》、《书》、性理、《诗》、历代、理气、杂类、作文、释氏、《春秋》、鬼神、战国汉唐诸子、老氏、陆氏、《乐》、吕伯恭、陈君举、《孝经》。

从卷数上看，一百四十卷中，关于《四书》的占五十一卷，《五经》占二十九卷，哲学专题如理气、知行，专人如周敦颐、二程、张载、老、释等，以及个人治学方法等，约占四十卷，政治、自然科学、文学、史学等约占二十卷。由此可见，以《朱子语类》为代表，朱熹讲学的内容和关注的内容基本是以儒家的《四书》《五经》为中心的，从整体分量上看，《论语》一书占据了十分重要的地位。

二、黎本的成书

庆元六年(1200)，朱熹逝世之后，语录之书四起，将各个弟子分散记录的朱子讲学问答汇编成集变得十分迫切。黎靖德之前，市面上先后出现了多种朱熹讲学问答记录的汇编。从各种文献记载和传世文献来看，对于黎本成书起过重要作用的主要有"六录三类"，"六录"分别是《蜀录》《池录》《饶录》《饶后录》《建别录》，"三类"是蜀类、徽类、徽续类。以下分别叙之。

(一)《蜀录》

根据材料，目前所知最早将朱熹讲学问答整理刊行的是度正。[①] 度正，字周卿，南宋合州(今重庆合川)人。他少从朱熹学，登绍熙进士。《宋史》卷四二二有传。刊刻的时间可大致推定为嘉定五年(1212)。在《池录》刊刻之前，度正就刊刻过语录了。这部语录篇幅小，数量不多，在当时影响似乎不大，因此后人很少提及，也没有传本。其编纂的体例、内容、方式等具体信息也不得而知。根据魏了翁的序言判断，这个早期的本子可能是按记录者编排的，暂且称之为《蜀录》。

---

① 见魏了翁《眉州刊朱子语类序》："开禧(1205—1207)中，予始识辅汉卿于都城。汉卿从朱文公最久，尽得公平生语言文字，每过予，相与熟复诵味，辄移晷弗去。予既补外，汉卿悉举以相畀。嘉定元年(120)，予留成都，度周卿请刻本以幸后学。""周卿由是姑徐之。后数年，竟从予乞本刊诸青衣，彼不过予所藏十之二三耳。""其后李贯之刊于江东，则已十之六七。"

(二)《池录》

南宋嘉定八年乙亥(1215),李道传在池州搜集朱子语录,并且得到了同门潘时举、叶贺孙、黄榦等人的帮助,搜集到廖德明等三十二家弟子的记录,整理编纂,续增张洽录一卷,因在池州刻成,得其名。《池录》一共刻成四十二卷,共三十三家。刻有乙亥十月朔旦黄榦的后序:"李君道传贯之自蜀来仕于朝,博求先生之遗书;与之游者亦乐为之搜访,多得记录者之初本。"(《池州刊朱子语录后序》)《池录》以廖德明记癸巳(乾道九年,1173 年)所闻为最早,当时朱熹四十四岁。其次为金去伪乙未所闻(淳熙二年,1175 年),李季札丙申所闻(淳熙三年,1176 年),余大雅戊戌以后所闻(淳熙五年,1178 年)。《池录》初编时,似乎没有编年之意,但卷廿四以后,到卷四十三,都依记录的年岁为次第。《池录》流行四年后,黄士毅将《池录》全部收入,刊刻了"蜀类",但删去了卷三十五。因为卷三十五是朱熹答陈埴书,不是语录。后来黎靖德编辑《朱子大全》时,也遵从黄氏,不收该卷。《池录》三十三家中,篇幅超过一卷的有杨道夫两卷,己酉(淳熙十六年,1189 年)以后所闻;叶贺孙五卷,辛亥(绍熙二年,1191 年)以后所闻;徐寓两卷,庚戌(绍熙元年,1190 年)以后所闻;黄义刚两卷,癸丑(绍熙四年,1193 年)以后所闻;沈僩四卷,戊午(庆元四年,1198 年)以后所闻。[①]

《池录》全名是《晦庵先生朱文公语录》,台北图书馆存宋残刻本和明残抄本,版本的详细情况前文已有论述。

(三)《饶录》

后来李道传的弟弟李性传继续搜寻,从宋理宗宝庆二年丙戌(1226)到嘉熙二年戊戌(1238),十多年间,"性传被命造朝,益加搜访,由丙戌至今,得四十有一家,率多初本。去其重复,正其讹舛,第其岁月,刻之鄱阳学宫。复考《池录》所余,多可传者,因取以附其末。合《池录》与今录,凡先生平生所与学者谈经论事之语,十得其九;嗣有所得,尚续刊之"[②]。这就是《饶录》——饶州刊刻的四十六卷本《朱子语续录》。

《饶录》是"第其岁月"的。第一卷记录者是黄榦,他早年受业于朱熹,深受器重,朱熹以次女许配给他,故此虽不提岁月,但可包括早年与晚年的记录。其次为何镐(叔高),何死于淳熙二年乙未,所以此录题为"乙未

① 胡适:《胡适文集》卷十,北京大学出版社 1998 年版,第 420 页。

② 见《饶州刊朱子语续录后序》。

(1175)以前”。以下各卷,从卷三程端蒙到卷四十二无名氏,都是依岁月的先后编排,最早的是淳熙六年(1179)乙亥,最晚的到朱熹逝世前一年,即庆元五年(1199)己未。《饶录》中占一卷以上的有周谟所记两卷,乙亥(1179年)以后;黄罃所记两卷,时间为1188年以后;陈淳所记两卷,时间为1190年以及己未(1199);吕焘与吕焕所记两卷,时间为1199年。《饶录》的最后四卷,不依照年代的先后编次:吴寿昌丙午“同子浩录”(卷四十三)、杨长儒(卷四十四)和吴琮甲寅“记见”(卷四十五)。卷四十六收录有廖德明、潘时举、董铢、万人杰等人,都是“池录所余”。[①]

(四)《饶后录》

理宗淳祐戊申八年(1248)、己酉(1249)之间,朱熹门人蔡杭收得杨方、包扬诸家的记录,编成二十六卷,这就是饶州刻的《朱子语录》,简称《饶后录》。《饶后录》所收的二十三家中,有二十家是《池录》和《饶录》所没有的,这二十家依次是杨方、包扬、刘炎、刘子寰、邵浩、刘砥、刘砺、李辉、陈芝、黄灏、黄卓、汪德辅、吴振、吴雉、钟震、林子蒙、林学履、萧佐、舒高、李杞。与《饶录》重复的是黄榦、魏椿、杨至三家,三家分别见于《饶录》卷一、卷七、卷廿八。

(五)《建别录》

十多年后,天台吴坚在建安刊刻《朱熹语别录》,其后序年月为“咸淳初元嘉平三月”(1265)。吴坚,南宋台州天台人,淳祐进士。具体事迹不详。他说:“《池录》三十有三家;鄱本《续录》四十有二家,其三十四家,池本所未有也,再见者两家,录余凡六家。又《后录》二十三家,其二十家亦池本所未有也,再见者三家。合三录为八十七家……坚末学生晚,嘉定癸未、甲申间,侍先君子官长沙,帅西山真先生、倅宏斋李先生,常进之函丈。又侍长沙舒先生,列岳麓诸生。果斋李先生过潭,又获侍讲席焉。果斋,先君子畏友也,尝介以登朱子之门。坚由是多见未行语录,手抄盈箧,凡六十五家,今四十年矣。晚得池鄱本参考,刊者固已多。然黄士毅所录,朱子亲笔所改定者,已见于辅广录中,其所自录及师言,则亦三录所未有。若李壮祖张洽郭逍遥所录,亦未有也。朅来闽中,重加会粹,以三录所余者二十九家及

① 见《饶州刊朱子语续录后序》:“复考池录所余,多可传者,因取以附其末。”

增入未刊者四家,自为别集,以附续绿后集之末。"[①]

由此可见,此录是为前三录拾遗补阙。所谓"别录",是承《池录》《饶录》《饶后录》来说的,所收为三录所余二十九家,三录未收的四家,共为二十卷。但吴坚并没有看到"眉语类"和"徽语类",所收材料不免和二类重复,所以黎靖德说:"近岁吴公坚在建安,又刊别录二册,盖收池饶三录所遗,而亦多已见他录者。"[②]

(六)蜀类

分类的《朱子语类》出现很早,在饶州两集刊刻出来之前,黄士毅的《朱子语类》一百四十卷就已经面世了。[③] 黄士毅,字子洪,号壶山,兴化军莆田县人,迁居姑苏。《宋元学案》卷六十九有传。黄氏的第二篇后序提到"己卯九月望日",由此推知他的这部《语类》编订的时间是宁宗嘉定十二年己卯(1219)之前。黄士毅在编辑《朱子语类》时,采用了《池录》作为底本,但他加上了三十八家。他说:"右语类总成七十家,除李侯贯之已刊外,增多三十八家。或病诸家所记互有重复,乃类分而考之。盖有一时之所同闻,退各抄录,见有等差,则领其意者斯有详略。或能尽得于言,而首尾该贯;或不能尽得于言,而语脉间断;或就其中粗得一二言而止。今惟存一家之最详者,而它皆附于下。至于一条之内无一字之不同者,必抄录之际,尝相参校,不则非其闻而得于传录,则亦惟存一家,而注与某人同尔。"[④]

黄氏的《语类》编订时,晚于《池录》,当时《饶录》《饶后录》都没有刊行。与《池录》及后来的各录相比,黄氏的贡献在于将语录按内容进行分类编排,"既以类分,遂可缮写,而略为义例,以为后先之次第"。黄士毅善于组织材料,他的这种按门类组织材料的方法后来被黎靖德沿用。嘉定十二年(1219),眉山人史公说(字廉叔)要刻印《朱子语类》,黄士毅又作后序,简要说明他删定修改的编纂体例。史氏刊刻《朱子语类》的地点是在四川眉州,因此简称"蜀类"。[⑤]

---

① 见《建安刊朱子语别录后序》,引自《朱子语类》第一册《朱子语大全》,中华书局1986年版,第5页。

② 见《朱子语类卷目》27页,引自《朱子语类》,中华书局1986年版。

③ 黄氏第二序云:"《语类》成编,积百四十卷。"但王佖《徽州刊朱子语续类后序》则云:"《文公朱先生语类》一百三十八卷,壶山黄子洪取门人所录语以类相从也。"

④ 见《朱子语类后序》,引自《朱子语类》,中华书局1986年版。

⑤ 胡适:《〈朱子语类〉的历史》,摘自《胡适文集》卷十,北京大学出版社1998年版,第422—424页。

(七)徽类

淳祐十二年壬子(1252),徽州紫阳书院通守洪君勋、教授张文虎以"蜀类"为底本进行翻刻,有蔡杭作的序《徽州刊朱子语类后序》。序言没有说明从"蜀类"到"徽类"的两年编刻过程中有没有增删,但后来黎靖德在编纂《朱子语类大全》考订版本时指出:"徽类虽翻蜀本,已增入《饶录》九家。"①

由此推知,"徽类"是在"蜀类"基础之上的增补重刻。前文提及的日本九州大学朝鲜古写本《朱子语类》,有嘉定十二年(1219)黄士毅跋、蔡杭淳祐九年(1249)编饶州本跋和淳祐十二年(1252)为徽州本所纂写的跋、淳祐元年(1241)吕午徽州刻本序、宝祐二年(1254)魏克愚跋,封二题"徽州所刊宝祐二年再校正"十一字。可见,这个本子是"蜀类"传本的校正本,是目前唯一可见的黄士毅的语录本。

(八)徽续类

就在蔡杭收集编纂《饶后录》的同期,大约 1248 年前后,婺州东阳的王佖也在留心收集朱熹的讲学语录,特别是当时没有收入各"语录"和"语类"中的内容,正如他在后序中所说,"每加访求,得所未见"。他认为黄士毅的本子"以类流传,便于玩索,而微言精语,犹有所遗"。在朋友的帮助下,先后得到三十多家编辑成婺州本的《朱子语类》,蔡杭作《饶后录》的时候,也提到:"东阳王元敬佖亦以所集刊本见寄,又得里中朋友所传一二家,乃悉以次编入。"②

由此可见,王佖的"婺录"也有过刻本。后来他把他搜集到的诸家语录加以编订,编成《朱子语类续》四十卷。魏了翁的儿子魏克愚,因在徽州做官,也将这部书在徽州刊刻。王佖有后序,他指出:"佖幽居无事,盖尝潜心而观之,审订其复重,参绎其端绪,用子洪已定门目,粹为续类,凡四十卷。"王佖认为,虽然前人的各种语类已经很多,再以四十卷续类的形式进行增补,可以"博而径约""致极无遗"。这是和黄士毅系列相对另一个系统的"语类"。

(九)黎靖德整理本

南宋末年,导江(今四川灌县)黎靖德发现市面上的各种"语录"和"语

---

① 见《朱子语类卷目》考订。

② 《饶后录后序》。

类”种类繁多、各有所长，但都不完备，后学阅读学习有很多不便，“盖本其旧者有三，而从以类者二，靖德尝受读而病其难也”，“然三录、二类，凡五书者，并行而错出，不相统一”。[①] 因此，有必要对“三录二类”（《池录》、《饶录》、《饶后录》、蜀类、续徽类）进行考订、整合。他在序言中说：“靖德忘其晚陋，辄合五书而参校之，因子洪门目以续类附焉，《饶后录》入焉，遗者收之，误者正之，考其同异，而削其复者一千一百五十余条，越数岁编成，可缮写。顾文字浩博，犹不敢谓亡舛误，览者幸哀其劬而正之！其或一二字可疑，则元录之讹，无别本可订定，固不得辄改也。诸公序语，列之篇端，合而考之。”[②]当时是宋理宗景定四年(1263)。过了两年，吴坚编的《建别录》刊行，黎靖德又利用《建别录》进行查检、增补。黎氏第二跋云：“近岁吴公坚在建安，又刊别录二册，盖收池饶三录所遗，而亦多已见他录者，并参校而附益之，粗为定编。靖德适行郡事，因辄刻之郡斋，与学者共之。”[③]

今天通行本黎靖德的《朱子语类》的成书，从发展线索来看，主要汇集、整合了之前的《池录》、《饶录》、《饶后录》、蜀类、徽续类，并以黄士毅的二十六个门目为框架，进行了归纳重组，统筹进行了相关体例的调整，之后又吸收了吴坚的《建别录》进行充实。体例上，通过仔细的校勘便可发现，黎本与其他本子行文上的、文字使用上的大致统一调整和删削，这一点可参看以下几章的异文比较。

关于黎本《朱子语类》的成书，“三录二类”是直接的材料来源，准确完整地说，应该是“六录三类”。目前，对于黎本《朱子语类》的成书研究，能使用的材料就是《池州刊朱子语录后序》《饶州刊朱子语录后序》《饶州刊朱子语后录后序》《建安刊朱子语别录后序》《朱子语类后序》《眉州刊朱子语类序》《徽州刊朱子语类后序》《徽州刊朱子语续类后序》，以及黎靖德在《朱子语类门目》中的序，对上述几个重要本子的回顾，就是建立在这些间接材料分析的基础之上的。至于“六录三类”这些编纂时直接的材料来源，目前能见到的，也只有宋刻本、明抄本《晦庵先生朱文公语录》的部分残卷，日本九州大学的抄本《朝鲜古写徽州本朱子语类》，二者可以为黎本《朱子语类》的成书研究提供直接的现实材料。“一录一类”是目前唯一仅存的、黎本成书前的朱熹讲学语录汇编。《池录》和以黄士毅“蜀类”为底本的“徽类”，对黎本的成书起了十分重要的作用，因此学术价值巨大，有相当大的挖掘探索

① 《朱子语类大全》序。

② 同上。

③ 《朱子语类卷目》。

空间。

结合各个序言年代考证及文献校勘的事实材料，关于黎本《朱子语类》的成书过程，在前人研究的基础上，可通过以下图示来进行清晰展示：

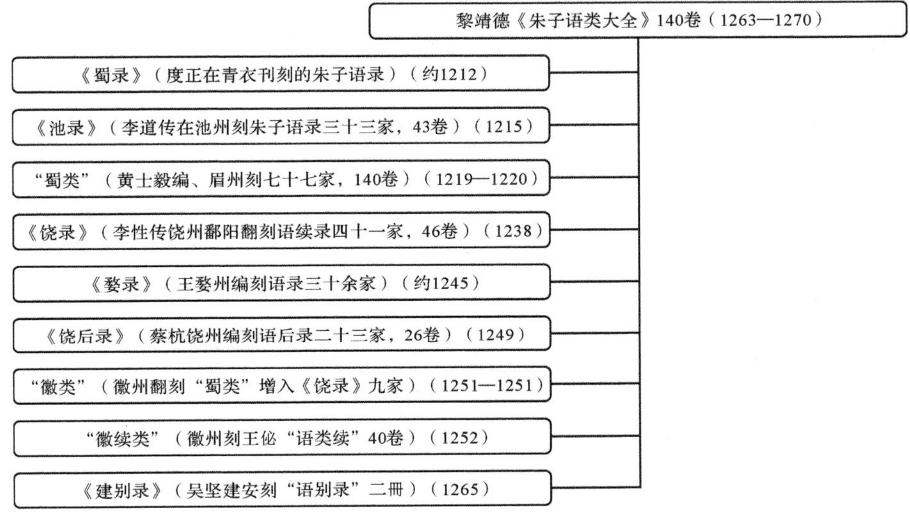

黎靖德本《朱子语类》成书后，明代的刻本主要有：成化九年(1473)陈炜咸淳刻本，目前国家图书馆、台北图书馆等处有藏；万历三十二年(1604)朱吾弼、朱崇沐刻本，上海图书馆、浙江图书馆等处有藏。清代的刻本主要有：康熙吕氏宝诰堂刻本，南京图书馆等有藏；《四库全书》本；同治十一年应元书院刻本，上海图书馆、南京图书馆、复旦大学图书馆等有藏；光绪二年(1876)刘氏传经堂本；光绪二年贺瑞麟辑刻西京清麓丛书本。①

值得注意的是《朱子语类》的海外藏本，特别是日本，尤其值得关注。日本的朱子学，有着悠久的历史与传统，通过《朱子学研究书目(1900—1991)》与《朱子研究书目新编 1900—2002》的考察可以看出，朱子的思想、史学、文学，以及学术渊源、事迹、门人与后世的展开等，几乎所有的领域中可看到日本学者的足迹。日本的朱子学研究，无疑是整个朱子学研究史的重要组成部分之一。关于《朱子语类》，日本不仅研究内容多，而且版本数量众多，具有很珍贵的研究价值。冈田武彦先生将其汇总，现转述列举如下：明初刊本，静嘉堂文库所藏；成化九年序刊本，内阁文库所藏；覆成化本，内阁文库所藏；嘉靖补刊本，九州大学所藏；万历刊本，内阁文库所藏；

① 具体可参见徐德明：《朱熹著作版本源流考》，中国文联出版社 2000 年版，第 126—129 页。

清刊覆吕氏刊本;清刊应元书院刊本,九州大学所藏;清刊刘氏传经堂从书本,京都大学人文科学研究所所藏;朝鲜古写本,九州大学所藏;朝鲜刊古活字本甲,静嘉堂文库所藏;朝鲜刊古活字本乙,人吉高校所藏;朝鲜刊古活字本丙,宫内听书陵部所藏;朝鲜刊古活字本丁,京都大学所藏;朝鲜刊整版,天理大学所藏;朱子语略写本,内阁文库所藏;朱子录要,内阁文库所藏;朱文公语录类要述,内阁文库所藏。[①] 这个版本书目,既有黎靖德本系统的,也有其他版本系统的。

---

① 见和刻本《朱子语类》卷首《日本珍藏朱子语类版本一览》,日本中文出版社出,1982 年版。该书据日本宽文八年(1668)京都山形屋书肆刻本影印。

第三章 《朱子语类》中华本与宋残刻本异文比较

异文，是古籍考释中的一个术语，常用来指称古代文献中出现的歧异现象。作为一个术语，"异文"在汉代注释考释类著作中就出现了。[①] 两千多年来，"异文"的内涵和外延没有发生太大的变化，所指称的对象，主要还是包括版本异文、引用异文和两书异文三种。

长期以来，一些学者对于异文之间的差别，以及异文之间的鉴别和利用价值不是很注意，甚至是持不屑的态度。版本校勘等一些基础性工作，历来是古人治学的根基，也是读书研究的基础性工作。但在今天学术界急功近利的氛围之下，校勘这样一个基础性工作几乎快被现代学术研究方法所摒弃，似乎是费时费力而不讨巧的一个笨功夫，因而备受冷遇。校勘之后形成的大量异文，并不能简单看作是一堆琐碎的材料。从汉语史研究的角度上看，异文语料的研究和鉴别具有十分重要的学术价值和意义。如果有足够丰富、有价值的文献材料，那么将汉语史的研究建立在异文语料的基础之上，会有重大的发现和深入探讨的空间。

在古代文献考释中，异文作为一种语言材料，主要的作用是相互比较、相互诠释和相互勘正。清人俞樾的《古书疑义举例》作为一部优秀的训诂学著作，以条例的形式对古代汉语中特殊的语文现象，如词汇、语法、修辞、校勘等领域进行了全面的分析。这是清人扎实学风的体现，也是体现异文价值的一个范例。朱承平认为，异文的相互比较、诠释和勘正的价值，主要在于同一类型的异文都有一个相互联系的共同基础，只有在这一基础之上，同一类型的异文才能够相互凝结、相互联系，从而具有相同的特点，可以比勘说明。[②] 版本异文，简单地说，是同一部古书不同文字歧异的表现。古书在长期的传播流传过程中，会产生不同的版本。不同的版本都有一个

① 朱承平:《异文类语料的鉴别与应用》，岳麓书社 2005 年版，前言。

② 同上，第 1 页。

共同的来源。一部书，不管版本系统多么复杂，但其源头一定是相同的。版本异文一般可以分为对应异文和非对应异文。[①] 黎靖德的《朱子语类》和黄士毅的《朱子语类》，以及之前的语录本，虽然体例构成、编纂方式有异，但各书都是由一条一条的对话或阐述组成的，来源都是一致的。因此通行本《朱子语类》可以和其他语录语类构成广义的同一部书，并形成大量的对应异文。

黎靖德汇总编辑的《朱子语类》是通行本，广泛使用至今。但当时及之前的语录本，以及其他弟子编辑的本子，虽不常见，但因成书时间早而具有重要的学术价值。本文重点考察《朱子语类》成书之前的两个重要版本：宋刻本《晦庵先生朱文公语录》（以下简称宋刻本）和《朝鲜古写徽州本朱子语类》（以下简称朝鲜本）。通过校勘整理，从版本异文的角度整理文献、分析语料，揭示这两个版本的学术价值。

第一节　异文文字辨析

汉字系统庞大复杂，因此汉文典籍的异文在文字层面的表现也呈现多种多样的情况。概括来讲，典籍异文的字际关系主要有三种，即异体字、通假字和古今字。[②] 异体字、通假字和古今字这三个概念，并不是各自独立的概念，历来有关它们三者的划分标准、考察角度都有交叉、有重叠，边缘模糊，但不能因此抹杀划分和区别的意义。

关于《朱子语类》中的版本异文现象，前人几乎没有关注。本文首次采用宋刻本来进行校勘整理。宋刻本是现存可见的最早的朱熹语录本，是今天研究宋代文献用字的重要资料之一。本书对文字部分的整理，采取粗放的方式，将异文文字分为三类——异体字、通假字和形近字，没有使用传统的古今字，而代之以形近字。[③] 本书通过考察《朱子语类》中的异文文字现象，展现汉字演变史中的一些具体问题，同时也可以对古籍整理中的一些

---

① 对应异文，是指在同一字位或句位上不同版本文字的互对。非对应异文，是此同一版本有此字此句，另一版本却缺乏与之对应的字句。人们常说的版本异文，一般也主要是指对应异文。

② 苏杰：《〈三国志〉异文研究》，齐鲁书社 2006 年版，第 27—28 页。

③ 广义的古今字是指古字和今字书写形式不同，意义完全形同的字。鉴于与异体字和通假字的区分难辨及学术界的争议，本书仅从粗放型的角度展现《朱子语类》的异体字和通假字，以及一部分既不是异体字，也不是通假字，但字形接近的异文文字——形近字。欠妥不当之处，请专家学者指正。

用字问题提供一些参考。

一、异体字

关于异体字的概念、性质、产生原因、分类等，前人学者已有丰富的论述和资料。本书展现的异体字，着眼于文字的功能，即音、义和字用的相同。另外，俗字也粗归于异体字，不做细致区分。因为一般认为，俗字就是非正体字，也就是异体字。

1."疏"与"踈""蹠"

以下引文例句为中华本原文及页码，宋刻本的异文见按语说明，下同。

(1)則其疏密遲速，或過不及之間，不出乎我。(卷二，25 页第 4 段)

(2)"坐如尸，立如齊"，謝氏説得也疏率。(卷二十，450 页第 2 段)

宋刻本除上述 2 例外，另有 8 例"疏"作"踈"。

(3)若是一向疏去，却不成道理。(卷六十七，1670 页第 7 段)

(4)程先生亦云，人必祭高祖，只是有疏數耳。(卷九十，2318 页第 2 段)

宋刻本除上述 2 例外，另有 4 例"疏"作"蹠"。

按："疏"，《说文》："疏，通也。從㐬從疋，疋亦聲。"《玉篇》足部："踈，慢也，不密。"《广韵》鱼韵："蹠，俗作踈。"又《御韵》："蹠，亦作踈。""疏"为正体，宋刻本也作"踈"或"蹠"。

2."效"与"効"

(1)效死勿去者，義也。(卷七十六，1955 页第 1 段)

(2)只是人不知學，全無本柄，被人引動，尤而效之。(卷一百三十九，3319 页第 1 段)

按：宋刻本一共 7 例"效"作"効"。《说文》支部："效，象也。从支，交聲。"(卷三下六十七下)《玉篇》力部："効，俗效字。"

3."粗"与"麄""麤"

(1)其説雖粗，道理却是恁地。(卷二十六，667 页第 4 段)

宋刻本"粗"作"麄"。下一句"却不如只粗說"同。

(2)亦是京不仔細，乘勢粗改。(卷一百二十八，3072 页第 2 段)

宋刻本"粗"作"麤"。

按：宋刻本"粗"多作"麄"，一共 12 例，"粗"作"麤"1 例。《说文》米部："粗，疏也。从米，且聲。"《集韵》："聰徂切，平摸清。"又《广韵》：徂古切。魚部。《集韵模韵》："麤，俗作麄。"《说文》鹿部："麤，行超遠也。从三鹿。"《玉篇》鹿部:“麤,疏也。不精也。”“麄”同“麤”(粗)。[①]

4.“謚”与“謚”

(1)它而今是能勤學好問,便諡之以“文”。(卷二十九,729页第3段)

(2)孫宣公力言雙字諡之非,不知雙字諡起於何時。(卷二十九,729页第3段)

按:宋刻本“謚”作“謚”2例。《说文》言部:“謚,行之迹也。从言、兮、皿,闕。”(说文卷三上五七下)同书同一页,《说文言部》:“謚,笑皃。從言,益聲。”严可均《说文校议》认为,《说文》“謚”字原无“笑皃”之训,后人既改“謚”为“謚”,又取《字林》以“謚”为“笑聲”串入,且改“笑聲”为“笑皃”。“謚”之训解当为“行之迹也。从言,益聲”。

5.“箇”与“个”

(1)大概這兩句,只是箇公與私;只是一箇天理,一箇人欲。(卷七十八,2016页第2段)

(2)则千百年間只有箇舜禹用得也。(卷六十八,1694页第6段)

按:宋刻本“箇”作“个”12例,“箇”与“个”的使用并存。《说文》竹部:“箇,竹枚也。從竹,固聲。”《广韵》:古賀切,去箇見。歌部。《六书故》植物三引唐本《说文》:“箇,竹枚也。今或作个,半竹也。”《集韵》箇韻:“箇,或作个,通作個。”司马贞索引《方言》曰:“个,枚也。”

6.“玅”与“妙”

王導謝安又何曾得老子玅處?(卷一百三十六,3342页第2段)

按:宋刻本“玅”作“妙”1例。《说文》弦部:“玅,急戾也,从弦省,少聲。”《玉篇》幺部:“玅”作“妙”。

7.“纔”与“才”

(1)所謂“仁者先難而後獲”,纔有計功之心,便都不濟事。(卷二十四,591页第3段)

宋刻本“纔”作“才”。

(2)才一日無人維持,便傾倒了。(卷十三,230页第6段)

宋刻本“才”作“纔”。

按:宋刻本“纔”作“才”1例,“才”作“纔”4例。《说文》糸部:“纔,帛雀頭色。一曰微黑色如紺。纔,淺野。讀若讒。從糸,毚聲。”《广雅》释言:

---

① 罗竹凤主编:《汉语大字典》,汉语大辞典出版社2007年版,第4728页。

"纔,暫也。"《说文》才部:"才,艸木之初也。从丨貫一,將生枝葉。一,地也。"段玉裁注:"才,引申為凡始之稱。"

8."恤"与"卹"

失得勿恤。(卷七十二,1827 页第 2 段)

按:宋刻本"恤"作"卹"1 例。《说文》心部:"恤,憂也;收也。从心,血聲。"《说文》血部:"卹,卩聲。一曰鲜少也。"段玉裁注:"'卹'與心部'恤'音義皆同,古書多用'卹'字,後世多改用'恤'。"

9."義"与"义"

巽卦是於"重巽"上取義。(卷七十三,1861 页第 7 段)

按:宋刻本"義"作"义"1 例。《说文》我部:"義,己之威儀也。从我羊。羛。""义"是"義"的简化形式。

10."釐"与"厘"

(1)格物云者,要窮到九分九釐以上,方是格。(卷十五,294 页第 4 段)

(2)精研義理,無毫釐絲忽之差。(卷七十六,1947 页第 2 段)

按:宋刻本"釐"作"厘"4 例。"九分九釐",除例(1)外,另见卷二十七,688 页第 2 段。《说文》里部:"釐,家福也。从里𠩺聲。"段玉裁注:"釐字从里,里者家居也。故許釋為家福。"《广韵》:里之切,平之來。之部。"釐",今字用"厘"。作为量词,"釐"(厘)可用作长度单位,指尺的千分之一;作为重量单位,指两的千分之一;作为面积单位,指亩的百分之一。《篇海类编》地理类厂部:"厘,俗作釐省。"

11."疋"与"劈"

聖人做一部易,如何却將兩箇偏底物事放在疋頭。(卷六十九,1730 页第 6 段)

按:宋刻本"疋"作"劈"1 例。"疋",《说文》疋部:"疋,足也。上象腓腸,下从止。"《广韵》:"譬吉切,入質滂。""疋"同"匹"。《广韵》质韵:"匹,俗作疋。""劈",《说文》刀部:"劈,破也。从刀,辟聲。""疋"在匹配、匹敌意义和量词用法上与"匹"通。用在开头义上与"劈"通,"疋頭"即"劈頭"。

12."他"与"它"

(1)如今人全不曾理會,才見一庸人胡説,便從他去。(卷五,92 页第 2 段)

宋刻本"他"作"它"。

(2)學問之道無它,求其放心而已。(卷十九,436 页第 3 段)

宋刻本“它”作“他”。

按:“他”,代词。《广韵》:託何切,平歌透。歌部。表示第三人称,泛指男女及一切事物。“它”,《说文》它部:“它,虫也。从虫而長,象冤曲垂尾形。上古艸居患它,故相問無它乎。蛇,它或从虫。”“它”是“蛇”的本字。段玉裁《说文解字注》它部:“它,其字或佗為之,又俗作他,經典多用它,猶言彼也。”

13.“概”与“槩”

某與人說學問,止是說得大概。(卷一百十六,2793 页第 2 段)

按:宋刻本“概”作“槩”4 例。“槩”,《说文》木部:“槩,杚斗斛。从木,既聲。”《集韵》代韵:“槩,亦書作概。”“概”,副词,表示范围。《集韵》:居代切,去代見。微部。

14.“須”与“湏”

且如此煖閣,人皆以火爐爲中,亦是須要去火爐中尋箇至中處,方是的當。(卷六十二,1517 页第 3 段)

按:宋刻本“須”多作“湏”。另,“亦”下有“未”字。“須”,《说文》须部:“須,面毛也。从页,从彡。”《广韻》:相俞切,平虞心。侯部。《朱子语类》中多用作副词,表示事实上或是情理上的必要。“湏”,《说文》水部:“沬,洒面也。湏,古文沬从页。”在宋刻本中,“須”大都作“湏”。

15.“翻”与“飜”

若只把在手裏翻來覆去,欲望之燕,之越,豈有是理!(卷十四,251 页第 2 段)

按:宋刻本“翻”作“飜”。“翻”,《说文》新附:“翻,飛也。从羽,番聲。或从飛。”《广韻》:孚袁切,平元敷。元部。“飜”,同“翻”。《玉篇》飞部:“飜,亦作翻。”

16.“救”与“捄”

而今救荒甚可笑。(卷一百〇三,2643 页第 3 段)

按:宋刻本“救”作“捄”,一共 5 例。下面“向來救荒如何”,同。“救”,《说文》攴部:“救,止也。从攴,求聲。”《广韵》:居祐切,去宥見。幽部。“捄”,《说文》手部:“捄,盛土於梩中也。一曰擾也。”《集韵》:居又切,去宥見。同“救”,止,纠正。

17.“阱”与“穽”

纏繞舊習,如落陷阱,卒除不得!(卷一百十六,2799 页第 1 段)

按：宋刻本“阱”作“穽”。“阱”，《说文》井部：“阱，陷也。从𨸏从井，井亦聲。穽，阱或从穴。汬，古文阱从水。”《广韵》：疾郢切，上靜從。耕部。“穽”同“阱”。

18.“體”与“体”

世間只有箇闔闢內外，人須自體察取。（卷十九，436页第3段）

按：宋刻本“體”作“体”。“體”，《说文》骨部：“體，總十二屬也，从骨豊聲。”“体”，《广韵》：蒲本切，上混並。“体”同“體”。

19.“博”与“愽”

博之以文，是事事物物皆窮究。（卷三十六，965页第3段）

按：宋刻本“博”作“愽”。“博”，《说文》十部：“博，大，通也。从十，从尃。尃，布也。”《广韵》：補各切，入鐸幫，鐸部。“愽”同“博”。《正字通》心部：“愽，俗博字。”

20.“胸”与“胷”

放開眼目，推廣心胸，此是甚氣象！（卷三十三，849页第1段）

按：宋刻本“胸”作“胷”。“胷”同“胸”。《字汇》肉部：“胷，同胸。”

21.“段”与“叚”

或問“武未盡善”善一段。（卷二十五，638页第1段）

按：宋刻本“段”均作“叚”。“叚”，《说文》又部：“叚，借也。闕。叚，古文叚。”“段”，《说文》殳部：“段，椎物業。从殳，耑省聲。”“段”常俗写作“叚”。

22.“欲”与“慾”

大抵人能於天理人欲界分上立得脚住，則儘長進在。（卷十三，224页第4段）

按：宋刻本“欲”作“慾”。“慾”，《广韵》：余蜀切，入燭以。屋部。《集韵》烛韵：“慾，情所好也。”“欲”，《说文》欠部：“欲，貪欲也。从欠，谷聲。”邵瑛《群经正字》：“此字經典本多不誤；然往往有作‘慾’者……《說文》無‘慾’字，統當作‘欲’為正。”①

23.“暖”与“煖”

寒暖生殺皆見得，是“形而下者”。（卷七十五，1936页第2段）

按：宋刻本“暖”作“煖”。“暖”，《玉篇》日部：“暖，溫也。”“煖”，《说文》

① 《汉语大字典》，2140页。

火部："煖，溫也。从火，爰聲。"《广韵》：乃管切，上緩泥。又況袁切，元部。同"暖"。朱骏声《通训定声》："煖，字亦作暖。"

24."駁"与"駮"

或有未當，則門下繳駁。（卷一百二十八，3070 页第 5 段）

按：宋刻本"駁"作"駮"，本段下两例也如此。"駮"，《说文》马部："駮，獸。如馬，倨牙，食虎豹。从馬，交聲。"《广韵》：北角切，入覺幫。藥部。"駮"通"駁"。朱珔《说文假借义证》马部："駁、駮聲同，形尤近；故駮可為駁之叚借。"

25."昏"与"昬"

天之所與我，未嘗昏。（卷十四，262 页第 1 段）

按：宋刻本"昏"作"昬"。"昏"，《说文》日部："昏，日冥也。從日，氐省。氐者，下也。一曰民聲。""昬"，《玉篇》日部："昬"同"昏"。

26."鬭"与"鬪"

言解鬭者當善解之，不可牽引糅繩也。（卷一百三十四，3203 页第 5 段）

按：宋刻本"鬭"作"鬪"。"鬪"，同"鬭"。《切韵》侯韵："鬪，通俗作鬭。""鬭"，《说文》门部："遇也。从鬥，斲聲。"《广韵》：都豆切，去侯端。侯部。

27."沿"与"㳂"

至於後世之沿革因襲者，亦浸失其意而莫之知矣。（卷八十四，2181 页第 2 段）

按：宋刻本"沿"作"㳂"。"沿"，缘水而下也。从水，㕣聲。邵瑛《群经正字》："今經典有作㳂者，此隸變之譌。"

28."歎"与"嘆"

然而前輩直恁地稱歎，說他形容得好，是如何？（卷一百十四，2755 页第 2 段）

按：宋刻本"歎"作"嘆"。"歎"，《说文》欠部："歎，吟也。从欠，歎省聲。"徐锴《系传》："此悲歌也。古詩曰一彈再三歎，从口作'嘆'。'嘆'，息也。""歎""嘆"《说文》中分为二体，义也不同，段玉裁注为，"歎"与喜乐为类，"嘆"与怒哀为类。

29."嶽"与"岳"

漢時陽城是地之中，本朝嶽臺是地之中。（卷八十六，2212 页第 2 段）

按：宋刻本"嶽"作"岳"。下一句同。"嶽"，《说文》山部："東岱，南霍，西華,北恒,中泰室。王者之所以巡狩所至。从山,獄聲。古文象高形。”段玉裁注:“今字作岳,古文之變。”《玉篇》山部:“岳,同嶽。”

30.“桌”与“卓”

如這桌子,則云若此桌子,非名桌子,是名桌桌子。(卷一百二十六,3026页第4段)

按:宋刻本“桌”作“卓”。“卓”,《说文》匕部:“卓,高也。”在几案义上同“桌”。

31.“總”与“揔”

合改云故必兼總眾説,以執其不同之極處而半折之。(卷六十三,1526页第1段)

按:宋刻本“總”作“揔”。本段的“必兼總眾説”“總括包盡”,“總”也作“揔”。“總”,《说文》糸部:“總,聚束也。”《广韵》:作孔切,上董精。東部。“揔”同“總”。

32.“帖”与“貼”

只是世間不好底人,不定疊底事,才遇堯舜,都安帖平定了。(卷十三,230页第6段)

按:宋刻本“帖”作“貼”。“帖”,《说文》巾部:“帖,帛書署也。从巾,占聲。”《广韵》:他協切,入帖透。盍部。“貼”,《说文》新附貝部:“貼,以物位質也。从貝,占聲。”

33.“逾”与“踰”

此理只要人信得及,自然依那箇行,不敢逾越。(卷五十六,1323页第1段)

按:宋刻本“逾”作“踰”。“逾”,《说文》辵部:“逾,

進也。从辵,俞聲。”《广韵》:羊朱切,平虞以。侯部。“踰”,《说文》足部:“踰,越也。从足,俞聲。”在越过、超过这个义项上,“逾”同“踰”。

34.“嫂”与“㛮”

嫂溺援之以手之權。(卷三十七,993页第1段)

按:宋刻本“嫂”作“㛮”。“嫂”,《说文》女部:“㛮,兄妻也。从女,叜聲。”邵瑛《羣经正字》:“經典多作嫂。《五经文字》云:《说文》作㛮,隸變作嫂。”《广韵》:蘇老切,上皓心。幽部。“㛮”为“嫂”的俗写体。

35.“盡”与“儘”

子產政事盡做得好,不專愛人。(卷二十九,730页第6段)

按：宋刻本“盡”作“儘”。“盡”，《说文》皿部：“盡，器中空也。从皿，㶳聲。”《广韵》：慈忍切，上軫從。真部。“儘”，《字汇》：子忍切。作为副词，表示程度时，“盡”和“儘”是异体字关系。

二、通假字

在典籍训诂实践中，前代学者对文字的通假现象进行了大量的分析和思考。汉魏之际的杜预就曾明确提出“声同相借”的说法。现代学者更是对古籍通假字的汇集整理做了大量的工作。汉字有字形、字音和字义三个要素，通假字的最基本的特点就是读音相同或是相近。本书对通假字的界定，采用詹鄞鑫的观点，本无其字的假借、本有其字的假借及本字后起的假借，本质上并没有多大的区别。①

1.“知”与“智”

蓋舜本自知，能合天下之知爲一人之知，而不自用其知，此其知之所以愈大。（卷六十三，1524 页第 3 段）

按：宋刻本“知”作“智”。“知”，《说文》矢部：“知，詞也。从口，从矢。”《广韵》：陟離切，平支知。支部。“智”，《说文》白部：“𥏼，識詞也，从白，从亏，从知。”《释名》释言语：“智，知也。”“知”通“智”。

2.“參”与“三”

到那“參天兩地”，方是取數處。（卷七十七，1965 页第 3 段）

按：宋刻本“參”作“三”。成化本也作“三”。《朱文公易说》卷十七、《周易传义》附录卷一二作“參”。三，数词，二加一之和。《说文》三部：“三，天地人之道也。从三數。弎，古文三從弋。”《广韵》：蘇甘切，平心談。又蘇暫切。侵部。《说文》晶部：“曑，商星也。从晶，㐱聲。曑或省。”《玉篇》厶部：“參，星名。”“三”通“參”。

3.“滚”与“衮”

所以周先生太极、通书只是滚这许多句。（卷九十四，2388 页第 1 段）

按：宋刻本“滚”作“衮”。“滚”，《集韵》：古本切，上混見。大水流皃。“衮”，《说文》衣部：“衮，天子享先王，卷龍繡於下幅，一龍蟠阿上鄉。从衣，公聲。”在大水奔流、翻滚旋转一义项上，“衮”通“滚”。

① 詹鄞鑫：《汉字说略》，辽宁教育出版社 1991 年版，第 276—277 页。

4.“昏”与“婚”

昏禮不賀，人之序也。（卷八十七，2244 页第 7 段）

按：宋刻本“昏”作“婚”。“昏”，《说文》日部：“昏，日明也。从日，氐聲。氐者，下也。一曰民聲。”《广韵》：呼昆切，平魂曉。諄部。“婚”，《说文》女部：“婚，歸家也。”《正字通》女部：“婚，古作昏。”“昏”通“婚”。

5.“沈”与“沉”

鄉原却是不做聲，不做氣，陰沈做罪過底人。（卷四十二，1092 页第 1 段）

按：宋刻本“沈”作“沉”。“沈”，《说文》水部：“沈，陵上滈水也。从水冘聲。一曰濁黕也。”《广韵》：直深切，平侵澄。侵部。“沉”，同“沈”。《玉篇》水部：“‘沉’，同‘沈’。”

6.“修”与“脩”

自修云：“適值先生去國匆匆，不及款承教誨。”（卷一百十六，2794 页第 2 段）

按：此处宋刻本“修”作“脩”。“修”，《说文》彡部：“修，飾也、从彡，攸聲。”《广韵》：息流切，平尤心。幽部。“脩”，《说文》肉部：“脩，脯也。从肉，攸聲。”《字汇补》肉部：“脩，與修通。”“修”“脩”古多通借。“修”与“脩”，两个字形在宋刻本中并存。

7.“託”与“托”

可以託六尺之孤，可以寄百里之命。（卷三十五，925 页第 4 段）

按：宋刻本“託”作“托”。“託”，《说文》言部：“託，寄也。从言，乇聲。”《广韵》：他各切，如鐸透，鐸部。“托”同“託”。

8.“們”与“門”

要是它們科舉之習未除，故説得如此。（卷二十，455 页第 2 段）

按：宋刻本“們”作“門”。“門”，《说文》門部：“門，聞也。从二戶，象形。”《广韵》：莫奔切，平魂明。諄部。“們”，《集韵》：莫困切，去恨明。用在人称代词或指人的名词后面，表示复数。“門”同“們”。

9.“辨”与“辯”

(1)某嘗辨之云。（卷一百〇一，2585 页第 5 段）

(2)紂殺九侯，鄂侯爭之强，辯之疾。（卷七十九，2038 页第 2 段）

按：例(1)宋刻本“辨”作“辯”。例(2)宋刻本“辯”作“辨”。“辨”，《说文》刀部：“辧，判也。从刀，辡聲。”桂馥《义证》：“辧，隸變作辨。”《广韵》：符蹇切,上獮並。元部。“辯”,《说文》辡部:“辯,治也。从言,在辡之間。”“辨”通“辯”。

10.“捨”与“舍”

學者亦須如子路恁地割捨得。(卷二十九,750 页第 4 段)

按:宋刻本“捨”作“舍”,另,“亦”作“也”,“子路”作“它”。“捨”,《说文》手部:“捨,釋也。从手,舍聲。”“舍”,《说文》亼部:“舍,市居曰舍。從亼、屮,象屋也。口象築也。”“舍”通“捨”,表放开、放弃。

11.“飢”与“饑”

(1)如貓兒狗子,飢便待物事喫,困便睡。(卷二十九,750 页第 4 段)

(2)饑食渴飲,此人心否?(卷七十八,2011 页第 3 段)

按:例(1)宋刻本“飢”作“饑”。例(2)宋刻本“饑”作“飢”。《说文》食部:“飢,餓也。從食,几聲。”《广韵》:居夷切,平脂見。脂部。“饑”,《说文》食部:“穀不熟為饑。从食,幾聲。”“飢”通“饑”。

12.“誇”与“夸”

然畢竟是王通平生好自誇大。(卷一百三十七,3256 页第 1 段)

按:宋刻本“誇”作“夸”。“誇”,《说文》言部:“譀也。从言,夸聲。”《广韵》:苦瓜切,平麻溪。魚部。“夸”,《说文》大部:“夸,奢也。从大,于聲。”“夸”通“誇”,说大话,炫耀。

13.“强”与“彊”

紂殺九侯,鄂侯爭之强,辯之疾。(卷七十九,2038 页第 2 段)

按:“疆”,《说文》田部:“畺,界也。从畕、三其界畫也。疆,畕或从彊土。”“强”,同“強”。《说文》虫部:“强,蚚也。从虫,弘聲。”强本为虫名,假借为疆后,为借义所专,疆字很少使用。《广韵》:巨良切,平陽羣。陽部。“疆”通“强”。

14.“太”与“大”

如此,則大呂、太簇、夾鍾以下,聲聲皆用按徽,都無散聲。(卷九十二,2346 页第 1 段)

按:宋刻本“太”作“大”。“大”,《说文》大部:“大,天大、地大、人亦大,故大象人形。”“大”通“太”。古代计数有所超过称为“太”。

15.“維”与“惟”

周雖舊邦,其命維新。(卷十六,319 页第 4 段)

按:宋刻本“維”作“惟”。“維”,《说文》糸部:“維,車蓋維也。从糸,隹聲。"《广韵》:以追切,平脂以。微部。"惟",《说文》心部:"惟,凡思也。从心,隹聲。""維"通"惟",考虑、计度。朱骏声《说文通训定声》履部:"維,叚借為惟。"

16."唯"与"惟"

唯"孚號",古來作去聲。(卷七十二,1836页第4段)

按:宋刻本"唯"作"惟"。"唯",《说文》口部:"唯,諾也。从口,隹聲。"《广韵》:以追切,平脂以。微部。"惟",《说文》心部:"惟,凡思也。从心隹聲。""唯"通"惟",多用作应答词或语助词。

17."齊"与"齋"

祭而恭敬齊肅,便是無咎。(卷七十,1752页第1段)

按:宋刻本"齊"作"齋"。"齊肅",庄重敬慎。《国语·楚语下》:"自公以下至於庶人,其誰敢不齊肅恭敬致力於神!"《汉书·郊祀志上》:"民之精爽不貳,齊肅聰明者,神或降之。"颜师古注:"齊讀曰齋。齋肅,莊敬也。""齋肅",疾速。"齊"与"齋"通。《国语·楚语下》:"敬不可久,民力不堪,故齊肅以承之。"韦昭注:"肅,疾也。"王引之《经义述闻·国语下》:"齊字當訓爲疾,與肅同意,故以齊肅連文。《爾雅》曰:'肅、齊,疾也。'敬不可久,故欲其疾速也。""齊"与"齋"是通假关系。

18."壹"与"一"

(1)此外蓋無那壹篇比得典謨訓誥。(卷一百三十七,3256页第1段)

宋刻本"壹"作"一"。

(2)圭,只是量表影底尺,長一尺五寸。(卷八十六,2212页第2段)

宋刻本"一"作"壹"。

按:"一",《说文》一部:"一,惟初太始,道立於一,造分天地,化成萬物。""壹",《说文》壹部:"壹,專壹也。从壺,吉聲。""壹"通"一"。

19."芘"与"庇"

衆小人託這一君子爲芘覆。(卷七十一,1785页第4段)

按:宋刻本"芘"作"庇"。《說文》艸部:"芘,艸也。一曰芘茮木。从艸,比聲。"《集韵》:比至切,去至並。脂部。《集韵》至韻:"庇,《说文》:'陰也。'或作'芘'。""芘"通"庇"。

20."於"与"于"

此商量一番,至於三番然後說成了,却不是三人來說。(卷七十三,1846页第3段)

按：宋刻本“於”作“于”3 例，“於”和“于”并用。“於”，《说文》烏部，古文。《说文》亏部：“于，於也。象氣之舒于。从丂，从一。一者，其氣平之也。”

三、形近字

1.“是”与“見”

(1)想是不曾得聞者疑其有隱。（卷三十四，893 页第 3 段）

(2)只是說人占得這爻，利於見大人。（卷六十九，1727 页第 9 段）

按：以上两例宋刻本“是”均作“見”。例(1)宋刻本“想是”作“想見”。“想見”义为想來，推想而知。结合语境，两个异文虽有字形差异，但表达两可。例(2)宋刻本“是”作“見”，“見說”，义为告知、听说。“只是說”和“只見說”表达两可。“想見”“見說”两个口语化表达《汉语大词典》均有收录。

2.“之”与“大”

也須看自家占底是何人，方說得那所利見之人。（卷六十八，1693 页第 3 段）

按：宋刻本“之”作“大”。“之”与“大”形近。本段两句，上一句为：“‘利見大人’與程傳說不同。不是卦爻自相利見，乃是占者利去見大人。”放入语境中考察，本段文字讨论卦象“利見大人”。关于“利見大人”，中华本 1632 页有说明：“如說‘利見大人’，一箇是五在上之人，一箇是二在下之人，看是甚麼人卜得。天子自有天子‘利見大人’處，大臣自有大臣‘利見大人’處，群臣自有群臣‘利見大人’處，士庶人自有士庶人‘利見大人’處。”

3.“他”与“也”

“坤以簡能”，坤最省事，更無勞攘，他只承受那乾底生將出來。（卷七十四，1880 页第 5 段）

按：宋刻本“他”作“也”，属上读。利用语义指向分析的理论来看，“也”的语义指向是“坤”，“他”则更具体地指向“坤”。“他”与“也”形近，但具有共同的语义指向，表达两可。

4.“般”与“船”

“不利涉大川”，是上面四畫陽，載不起，壓了這般重。（卷七十，1750 页第 2 段）

按：宋刻本“般”作“船”。“般”与“船”，形近，似两可。《周易传义附录》

卷二下、《合订删补大易集义粹言》卷十、《朱子五经语类》卷十四、《易》十四、四库全书本《朱子语类》均作“壓了這船重”。

5.“坎”与“却”

坎下一畫閉合時便成兑卦,便是川壅爲澤之象。(卷六十六,1642页第3段)

宋刻本“坎”作“却”。

按:查阅其他书,《文公易说》卷六作“却”。《周易传义附录》卷九上、《读易举要》卷一、《合订删补大易集义粹言》卷十一和七十七、《朱子五经语类》卷三十八、《易》三十八均作“坎”。

6.“却”与“那”

(1)伊川這一卦説却大象,并“素履”“履道坦坦”處,却説得好。(卷七十,1758页第5段)

宋刻本“却”作“那”。

(2)“巽而止,蠱”,那不是巽而止能治蠱。(卷七十,1772页第6段)

宋刻本“那”作“却”。

按:查阅其他引书,例(1)《文公易说》卷三、《合订删补大易集义粹言》卷十四、《朱子五经语类》卷十五、《易》十五、《御纂朱子全书》卷二十八均作“却”。例(2)《朱子五经语类》卷十七、《易》十七作“那”,《文公易说》卷四、《周易传义附录》卷四上、《合订删补大易集义粹言》卷二十二、《御纂朱子全书》卷二十九、四库全书本《朱子语类》卷七十均作“却”。

7.“則”与“到”

如言“與鬼神合其吉凶”,則鬼神便説箇“吉凶”字。(卷七十,1768页第3段)

宋刻本“則”作“到”。

按:查阅其他引书,《文公易说》卷七、《周易传义附录》卷三下作“到”,《朱子五经语类》卷十七、《易》十七作“則”。

8.“向”与“尚”

“納約自牖”,雖有向明之意,然非是路之正。(卷七十一,1807页第5段)

宋刻本“向”作“尚”。

按:查阅其他引书,《文公易说》卷四、《周易传义附录》卷五下、《合订删补大易集义粹言》卷三十三、《朱子五经语类》卷二十、《易》二十均作“向”。

9."古"与"上"

沈存中論五姓,自古無之,後人既如此呼喚,卽便有義可推。(卷七十二,1830 页第 8 段)

宋刻本"古"作"上"。

按:查阅其他引书,《文公易说》卷五作"上",《周易传义附录》卷七上、《合订删补大易集义粹言》卷四十三均作"古"。

10."二"与"三"

"博施濟衆"一段,程子作一統說,先生作二段,如何?(卷三十三,848 页第 7 段)

宋刻本"二"作"三","段"下有"說"字。

宋刻本"二"作"三"的还有如下例子:

嘗見佛經説崑崙山頂有阿耨大池,水流四面去,其東南入中國者爲黄河,其二方流爲弱水黑水之類。(卷二,27 页第 5 段)

今之二銜,卽舊日之指揮使。(卷一百二十八,3076 页第 6 段)

所以六曹官惟知錄免二日銜,以其職尊,故優異之。(卷一百二十八,3074 页第 1 段)

漢有十二州,百三郡,郡有太守,州有刺史。(卷一百十二,2731 页第 2 段)

慶元丁巳三月,見先生於考亭。(卷一百十六,2798 页第 3 段)

宋刻本"三"作"二"。

自併省三院,而州郡六曹之職頗爲淆亂,司法、司理、司户三者尚仍舊。(卷一百二十八,3074 页第 1 段)

宋刻本"三"作"二"。

按:由于年代久远、纸张虫蛀发霉等原因,刻本中"二"与"三"常易混。

11."子"与"了"

是道心略瞥見些子,便失了底意思。(卷七十八,2011 页第 2 段)

宋刻本"子"作"了"。

按:"些子",少许、一点儿。"些子"是《朱子语类》中出现频率较高的一个名词性的口语化表达。中华本全书一共出现 395 例。例如"只是爭這些子"(66 页)、"若一些子光"(93 页)、"瞥見些子說話"(140 页)、"其實與之過厚些子"(1351 页)等等,可充当宾语、补语和定语。"子"与"了"形近,在这里两可。

12."己"与"已"

將己來聽命於他,切己思量體察。(卷八,140 页第 4 段)

宋刻本前一"己"作"已"。

不然,彼己無益,只是一場閑説話爾,濟得甚事!(卷一百二十一,2940 页第 2 段)

宋刻本"己"作"已"。

按:"己"与"已",易混。因虫蛀霉变等原因,在刻本中不容易辨别。

13."直"与"真"

若是有志朴實頭讀書,真箇逐些理會將去,所疑直是疑,亦有可答。(卷一百二十一,2940 页第 2 段)

宋刻本"直是"作"是真"。

按:"直",用作副词时,有真、简直义。"直是"与"是真"两可。

14."又"与"反"

又親與之宴會,又與之主婚。(卷一百三十三,3198 页第 1 段)

宋刻本"又"作"反",无"親"字,"宴會"作"燕會"。

今既不能然,又親與之同會,與之主婚尚何責焉。(卷一百三十三,3198 页第 1 段)

宋刻本"又"作"反","同"作"燕"。

按:"又"與"反",主观情感态度有明显差别。"反",反而,有责备义。

15."似"与"以"

(1)此項又似制殿前都指揮之兵也。(卷一百二十八,3076 页第 5 段)

宋刻本"似"作"以"。

(2)"禹稷當平世,三過其門而不入",似天下之事重乎私家也。(卷五十七,1355 页第 7 段)

宋刻本"似"作"以"。

按:例(1)四库全书本《朱子语类》《群书考索》别集卷二十一作"以"。例(2)两可。

第二节 宋刻本异文词语辨析

中古近代汉语词汇研究,二三十年来取得了长足的发展和进步。通过专书词汇研究和断代词汇研究对大量词汇的考察和描写，中古近代汉语的词汇概貌逐渐清晰和明朗起来。正如综述中所说，目前大量的专书词汇研究，很多做得比较深入透彻，并且也致力于采用新的研究方法，但大多数的研究只集中于一个版本、一个共时的平面，缺乏历时的有价值的语料，即新的异文材料。典籍异文材料，向来为汉语史研究所珍视，只不过苦于没有发现或是没有经过仔细的校勘整理而已。

目前不少汉语史研究学者在研究中已关注到异文问题，如苏杰的《〈三国志〉异文研究》，从异文的整理出发，系统地做专书语言研究，并发表了一系列的论文。除了苏杰之外，目前学界从异文的角度系统研究专书词汇的还十分少见。

本节的异文词语研究，在校勘成果的基础上，分成三类：单音节词语异文、单双音节换用的词语异文、双音节词语异文、多音节词语异文四类。

一、单音节词语异文

先生説至此，笑曰。（卷九十，2310 页第 6 段）

宋刻本“曰”作“云”。查检中华本全书，使用“曰”16648 例，“云”5696 例。在表达“说、说到”义时，“曰”和“云”意义基本相同，但在用法上有细微差别。“云”多用于表达转述，有“曾经说”的意味，例如“前所云”“集注云”“因舉上蔡云”“伊川云”“人傑錄云”“先生答廖子晦書云”等等。“曰”在《朱子语类》中，多用于朱熹与弟子面对面的问答过程中，也有转述的情况，但大部分用例为直接表述，例如“文蔚曰”“先生點頭曰”“先生曰”“曰”等。“曰”和“云”在具体使用语境中尽管有交叉，但通过归纳大量的文献用例可以发现，二者的使用是有大致明确分工的。除了这个例证，以下例证宋刻本也是“曰”作“云”：

先生曰。（卷六十二，1494 页第 1 段）

先生曰：“兩儀卽陰陽。”（卷九十四，2377 页第 7 段）

先生曰。（卷一百二十一，2937 页第 3 段）

先生曰。（卷五十二，1242 页第 3 段）

先生曰。（卷四十一，1053 页第 3 段）

又曰。（卷十五，291 页第 4 段）

又曰。（卷十七，372 页第 4 段）

以下为宋刻本“云”作其他表述的：

上蔡云:“人不可無根”。(卷十九,437 页第 9 段)
宋刻本“云”作“曰”。
横渠云。(卷七十六,1947 页第 8 段)
宋刻本“云”作“言”。
又云。(卷一百〇七,2660 页第 2 段)
宋刻本“云”作“問”。

問:“工夫到此,自是不能間斷得?”(卷一百二十,2882 页第 4 段)
宋刻本作“堯卿曰”。
諸友問:“先生如何説?”(卷七十九,2058 页第 5 段)
宋刻本“問”作“請曰”。
胡問“以己及物”“以”字之義。(卷二十七,691 页第 1 段)
宋刻本“義”作“旨”。

按:查检全书,使用“之義”一共 458 例,例如“問‘弦望’之義”(第 20 页)、“漢卿問天神地示之義”(第 51 页)、“周李卿問造次之義”(650 页)等。使用“之旨”18 例,例如“此固非當時答問之旨”(722 页)、“此章之旨”(944 页)、“問‘君子不器’之旨”(578 页)等。“義”与“旨”在此均指意思、旨意。

一貫之説,夫子只是謾提醒他。(卷一百十七,2829 页第 1 段)
宋刻本“説”作“旨”。

按:查检全书,“一貫之説”一共 6 例,“一貫之旨”也是 6 例。二者在此处义近两可。

夫為師問所折難,而愧形於顔色。(卷九十七,2496 页第 4 段)
宋刻本“問”作“門”。

按:这段文字讲谢显道自负该博,被先生责难“玩物丧志”。“問”与“門”在此处两可。

今來文字,至無氣骨。(卷一百三十九,3319 页第 1 段)
宋刻本“至”作“全”。

按:“至”与“全”,在此处可以互相替换。“至”有极义。

范蜀公作溫公墓誌,乃是全用東坡行狀,而後面所作銘,多記當時姦黨事。(卷一百三十,3104 页第 3 段)

宋刻本“記”作“犯”。

按:“犯”有“触及、触犯”义。宋刻本“多犯當時姦黨事”,“犯”当作“触及”解。另见“若說時,只是形容箇黑白道理,更不得犯‘黑白’二字”(120 页第 3 段)。联系上下文语境,“記”和“犯”两可,但“犯”优于“記”。

後來著《知言》,也不曾如此說。(卷三十五,946 页第 4 段)

宋刻本“著”作“看”。

按:《御纂朱子全书》卷十五、四库全书本《朱子语类》均作“著”。“著”与“看”形近。《知言》,宋代胡宏的哲学著作。初稿系论学语录和随笔札记,后经多次校订而成书。朱熹对《知言》虽颇有异议,但也承认其有精到之处。联系上下文,此段文字讨论胡五峰《知言》中《禹无间然矣》章“禹以鲧遭殛死,而不忍享天下之奉”。用“著”,则说明胡五峰著书时没有持这个观点,用“看”则说明朱熹看《知言》,没有发现胡五峰如此说。

它那日也未甚有年。(卷三十一,795 页第 4 段)

宋刻本“日”作“時”。

按:四库全书本《朱子语类》同卷作“它那昔也未甚有年”。“日”与“時”“昔”形近,都是时间名词。

隨得不是,便喝他不住。(卷九十四,2387 页第 3 段)

宋刻本“喝”作“遏”。

按:“喝”与“遏”形近。联系文意考察,在“大聲吆喝”义上似乎也通,考察全文其他用例:“這皆是造化自然如此,都遏他不住。”(1609 页)“恁地時節,他也自遏他不住。”(1623 页)“雖小而眾惡却遏他不得。”(1796 页)综合判断,此处“遏”优于“喝”。

五便是十干所始,六便是十二律所生。(卷六十五,1611 页第 7 段)

宋刻本“始”作“起”。

按:“始”与“起”,在“开始、开头”义项上同义。考察中华本全文,出现“所始”3 例,“所起”6 例。

孝宗亦然,但又傷於太銳,少商量。(卷一百二十八,3073 页第 1 段)

宋刻本“少”作“欠”。

按:“少”有“缺少,欠缺”的义项。[金]董解元《西厢记诸宫调》卷一:

"短命寃家薄情煞,兀的不枉教人害,少負你前生眼兒債。"[元]睢景臣《哨遍·高祖还乡》套曲:"少我的錢差發内旋撥還。""少"与"欠",二者两可。

象裏面説底,且隨他説做一箇事。(卷六十九,1736页第1段)

宋刻本"象"作"彖"。

按:"彖",《周易》中的断卦之辞。"象",《周易》专用语,用于指卦象、征兆。"象"与"彖"形近,意义两可。

"利君子貞"是一象。(卷七十,1764页第2段)

宋刻本"利"下有"見"字。

按:"利"下,宋刻本、朝鲜本、《朱文公易说》卷三皆衍"見"字。易经本文无。宋刻本、朝鲜本均误。

然而陽不可過,則不能及六五,却反回來六二上面。(卷七十三,1869页第9段)

宋刻本"陽"作"陰"。

按:此句前一句为:"三父,四祖,五便當妣。過祖而遇妣,是過陽而遇陰。"根据"過陽而遇陰"判断,似为宋刻本误。

此句説仁最密。(卷七十四,1894页第1段)

宋刻本"句"作"語","此"前有"又曰"二字。

按:"此句"或"此語"指向上文"安土敦乎仁,故能愛。""句"与"語"两可。

柔變而趨於剛,剛化而趨於柔。(卷七十五,1936页第5段)

宋刻本"柔"作"陰","化"作"變"。

按:"柔"与"陰"、"化"与"變"为两组近义词。此处为引用异文。

"御"字,龜山説做御馬之"御",却恐傷於太巧。(卷六十八,1699页第6段)

宋刻本"馬"作"車"。

按:"御馬"和"御車"都是驾驭车马的意思。

若論飛潛動植,各正其性。(卷六十二,1494页第1段)

宋刻本"論"作"説",此句前有"是從人上說物有當然之理"十一字。

按:检索中华本全书,"若論"一共83例,"若說"12例。"論"与"説"义近,但语体色彩有差异,"説"的口语性更强一些。

有自知不可爲,公然遜與他人。(卷八,136页第3段)

宋刻本"遜"作"讓"。

按:"遜"与"讓"在此都表示辞让、退让义。二者既可以单用,也可以同义联合的方式构成复合词。

人物所以生生不窮者,以其生也。才不生,便乾枯殺了。(卷一百○五,2634页第1段)

宋刻本"殺"作"死"。

按:"殺",死,致死。《晋书·武帝纪》:"大雨霖,伊洛河溢,流居人四千餘家,殺三百餘人。"[宋]苏舜钦《诣匭疏》:"聞河東地大震烈……殺民畜幾十萬。"在死亡这个义项上,"殺"与"死"为近义词关系。

如退產相似,甘伏批退,自己不願要。(卷八,136页第3段)

宋刻本"產"作"田"。

按:联系上下文语境,"退田"与"退產"义近,两可。

性、情、心,惟孟子横渠説得好。(卷五,93页第2段)

宋刻本"性情"作"情性"。

按:"性、情、心"三者排列顺序不同。宋刻本作"情、性、心"。

吾人日夜要講明此學,只謂要理明學至。(卷一百二十一,2938页第2段)

宋刻本"謂"作"為"。

按:四库全书本《朱子语类》同卷作"為"。"謂"与"為"在此处似两可。

一語一言可取,亦是惑人。(卷一百二十六,3011页第2段)

宋刻本"語"作"話"。

按:"一語一言"也作"一言一語",例如"如聖賢一言一語,都是道理"。(1409页)"語"与"話"语体色彩上有差异,宋刻本"一話一言"口语性更强一些。

一味説入虛談,最爲惑人。(卷一百二十一,2940页第2段)

宋刻本“為”作“易”。

按:“最爲惑人”“最易惑人”放入上下文语境,均可。

某甚善其説。(卷三十三,849页第1段)

宋刻本“善”作“喜”。

按:“善”有喜爱、喜好的意思。《国语·吴语》:“施民所善,去民所惡。”[明]陈继儒《珍珠船》卷一:“徐晦嗜酒,沈傳師善食楊梅。”“善”与“喜”在此为近义词。

不是他無見處,只是説得來作怪。(卷三十三,849页第1段)

宋刻本“説”作“見”。

按:检索中华本全书,“説得來”一共出现74例,例如:“説得來大段精切。”(2745页)“每日讀書,只是讀過了,便不知將此心去體會,所以説得來如此疏。”(2755页)“後面説得來大,非聖人不能。”(388页)此外还有“説得來大”“説得來粗”“説得來好”“説得來太精了”等表达形式。“見得來”1例:“有持守底意,不似乾卦見得來透徹。”(1720页)“动词+得来”为《朱子语类》中一个十分常见的动词后缀,口语性极强。

又因問舉業。(卷一百○七,2671页第6段)

宋刻本“問”作“説”。

按:“問”与“説”,此处两可。二者也可以连用,例如:“惟是子貢便知得這話必有意思在,於是問説。”(1137页)

曾點浴沂處,注云“有堯舜氣象”,夫子固於此與點矣。(卷四十,1037页第2段)

宋刻本“與”作“予”。

按:“與”有给予义。《古今小说·沈小官一鸟害七命》:“嚴氏見説兒子頭有了,心中歡喜,隨即安排酒飯,管待二人,與了一千貫賞錢。”“與”和“予”在这里是同义词关系。

以武臣二員并内侍都知二員掌之。(卷一百二十八,3076页第6段)

宋刻本“掌”作“管”。

按:“掌”与“管”都有执掌、主管义。二者可单用,也可以并列复合词的形式联用。例如:“所謂史,便是掌管那簿底。”(2714 页)

知錄管州院事,專主教民,今乃管倉庫,獨爲不得其職。(卷一百二十八,3073 页第 1 段)

宋刻本“乃”下有“令”字。

曲直在前,只不理會。(卷一百〇八,2686 页第 5 段)

宋刻本“只”下有“恁”字。朝鲜本同。

苟通得一處,則觸處皆通矣。(卷十六,316 页第 5 段)

宋刻本前一“通”作“窮”。

按:“窮”,有彻底推求、通达义。在这个义项上,“通”与“窮”为同义关系。二者既可以单用,也可以反义联合的形式组成复合词使用。例如:“命,只是窮通之命。”(950 页)

天包著地,别無所作爲,只是生物而已。(卷五十三,1280 页第 3 段)

宋刻本“是”作“知”。

只是他自要其身界限齊整,不相侵越,微似義耳,然終不似也。(卷五十五,1321 页第 2 段)

宋刻本“他”作“它”,“要”作“愛”。

按:“自要其身界限齊整”与“自愛其身界限齊整”,联系上下文语境分析,“要”与“愛”两可。

又提幾箇公卿大夫來相答問,便比當時門人弟子。(卷一百三十七,3255 页第 1 段)

宋刻本“提”作“捉”。

按:“捉”,可作介词,犹把、将。《敦煌变文集·燕子赋》:“向吾宅裏坐,却捉主人欺。”《警世通言·俞仲举题诗遇上皇》:“我早飯也不曾吃,却來問我吃茶?身邊銅錢又無,吃了却捉甚麼還他?”此句下一句為:“王通便是如此。它自要做孔夫子,便胡亂捉别人來爲聖爲賢。”《御纂朱子全书》卷五十八、《性理大全书》卷五十八和四库全书本《朱子语类》此句均作“捉”。此处用“提”似乎也可,但结合下一句判断,“捉”也许更符合原貌。

取極厚極薄之二説而中折之,則此爲中矣……若但以極厚極薄爲兩端,而中折其中間以爲中。(卷六十三,1525 页第 6 段)

宋刻本两“折”字均作“摺”。

按:“摺”,折叠。“摺”同“折”。

若如其言,有本然之善,又有善惡相對之善。(卷一百○一,2586 页第 1 段)

宋刻本两“善”字均作“性”。中华本此下有“僩錄作性”。

按:《西山讀書記》卷一此句同宋刻本,两“善”字均作“性”,“有本然之性,又有善惡相對之性”。《御纂朱子全书》卷四十二、《闽中理学渊源考》卷三作“善”。

或云:“論語不如中庸。”(卷六十四,1578 页第 2 段)

宋刻本“云”作“問”,“如”作“及”。

按:“如”,及,比得上。

前日正與學者言。(卷十三,231 页第 1 段)

宋刻本“言”作“說”。

按:“言”与“說”,语体色彩不同。“說”,白话口语的色彩更浓一些。

春秋許九世復讎。(卷一百三十三,3198 页第 1 段)

宋刻本“春”前有“謂”字。

按:此句的上文为:“謂復百世之讎者是亂説。許五世復讎者,謂親親之恩欲至五世而斬也。”

今之爲春秋者都是如此。(卷一百三十三,3199 页第 1 段)

宋刻本“為”作“解”。

按:联系上下文,此处“為”可作“解”解。

“性情”二字常相參在此。(卷六十八,1687 页第 3 段)

宋刻本“字”作“者”。

按:此处“字”“者”两可。

五峰說得宮之用極大，殊不知十二律皆有宮。（卷一百〇一，2593 页第 5 段）

宋刻本“律”作“宮”。

按：“宮”，古代音乐术语。古代五声音阶的第一音级。也指以宫声为主的调式。十二宫，即十二宫调。《乐书》卷一百〇七：“先儒有十二宮之說，豈樂殊貴賤之意耶?”“律”，乐律、音律。古人按音阶高低分为六律和六吕，合称十二律。《乐书》卷七十六：“律與呂異合而言之。呂亦謂之律，此《禮運》所以有五聲十二律之說也。”

今纔照得娑婆一處，卽已曛矣。（卷八十六，2212 页第 1 段）

宋刻本“矣”作“黑”。

按：“曛”，昏暗。[南朝梁]庾肩吾《和刘明府观湘东王书》：“峯樓霞早發，林殿日先曛。”[清]蒲松龄《聊斋志异・上仙》：“久之，日漸曛，衆恐礙夜難歸，煩再祝請。”“曛黑”，日暮天黑。[南朝宋]谢灵运《拟魏太子邺中集诗・陈琳》：“夜聽極星闌，朝遊窮曛黑。”[清]蒲松龄《聊斋志异・甄后》：“既而曛黑，從者盡去。”“曛”单用或与“黑”组成复合词“曛黑”均有文献用例。[南朝宋]谢灵运《拟魏太子邺中集诗・陈琳》：“夜聽極星闌，朝遊窮曛黑。”[唐]皇甫湜《答李生书一》：“辱書，適曛黑，使者立復，不果一二。”

二、单、双音节换用的词语异文

想是竈門外平正可頓柴處。（卷二十五，622 页第 2 段）

宋刻本“想”下有“見”字。

按：想——想見。中华本作单音节“想”，宋刻本作双音节词“想見”。“想見”，推想而知。检索中华本全文，“想見”一共出现 65 例，例如，“想見只是説赤道”（22 页）、“想見凡天下之事無不講究來”（570 页）、“當時啟迪之言想見甚好”（1308 页）。

看著似平淡，子細去窮，其味甚長。（卷二十六，663 页第 2 段）

宋刻本“似”下有“乎”字。

按：似——似乎。中华本作单音节“似”，宋刻本作双音节词“似乎”。

不知當時如何被他逴見這道理。（卷一百十七，2828 页第 2 段）

宋刻本无“逴”。

按:逴見——見。中华本作双音节词“逴見”,宋刻本作单音节词“見”。“逴見”,窥见、识见。中华本全书出现“逴見”一词,仅此一例。

饑而思食後,思量當食與不當食。(卷七十八,2016 页第 2 段)

宋刻本“當”作“合當”。

按:當——合當。中华本作单音节“當”,宋刻本作双音节词“合當”。“合當”,犹应当、应该。中华本全书“合當”一共出现 197 例。例如,“蓋以其合當如此便如此”(4 页)、“如合當與他説”(1472 页)、“合當自行規矩”(2646 页)。

向見衆人說得玄妙,程先生說得絮。(卷一百十七,2827 页第 1 段)

宋刻本“絮”作“忉怛”。

按:絮——忉怛。中华本作单音节词“絮”,宋刻本作双音节词“忉怛”。中华本“絮”下有小字注:“黄作‘忉怛’。”中华本“絮”一共出现 17 例。例如:“都是硬入這意,所以説得絮了。”(1737 页)“絮”,由粗丝绵引申为说话啰嗦、烦腻。中华本“忉怛”一共出现两例,除了这一句外,另一句为:“要之,聖人只是直筆據見在而書,豈有許多忉怛!”(2155 页)“忉怛”,啰嗦、唠叨。

今禪學也是恁地。(卷一百十七,2827 页第 1 段)

宋刻本“今”前有“而”字。

按:今——而今。中华本作单音节“今”,宋刻本作双音节词“而今”。中华本“而今”一共出现 529 例。

不似程先生說得穩。(卷一百十七,2827 页第 1 段)

宋刻本“穩”作“穩當”。

按:穩——穩當。中华本作单音节词“穩”,宋刻本作双音节词“穩當”。中华本“穩當”一共出现 12 例。

各理會得透,則萬事各成萬箇道理。(卷一百十七,2828 页第 1 段)

宋刻本“透”作“通透”。

按:透——通透。中华本作单音节词“透”,宋刻本作双音节词“通透”。“通透”为同义并列式复合词。中华本“通透”一共出现 54 例。

前承教，只據見定道理受用。(卷一百二十，2882 页第 4 段)

宋刻本“教”作“教誨”。

按：教——教誨。中华本作单音节词“教”，宋刻本作双音节词“教誨”。中华本“教誨”一共出现 35 例。

如今世俗神樹模様，非是將木來截作主也。(卷九十，2290 页第 5 段)

宋刻本“模様”作“然”，“俗”后有“之”字。

按：模様——然。中华本作双音节词“模様”，宋刻本作文言词“然”。

理是道理，心是主宰底意否？(卷一，4 页第 4 段)

宋刻本“意”作“意思”。

按：意——意思。中华本作单音节词“意”，宋刻本作双音节词“意思”。中华本“意思”一共出现 1244 例。《朱子语类》中的“意思”，有多个义项，和我们今天的“意思”有同有异。

心固是主宰底意。(卷一，4 页第 4 段)

宋刻本“意”作“意思”。

按：意——意思。中华本是单音节，宋刻本为复音词。

“勞乎坎”，是說萬物休息底意。(卷七十七，1973 页第 4 段)

宋刻本“意”后有“思”字。

只是有志於善，而不肯爲惡耳。(卷三十四，896 页第 3 段)

宋刻本“於”下有“為”字。

按：善——為善。

凡有物須是自家照見得，方見得有。(卷七十，1766 页第 5 段)

宋刻本“有”下有“無”。

按：有——有無。中华本下一句也作“有無”：“若不照見，則有無不可知，何名爲有！”

只是說作易一事，如何有許多般様？(卷六十七，1675 页第 5 段)

“般様”宋刻本作“様”。

按：般様——様。中华本作双音节词“般様”，宋刻本作单音节词“様”。

“般様”，中华本全书一共出现 30 例，如“極多般様”(73 页)、“人生得多般様”(238 页)、“做出許多般様”(1606 页)。《汉语大词典》此词失收。

易只是一陰一陽，做出許多様事。(卷七十六，1961 页第 6 段)

宋刻本“様”作“般様”。

按：様——般様。单、双音节的不同，可从一个侧面反映宋儒讲学时词语运用的灵活性，有常有变，随上下文语境、说话的节奏等变化。

須臾，一葉落。(卷六十七，1673 页第 4 段)

宋刻本“落”下有“下”字。

按：落——落下。中华本作单音节词“落”，宋刻本作双音节词“落下”。

雖程子說得亦不甚分明，惟是横渠推出來。(卷九十八，2512 页第 4 段)

宋刻本“推”作“分說得”。此下接有“分曉雖伊川也說得鶻突”。

按：推——分說。中华本作单音节词“推”，宋刻本作双音节词“分說”。《汉语大词典》释义为分辨、辩白，此处“分说”有推理义。中华本全书“分說”一共出现 19 例，如“不可分說”(46 页)、“只隨經句分說，不離經意”(193 页)、“思與行亦不可分說”(449 页)。《文公易说》卷十三也作“惟是横渠分說得出來”。

讀書，須從文義上尋，次則看注解。(卷十一，193 页第 3 段)

宋刻本“次”前有“其”字。

按：次——其次。

如“文武之道未墜於地，在人”。(卷六十二，1494 页第 1 段)

宋刻本“如”作“且如”。

按：如——且如。

然初自事親、從兄行起，非是便能以仁遍天下。(卷二十，473 页第 4 段)

宋刻本“初”作“從幼”。

按：“從幼”，自幼，小时候。《汉语大词典》未收。《圣祖仁皇帝圣训》卷五十二：“朕於地理從幼留心。”《明儒学案》卷二十七：“只是從幼見人親愛父母也。"《二程遺书》卷六："從幼小有如是才識。"

晚間便可下手，卻須要待明日。（卷八，135 页第 8 段）

宋刻本"待"前有"等"字。

按：待——等待。中华本作单音节词"待"，宋刻本作双音节词"等待"。

胡亂有一人入潭州城裏說，人便靡然從之，此是何道理！（卷五，93 页第 1 段）

宋刻本"說"下有"訶"字。

按：説——説訶。中华本作单音节词"説"，宋刻本作双音节词"説訶"。"説訶"也作"説呵"。《五灯会元》卷二十："問話者三十，棒慣能説訶。"《祕书监志》卷三："有我，他每根底依例説呵。""説訶"或"説呵"，《汉语大词典》失收，考察文献用例，当训为斥责、喧哗。

如今人全不曾理會，才見一庸人胡說。（卷五，92 页第 2 段）

宋刻本"胡"下有"亂"字。

按：胡——胡亂。中华本作单音节词"胡"，宋刻本作双音节词"胡亂"。考察中华本全文，"胡亂"一共出现 84 例。

元來無所有底人，見人胡說話，便惑將去。（卷五，92 页第 2 段）

宋刻本"胡"下有"亂"字。

按：胡——胡亂。

若待他飢時理會，更有何策？（卷一百〇六，2643 页第 3 段）

宋刻本"他"作"它"，"飢"后有"餓"字。

按：飢——飢餓。中华本作单音节词"飢"，宋刻本作双音节词"飢餓"。

看正文了，却著深思熟讀，便如己說，如此方是。（卷十一，191 页第2 段）

宋刻本"著"作"看注"。

按：此处异文有两解。上一句为"大凡人讀書，且當虛心一意，將正文熟讀，不可便立見解。"中华本文意为看正文要熟读深思；宋刻本文意为读书时，正文、注文都要仔细研读，先将正文读熟，"字字咀嚼，教有味"，然后看注解，才有意味。联系上下文语境，宋刻本的表述更加贴近文意。

如説我今日病較輕得些便是病未曾盡去，猶有些根脚，更服藥始得。（卷二十九，752 页第 4 段）

宋刻本"如"前有"譬"。

按：如——譬如。中华本作单音节词"如"，宋刻本作双音节词"譬如"。

故神宗皆爲諸郎，蓋本員外郎之資敍。（卷一百二十八，3073 页第 1 段）

宋刻本"皆"下有"改"字。

按：為——改為。

古者君將升車，則御者先升，執轡中立，以綏度左肩而雙垂之。（卷一百二十八，3066 页第 6 段）

宋刻本"者"字下有"人"字。

按：君——人君。中华本作单音节词"君"，宋刻本作双音节词"人君"。

顧諟，是常要看教光明燦爛，照在目前。（卷十七，387 页第 2 段）

宋刻本"照"作"昭然"。

按：此处异文有两解。本段文字讨论"天未始不爲人，而人未始不爲天"。联系上下文，"照在目前"和"昭然在目前"两可。

董仲舒文字却平正，只是又困。（卷一百十六，2805 页第 2 段）

宋刻本"困"作"困善"。

按：困——困善。中华本作单音节词"困"，宋刻本作双音节词"困善"。"困善"，《汉语大词典》未收。中华本全书出现"困善"两例。"《尚书》決非孔安國所注，蓋文字困善，不是西漢人文章。安國，漢武帝時，文章豈如此！但有太麤處，決不如此困善也。"（1984 页）"困善"，当训为匮乏、软弱。

"率獸食人"，亦深其弊而極言之，非真有此事也。（卷五十五，1320 页第 2 段）

宋刻本"深"下有"探"字。

按：深——深探。四库全书本《朱子语类》作"亦探其弊而極言之"。同样的内容，《四书蒙引》卷十一作"亦深探其弊而極言之"。

人須知恥，方能過而改，故恥爲重。（卷九十四，2400 页第 2 段）

朝鲜本"能"下有"聞"字。宋刻本同。

按：過——聞過。此句上一句为"知恥是由内心以生，聞過是得之於外"。

如佛言"善哉！善哉"！（卷一百〇一，2586 页第 1 段）

宋刻本"佛言"作"佛氏曰"。

按：佛——佛氏，言——曰。中华本全书"佛氏"一共出现 89 例。

本朝先未有祠祿，但有為主管某宫、某觀公事者。（卷一百二十八，3076 页第 2 段）

宋刻本"公事"作"使"。

按："公事者"与"使者"此处同义，两可。

婦既歸，姑與之爲禮，喜於家事之有承替也。（卷八十七，2244 页第7 段）

宋刻本"承替"作"傳"。僩录作"有傳也"。

按："承替"，承接、接替，《汉语大词典》未收。《宋史》卷一百九十："無人承替者，雖老疾不得停籍。"《续资治通鉴长编》卷二百七十二："諸將副有新官承替者，其家屬委州縣居以官宅給其使令。""承替"，此处义同"傳"。

以神運精氣結而爲丹，陽氣在下，初成水，以火煉之則凝成丹。（卷一百二十五，3002 页第 1 段）

宋刻本"初"下有"融"字。

按：成——融成。《文公易说》卷二十作"初融成水"。

三、双音节词语异文

衆小人託這一君子爲芘覆。（卷七十一，1785 页第 4 段）

宋刻本"芘覆"作"庇覆"。

按："庇覆"，荫蔽，保护。芘，通"庇"。

如此，却何以責人謙遜。（卷二十六，667 页第 4 段）

宋刻本"謙"作"廉"。

按:謙遜——廉遜。廉逊,逊让。《晋书·刘寔传》:"以世多進趣,廉遜道闕,乃著《崇讓論》以矯之。"[宋]叶梦得《石林燕语》卷九:"臣與公著同被召,公著固辭得請,而臣獨就職,是公著廉遜而臣無愧恥也。""廉遜"中华本没有出现。"謙遜"与"廉遜"为近义词关系。

而今只想象那熟處,却不曾下得種子,如何會熟?(卷一百十七,2822页第1段)

宋刻本"只"下有"管"字,"象"作"像"。

按:想象——想像。检索中华本全书,"想象"一共出现8例,"想像"29例,二者的使用环境和用法没有明显差异,是异形词关系。1956年汉字简化前,一直以"想像"为正体。老《词源》《辞海》,《国语辞典》1937年版和1981年台湾版,都只有"想象"。1968年台湾出版的《中文大辞典》两词并收。[①]

中間許多都把做渣滓,不要理會。(卷一百十七,2828页第2段)

宋刻本"渣滓"作"查滓"。

按:"渣滓",杂质、糟粕。检索中华本全书,"渣滓"一共出现60例,"查滓"一共出现2例。"渣滓"与"查滓"是异形词关系,《汉语大词典》两个词形都收。

假如大鑪鎔鐵,其好者在一處,其渣滓又在一處。(卷十七,375页第2段)

宋刻本"渣滓"作"查滓"。

隨衆從"博學、審問、慎思、明辨、篤行"底做工夫,襯貼起來方實。(卷一百十七,2828页第2段)

宋刻本"襯貼"作"稱貼"。

按:襯貼——稱貼。衬贴,《汉语大词典》谓用文字衬托以求工整贴切。[宋]严羽《沧浪诗话·诗法》:"最忌骨董,最忌襯貼。""襯貼",《朱子语类》一共出现10例。结合上下文意,"'襯帖'字,説'配'字極親切"(1245页),"襯貼"当训为密切配合、结合使之妥帖。"稱貼"中华本没有出现,《汉语大词典》未收。《世宗宪皇帝上谕内阁》卷二十七:"上諭:諾岷奏稱貼。"《圣济

① 胡双宝:《易混易错词语辨析》,北京大学出版社2002年版,第302页。

总录纂要》卷十九:"獨頭蒜,一斤,一味。截兩頭,去心,作艾炷火與蒜稱貼。""稱貼",当训为妥帖,使之相配。"襯貼"与"稱貼"为近义词关系。

若是只恁懸虛不已,恰似村道說無宗旨底禪樣。(卷一百十七,2829 页第 1 段)

宋刻本无"是"字,"恁"下有"地"字,"虛不已"作"空說去"。

按:懸虛——懸空。检索中华本全书,"懸虛"一共出现 2 例。《朱子语类》另一用例:"今却是懸虛說一箇物事,不能得了,只要那一去貫,不要從貫去到那一。"(2829 页)相關文獻用例有,《明儒学案》卷六十二:"莫懸虛,勘三教異同,且當下辨人、禽兩路。"《经义考》卷四十七:"古者占筮之書,即卦爻取物類象,懸虛其義,以斷吉凶。"中华本"懸空"一共出现 44 例,比喻凭空、空洞不实。

孝弟如何謂之順德?(卷二十,471 页第 4 段)

宋刻本"孝弟"作"孝悌"。下一句"惟孝弟則皆是順",同。

按:孝弟——孝悌。检索中华本全书,"孝弟"一共出现 250 例,"孝悌"一共出现 14 例。"孝弟"与"孝悌"是异形词关系。

此若拈定孝弟說,下面自不要這兩句了。(卷一百十九,2867 页第 2 段)

宋刻本"孝弟"作"孝悌"。以下连续三个都如此。

若說孝弟是仁之本,則是頭上安頭,以腳為頭。(卷一百十九,2870 页第 1 段)

宋刻本"孝弟"作"孝悌"。

今所說,固是如此。(卷一百十七,2825 页第 2 段)

宋刻本"如此"作"恁地"。

按:如此——恁地。检索中华本全书,"如此"一共出现 5574 例,"恁地"一共出现 1819 例。"如此"与"恁地"为近义词关系,但语体色彩不同。"如此"书面语色彩重一些,"恁地"口语化色彩比较重。

日用間固是如此,也須隨自家力量成就去看如何。(卷一百二十,2882 页第 4 段)

宋刻本“如此”作“恁地”。

若只見道理如此，便要受用去。（卷一百二十，2883 页第 1 段）

宋刻本“如此”作“恁地”。

只管逐件恁地去，千件成千箇物事，萬件成萬箇物事，將間自然撞着成一箇物事。（卷一百十七，2826 页第 1 段）

宋刻本“間”作“來”。

按：將間——將來。“將來”，未来、以后。检索中华本全书，“將來”一共出现 196 例，“將間”一共出现 4 例，《汉语大词典》未收该词条。中华本还有其他用例：“此便是合理會底理會得，將間鬼神自有見處。若合理會底不理會，只管去理會沒緊要底，將間都沒理會了。”（33 页）“將間”与“將來”为近义词关系。

自己當不得這卦象，却就那人身上取。（卷六十六，1641 页第 3 段）

宋刻本“象”作“爻”。

按：卦象——卦爻。检索中华本全书，“卦象”一共出现 10 例，“卦爻”一共出现 50 例。“象”，《周易》专用语，用于指卦象、征兆。“爻”，《周易》中组成卦的符号，也作“爻辞”的省称。

四面湊合來，便只是一箇渾淪道理。（卷一百十七，2828 页第 1 段）

宋刻本“渾淪”作“鶻淪”。

按：渾淪——鶻淪。检索中华本全书，“渾淪”一共出现 65 例，“鶻淪”1 例。“他這物事雖大，然無間斷，只是鶻淪一箇大底物事，故曰‘大生’。”（1606 页）“渾淪”亦作“渾侖”，囫囵，整个儿。“渾淪”与“鶻淪”是近义词关系。

不是只要抱一箇渾淪底物事，教他自流出去。（卷一百十七，2828 页第 1 段）

宋刻本“渾論”作“鶻淪”。

如何不討箇混淪底放在那裏？（卷六十九，1730 页第 6 段）

宋刻本“混淪”作“渾淪”。

正如菜子無糞去培壅，無水去澆灌也。(卷一百二十，2883 页第 1 段)

宋刻本“澆灌”作“澆溉”。

按：“澆溉”，灌溉。中华本没有用例。《三国志·魏志·邓艾传》：“開河渠，可以引水澆溉。”[宋]钱易《南部新书》庚：“今爲耕民畜作陂塘，資澆溉之用。”“澆灌”与“澆溉”是近义词关系。

或云，稷是山林原隰之神。(卷九十，2291 页第 1 段)

宋刻本“山林”作“丘陵”。

按：《礼记集说》卷六十四：“新安朱氏曰，或說稷是丘陵原隰之神或云穀神。”《群书考索》别集卷十四：“或云稷是丘陵原隰之神或云是穀神。”“稷是山林原隰之神”和“稷是丘陵原隰之神”在朱子相关著述、引文中都有出现。

今江西人皆是要偷閒自在，才讀書。(卷一百十九，2868 页第 1 段)

宋刻本“偷閒”作“脩然”。

按：“脩然”，整饬貌；整齐貌。[宋]李格非《洛阳名园记·湖园》：“自竹逕望之超然，登之脩然者，環翠亭也。”[明]高启《迁城南新居》诗：“何須許伯長安第，此屋脩然已有餘。”

如子貢子夏，是曉了，較不甚問辨。(卷二十四，568 页第 5 段)

宋刻本“問辨”作“問辯”。

按：“問辨”，询问辨识。朱熹《白鹿洞书院揭示》：“有志之士，固當熟讀深思，而問辨之。”[明]王守仁《传习录》卷上：“考諸古訓，自下許多問辨思索存省克治工夫。”“問辯”，中华本没有用例。“辨”通“辯”。

射，如今秀才自是不曉。(卷三十四，867 页第 1 段)

宋刻本“如今”作“而今”。

按：“如今”，中华本出现 619 次，“而今”出现 529 次。

伊川説象，只似譬喻樣説。(卷六十六，1640 页第 4 段)

“譬喻”，宋刻本作“譬諭”。

按：“譬喻”，亦可作“譬諭”，比喻义。“譬諭”，中华本没有用例。

“帝乙歸妹”，今人只做道理譬喻推説。(卷七十，1760 页第 8 段)

“譬喻”，宋刻本作“譬諭”。

六位六龍，只與譬喻相似。（卷六十八，1700 页第 3 段）

宋刻本“譬喻”作“譬諭”。

“乘”字，大概只是譬喻。（卷六十八，1699 页第 6 段）

宋刻本“譬喻”作“譬諭”。

言畜他不住，且只逐些子發泄出來。（卷七十，1756 页第 2 段）

宋刻本“發泄”作“發洩”。

按：“發洩”，散发，抒发。“發泄”亦可作“發洩”。“發洩”，中华本出现 1 例：“必是上氣蔽蓋無發洩處，方能有雨”。（23 页）

做得雨後，這氣必竟便透出散了。（卷七十，1756 页第 7 段）

宋刻本“必竟”作“畢竟”。

按：“必竟”中华本一共出现 15 例，例如“必竟只是一氣”（37 页）、“必竟冬時其氣貞固”（62 页）、“必竟以道義爲主”（1260 页）。“畢竟”228 例，例如“畢竟是先有此理”（1 页）、“厚與愛，畢竟是仁上發來”（658 页）、“又他畢竟是箇世家大族”（2002 页）。

在“到底、終究”这个义项上，“畢竟”和“必竟”是近义词关系。在使用频率上，“畢竟”超过“必竟”。

涉則必竟涉，只是畏那寒了，未敢便涉。（卷七十三，1873 页第 2 段）

宋刻本“必竟”作“畢竟”。

“撝謙”，言發揚其謙。（卷七十，1769 页第 6 段）

宋刻本“發揚”作“發撝”。

按：此句下一句是“蓋四是陰位，又在上卦之下，九三之上，所以更當發撝其謙”。据此判断，“發揚”与“發撝”当为近义词关系。中华本全书“發揚”一共出现 22 例，例如，“魂是發揚出來底”（40 页）、“言聲音發揚出來”（632 页）、“則善端始自發揚”（1766 页）、“禮是節約收縮底，便是鬼；樂是發揚舒暢底，便是神”（2003 页）。据此看，“發撝”当训为抒发、阐发。

“順天命”，說道理時，彷彿如伊川說。（卷七十二，1839 页第 5 段）

宋刻本“彷佛”作“髣髴”。

按：“彷佛”，大体上像，类似。中华本全书“彷佛”一共出现 6 例，“髣髴”没有出现。“彷佛”与“髣髴”是异形词关系。

這説陰陽體性如此，卦畫也髣彿似恁地。（卷七十四，1904 页第 3 段）

宋刻本“髣佛”作“髣髴”。

只是髣彿説，不可求得太深。（卷七十六，1945 页第 3 段）

宋刻本“髣佛”作“髣髴”。

林黄中屢稱王伯照，他何嘗得其髣彿？（卷八十四，2183 页第 7 段）

宋刻本“髣佛”作“髣髴”。

恐是桔鍛之類？（卷七十三，1844 页第 4 段）

宋刻本“桔鍛”作“桔槔”。

按：“桔鍛”与“桔槔”，《汉语大词典》均未收。“桔槔”，《骈雅》卷四释器：“桔槔，轤轆骨汲具也。”《类篇》：“桔槔，機器。或作桔槹，皋與咎古字通。”《周易辑闻》卷五：“君子猶以轆轤於井，桔槔於畎澮，皆勞民之事。”“桔槔”，当为一种取水的工具。“桔鍛”，没有检索到文献用例，疑“槔”误作“鍛”。

大抵裏面水氣上，則外面底也上。（卷七十三，1844 页第 4 段）

宋刻本“大抵”作“大率”。

按：“大率”，大致，大都。“大抵”与“大率”为同义词关系。查检中华本全书，“大抵”一共出现 345 例，“大率”一共出现 141 例。

這兩卦各自是一箇物，不相秋采。（卷七十三，1850 页第 5 段）

“秋采”宋刻本作“秋採”。

按：“秋采”与“秋採”，《汉语大词典》均无收。《朱子语类》四库全书本作“揪采”。《南湖集》卷十《眼儿媚·初秋》作“偢采”：“起來没箇人偢采，枕上越思量，眼兒業重，假饒畧睡又且何妨?”《清惠集》卷四作“揪採”：“賴宗等前來職衙門揪採，凌辱詆罵之言至不忍聞。”《新编五代史平话·汉史上》作“瞅采”：“那兩個舅舅李洪信、李洪義全不瞅采着知遠。”［元］无名氏《争报恩》第二折作“瞅睬”：“我這裏聲寃叫屈誰瞅睬？原來你小處官司利害，衙門從古向南開。”联系《朱子语类》上下文语境和相关文献判断，“秋采”当根据“瞅睬”的看顾、理睬义引申而来，引申为搭配、兼容。

這兩卦十分解不得，且只依稀地說。（卷七十三，1867 页第 4 段）

宋刻本“依稀”作“依希”。

按：中华本“依希”出现 1 例：“不可信口依希略綽説過，須是心曉。”（167 页）出现“依稀”13 例。“依稀”与“依希”是异形词关系。

到這箇坤時，都仔細詳審了。（卷七十四，1903 页第 1 段）

宋刻本“仔細”作“子細”，“詳審”作“詳密”。

按：“仔細”与“子細”，异形词关系。中华本全书出现“仔細”51 例，出现“子細”348 例。此段文字最后一句是：“大概乾底只是做得箇形象，到得坤底，則漸次詳密。”联系语境考察，“詳審”当训为周详、审慎，作形容词。“詳審”与“詳密”是近义词关系。

世間有一種小有才底人，於事物上亦能考究得仔細。（卷十五，286 页第 2 段）

宋刻本“仔細”作“子細”。

亦是京不仔細，乘勢粗改。（卷一百二十八，3073 页第 1 段）

宋刻本“亦”前有“如此”二字，“仔”作“子”。

天卻四方上下都周匝無空闕，逼塞滿皆是天。（卷一，6 页第 6 段）

宋刻本“逼塞”作“偪塞”。

按：“逼塞”，壅塞，充满。“逼塞”与“偪塞”为近义词关系。中华本全书出现“偪塞”4 例，如“虚空偪塞”（49 页）、“今人大抵偪塞滿胸”（2622 页）等。“逼塞”仅此 1 例。

世上更無卑似地底。（卷七十四，1907 页第 4 段）

宋刻本“世上”作“世人”。

按：联系上下文，这段文字讨论“禮卑”，并以人与地作比，说明“地卑便廣”，“人若只揀取高底做便狹”。“世上”与“世人”在这里两可，只不过二者涵盖范围大小不同，“世上”可包括“世人”。

如今人持擇言語，丁一確二一字是一字，一句是一句，便是立誠。（卷六十九，1715 页第 2 段）

宋刻本“持擇”作“揀擇”，“丁一確二”作“的一確二”。

按：“持擇”，选择，挑剔。“持擇”与“揀擇”是近义词关系。中华本全书“持擇”仅此 1 例，“揀擇”出现 18 例。

易之所説皆是假説，不必是有恁地事。（卷六十七，1672 页第 3 段）

宋刻本“假説”作“假設”。

按：“假説”与“假設”为近义词关系。中华本此句的下一句为：“假設如此，則如此；假設如彼，則如彼。”

“艮其背不獲其身”，只是道理所當止處，不見自家身己。（卷七十三，1855 页第 1 段）

宋刻本“身己”作“自己”。

按：中华本全书“身己”一共出现 95 例，多与其他成分联合使用，如“自家身己”“自身己”。“自己”出现 85 例。

某爲見此中人讀書大段鹵莽，所以説讀書須當涵泳，只要子細尋繹，令胷中有所得爾。（卷一百十六，2790 页第 5 段）

宋刻本“尋繹”前有“看玩”二字。

按：“看玩”，亦作“看翫”。《汉语大词典》释为观赏、玩耍。［宋］晏殊《渔家傲》词：“勤看翫，勝如落盡秋江岸。”中华本 2928 页第 2 段也有这句话，与宋本同，作“看玩尋繹”。《四书讲义困勉录》卷三有“愚見正欲如此看玩《大全》，朱子亦然”。同书卷三十二有“二句作一例看玩，淺説自見”。结合文献用例，此處“看玩”当训为玩味、反复体会。这一新义项可补《汉语大词典》。

某只說一箇“涵泳”，一人硬來差排，一人硬來解說。（卷一百十六，2791 页第 1 段）

宋刻本“差排”作“安排”。

按：“差排”，调遣、安排。“差排”中华本全书一共出现 6 例，例如“便將柏舟一詩，硬差排爲衛頃公”（2091 页）、“又襯貼一件意思，硬要差排”（2790 页）等。“安排”中华本全书一共出现 143 例。如“又去安排討名”（93 页）、“不用逐事安排”（113 页）等。“差排”与“安排”为近义词关系。

此是隨語生解，支離延蔓，閑説閑講，少間展轉，只是添得多，説得遠。如此講書，如此聽人説話，全不是自做工夫，全無巴鼻。（卷一百十六，2791 页第 1 段）

宋刻本“遠”下有“却要做甚若是”六字，“講書”作“讀書”。

按：中华本 2928 页第 2 段也有此句，但“講書”作“讀書”。中华本全书“講書”一共出现 7 例，如“則講書窮理”（2789 页）、“學所以貴於講書”（2976 页）等。这段文字讲读书的方法，联系上下文意，“講書”和“讀書”都能顺应文意。

巽只是柔順，低心下意底氣象。（卷七十六，1955 页第 6 段）

“氣象”宋刻本作“意義”。

按：“氣象”，中华本全书一共出现 302 例，多为景象、迹象和气度义，如“荊襄山川平曠，得天地之中，有中原氣象”（30 页），“聲音氣象，自然如此”（105 页），“常常如此，氣象自别”（211 页），等等。宋刻本作“意義”，也能顺应文意。

但道理得此浩然之氣襯貼起，方有力量，事可擔當。（卷五十二，1245 页第 3 段）

宋刻本“道理”作“道義”。

按：中华本全书出现“道理”2496 例，出现“道義”96 例。这段文字讲孟子《养气》一章，道义与气的关系。“道理”与“道義”，在此处似两可。

“有性焉”，是限則道心，欲其無不及也。（卷六十一，1462 页第 5 段）

宋刻本“限則”作“充滿”。

按：四库全书本《朱子语类》同卷“限則道心”作“主持道心”。“限則”与“充滿”，意思似相反。

近思錄既載“鬼神者造化之跡”，又載“鬼神者二氣之良能”，似乎重了。（卷九十五，2419 页第 6 段）

宋刻本“重了”作“不同”。

按：“重了”与“不同”，表达观点有异。

夫為師問所折難，而愧形於顏色。（卷九十七，2496 页第 4 段）

宋刻本“顏色”作“顏面”。

按：中华本“顏色”一共出现 67 例，没有出现“顏面”用例。“顏色”与“顏面”，在面容这一义项上是近义词关系。

今人事無小大，皆潦草過了。（卷一百十六，2791 页第 4 段）

宋刻本“潦草”作“老草”。

按：“老草”，草率、潦草。[宋]庄季裕《鸡肋编》卷下：“世俗簡牘中多用‘老草’，如云草略之義。余問於博洽者，皆莫能知其所出。後因檢《禮部韻略》‘恅’字注云‘懆恅，心亂也。’疑本出此，傳用之訛，故去心耳。”朱熹《训学斋规·读书写文字》：“凡寫字未問寫得工拙如何，且要一筆一畫，嚴正分明，不可老草。”中华本全书出现“潦草”1 例，没有出现“老草”用例。“潦草”与“老草”为近义词关系，为草率、不认真义。

聖賢言語，何曾誤天下後世，人自學不至耳。（卷八，141 页第 1 段）

宋刻本“言語”作“言論”。

按：中华本全书出现“言語”386 例，“言論”7 例。“言語”与“言論”为近义词关系。

只患立志不堅，只恁聽人言語。（卷一百十六，2792 页第 3 段）

宋刻本“言語”作“言話”。

按：中华本出现“言話”1 例：“聖賢真可到，言話真不誤人。”（2938 页）

知言便是窮究別人言語。（卷一百十六，2792 页第 3 段）

宋刻本“窮究”作“窮理”。

按：“窮究”中华本一共出现 70 例。“窮理”一共出现 290 例，如“若肯窮理，當甚有可觀”（2984 页）、“便只理會窮理、致知工夫”（125 页）。“窮究”与“窮理”为近义词关系。

正如而今作件物事，一箇做起，一人學起，有不崇朝而遍天下者。（卷一百三十九，3319 页第 1 段）

宋刻本“正如”作“且如”。

按：“正如”，中华本出现 173 例，“且如”904 例。

存養主一，使之不失去。（卷五，92 页第 3 段）

宋刻本“失去”作“走作”。

按:“走作”,越规、放逸。中华本出现 79 例。“日間常讀書,則此心不走作。”(176 页)“學者觀書多走作者,亦恐是根本上功夫未齊整。”(178 页)“今便以爲無道可樂,走作了。”(801 页)“失去”与“走作”,在此处两可。

一向胡說,反為人取笑。(卷一百十六,2798 页第 2 段)

宋刻本“取笑”作“所笑”。

按:“所笑”,“所”加动词构成名词性短语。“取笑”,动词。“取笑”与“所笑”在这里两可,都有被动的意思。

呂丈在鄉里,方取其家來,骨肉得團聚,不至落寞。(卷一百二十二,2956 页第 4 段)

宋刻本“落寞”作“落莫”。

按:“落寞”,冷落、寂寞。中华本全书出现“落寞”1 例,出现“落莫”1 例:“樂天莫年賣馬遣妾,後亦落莫,其事可見。”(3275 页)“落寞”与“落莫”,为异形词关系。二者共同的义项除了冷落、寂寞外,还有落魄、潦倒。

如陰陽五行錯綜不失條緒,便是理。(卷一,3 页第 4 段)

宋刻本“錯綜”作“錯總”。

按:“錯綜”,交错、综合,中华本全书一共出现 37 例。“錯總”,中华本没有出现用例,《汉语大词典》失收。其他文献用例有,《文公易说》卷二:“若就一陰一陽,又不足以該衆理,於是錯總為六十四卦三百八十四爻。”《礼记注疏》序:“是以所見各記舊聞,錯總鳩聚以類相附。”《万首唐人绝句》卷三十《霓裳词十首》:“日長耳裏聞聲熟,拍數分毫錯總知。”“錯綜”与“錯總”为近义词关系。

識得甲庚丙壬戊子逐字捱將去,永不差誤。(卷二十七,688 页第 1 段)

宋刻本“差誤”作“差互”。

按:中华本全书“差誤”与“差互”均各出现 6 例。“差互”的文献用例如中华本 192 页:“看得有差互時,此一段終是不穩在心頭,不要放過。”《南史·范晔传》:“曄等期以其日爲亂,許耀侍上,扣刀以目曄,曄不敢視,俄而坐散,差互不得發。”“差誤”与“差互”为近义词关系,当训为差错。

蓋爲他天資高,見得這物事透徹,而做工夫却有欠闕。(卷四十,1038

页第 1 段)

宋刻本"欠闕"作"欠缺"。

按:"欠闕"与"欠缺"为异形词关系。中华本全书"欠闕"一共出现 80 例,"欠缺"一共出现 13 例。

聖賢勸人做底,必是人有欠闕處。(卷十三,236 页第 6 段)

宋刻本"欠闕"作"欠缺"。

少間自家做出文字,便也有所欠缺。(卷一百十六,2805 页第 2 段)

宋刻本"欠缺"作"欠闕",下一句"只是字義有所欠缺","缺"也作"闕"。

儒者只從言語文字上做,有知此事是合理會者,亦只做一場話説過了。(卷三十六,974 页第 3 段)

宋刻本"話説"作"説話"。

按:"話説"与"説話",文字倒乙,为同素异序关系。《隐居通议》卷一作"亦只做一場話説過了"。"説話",作名词亦通。《语类》中有许多用例,"許多説話"(70 页)、"揀好底言語做箇説話"(130 页)、"全不信聖人説話"(1015 页)等,意思大致等同于话、言语。

又如鶴鳴做得極巧,更含蓄意思,全然不露。(卷八十,2065 页第 3 段)

宋刻本"含蓄"作"含畜"。

按:"含蓄"与"含畜"为异形词关系。中华本全书出现"含蓄"6 例,"含畜"1 例:"含畜得意思在其中,使人自求之。"(430 页)

莫要一領他大意,便去摶摸,此最害事!(卷一百十六,2799 页第 2 段)

宋刻本"摶摸"作"摶摸"。

按:"摶摸",中华本一共出现 2 例,另一例为:"如一碗燈,初不識之;只見人説如何是燈光,只恁地摶摸,只是不親切。"(2484 页)"摶摸"没有出现用例。《脚气集》:"他要不落窠臼,誠是不落窠臼,然亦有可摶摸者。"

蓋磬材有厚薄,令合節奏。(卷九十二,2341 页第 1 段)

宋刻本"奏"作"族"。

按:節奏——節族。"節奏"中华本出现 18 例。如"鏗鏘節奏"(607 页)、"其聲音節奏與功德相稱"(636 页)、"皆要合他節奏"(1103 页)等。

"節族",中华本没有出现用例。"節族",犹节奏,指音乐中交替出现的有规律的强弱、长短的现象。《汉书·严安传》:"調五聲使有節族,雜五色使有文章。"颜师古注:"蘇林曰:'族音奏。'節,止也;奏,進也。"章炳麟《四惑论》:"百昌之在恒沙世界,節族自然,盤旋起舞,合於度曲。"

良久,又曰:"據今之法,只是兩軍相持住,相射相刺,立得脚住不退底便贏,立不住退底便輸耳。"(卷九十二,2346页第1段)

宋刻本"持"作"拄"。

按:相持——相拄。四库全书本《朱子语类》同卷作"兩軍相拄住",《朱子五经语类》卷六十六礼七引用这段文字,"只是兩軍相持住,相射相刺"作"兩軍相擊,斬斬相刺"。"拄",支撑、顶着。[唐]孟郊《劝善吟》:"藏書拄屋脊,不借與凡聾。"《西游记》第六七回:"那怪大着哩!上拄天,下拄地;來時風,去時霧。你却怎生近得他?""持",相持、对立、对抗。《左传·昭公元年》:"子與子家持之。"孔颖达疏:"持其兩端,無所取與,是持之也。弈棋謂不能相害爲持,意亦同於此也。"[唐]韩愈《顺宗实录四》:"(吴通玄)知贄與延齡相持有間,因盛言贄短。""相持"与"相拄"为近义词关系。

人言北方土地高燥,恐暑月亦蒸濕。(卷二,28页第2段)

宋刻本"暑"作"梅"。

按:暑月——梅月。"梅月",指农历四月。亦泛指梅雨季节。[前蜀]贯休《寄王滌》诗:"梅月多開户,衣裳潤欲滴。"[宋]赵希鹄《洞天清禄集·古琴辨》:"掛琴不宜著壁……梅月須早入匣,以厚紙糊縫,安樓之陰涼處。""暑月",即夏月。与"暑月"对举的是"寒月":"如人當寒月,自然向有火處去;暑月,自然向有風處去。"(551页)中华本全书出现"暑月"6例,没有出现"梅月"用例。

每歲本州為兩州包認上供錢若干,盡數解納,而兩州絹絕不來!(卷一百〇六,2651页第1段)

宋刻本"包認"作"抱認"。

按:中华本出现"包認"仅此1例,没有出现"抱認"的用例。"抱認",犹承担。[宋]苏轼《论积欠六事并乞检会应诏所论四事一处行下状》:"應大赦已前見欠鹽鹽和買青苗錢物,元是冒名,無可催理,或全家逃移,隣里抱認,或元無頭主,均及干繫人者,並特與除放。"[宋]岳珂《桯史·大散论赏书》:"今散關鳳翔未破,足下可與軍中議,取散關要銀絹錢引若干,取鳳翔要若干，可以必克，本所當一切抱認，足下可結罪保明具申，當以聞於朝廷。""包認"的文献用例有，《乐全集》卷二十三："此皆起於近歲，因循敝例，理合令發，運司依數包認。""包認"与"抱認"为异形词关系。

太守歲遣書饋懇情，恬不為意。（卷一百〇六，2651 页第 1 段）

宋刻本"懇情"作"懇請"。

按：中华本出现"懇情"仅此 1 例，没有出现"懇請"的用例。"懇請"，恳切请求。［唐］封演《封氏闻见记・孟尝镬》："至德初，蕃寇南侵，司馬李伾毀其大鑊，以造兵仗，其小鑊及釜，僧徒懇請得免。"《水浒传》第七五回："蕭讓、裴宣只得懇請他。捧去酒果，又不肯吃。""懇情"的文献用例有，《平定准噶尔方略》续编卷一："據奏稱，因回人等與伊不合，是以被控，今懇情留京等語，其意殊屬誠切。著照所請，厚為資給，安置京師。"《皇朝文献通考》卷一百三十一："太皇太后曰，皇帝既惓惓懇情至于再三，予亦不能固辭，可照禮儀行，前一日遣官告祭。""懇情"当训为恳求、请求，与"懇請"为异形词关系。

或得三分之一，措發到一半極矣。（卷一百〇六，2651 页第 1 段）

"措"朝鲜本作"問"。宋刻本同。

按：措發——問發。"問發"，判决发配。《汉语大词典》所举最早书证为明代何良俊《四友斋丛说・史八》："令被害人捧牌告首，官即參奏革職，皂隸問發邊衛充軍，庶可以少息此風。"宋刻本的"問發"，可提前《汉语大词典》书证。"措發"，《汉语大词典》失收。相关文献用例有，《陕西通志》卷八十六："據該司呈報，措發分守關南道銀一萬三千兩，分巡關南道銀一萬一千兩。"《倪文贞集》奏疏卷十一："即行密察奏，餉銀多方措發。"《行水金鉴》卷四十三："上嚴旨命該部馬上移文南京，工兵二部各省直撫按照數措發。"根据文献用例归纳，"措發"当训为分配、发放。"措發"与"問發"是近义词关系。

他只説得箇頭勢大，下面工夫又皆疏空。（卷一百二十二，2951 页第 3 段）

宋刻本"疏空"作"空疏"。

按：疏空——空疏。两个异文词为同素异序关系。检索中华本全书，"疏空"出现仅此 1 例，"空疏"出现 6 例，如"彌而非綸，則空疏無物"（1890 页）、"然有一般人，其中空疏不能應物"（2443 页）。"空疏"或"疏空"，当训为浅薄、空虚。

便有訟者，半年周歲不見消息，不得了決，民亦只得休和。（卷一百〇八，2686 页第 5 段）

宋刻本“了”作“予”，朝鲜本也作“予”，万历本作“了”。

按：了決——予決。“予決”，中华本全书一共出现 3 例：“予決九川，距四海。”（30 页）“了決”2 例：“如《法言》一卷，議論不明快，不了決，如其爲人。”（3255 页）《御定孝经衍义》卷七十五引用該段文字，作“不得予決”。《性理大全书》卷五十八也作“不得予決”。《元典章·户部十一·影避》：“於内若有疑惑不能予决者，具由咨中書省定奪。”《警世通言·宿香亭张浩遇莺莺》：“今張浩忽背前約，使妾呼天叩地，無所告投……爲此冒耻瀆尊，幸望台慈特賜予決！”“予決”，当训为给予决定或裁决。查阅文献发现，“了決”和“予決”都有用例，但“予決”的数量远远超过“了決”。疑“了”为“予”之抄刻形误，表达解決义的“了決”当为“了結”，“了決”似当为“予決”之误。

非謂有一物常在目前，可見也只是長存此心，知得有這道理光明不昧。（卷十六，316 页第 5 段）

宋刻本“目前”作“前面”。

按：目前——前面。二者均可表示在眼前，两可。

而曰“而知乃可精”，便有局促氣象。（卷十八，419 页第 3 段）

宋刻本“局促”作“局定”。

按：局促——局定。中华本全书出现“局促”16 例，“局定”10 例。“局定”的用例如下：“人物被形質局定了，也是難得開廣。”（58 页）“凡立説須寬，方流轉，不得局定。”（273 页）“局促”的用例如下：“申申，是言其不局促，是心廣體胖後，恁地申申舒泰。”（860 页）“若只拘要那縝密處，又却局促了。”（2823 页）“局促”与“局定”是近义词关系，可作动词，表示限制、固定；作形容词时，表示狭窄或狭隘，不开阔。《文选·傅毅〈舞赋〉》：“嘉《關雎》之不淫兮，哀《蟋蟀》之局促。”李善注：“局促，小見之貌。”

及至程子，始推廣其説，工夫精密，無復遺憾。（卷十八，421 页第 3 段）

宋刻本“遺憾”作“疑慮”。

按：上文讨论后学对“格物”“致知”的遗漏。“遺憾”和“疑慮”，主观态度明显不同。

文者，道之枝葉。（卷一百三十九，3319 页第 3 段）

宋刻本“枝葉”作“支葉”。

按：中华本出现“枝葉”49 例，没有出现“支葉”的用例。“枝葉”与“支葉”是异形词关系。

只是困苦無精彩，極好處也只有“正誼、明道”兩句。（卷一百三十七，3257 页第 2 段）

宋刻本“困苦”作“困善”。

按：中华本全书出现“困苦”3 例：“定無氣魄，所以他文字皆困苦。”（3184 页）“困善”2 例：“尚書決非孔安國所注，蓋文字困善，不是西漢人文章。”（1984 页）“困善”，《汉语大词典》词目未收，相关文献用例还有：“董仲舒文字卻平正，只是又困善。仲舒、匡衡、劉向諸人文字皆善弱無氣燄。”（《钦定古今图书集成·理学汇编》）

上之人既有以自明其明德，時時提撕警策。（卷十六，319 页第 3 段）

宋刻本“警策”作“警發”。

按：“警發”，警醒启发。中华本全书出现“警發”4 例：“問學多得此人警發。”（2586 页）“聽得某說話，有何警發？”（2801 页）“警策”，由以鞭策马引申为督教而使之儆戒振奋。［三国魏］曹植《应诏》诗：“僕夫警策，平路是由。”［宋］叶适《上宁宗皇帝札子》之二：“若今所委付果已得人，尤宜曉夕用心，事事警策，件件理會。”谢觉哉《不惑集·学习常谈》：“因而时常要把这些教训来警策自己。”“警策”，中华本全书一共出现 5 例：“此是聖賢緊要警策人處。”（2655 页）“更無一人敢道它，略不警策之。”（3179 页）“警策”与“警發”为近义词关系。

則下之人觀瞻感發。（卷十六，319 页第 3 段）

宋刻本“感發”作“感化”。

按：“感發”，谓情感于中而发之于外，进而感奋激发出来。《文选·王褒〈四子讲德论〉》：“於是皇澤豐沛，主恩滿溢，百姓歡欣，中和感發，是以作歌而詠之也。”李善注：“感發，謂情感於中，發言爲討也。”［宋］曾巩《太子宾客致仕陈公神道碑铭》：“公少長閭巷，能自感發，彊志力學。”中华本出现“感發”33 例：“蓋人心感發之同如此。”（360 页）“此詩之立教如此，可以感發人之善心。”（538 页）出现“感化”7 例：“但德修於己而人自感化。然感化不在政事上，却在德上。"(533 页)"德者，有道於身之謂，自然人自感化。"(537 页)"感化"，《汉语大词典》释为用言行感动人，使之转变。理学家的"感化"，当释为道德浸润对个体的人产生的影响和转变。

王介甫三經義固非聖人意，然猶使學者知所統一。(卷一百〇九，2694 页第 1 段)

宋刻本"統一"作"統壹"。

按："統一"与"統壹"，异形词关系，《汉语大词典》两个词形都收。中华本出现"統一"5 例，没有出现"統壹"的用例。

韓退之，歐陽永叔所謂扶持正學，不雜釋老者也。(卷一百三十七，3276 页第 2 段)

宋刻本"正學"作"正道"。

按："正學"中华本仅此 1 例。"正學"，谓合乎正道的学说。西汉武帝时，排斥百家，独尊儒术，始以儒学为正学。[宋]李之彦《东谷所见・异端》："士君子莫不知崇尚正學，排斥異端。"[明]宋濂《凝道记下》："秦漢以來，正學失傳。"宋初孙复、胡瑗、石介以尊孔子，崇《大学》《中庸》，排佛、道为正学。"正道"22 例："這處須看他如何是異端，如何是正道。"(586 页)"唐之韓文公，本朝之歐陽公，以及閩洛諸公，既皆闡明正道以排釋氏。"(3009 页)"正學"与"正道"，在此处两可。

它計策不須多，只消兩三次如此，高祖之業成矣。(卷一百二十五，2987 页第 4 段)

宋刻本"計策"作"謀策"。

按：中华本全书出现"計策"3 例，没有出现"謀策"的用例。"謀策"，计策、计谋。《周书・刘亮传》："亮以勇敢見知，爲時名將，兼屢陳謀策，多合機宜。"《宋史》卷四百五十九："青城山道人安世通者，本西人。其父有謀策。""計策"与"謀策"为近义词关系。

使這道理光明燦爛，有能舉而行之，爲治不難。(卷五十五，1318 页第 2 段)

宋刻本"燦爛"作"粲爛"。

按：中华本全书出现"粲爛"1 例，"燦爛"4 例。"燦爛"与"粲爛"为异形词关系，《汉语大词典》两个词形都收。

此二句文義猶云:“其就義若熱,則其去義若渴。”(卷八十七,2249页第4段)

宋刻本“文義”作“文勢”。

按:中华本全书出现“文勢”51例。“文勢”,文章的气势、意蕴。“讀書,須看他文勢語脈。”(173页)“看他文勢,只合與下文一般説。”(298页)

有些工夫,只了得去磨煉文章,所以無工夫來做這邊事。(卷一百三十七,3255页第1段)

宋刻本“磨煉”作“磨練”。

按:中华本全书出现“磨煉”2例:“且如太學,亦當用一好人,使之自立繩墨,遲之十年,日與之磨煉,方可。”(2692页)没有出现“磨練”用例。“磨煉”与“磨練”为异形词关系,《汉语大词典》两个词形都收。

莫教緊要處發出來,更教你枝梧不住。(卷一百二十五,2987页第4段)

宋刻本“枝梧”作“支捂”。

按:中华本全书出现“枝梧”仅此1例。出现“支捂”2例:“治世稍不支捂,便入亂去。”(1759页)“如人病寒,下熱藥,少間又變成燥熱;及至病熱,下寒藥,少間又變得寒。到得這家計壞了,更支捂不住。”(2690页)中华本使用“支吾”6例:“蹶趨多遇於猝然不可支吾之際,所以易動得心。”(1240页)“枝梧”,也写作“支捂”“支吾”,根据文献用例,当训为支撑、抵挡。

他只見聖人有箇六經,便欲别做一本六經,將聖人腔子填滿裏面。(卷一百三十七,3255页第1段)

宋刻本“填滿”作“填放”。

按:“填滿”与“填放”似两可,都有填充的意思。下文也有一段文字和它类似,但使用“填放”:“見聖人作六經,我也學他作六經。只是將前人腔子,自做言語填放他腔中,便説我這箇可以比並聖人。”(3258页)

如古者國有荒凶,則殺禮而多昏。(卷五十九,1418页第2段)

宋刻本“荒凶”作“凶荒”。

按:中华本全书出现“荒凶”仅此1例,出现“凶荒”7例:“然耕却有水旱凶荒之虞。”(590页)“水旱凶荒之變,便只是此類否?”(1501页)“荒凶”的其他文獻用例有,《金史》卷五十:"每口但儲三月已及千萬數,亦足以平物價救荒凶矣。"《册府元龟》卷八十九:"已來戰陣喪歿,及荒凶死亡骸骨暴露者,長吏各令收瘞奠酹。""荒凶"与"凶荒"为同素异序关系,当训为荒灾,荒年。《汉语大词典》未收"荒凶"。

故其爲説,常以懦弱謙下爲表,以空虛不毀萬物爲實。(卷一百二十五,2986 页第 4 段)

宋刻本"懦弱"作"儒弱"。

按:中华本全书出现"懦弱"5 例。"懦弱"亦作"愞弱"。"自暴者,有強悍意;自棄者,有懦弱意。"(244 页)没有出现"儒弱"用例。"儒弱",文弱、柔弱。《魏书・良吏传序》:"是故搏擊爲侯,起不旋踵;儒弱貽咎,録用無時。"《陈书・废帝纪论》:"臨海雖繼體之重,仁厚儒弱,混一是非,不驚得喪,蓋帝摯、漢惠之流也。""懦弱"与"儒弱"形近义近,为近义词关系。

先儒亦有如此做句者,不妥帖。(卷一百二十五,2994 页第 2 段)

宋刻本"妥帖"作"妥貼"。

按:中华本全书"妥帖"出现 3 例:"雖用心思量,不曾就事上習熟,畢竟生硬,不會妥帖。"(585 页)出现"妥貼"1 例:"南軒説'無適無莫','適是有所必,莫是無所主',便見得不妥貼。"(2749 页)"妥帖"与"妥貼"为异形词关系,指稳当、合适。

"鸛鳴于垤",垤,即蟻封也。(卷一百〇五,2635 页第 1 段)

宋刻本"蟻封"作"蟻丘",无"也"字。

按:"蟻封",亦作"螘封",即蚁垤。《孟子・公孙丑上》:"泰山之於丘垤。"[汉]赵岐注:"垤,蟻封也。"[晋]葛洪《抱朴子・酒诫》:"或奔車走馬赴阬谷,而不憚以九折之阪爲螘封。"[宋]苏轼《和王晋卿题李伯时画马》:"一朝見縶策,蟻封驚肉飛。""蟻丘",蚂蚁窝,即蚂蚁筑巢形成的小包。"蟻封"与"蟻丘"为近义词关系。

亦是説這箇道好,所以贊歎之也。(卷一百〇一,2586 页第 1 段)

宋刻本"贊歎"作"贊嘆"。"箇道"作"道理"。

按:"贊歎"与"贊嘆"为异形词关系。《汉语大词典》两个词形均收。中华本全书"贊歎"一共出现 10 例,没有出现"贊嘆"的用例。

"孟子道性善",非是說性之善,只是贊歎之辭。(卷一百〇一,2585 页第 5 段)

宋刻本"贊歎"作"贊嘆"。

不是元有箇惡在那裏,等得他來與之為對。(卷一百〇一,2586 页第 1 段)

宋刻本"等得"作"等待"。

按:以"等得"为代表的"V 得"是《朱子语类》中一个十分常见的结构——用"得"作语法标记的述补结构。这种格式的"得"表示动作已经实现并有结果。[①] 如"見得""識得""寫得""曉得""理會得"等。中华本全书出现"等得"6 例,出现"等待"30 例。

志是心之發,豈可聽其自放而不持之?但不可硬守定耳。(卷一百二十,2891 页第 5 段)

宋刻本"守定"作"定守"。

按:"守定"和"定守"二者为同素异序词。

也不曾見做得好底時文,只是剽竊亂道之文而已。(卷一百二十一,2925 页第 2 段)

宋刻本"剽竊"作"剽切"。

按:"剽竊",抄袭窃取。中华本全书出现"剽竊"3 例,没有出现"剽切"的用例。《汉语大词典》未收"剽切"。《御纂性理精义》目录:"然廣等以斗筲下才濫膺編錄,所纂五經四書大全並剽切坊刻講章,改竄姓名苟充卷帙。"四库全书本《朱子语类》卷一百二十六:"其後要自立門戶,方脫去莊列之談,然實剽切其說。"《秋澗集》卷四十三:"是去方能造乎中和醇正之域,而無剽切捞攘滅裂荒唐之弊。""剽竊"与"剽切"为异形词关系。

事有緩急,理有小大,這樣處皆須以權稱之。(卷三十七,993 页第 1 段)

宋刻本"小大"作"大小"。

按:"小大"与"大小"为同素异序关系。中华本全书出现"小大"84 例,"大小"出现 119 例。《汉语大词典》两个词形均收。"小大"与"大小"为并

① 吴福祥:《朱子语类辑略语法研究》,河南大学出版社 2000 年版,第 276—277 页。

列式反义联合构成的复合词，与“忘記”一类的偏义复合词不同，“小大”一类的复合词两个语素之间并无明显轻重关系，故可以异序，且出现频率相当。

又親與之宴會，又與之主婚。(卷一百三十三，3198 页第 1 段)

宋刻本“又”作“反”，无“親”字，“宴會”作“燕會”。

按：“宴會”与“燕會”，在会聚宴饮义上是近义词关系。[南朝宋]刘义庆《世说新语・简傲》：“(謝公)從容謂萬曰：‘汝爲元帥，宜數喚諸將宴會，以説衆心。’萬從之。”[宋]洪迈《夷坚丁志・王稹不饮》：“嚴州觀察判官王稹，京東人，每與人燕會，酒不濡脣。”“燕會”可用于皇帝退朝闲居时会见臣子。[汉]荀悦《汉纪・武帝纪三》：“初，安朝，上使作《離騷賦》，旦受詔，食時畢。上每與燕會，昏暮乃罷。”

漢武帝引春秋“九世復讎”之説，遂征胡狄。(卷一百三十三，3199 页第 1 段)

宋刻本“胡狄”作“夷狄”。

按：中华本全书出现“夷狄”57 例，出现“胡狄”1 例。“夷狄”，古称东方部族为夷，北方部族为狄，常用以泛称除华夏族以外的各族。“胡狄”，《汉语大词典》未收。《后汉书》卷一百十一《谯玄传》：“既無尊嚴之儀，豈識上下之别？此為胡狄起於轂下而賊亂發於左右也。”《宋书》卷三十三：“夫豕，北方之畜，胡狄象也。兩頭者，無上也，生而死，不遂也。”《文献通考》卷三百十一：“是時帝室衰微，不絶如線。胡狄交侵，兵戈日逼尋，而帝亦淪陷。”“胡狄”与“夷狄”为近义词关系。

遂征胡狄，欲爲高祖報讎。(卷一百三十三，3199 页第 1 段)

宋刻本“胡狄”作“夷狄”，“欲”作“名”。

緣他本原處有箇仁愛溫和之理如此，所以發之於用，自然慈祥惻隱。(卷十七，383 页第 2 段)

宋刻本“惻隱”作“惻怛”。

按：中华本全书出现“惻怛”21 例，“惻隱”391 例。“惻隱”，同情、怜悯。“湯武之征伐，只知一意惻怛救民而已，不知其他。”(627 页)“‘三仁’皆出於至誠惻怛之公。”(1193 页)“惻隱”与“惻怛”是近义词关系。

作有義事，是省悟心。（卷一百二十六，3029 页第 3 段）

宋刻本“省悟”作“惺悟”。

按：中华本出现“省悟”11 例，没有出现“惺悟”用例。“惺悟”，醒悟、领会。［晋］葛洪《抱朴子·极言》：“至於問安期以長生之事，安期答之允當，始皇惺悟，信世間之必有仙道。”［明］汤显祖《邯郸记·生寤》：“老翁，老翁，盧生如今惺悟了。”“省悟”与“惺悟”是近义词关系。

省悟不由情，臨終能轉業。（卷一百二十六，3029 页第 3 段）

宋刻本“省悟”作“惺悟”。

按：“省悟”，犹醒悟。

尋常看甚文字？（卷一百二十，2895 页第 3 段）

宋刻本“尋常”作“居常”。

按：中华本出现“尋常”118 例，出现“居常”7 例。“居常”，平常、经常。“居常無事，天理實然，有纖毫私欲。”（301 页）“居常講習，只是空言無益。”（2445 页）“尋常”与“居常”为近义词关系。

某日用間已見有些落著，事來也應得去，不似從前走作。（卷一百二十，2882 页第 4 段）

宋刻本“落著”作“著落”，倒乙。

按：“落著”，下落，分晓。“著落”，指确实的根据、可靠的来源。《汉语大词典》所举书证为［清］薛雪《一瓢诗话》：“及觀其所作，比近體不過稍增幾句不工不緻不唐不宋之語，尋繹其所擬何人，究無著落。”书证偏晚。检索中华本全书，“著落”一共出现 38 例，“落著”一共出现 7 例。“落著”与“著落”是近义词关系。

四、三字格及以上词语异文

其深淺在人，不必恁地粘皮著骨去説。（卷四十三，1104 页第 3 段）

宋刻本“著”作“帶”。“粘皮著骨”与“粘皮帶骨”。

按：中华本全书出现“粘皮著骨”仅此 1 例，出现“粘皮帶骨”1 例：“不是聖人之徒，便是盜賊之徒。此語大概是如此，不必恁粘皮帶骨看，不成説聖人之徒便是聖人。”（2114 页）“粘皮著骨”，比喻执着、刻板。［明］郎瑛《七修续稿·诗文九·四言咏物》：“咏物太着題，則粘皮帶骨而卑陋。”［清］赵翼

《瓯北诗话·古今诗互有优劣》:"且詩雖刻劃,終覺粘皮帶骨,無渾脱之致。"《汉语大词典》两个词形都收,二者为近义词关系。

恐如此看方是。(卷六十二,1494页第1段)

宋刻本"是"作"說得備"。

按:联系上下文,这段文字讨论"率性之謂道"。除了以人看物外,又谈及"飛潛動植",认为这样才包括得全。两个异文均通,宋刻本的表述更具体一些。

恐事大力小兼不得人,亦難做。(卷一百〇六,2656页第2段)

宋刻本无"大"字,"小"作"少"。

按:"事大力小"当属于复音词"事力"的扩展。"事力",能力。中华本全书没有出现用例。《文公易說》卷二:"韓富當時事力蓋不足以勝二姦,非固欲與之和也。"[宋]苏轼《缴词头奏状六首》之五:"張誠一無故多年不葬親母,既非身在遠官,又非事力不及,冒寵忘親,清議所棄。"[宋]洪迈《容斋五笔·虢巨贺兰》:"天下國家不幸而有四郊之警,爲人臣者當隨其事力,悉心盡忠,以致尺寸之效。"

看顏子多少大力量,一"克己復禮"便了!(卷四十二,1078页第2段)

宋刻本"多少大"作"大小大"。

按:《文公易说》卷十六同样内容,作"看顏子極大力量"。"大小大"中华本全书一共出现14例。"將這身來放在萬物中一例看,大小大快活!"(795页)"公且道子貢所問,是大小大氣象!"(849页)[金]董解元《西厢记诸宫调》卷四:"把人請到,是他做死地相搶,大小大没禮度,俺也須是你箇哥哥,看人似無物。"考察文献用例可以发现,"大小大"可充当形容词或副词,作形容词时,类似"大",突出强调"大"的程度;作副词时,相当于偌大、多么。

然其中間廊廡廳館,戶牖房闥,子細曲折,却是未必看得子細也。(卷四十,1038页第1段)

宋刻本"闥"作"閨"。

按:戶牖房闥——戶牖房閨。"闥",内房。[明]文震亨《长物志·室庐》:"樓閣作房闥者,須回環窈窕。""閨",泛指门户,特指妇女的居室。"戶牖房闥"与"戶牖房閨"均泛指房屋。

依舊分額各屬，三省吏人自分所屬，而其上之綱領則不分也。（卷一百二十八，3070 页第 5 段）

宋刻本“額”作“頭”。

按：分額各屬——分頭各屬。中华本全书“分額各屬”出现仅此 1 例，没有出现“分頭各屬”的用例。《汉语大词典》两词均未收。《群书考索》别集卷十八：“故渡江以来執政事皆歸一，獨諸司吏曺依舊分頭各屬。”“分額各屬”与“分頭各屬”为近义词关系，指分开后各自归于所属。

自古至今，訛謬相傳，更無一人能破之者，而又爲説以增飾之。（卷一百三十七，3258 页第 1 段）

宋刻本“傳”作“踵”。

按：訛謬相傳——訛謬相踵。中华本全书出现“訛謬相傳”仅此 1 例，没有出现“訛謬相踵”的用例。两词《汉语大词典》均未收。《营造法式》补遗：“或一物多名，或方俗語滯其間，亦有訛謬相傳、音同字近者，遂轉而不改。”《习学记言》卷四十六：“然後世及今有訛謬相傳為將者，不言禮而皆言威。”踵，由脚后跟义引申为传承、因袭。《汉书・刑法志》：“天下既定，踵秦而置材官於郡國。”颜师古注：“踵，因也。”[宋]赵彦卫《云麓漫钞》卷五：“司馬遷易編年爲紀傳，成一家之書，自後史官莫不踵之。”“訛謬相傳”与“訛謬相踵”义近。

差舛訛謬，不堪著眼！（卷八十四，2182 页第 1 段）

宋刻本“訛”作“譌”。

按：差舛訛謬——差舛譌謬。中华本全书出现“差舛訛謬”仅此 1 例，没有出现“差舛訛譌”的用例。“差舛訛謬”，讹误错谬，多指文字、训读方面。“譌”亦作“訛”。“差舛訛謬”与“差舛譌謬”为异形词关系。

所以東解西模，便無一箇入頭處。（卷一百二十一，2919 页第 1 段）

宋刻本“解”作“觸”。

按：東解西模——東觸西模。中华本全书出现“東解西模”仅此 1 例，没有出现“東觸西模”用例。《朱子语类》中以“東 V 西 V”格式出现的四字俗语还有很多，如“東去西走”（274 页）、“東馳西騖”（2913 页）、“東倒西擂”（1477 页）等。

故說不應住法生心，不應色色生心更不待想像尋求。（卷一百二十六，3026 页第 4 段）

宋刻本第二个“色”作“住”，“想像”作“想象”。

按：色色生心——色住生心。《文献通考》卷二百二十六《禅宗精钢经解》转引了这段文字：“朱子曰金剛經大意只在須菩提問‘云何住，云何降伏其心’兩句上，故說不應住法生心，不應住色生心。‘應無所住而生其心’，此是答‘云何住’。”《文献通考》“色色生心”作“住色生心”。

第三节 宋刻本异文与文化史

一、称代（人名、物名、地名）

伊川言：“仲始與之同謀，遂與之同死，可也。”（卷四十四，1129 页第 1 段）

宋刻本“伊川言”作“程子曰”。

按：此处“程子”，即程颐。程颐（1033—1107），宋洛阳人，字正叔，世称伊川先生。与兄程颢学于周敦颐，为北宋理学的奠基人。程颐有《易传》《遗书》《文集》等，收入《二程语录》。

淳曰：“孟子‘可以死，可以無死’，是始者見其可以死，後細思之，又見其可以無死，則前之可者爲不可矣。”（卷四十四，1129 页第 1 段）

宋刻本“淳”作“安卿”。

按：“安卿”即陈淳。陈淳（1153—1217），字安卿，号北溪，漳州龙溪县人。陈淳两度从学于朱熹，《语类》中有陈淳自录的数条记录。《文集》卷五十七有《答陈安卿》，《朱子语录姓氏》录其庚戌（1190）、己未（1199）所闻。《宋史》卷四三〇有传。

又讀廖倅書所難與點說。（卷一百二十七，2825 页第 2 段）

宋刻本“倅書”作“子晦”。“說”下有“之書”二字。

按：“廖倅”，即廖德明。廖德明，字子晦，号槎溪，南剑顺昌县人。《宋史》卷四三七本传载：“少學釋氏，及得龜山楊時書讀之，大悟，遂受業於朱熹。”《朱子语录姓氏》载其癸巳（1173）以后所闻，此为廖德明从学于朱熹有明确年号的最早记载。当时朱熹已在寒泉精舍讲学、著述多年。后廖德明亦曾在此问学。[①]

淳曰:"因做工夫後,見得天理也無妨。"(卷一百十七,2825 页第 2 段)

宋刻本"淳"作"安卿"。

如吾友所說從原頭來,又却要先見箇天理在前面,方去做,此正是病處。(卷一百十七,2826 页第 1 段)

宋刻本"吾友"作"公"。

按:《朱子语类》和《晦庵先生朱文公语录》中,"吾友"和"公"常交替使用,二者都是敬称。

吾友合下來說話,便有此病。(卷一百十七,2826 页第 1 段)

宋刻本"吾友"作"公"。

淳讀與點說。(卷一百十七,2825 页第 2 段)

宋刻本"淳"作"陳安卿"。

淳曰:"下學中,如致知時?"(卷一百十七,2826 页第 1 段)

宋刻本"淳曰"作"安卿曰"。

李丈問。(卷一百二十,2882 页第 4 段)

宋刻本"丈"作"堯卿"。"問"作"請曰"。

按:李丈及李尧卿。李唐咨,字尧卿,漳州龙溪县人。《文集》有《答李尧卿》书五通,多为答问长卷。庆元五年(1199),与陈淳同往建阳考亭沧州精舍问学。《朱子语类》中李丈、李尧卿两个称谓交替使用。

譙先生說見乃謂之象。(卷六十七,1677 页第 3 段)

宋刻本"譙"作"郭"。

若兩儀五行,却是子在母內。(卷九十四,2377 页第 7 段)

宋刻本"兩儀"作"二氣"。

① 方彦寿:《朱熹书院门人考》,华东师范大学出版社 2000 年版,第 56—57 页。

按:“兩儀”和“二氣”为同义替换,均为哲学概念,指阴和阳。《易》:“太極生兩儀,兩儀生四象,四象生八卦。”

李公晦問“忠恕”。(卷一百十四,2756 页第 5 段)

宋刻本“晦”作“度”。

按:李公度即李方子。李方子(1169—1226),字公度,号果斋,邵武军光泽县人。《文集》卷二十九有《答李公晦》书两通,卷五十九有书三通。《语录姓氏》录其戊申(1188)以后见闻,为《池录》第六卷。

黄丈云。(卷六十二,1494 页第 1 段)

宋刻本“丈”作“直卿”。

按:黄丈,即黄榦。黄榦(1152—1221),字季直,号勉斋。黄榦从淳熙三年(1176)随朱熹学,为学艰苦,夜不设榻,衣不解带,十分为朱熹器重,后来他回忆初从朱熹的情景时写道:“榦丙申之春,师门始登,诲语谆谆,情犹父兄。春山朝荣,秋堂夜清,或执经于坐隅,或散策于林坰,或谈笑而春容,或切至而叮咛。始受室于潭溪复问舍于星亭。”[①]黄榦在阐述弘扬朱熹思想方面有很大贡献,真德秀在《勉斋先生祝文》中评价颇高。

欽夫謂當去“之際”二字。(卷七十三,1855 页第 1 段)

宋刻本“欽夫”作“敬夫”。

按:张敬夫,即张栻。宋代理学家、文学家。字敬夫、钦夫、乐斋(憣斋),号南轩。汉州绵竹(今四川绵竹)人,徙居衡阳(今属湖南)。主张修德立政,任贤养民,抗金复仇,收复中原。曾受学于胡宏,以“天理”为义,“人欲”为利,强调“学莫先于义利之辩”。与朱熹、吕祖谦齐名,为南宋道学大师,时称“东南三贤”。

況佛氏之説足以動人如此乎!(卷一百二十六,3011 页第 2 段)

宋刻本“佛氏”作“佛老”。

大概自成襄已前,舊史不全,有舛逸,故所記各有不同。(卷八十三,2146 页第 5 段)

宋刻本“襄”作“哀”。

① 《勉斋集》卷三十九。

老氏之學最忍。(卷一百二十五,2987 页第 3 段)
宋刻本"老氏"作"老子"。

明道曰:"其要只在慎獨。"如何?(卷三十六,974 页第 3 段)
宋刻本"明道"作"程子",本段下一个"明道"也作"程子"。
按:"明道",即程颢。
按:此处"程子"即程颢。程颢,宋洛阳人,字伯淳,世称明道先生。与其弟程颐受业于周敦颐,是北宋理学的奠基人,世称"二程"。其著作言论,后人编有《遗书》《文集》《经说》等,收入《二程全书》。

胡明仲與秦檜爭和議於朝堂。(卷一百三十一,3157 页第 2 段)
宋刻本"明仲"作"至堂"。

明道以不易爲庸,先生以"常"爲庸,二説不同?(卷六十二,1481 页第 3 段)
宋刻本"明道"作"程子"。

然文定又得於龜山,龜山得之東林常摠。(卷一百〇一,2586 页第 1 段)
宋刻本"常摠"作"摠老"。

我佛爲一大事因緣出现於世。(卷十三,231 页第 1 段)
宋刻本"我佛"作"如來"。
按:"我佛"和"如來"为同名替换。

如﨑關之戰,與秦將連和了,忽乘其懈擊之。(卷一百二十五,2987 页第 3 段)
宋刻本"﨑"作"蕘"。

及元豐介甫相,置宮觀,方有閑者。(卷一百二十八,3076 页第 1 段)
宋刻本"元"作"熙"。

李丈問。(卷一百二十,2882 页第 4 段)

宋刻本“丈”作“堯卿”。“問”作“請曰”。

二、避讳

(一)桓

因論桓文譎正。(卷四十四,1126 页第 5 段)

宋刻本“桓”作“威”。

按:宋钦宗赵氏名桓,为避正讳“桓”而以“威”代“桓”。

桓公是較本分得些子。(卷四十四,1126 页第 5 段)

宋刻本“桓公”作“威公”。

某人引魯桓公爲齊襄公所殺,子莊公與齊桓公會盟。(卷一百三十三,3198 页第 1 段)

宋刻本无“某人”,“桓”作“威”。下同。

既親與讎人如此,如何更責他報齊桓公。(卷一百三十三,3198 页第 1 段)

宋刻本“桓”作“威”。下同。

若莊公能殺襄公,復與桓公爲盟會,可否?(卷一百三十三,3198 页第 1 段)

宋刻本“復”前有“不知可”三字,“桓”作“威”,无“可”字。

(二)恒

“亡而爲有,虛而爲盈,約而爲泰”,此是説無恒以前事。(卷三十四,897 页第 4 段)

宋刻本“恒”字无最后一横。以缺笔形式避讳。

按:宋真宗赵氏名恒,为避正讳,以缺笔或代字避违。

夫子説“聖人君子善人有恒”,等級甚分明。(卷三十四,890 页第 3 段)

宋刻本“恒”作“常”。以代字形式避宋真宗讳。

恒(卷七十二,1820 页第 3 段标题)

宋刻本全书该字无最后一横。以缺笔形式避讳。

是因咸恒爲夫婦之道説起。(卷七十七,1975 页第 4 段)

避讳,宋刻本"恒"均无最后一画。下同。以缺笔形式避宋真宗讳。

(二)玄

便是揚子雲太玄了。(卷七十三,1872 页第 4 段)

宋刻本"玄"作"元"。宋真宗大中祥符五年,附会赵氏始祖名玄朗(上尊号为"圣祖")。[①]

如續詩、續書、玄經之作盡要學箇孔子,重做一箇三代,如何做得!(卷一百三十七,3257 页第 2 段)

宋刻本"玄"作"元"。

如揚雄太玄法言亦然,不知怎生比並!(卷一百三十七,3258 页第 1 段)

宋刻本"玄"作"元"。

則急退而續詩書,續玄經。(卷一百三十七,3255 页第 1 段)

宋刻本"玄"作"元"。

(三)貞

"元亨利貞"無斷處,貞了又元。(卷六十八,1689 页第 5 段)

宋刻本"貞"字缺最后一笔。宋仁宗赵氏名祯。以同音缺笔的"貞"代"禎"。

貞者事之幹。(卷六十八,1705 页第 6 段)

宋刻本"貞"字缺最后一捺。下同。

乾吉在無首,坤利在永貞,這只説二用變卦。(卷六十八,1697 页第 3 段)

宋刻本"貞"字无最后一捺,全书如此。下同。

---

① 王彦坤:《历代避讳字汇典》,中州古籍出版社 1997 年版,第 508 页。

"利牝馬之貞"，本無四德底意，彖中方有之。（卷六十九，1732 页第 5 段）

宋刻本"貞"无最后一笔。

(四)殷

只是後人因孔子"以服事殷"一句，遂委曲回護箇文王。（卷七十九，2038 页第 2 段）

宋刻本"殷"缺最后一笔。宋太祖赵匡胤，父追尊宣祖名弘殷，以缺笔形式避偏讳"殷"。

伯恭極喜渠此等説，以爲還知"行夏之時，乘殷之輅，服周之冕"，爲得聖人爲邦之法，非漢儒所及。（卷一百二十二，2951 页第 3 段）

宋刻本"殷"字缺最后一笔。

所以聖人欲乘殷之輅，取其堅質而輕便耳。（卷一百二十八，3067 页第 1 段）

宋刻本"殷"字缺最后一捺。

(五)慎

這箇便須是常常戒慎恐懼，精去揀擇。（卷七十八，2016 页第 2 段）

宋刻本"慎"作"謹"。避孝宗赵眘讳，"慎"作"谨"。

此便是慎獨底道理。（卷二十一，482 页第 1 段）

宋刻本"慎獨"作"謹獨"。

能慎獨，則無間斷，而其理不窮。（卷三十六，974 页第 3 段）

宋刻本"慎獨"作"謹獨"。下一句"若不慎獨"也作"若不謹獨"。

不用如此説，自是無時不戒慎恐懼。（卷七十二，1836 页第 2 段）

宋刻本"戒慎恐懼"作"戒謹恐懼"。

(六)匡

匡衡文字却細密。（卷一百十六，2805 页第 2 段）

宋刻本“匡”作“康”。宋太祖赵氏名匡胤，避偏讳“匡”。以“康”代“匡”。

(七)率

莊公嘗以不共戴天之故，告之天子、方伯、連率。（卷一百三十三，3198页第1段）

宋刻本“率”作“牧”。

按：“连率”，也作“连帅”，官职务，又可泛指统帅、盟主。宋刻本“连率”作“连牧”。

(八)徵

如發兵取物徵召，皆以右取之也。（卷五十七，1338页第1段）

宋刻本“徵”缺最后一笔。

按：宋仁宗赵氏名祯，以同音缺笔的“徵”避讳。

三、文化思想史

事之合宜者爲義，仁者愛之理。（卷一百三十七，3272页第2段）

宋刻本作“愛者仁之理”。

且如看地盤一般，識得甲庚丙壬戊子逐字捱將去。（卷二十七，688页第1段）

宋刻本作“識得甲庚丙壬了”，朝鲜本作“識得甲寅丙辰子”，成化本“子”作“了”。另，宋本此下“逐字”作“逐一字”。

“未濟亦不知極也”，“極”字未詳，考上下韻亦不協，或恐是“敬”字，今且闕之。（卷七十三，1873页第4段）

宋刻本“協”作“叶”。

按：协音，临时改字以求合韵，朱熹谓之“叶音”。朱熹在《诗集传》《楚辞集注》大量使用“叶音”说，一字读成几种音。明人焦竑《焦氏笔乘》卷三批评说：“学者于《毛诗》《离骚》，皆以今晕读之；其有不合，则强为之音，曰此‘叶’也。”后来明人陈第《毛诗古音考·自序》中提出“音有转移”说之后，大破“叶音”论，为古韵的研究廓清了道路。

傾，户孔切。（卷一百三十七，3276 页第 2 段）

宋刻本“傾”作“頃”，“切”作“反”。

按：反切是用古代注音方式之一，以二字之音合成一个音为另一个字注音。“反切”，古多异名，汉代言“反”、唐代以后言“翻”或是“纽”，也简称做“切”，都是拼音的意思。关于“反切”的来源，主要有四种说法。一是三国魏的孙炎。[北齐]颜之推《颜氏家训·音辞》：“孙叔然创《尔雅音义》，是汉末人独知反语。”二是起于始制文字之时。[清]刘熙载《说文双声·序》认为切音“起于始制文字者也”。宋沈括、郑樵，清顾炎武等亦以为中国古已有之，期于“二合音”。三是来自西域。[宋]陈振孙《直斋书录解题》卷三：“反切之学，自西域入于中国，至齐梁间盛行。”四是始于汉代服虔。〔日本〕释安然《悉昙藏》引武玄之《韵诠·反音例》：“服虔始反音。”[①]

第四节 宋刻本文本校释

程氏注似專責在下者陷無君之罪，君氏注似專責在上者不能盡爲君之道。（卷二十五，611 页第 3 段）

宋刻本“君”作“尹”。

按：检索全文，“尹氏”78 例，“君氏”仅此 1 例。联系文意考察“尹氏”为“尹合靖”，“君”为“尹”之误。

先生問：“如何謂厚是有餘之意？”陳未達。（卷二十二，508 页第 1 段）

宋刻本“陳”下有“曰”字。

按：此段文字讨论“民德歸厚”。联系文意，当据宋刻本补出“曰”，否则“陳未達”难解。

如此讀將去，將久自解踏著他關捩了。（卷八十一，2115 页第 2 段）

宋刻本“了”作“子”。

按：“關捩子”，亦作“關棙子”，指关键、紧要处。[元]李好古《张生煮海》第二折：“撥轉頂門關棙子，阿誰不是大羅仙。”[清]冯班《钝吟杂录·严氏纠缪》：“滄浪只是興趣言詩，便知此公未得向上關捩子。”中华本《朱子语类》全书一共 4 例“關捩子”，“關捩”仅此 1 例。“關捩”单用也可，但口语化

① 周秉钧：《古代汉语纲要》，湖南教育出版社 1981 年版，第 163—165 页。

程度不如“關捩子”。查阅其他相关文献，如《文公易说》卷二、卷九，《周易传义附录》卷二（上），《易经蒙引》卷九下，《性理大全书》卷五十三等，均使用“關捩子”。据此，当据宋刻本改“了”为“子”。

如一間屋相似，説心底是那房裏，説事底是那廳。（卷三十二，819 页第 4 段）

宋刻本“廳”下有“上”字。

按：“房裏”“廳上”都是名词加方位词构成复合词。“廳”，一般多以复合词形式出现，很少单用“廳”，如“廳堂”“廳室”“公廳”。文中其他用例也为“請祖先祭於堂或廳上”（2314 页）、“籍溪廳上大榜曰”（2582 页）等。据此，当据宋刻本于“廳”下补“上”字。

先生至此，聲極洪。（卷二十九，750 页第 4 段）

宋刻本“生”下有“語”字。

按：此段文字集中讨论“士而懷居，不足以爲士矣”。联系上下文，当据宋刻本补出“語”字。

認得這箇子，向後面底，不大故費解説。（卷六十八，1703 页第 2 段）

宋刻本“子”作“了”。

按：“子”为“了”之形误，当据宋刻本改。

“利君子貞”，是一象。（卷七十，1764 页第 2 段）

“利”下，宋刻本、朝鲜本、《朱文公易说》卷三，皆衍“見”字。易经本文无。

按：宋刻本、朝鲜本误。

“不耕穫”一句，伊川作三意説：不耕而穫，耕而不穫，耕而不必穫。（卷七十一，1800 页第 2 段）

“耕而不必穫”，宋刻本无“不”字，朝鲜本也无。

按：这段文字，查阅文渊阁《四库全书》、《文公易说》卷四、《周易程朱传义折衷》卷十四、《合订删补大易集义粹言》卷二十九等均为“耕而必穫”。“不”字为衍文，当删。

往來是感應合當底，憧憧是私。感應自是當有，只是不當私感應耳。

(卷七十二,1812 页第 4 段)

宋刻本此段前有“憧憧往來”四字。

按:此段文字阐释“憧憧往來”,分别解释“往來”和“憧憧”。此段文字有脱漏,当据宋刻本补上,否则整段意思突兀。

聖人法天,做這許多節,指出來。(卷七十三,1866 页第 2 段)

宋刻本“指”作“揩”。

按:“做這許多節,指出來”,联系上下文难以理解。考察全书相关用例发现,“節”与“指”之间不当断开,且“指”字形误。完整当为“聖人法天,做這許多節揩出來”。“節揩”,《汉语大词典》失收,但有相关文献用例为证。《文公易说》卷七和《周易传义附录》卷九下都有这样一段文字:“聖人則因其自然之節而節之。如‘修道之謂教’‘天秩有禮之類’皆是。天地則和這箇都無,只是自然如此。聖人法天,做這許多節揩出來。”“揩”有关头、关键时刻的意思。“節揩”为同义联用的并列式复合词,当训为关节、关键之处。

《序卦》自言天地萬物男女夫婦,是因咸恒爲夫婦之道説起。(卷七十七,1975 页第 4 段)

宋刻本“自”作“首”。

按:“自”为“首”之形误。《文公易说》卷十七和《周易传义附录》卷十三均作“首言”。当据宋刻本改。

伊川説這箇做兩字,明道只做一箇説。(卷六十九,1715 页第 2 段)

宋刻本“一箇”作“一意”,朝鲜本同。

按:此段文字讨论“進德修業”,依次讨论“德”与“業”。根据文意,“一箇”当据宋刻本改作“一意”。《文公易说》卷十六、《周易传义附录》卷一、《周易程朱传义折衷》卷一、《合订删补大易集义粹言》卷三均作“明道只做一意説”。

陽氣方流行,固已包了全體,陰便在裏了。(卷六十九,1730 页第 3 段)

宋刻本及《文公易說》卷十六“在”下有“這”字,朝鲜本同。

按:下一句为“然不可道這裏却夾雜些陰柔”。据此判断,“裏”当据宋刻本改为指示代词“這裏”。

下面消了些箇時,下面便生了些箇,那便是陰。(卷六十五,1603 页第

4 段）

宋刻本第一个“下”作“上”。

按：本段文字讲天地间气的运行变化。这句话上一句为：“極了無去處，上面只是漸次消了。”四库全书本《朱子语类》也作“上面消了些箇時”。《朱子五经语类》卷三十、《性理大全书》卷二十七都是作“上面”。据此判断，当据宋刻本改。

聞之，須要擇其善者而從之，必有得於己。（卷三十四，898 页第 3 段）

宋刻本“聞之”下有“多”字。

按：下一句为“不是聞詳見略，亦不是聞淺見深”。据此判断，当据宋刻本补出“多”字，这样意思更完整。

就日用常行中著衣喫飯，事親從兄，盡是問學。（卷八，140 页第 4 段）

宋刻本“問學”作“學問”。

按：这段文字讲“為學”之法。日用常行的小事情，都要切己思量体察，都是学问。《性理大全书》卷四十三此句也作“盡是學問”。因此，当据宋刻本乙正。

此中學問，大率病根在此，不特近時爲然。（卷二十，452 页第 2 段）

宋刻本“中”下有“人”字。朝鲜本同。

按：结合上下文，此段文字朱熹讲读书治学的方法，读书治学要立足本体，反复仔细研读，而不是抛弃本体盲目地“思量推廣添將去”，如此做，是“中人”学问，会做学问的人不当如此。“中人”一词，全书一共出现 30 多例，如：“教化之行，挽中人而進于君子之域。”（2684 页）“此中人所問，大率如此：好理會處不理會，不當理會處却支離去說，說得全無意思。”（2791 页）“若是中人之資質，須大段著力，無一時一刻不照管克治，始得。”（2800 页）“中人”当为朱熹在讲治学时，与君子等会做学问的人相比较时常提到的一个对立面。此处“人”字脱漏，当据宋刻本补，否则意思不明。

所以發憤忘食，“終日不食，終夜不寢”去理會。（卷一百二十一，2927 页第 2 段）

宋刻本“以”作“謂”。

按：此段文字讨论“切己立志”。如果真的做到“切己立志”，则“睡也不着，起來理會”。联系上下文意，“所以發憤忘食”和前一句不是因果关系。

当据宋刻本改。所谓发愤忘食，是"'終日不食，終夜不寢'去理會"。

彼所爲者，他欲人說。（卷十五，286 页第 2 段）

宋刻本"他"作"但"。

按："他欲"，从上下文看都难以确解。"但欲"，中华本《朱子语类》一共出现 14 例，如"而但欲痛之自止，豈有此理"（337 页）、"而但欲略中而已"（623 页）、"若但欲不行，只是遏得住"（1116 页）。四库全书本《朱子语类》也作"但欲人說"。其他文献用例有，《尚书全解》卷十二："朽索之馭六馬，本無此事，但欲見其危之甚耳。"《诗序》卷下："其得失無足議者，但欲證毛公所移篇次之失。"《律吕阐微》卷七："觀朱子與蔡氏，雖嘗著書，但欲明律之理，實未嘗審定其音。""但欲"，《汉语大词典》失收。"但欲"当训为意欲、打算。"他欲"当据宋刻本改为"但欲"。

如子夏，乃枝葉之功。（卷三十九，1010 页第 4 段）

"功"，宋刻本作"助"。

按：此句前一句为"顏子於聖人根本有默契處，不假枝葉之助也"。据上一句"枝葉之助"，"乃枝葉之功"当据宋刻本改为"乃枝葉之助"。同样的文字，在《闽中理学渊源考》卷五也作"枝葉之助"。

未唯之前，見一事上是一箇理；及唯之後，千萬箇理只是一箇理。（卷二十七，688 页第 1 段）

宋刻本"上"作"止"。

按：本段文字将"未唯之前"与"及唯之後"做对比。根据"千萬箇理只是一箇理"判断，"上"当据宋刻本改为"止"。

今大禮命從官一人立王輅側，以帛維之，名何官？（卷一百二十八，3066 页第 6 段）

宋刻本"王"作"玉"。

按："玉輅"古代帝王所乘之车，以玉为饰。[宋]苏轼《送乔仝寄贺君》诗之三："曾謁東封玉輅塵，幅巾短褐亦逡巡。"四库全书本《朱子语类》也作"玉輅"，没有"王輅"一說。"王"为"玉"之形误，当据宋刻本改。

且如此煖閣，人皆以火爐爲中，亦是須要去火爐中尋箇至中處，方是的當。（卷六十二，1517 页第 3 段）

宋刻本“亦”下有“未”字。

按:此段文字讨论“致中和”,并以取暖和射箭為喻。下一句为:“又如射箭,纔上紅心,便道是中,亦未是。須是射中紅心之中,方是。”这句话的意思是,人们都以火炉为中,但并不是只有到火炉中寻个至中处,才是恰当的。不加“未”字,意思相反,并且和射箭的比喻矛盾。

“七日”,只取七義。猶“八月有凶”,只取八義。(卷七十一,1789 页第 3 段)

宋刻本“日”作“月”。

按:疑宋刻本错误。《周易注疏》卷五考证、《文公易说》卷四、《周易传义附录》卷五上、《天原发微》卷五上均作“‘七日’,只取七義”。

木簡是界方而六面,卽漢所謂“操觚之士”者也。(卷三十三,831 页第 2 段)

宋刻本“是”作“似”。

按:木简即牍,古代用以书写的狭长木片。界方是镇书纸的文具,一般为木质,也指塾师体罚学生的小木板,也作“戒方”。因此,“木簡”当“似界方”,而非“是界方”。联系文意考察,当据宋刻本改。

書是載那道理底,若死分不得。(卷七十四,1906 页第 1 段)

宋刻本“若死”作“苦死”。

按:“若死”语义不明,相关辞书也无收。“苦死”犹苦苦。例如高明《琵琶记·蔡母嗟儿》:“這是時年如此,你苦死埋怨我怎的。”联系上下文意,此段文字讲书与道理关系密切不可分。“若死”当据宋刻本改为“苦死”。

它見得那一道明,早亦曾下工夫,是以說得那一邊透。(卷一百三十,3116 页第 3 段)

宋刻本“道”作“邊”。

按:“一邊”可作数量短语使用。例如:“月受日光,只是得一邊光?”(20 页)“這一邊道理熟,那一邊俗見之類自破。”(237 页)“一道明”语义不明,“一道”不是数量短语,检索全书也没有其他用例,根据下一句“是以說得那一邊透”及下文“也不曾做得此邊工夫”判断,“道”当为“邊”之形误。

能取譬,是未到底,其次第如此。(卷三十三,849 页第 1 段)

宋刻本“能”下有“近”字。

按:此段文字讨论“己欲立而立人,欲達而達人”与“能近取譬”二者的关系。检索全书,讨论二者的关系时,均为“能近取譬”,根据上下文判断,“能取譬”当为“能近取譬”,并应当加上引号。

若曰“旁月日,扶宇宙,揮斥八極,神氣不變”者,是乃莊生之荒唐。(卷一百二十五,2986 页第 4 段)

宋刻本“扶”作“挾”。

按:“挾”,依恃、倚仗。[元]尤玘《万柳溪边旧话·蟹》:“大鞱挾人主之寵,往來三公九卿間。”[清]洪昇《长生殿·情悔》:“況且弟兄姊妹,挾勢弄權,罪惡滔天。”《明儒学案》卷二十四也作:“旁月日,挾宇宙,揮斥八極,神氣不變。”此处“扶”当作“挾”。

“責難於君謂之恭”,以堯舜責之,而不敢以中才常主望之,非尊之而何。(卷五十六,1324 页第 3 段)

宋刻本“責之”作“望之”。

按:此句下文为:“若論才質之優劣,志趣之高下,固有不同。然吾之所以導之者,則不可問其才志之高下優劣,但當以堯舜之道望他。”据此判断,此处“責之”当作“望之”。

只有季通說得好,當初造曆,便合并天運所差之度都算在裏。幾年後差幾分,幾年後差幾度,將這差數都算做正數,直推到盡頭。(卷八十六,2213 页第 1 段)

宋刻本以上“差”均作“蹉”。

按:“差”与“蹉”,形近。查阅其他理学文献,发现此段文字在《朱子五经语类》卷六十五“礼六”、《性理大全书》卷二十六、《御纂朱子全书》卷五十中,“差”均作“蹉”。四库全书本《朱子语类》卷八十六此段文字中的“差”也作“蹉”。“蹉”,失误、差错。[宋]梅尧臣《次韵和酬裴寺丞喜子修书》:“古聖規模猶可法,衆賢馳騁必無蹉。”[明]冯梦龙《新灌园·太史家閘》:“論老身看將起來,此姻緣不蹉。”可见中华本误,当据宋刻本改。

亦如地之浮於水上,差過東方三萬里。(卷八十六,2214 页第 1 段)

宋刻本以上“差”字作“蹉”。

按:中华本“差過”誤,当为“蹉過”。“蹉過”,错失、错过。中华本《朱子语类》出现“蹉過”19 例。例如,“遂蹉過仁地位去説”(119 页)、“經意却蹉過了”(2607 页)。其他文献用例有[明]李贽《罗近谿先生告文》:“羅先生今兹來,慎勿更蹉過!恐此老老矣,後會難可再也。”[清]赵翼《罗浮纪游》:“假使遇此老,不爲親勘破,應貽平生恨,謂異人蹉過。”

看如“險止”,“健順”,“麗人”,“説動”,都包括得盡,喚做“卦之情”。(卷七十,1745 页第 4 段)

按:宋刻本“人”作“入”。《文公易说》卷七、《朱子五经语类》卷十四《易十四》、《御纂朱子全书》卷二十八“麗人”均作“麗入”。《周易经传集解》卷三:“為其有麗入之象焉。是以不成乎争也。麗者附麗之謂也。入者順從之謂也。”“麗入”为一个卦象,中华本“麗人”误,当据宋刻本改。

然今人又不用除横行,横行猶用守這數級,只落借官則無所不可。(卷一百二十八,3075 页第 3 段)

宋刻本“借官”作“階官”。

按:“借官”为“階官”之误,“借”与“階”形近致误。“阶官”表示官员品级的称号,以别于职事官而言。例如,正一品为光禄大夫,从一品为荣禄大夫之类。只用于封赠,并非实官。中华本“阶官”的用例还有 5 例:“如加階官‘冠軍’之號爾,其職無以異於大將軍也。”(2207 页)“今遂以三公、三孤之官,為階官貼職之類。”(2725 页)

第四章 《朱子语类》中华本与朝鲜古写徽州本异文比较

第一节 异文词语辨析

一、单音节词语异文

若果無心，則須牛生出馬，桃樹上發李花，他又却自定。（卷一，4 页第 5 段）

朝鲜本“他”下有“心”字。

按：朝鲜本“他心”对应前面的“無心”。

水之極濁便成地，火之極清便成風霆雷電日星之屬。（卷一，7 页第 1 段）

朝鲜本“濁”作“渴”，“清”作“精”。

按：查检《周易图书质疑》卷十六、《理学类编》卷一、《御纂性理精义》卷十，该句表述均为“濁”与“清”的对立。《西山读书记》卷十“清”作“精”。联系前一句“水之滓脚便成地”考察，朝鲜本“濁”作“渴”似形误。

天有春夏秋冬，地有金木水火，人有仁義禮智，皆以四者相為用也。（卷一，11 页第 3 段）

朝鲜本“相”作“利”，成化本作“象”。

開後漸亦光，至望則相對，故圓。（卷二，21 页第 2 段）

朝鲜本“亦”作“益”。

按：此段文字讲月之盈亏变化。“亦”与“益”音近似两可，但朝鲜本“益”义优。

教他水散漫，或流從這邊，或流從那邊，不似而今作堤去圩他。（卷二，31页第3段）

朝鲜本“圩”作“扞”。万历本也是。

按：“圩”，南方低洼地区防水护田的堤，作动词时指筑堤护田，防护义。杨万里《圩田》诗：“周遭圩岸繚金城，一眼圩田翠不分。”“扞”，保卫、保护。《左传·文公六年》：“親帥扞之，送致諸竟。”杜预注：“扞，衛也。”韩愈《唐故江西观察使韦公墓志铭》：“築堤扞江，長二十里。”“圩”与“扞”此处为近义词关系。

萇弘死三年而化為碧。（卷三，第45页第2段）

朝鲜本“而”下有“魂”字。

問：“枯槁之物亦有性，是如何？”曰：“是他合下有此理。”（卷四，61页第3段）

朝鲜本“是”上有一“性”字。

如此逐旋捱去，捱得多後，却見頭頭道理都到。（卷十，167页第2段）

朝鲜本“捱”字均为“崖”字。

按：“捱”，经历、经受、体验，并可引申为遭受、拖过。“捱”在方言口语中使用十分广泛，如“捱过难关”“捱夜”“捱刀”“捱生捱死”等。[①]《朱子语类》中“捱”出现32例。“讀書理會道理，只是將勤苦捱將去。”（190页）“遇事時，把捉教心定，子細體認，逐旋捱將去。”（412页）下文還有“捱來捱去”的用例，朝鲜本作“挨來挨去”。《朱子语类》的“挨”也有许多类似“捱”的用例。“才有些發見處，便從此挨將去。”（287页）“如理會裏仁一篇，且逐章相挨理會了。”（434页）《朱子语类》中的“捱”或“挨”有动词的经历、体验或者遭受义，后来逐渐语法化，出现“被”“从”和“把”的义项，充当介词。[②] 在汉语方言中，“捱”和“挨”的动词经历义和介词义同时大量存在，构词能力强。

---

① 许保华、宫田一郎：《汉语方言大词典》，中华书局1994年版，第5341—5342页。

② 参见许保华、宫田一郎：《汉语方言大词典》，中华书局1994年版，第4743—4751页所列词例。

朝鲜本此处用"崖",似乎是一个记音形式或是别字。

不然,則孔門諸子皆是獃無能底人矣。(卷十三,222 页第 4 段)

朝鲜本"獃"作"呆"。

按:"獃",痴呆、蠢笨。"獃"为"呆"的古字。中华本使用"獃"16 例,"呆"2 例。义同,二者为异形词关系。

只是一件事。(卷二十,447 页第 5 段)

朝鲜本"一"上有"這"字。

"如鳥數飛",只是飛了又飛,所謂"鷹乃學習"是也。(卷二十,447 页第 5 段)

朝鲜本"只是"上有"習"字。

孝弟固具於仁。(卷二十,460 页第 8 段)

朝鲜本"具"作"見"。

按:"具"与"見",形近。联系文意,孝悌为仁之本,朝鲜本义优。

此仁,是仁之一事。(卷二十,461 页第 3 段)

后一"仁"字,朝鲜本作"心"。

人每若有不得已之意,非有出於忠心之誠者。(卷二十一,486 页第 8 段)

朝鲜本"忠"作"中"。

按:此段文字讨论"盡己之謂忠","忠"与"誠"的关系。根据文意判断,似朝鲜本误。

不知聖人"溫、良、恭、儉、讓",是自然常如此,非欲爲是以求聞政也。(卷二十二,510 页第 1 段)

朝鲜本"常"作"當"。

按:"常"与"當",形近似两可,但态度和语气上有差别。联系上下文意,朝鲜本义优。

見君父自然用嚴敬,皆是人情願,非由抑勒矯拂,是人心固有之同然

者，不待安排，便是和。（卷二十二，516 页第 1 段）

朝鲜本“同”作“固”。

此一句出處，止是說為孔子見得此一句皆當三百篇之義，故舉以爲說。（卷二十三，546 页第 1 段）

朝鲜本“止”作“正”。

按：“止”与“正”形近，联系上下文，似两可。

此意重處，只在言行。（卷二十四，591 页第 2 段）

朝鲜本“意”作“章”。

按：“意”与“章”形近。此段文字讨论“修天爵而人爵自至”，联系上下文，似朝鲜本误。

問關雎之詩，得情性之正如此。（卷二十五，627 页第 1 段）

朝鲜本“詩”作“義”。

所見這裏未是極處，更要去言外說道理，如何得。（卷二十六，649 页第 3 段）

朝鲜本“說”作“討”。

按：中华本全书出现“說道理”72 例，“討道理”2 例。“說”具有阐释和寻求、寻讨的意味。“如孟子說仁義處，只就仁義上說道理。”(255 页)

子路自是不把這般當事。（卷三十七，982 页第 5 段）

朝鲜本“自”作“曰”。

按：此段文字讨论“子路終生誦之”，联系上下文意看，当为朝鲜本误。

若這事看未透，真是捱得到盡處。（卷三十九，1018 页第 4 段）

朝鲜本“真”作“直”。

仁者常存此心，所以難其出。（卷四十二，1080 页第 3 段）

朝鲜本“出”作“言”。

按：此句前一句为“或問‘仁者其言也訒’”，下一句为“不仁者已不識痛痒，得說便說”。根据上下文意，“難其言”似更顺畅。

有制度，與車不同。（卷四十五，1154 页第 4 段）

朝鲜本“有”作“其”。

按：“有”与“其”形近。《四书精义集要》卷二十三引用这段文字，作“其制度與車不同”。

箕子雖不死，然便死却又到了。（卷四十八，1192 页第 5 段）

朝鲜本“到”作“倒”。

按：“到”可通“倒”。《墨子・经下》：“臨鑑而立，景到。”

蓋子夏爲人不及，其質亦弱，夫子亦每捉他，如“汝爲君子儒，無爲小人儒”。（卷四十九，第 1206 页第 1 段）

朝鲜本“捉”作“提”。

按：中华本“捉”下出注“賀本疑為‘提’”。

這也别無道理，只是漸漸捱將去，自有力。（卷五十九，1394 页第 3 段）

朝鲜本“捱”作“生”。

“操則存，舍則亡”，只是人能持此心則心在，若捨之便如去失了。（卷五十九，1400 页第 3 段）

朝鲜本“持”作“待”。

按：“待”，留住。《穆天子传》卷二：“天子四日休羣玉之山，乃命邢侯待攻玉者。”郭璞注：“待，留之也。”“持”与“待”在此处为近义词关系。

“存其心”，恰如教授在此，方理會得每日職業。（卷六十，1423 页第 4 段）

朝鲜本“存”作“盡”。

按：“存其心”与“盡其心”，二者两可，见中华本 411 页：“孟子曰‘盡其心，知其性’；又曰‘存其心，養其性’。”《孟子》的原话是“存其心、養其性，所以事天也”。

只是從來不曾盡這心，但臨事恁地朝亂挨將去。（卷六十，1425 页第 4 段）

朝鲜本“挨”作“做”。

按：“挨”同“捱”，忍受、勉强支持。钱大昕《十驾斋养新录》：“挨，今借為忍痛義。"《儒林外史》第十六回:"一步一挨,挨到庵門口。"此处"挨"与"做"两可,但"挨"口语性强一些。

若就這裏便與理會今樂非古樂,便是不知務。(卷六十,1456 页第 1 段)

朝鲜本"非"作"若"。

按:此句前一句为"又如孟子答'今之樂,猶古之樂',這裏且要得他與百姓同樂是緊急"。"若"与"非",两个异文,导致表达观点完全背离。

"變置社稷",非是易其人而祀之也。(卷六十一,1458 页第 5 段)

朝鲜本"是"作"謂",万历本作"是"。

按:"是"与"謂"两可。

誠者,事之終始,不誠,比不曾做得事相似。(卷六十四,1578 页第 5 段)

朝鲜本"比"作"如"。

按:"比",比如、仿照。《战国策》齐策四:"孟嘗君曰:'為之駕,比門下之車客'。""比"与"如",此处为近义词关系。

"元者萬物之始,亨者萬物之長,利者萬物之遂,貞者萬物之成。"解得"遂"字最好。(卷六十九,1729 页第 4 段)

朝鲜本"遂"作"逐"。

按:根据"利者萬物之遂"判断,朝鲜本误。

這一畫是卦中六分之一,全在地下。(卷七十一,1788 页第 4 段)

朝鲜本作"全"作"餘"。

按:两个异文"全"与"餘",指代对象不同。"全"指"這一畫陽","餘"指其他卦象。

吝者,喑嗚説不出,心下不足,沒分曉,然未至大過,故曰"小疵"。(卷七十四,1888 页第 6 段)

朝鲜本"足"作"定"。

此特其小爾。(卷七十四,1894 页第 2 段)

"小",朝鲜本及《周易传义附录》卷十作"一",《朱文公易说》卷十用吴必大录作"小"。

卑其禮,須如地之廣。(卷七十四,1908 页第 7 段)

朝鲜本"廣"作"下矣"。

乾坤只是説二卦,此易,此易只是説易之書。(卷七十五,1934 页第 2 段)

朝鲜本"書"作"象",《朱文公易说》卷十二用吴必大录,作"書",《周易传义附录》卷十作"書"。

少間都無理會處。(卷七十六,1944 页第 6 段)

朝鲜本"無"下有"討"字。

"材"又是解"象"字。(卷七十六,1945 页第 2 段)

朝鲜本"象"作"彖",《周易传义附录》卷十一作"彖",《文公易説》卷十三作"爻",《合订删补大易集义粹言》卷七十七作"彖"。

須是在天理則存天理,在人欲則去人欲。(卷七十八,2015 页第 3 段)

朝鲜本"存"作"明"。

按:查检中华本全书,"存天理"8 例,"明天理"3 例。二者两可。

江陵之水,岳州之上是雲夢。(卷七十九,2025 页第 5 段)

朝鲜本"水"作"下"。

是從己之革。(卷七十九,2042 页第 5 段)

朝鲜本"己"作"人"。

言人資質沈潛者,當以剛克之。(卷七十九,2050 页第 2 段)

朝鲜本"克"作"治"。

按:"克",制胜、攻下。"克"与"治"为近义词关系。中华本有"克""治"单用的,也有"克治"连用的。

且如今告諭民間一二事,做得幾句如此,他曉得曉不得?(卷七十九,

2052 页第 4 段)

朝鲜本“今”下有“要”字。

如“稽田垣墉”之喻,却與“無相戕,無胥虐”之類不相似。(卷七十九,2054 页第 1 段)

朝鲜本“相”作“胥”。

按:查《尚书说》《尚书全解》《尚书讲义》等均为“無胥戕,無胥虐”。

不要逐箇字去討,便無理會。(卷七十九,2059 页第 2 段)

朝鲜本“會”下有“處”字。

如洛誥等篇不可曉,只合闕疑。(卷七十九,2061 页第 3 段)

朝鲜本“曉”下有“處”字。

且如《楊惲》一書,看得來有甚大段違法處?(卷七十九,2062 页第 3 段)

朝鲜本“來”作“未”。

按:“來”与“未”形近。用“來”表达反问语气,用“未”为陈述语气。

故“野有蔓草,零露滑兮”,亦以爲君之澤不下流,皆局於一箇死例,所以如此。(卷八十,2085 页第 1 段)

朝鲜本“滑”作“溥”。

按:查《诗经》相关著述,如《毛诗注疏》《诗本义》《毛诗名物解》等,这段文字为“野有蔓草,零露溥兮”。

非獨是鄭伯,當時小國多是如此。(卷八十三,2155 页第 1 段)

朝鲜本“當”上有“想”字。

後世禮樂全不足錄。(卷八十七,2226 页第 8 段)

朝鲜本“後”前有“如”字,“錄”作“取”。

按:“錄”与“取”两个异文为近义词关系。

所謂古禮難行者,非是道不當行。(卷八十九,2278 页第 2 段)

“道”,朝鲜本作“禮”。

他是說春秋成後致麟，先儒固亦有此說。（卷九十，2297 页第 1 段）

朝鲜本"致"作"獲"。下同。《文公易説》卷十六也作"致"。

聖人之説爲可必信，先王之道為可必行。（卷九十三，2360 页第 8 段）

朝鲜本"道"作"法"，下增注"陳作道"三字。

但明道總人之私意言耳。（卷九十五，2443 页第 5 段）

朝鲜本"總"作"指"。

按：联系上下文，此段文字讨论佛之自私和常人之自私，"總"与"指"皆通。

以下論記錄之疑。（卷九十七，2501 页第 4 段）

朝鲜本"疑"作"差"。

也是諸人無頭無尾，不曾盡心存上面也。（卷一百〇一，2558 页第 3 段）

朝鲜本"存"作"在"，《御纂朱子全书》卷五十四作"存"，《性理大全书》卷四十作"在"。

知既明，則行益至。（卷一百〇三，2605 页第 7 段）

"至"，朝鲜本作"進"。

介甫所見，終是高於世俗之儒。（卷一百〇七，2664 页第 4 段）

朝鲜本"儒"作"論"。《礼记集说》卷八十四、《御纂朱子全书》卷三十九、《二程文集》附录上均作"儒"。

教化之廢，推中人而墮于小人之塗。（卷一百〇八，2685 页第 1 段）

朝鲜本"塗"作"域"。

按：此段引文在不同的书中均有保留。《文献通考》卷二百九、《直斋书录题解》卷九、《后汉记》卷二十九、《尚书埤传》卷十五均为"小人之域"。

然是太祖皇帝以來至今，其法亦有弊而常更者。（卷一百〇八，2690 页第 2 段）

朝鲜本“常”作“當”。

按:四库全书本《朱子语类》作“當更者”。“常更”与“當更”,主观态度和语气上有明显差别。

福建賦稅猶易辨,浙中全是白撰,横斂無數,民甚不聊生,丁錢至有三千五百者。(卷一百十一,2714 页第 7 段)

朝鲜本“三”作“人”。

唐尚書省正廳在前,六曹諸司房在後,今皆反是。(卷一百十二,2726 页第 1 段)

朝鲜本“房”作“多”。

如圍棊一般:兩人初著,那箇不要勝?(卷一百十二,2735 页第 4 段)

朝鲜本“棊”作“碁”。

按:“碁”,同“棋”。《集韻》之韻:“棊,或作碁,通作棋。”

幾固要得。(卷一百二十,2910 页第 2 段)

朝鲜本、万历本“固”作“個”,成化本作“是”。

按:根据前文“通書中數數拈出‘幾’字”及上下文意判断,似中华本“固”义优。

景靈起於何代?(卷一百二十八,3056 页第 3 段)

朝鲜本“景靈”下有“宫”字。

至秦公,則僚屬凡有關白,默無一語,而屬諸吏。(卷一百三十一,3144 页第 1 段)

朝鲜本“而”上有“退”字。

魏公初以何右丞薦與太常簿。(卷一百三十一,3144 页第 2 段)

朝鲜本“丞”下有“栗”字。

秦老聞之,忽入去,久之不出,富怪之。(卷一百三十一,3156 页第 1 段)

朝鲜本“怪”作“訝”。

按:“訝”,惊诧、疑怪。[南朝梁]简文帝《采桑》诗:“寄語採桑伴,訝今春日短。”[北周]庾信《小园赋》:“龜言此地之寒,鶴訝今年之雪。”“怪”与“訝”为近义词关系。中华本“怪”与“訝”均有用例。

其後西夏與女真人。(卷一百三十三,3190 页第 1 段)

朝鲜本“人”作“有”,《资治通鉴长编》卷三百五十二,“人”作“有約”,四库全书本《朱子语类》“人”作“通”。

按:联系上下文意,中华本“其後西夏與女真人”一句与上下文均难以顺畅衔接,似有脱误。

高麗要五十餘主,今此方爲權臣所篡而易姓。(卷一百三十三,3192 页第 2 段)

朝鲜本“要”作“更”。

按:中华本此句下有小字注文:“高麗得四十主。今已易姓,姓王。”根据此注及上下文意,中华本“要”似据朝鲜本改。

可見他當時已自知其罪。(卷一百三十五,3227 页第 1 段)

朝鲜本“罪”作“非”。

二、单、双音节词语异文

自新新民,而至於天命之改易,可謂極矣。(卷十六,319 页第 4 段)

朝鲜本“改易”作“新”。

按:朝鲜本的“新”与“自新新民”的“新”对应。中华本为双音节词“改易”。

若如此,便是趕縛得急。(卷二十,468 页第 1 段)

朝鲜本“趕”作“趕轉”。

自斬至緦,衣服異等,九族之情無所憾。(卷二十二,513 页第 5 段)

朝鲜本“緦”作“緦麻”。

按:“緦麻”,古代丧服名。五服中之最轻者,孝服用细麻布制成,服期三月。凡本宗为高祖父母、曾伯叔祖父母、族伯叔父母、族兄弟及未嫁族姊妹,外姓中为表兄弟、岳父母等,均服之。中华本全书一共出现“緦麻”5 例,

“緦”单用 10 例。

這合著得“政者正也，子帥以正，則莫敢不正”，而天下歸之，却方與譬“北辰居其所而衆星共之”相似。（卷二十三，537 页第 4 段）

朝鲜本“譬”下有“如”字，“共”作“拱”。

按：譬——譬如。中华本标点有误，“譬”前的双引号应置于“北”前。查检中华本全书，“譬如”一共出现 289 例，单独的“譬”163 例。“北辰居其所而衆星共之”，相关引书，如《周易经传集解》卷二、《周易述》卷二十二、《尚书全解》卷二等“共”均作“拱”。

看它意，只說得箇“詩可以怨”底意，如何說“思無邪”！（卷二十三，546 页第 5 段）

朝鲜本“意”作“意思”。

假我數年，卒以學易。（卷三十四，887 页第 1 段）

朝鲜本“卒”作“五十”。

按：此句前文有“史記‘加’作‘假’，古本‘五十’作‘卒’字”。“假我數年卒以學易”和“假我數年五十以學易”在文献典籍中都有大量引用。

若以爲今碩人詩，則章句全。（卷二十五，613 页第 1 段）

朝鲜本“全”作“不合”。

按：两个异文观点相反，待考。

子時，天正也。此時天方開。（卷四十五，1154 页第 3 段）

朝鲜本后一“天”作“天門”。

按：查检全书，中华本出现“天門”3 例。

然近世一二公所定之禮，及朝廷五禮新書之類，人家儻能相與講習，時舉而行之，不爲無補。（卷二十三，561 页第 4 段）

朝鲜本“公”作“名公”。

按：中华本出现“名公”2 例。

後說只說得一截，蓋只管得不義，不曾照管得疾了。（卷二十三，562 页第 3 段）

朝鲜本“只”下有“管”字。

按:管——照管。

終勝得孟子,但不及孔子些。(卷四十五,1157页第5段)

朝鲜本“些”下有“子”字。

按:些——些子。“些子”,少许、一点儿。李白《清平乐》词:“花貌些子時光,抛入遠泛瀟湘。”苏轼《东坡志林·论修养帖寄子由》:“尋常静中推求,常患不見;今日鬧裹忽捉得些子。”中华本全书一共出现“些子”395例。

本止是講學,未是如“克己復禮”,然求仁而仁已在其中。(卷四十九,1202页第2段)

朝鲜本“然”前有“斷”字,“求”为“為”。

按:然——斷然。

當時於此言下有省,某甚疑此語引得不相似。(卷五十二,1269页第2段)

朝鲜本“有省”作“便有醒悟”。

按:省——醒悟。查检中华本全书,出现“醒悟”2例,出现“省悟”11例。考察二者,均表达在认识上由模糊而清楚,由错误而正确。其中“省悟”还可表达从麻醉、昏迷、睡眠等状态中清醒过来。“如病風人一肢不仁,兩肢不仁,爲其不省悟也。”(477页)

到做得一年被罷去,也是命。(卷六十,1435页第1段)

朝鲜本“被”下有“罪”字。

按:被——被罪。“被罪”,因罪而受惩治。《新唐书·后妃传上·文德长孙皇后》:“後廷有被罪者,必助帝怒請繩治。俟意解,徐爲開治,終不令有冤。”中华本全书出现“被罪”1例:“季通被罪,臺評及先生。”(2669页)

若與之二百錢則過,與之五十則少,只是百錢便恰好。(卷六十三,1525页第4段)

朝鲜本“過”下有“厚”字。

按:過——過厚。本段下文有“過厚”与之呼应:“上面更過厚則不中。”

看文字,須是熟後,到自然脱落處方是。(卷三十五,914页第4段)

朝鲜本“熟”作“熟熟”。

按:朝鲜本“熟”字重。

而所以爲費者,試討箇費來看。(卷六十三,1535 页第 2 段)

朝鲜本“看”下多一“看”字。

按:看——看看。查检中华本全书,“看看”仅出现 1 例:“只是陽氣既升之後,看看欲絕,便有陰生。”(1603 页)其余都以单音节形式存在。

以乾坤定上下之位次,坎離列左右之門爲正。(卷六十五,1616 页第 2 段)

朝鲜本“位次”作“位”字。

按:位次——位。

如“西南得朋,東北喪朋”,皆是無頭底。(卷六十八,1697 页第 4 段)

朝鲜本“頭”作“討頭”字。

按:頭——討頭。中华本全书出现“討頭”15 例。“討頭”,寻求头绪。“越見不平正了,越討頭不見。”(131 页)“通鑑是逐年事,逐年過了,更無討頭處。”(196 页)

先生因詰諸生,令思之。(卷七十一,1787 页第 4 段)

朝鲜本“因”下有“反”字。

按:詰——反詰。查检中华本全书,沒有出现“反詰”用例,“詰”出现 29 例,要么单用,要么以其他复合词的形式出现,如“詰問”“詰難”“窮詰”“辨詰”等。《汉语大词典》所收最早用例为郭沫若的《波》三,朝鲜本的这条异文可以提前“反詰”一词的书证。

陽生時,逐旋生,生到十一月冬至,方生得就一畫陽。(卷七十一,1788 页第 4 段)

朝鲜本“逐”下有“分”字。

按:逐——逐分。“逐分”,中华本全书仅出现 1 例。“且如復卦是一陽,有三十分,他便從三十日頭逐分累起。”(1786 页)《汉语大词典》词目失收。《御制律吕正义后编》卷六十八:“二音也用勾股比例法逐分推之。”《续资治通鉴长编》卷二百五十:“所支錢物逐分合,用錢物幾何?”《翰苑集》卷五:“逐分送付其差人,請受。”“逐分”,根据文献用例,当训为逐一、逐个、依次。

據左傳所說"東至於海，西至於河，南至於穆陵，北至於無棣"，齊是恁地闊。(卷八十六,2208 页第 3 段)

"據"，朝鲜本作"今看"。

注以"至於岱宗柴"為句。(卷七十八,1998 页第 2 段)

朝鲜本"注"下有"家"字。

按:注——注家。

秩，便是那天敍裏面物事。(卷七十八,2019 页第 8 段)

朝鲜本"秩"作"天秩"字。

按:本段文字讨论"敍"与"秩"的内涵及关系。上一句讲"天敍"，这一句如据朝鲜本补上"天"字似乎更完整。"天敍"往往和"天秩"并举。《文公易说》卷十六:"天叙有典天秩有禮。"

解者欲訓為至，故音的，非也。(卷七十九,2053 页第 6 段)

朝鲜本"訓"下有"弔"字。

按:查检相关引书，此段文字似有脱漏。《尚书埤传》卷十一:"《朱子语录》书中'弗弔'，只如字讀。其義如詩所云'不弔昊天耳'，舊解訓弔為至，故音的聲，非也。"《群书考索》续集卷五:"書中'弗弔'字，只如字。先儒欲訓弔為至，故音的，非也。"

詩一。(卷八十,2065 页第 1 段)

朝鲜本"詩"上有"毛"字。

按:詩——毛詩。

興只是興起，謂下句直說不起，故將上句帶起來說，如何去上討義理?(卷八十,2085 页第 1 段)

朝鲜本"上"作"上頭"字。

按:查检相关引书，《诗传遗说》卷二也作"上頭"。"上頭"，中华本全书一共出现 4 例，"頭"作为一个后缀口语色彩强烈，如"它從上頭說下來"(1542 页)、"大要未說到頂上頭"(3271 页)等。

孟子想不見周禮？（卷八十六，2209 页第 1 段）

朝鲜本“想”下有“是”字。

按：想——想是。“想是”，中华本全书一共出现 63 例，与单音节形式“想”相比，“想是”已基本凝固成词，表达一种主观上比较确定的猜测，置于句首的较多，如“想是聖人稟得清明純粹之氣”（48 页）、“想是此等説話不曾聞得”（418 页）、“想是灶門外平正可頓柴處”（622 页）等。

而云“凡國之財用取具焉”，何也？（卷八十六，2222 页第 3 段）

朝鲜本“國”下有“事”字。

按：國——國事。查检相关引书，“凡國之財用取具焉”與“凡國事之財用取具焉”二者并存，且用“国事”者多于单用“国”者，如《周礼注疏》卷十五、《周礼详解》卷十四、《周礼订义》卷二十四、《宋史》卷三百四十四等。

冠。

朝鲜本作“冠禮”。（卷八十九，2272 页第 3 段）

昏。

朝鲜本作“昏禮”。（卷八十九，2273 页第 1 段）

喪。

朝鲜本“喪”下有“禮”字。（卷八十九，2275 页第 2 段）

今弔者用橫烏，如何？（卷八十九，2284 页第 1 段）

朝鲜本“弔”下有“人”字。

按：弔——弔人。查检中华本全书，使用“弔人”仅 3 例。

義剛對：“數日偶看遺書數版入心，遂乘興看數日。”（卷九十七，2481 页第 1 段）

朝鲜本“對”下有“曰”字。

按：對——對曰。

須是歌起來，方見好處。（卷一百〇四，2612 页第 3 段）

朝鲜本“歌”作“歌唱”。

按：查检中华本全书，使用“歌唱”仅 2 例：“坐客有歌唱者如之何？”

(2281 页)“其歌唱皆出於自然。”(2349 页)单用“歌”居多:“然至後來曾晳之徒弔喪而歌。”(742 页)“原壤登木而歌。”(1148 页)

後乃見了老,歸家讀儒書。(卷一百〇四,2619 页第 2 段)

朝鲜本“讀”作“誦讀”。

按:查检中华本全书,使用“誦讀”仅 2 例:“禦製聖製經,令天下皆誦讀。”(175 页)“或每日令人誦讀,却從旁聽之。”(2083 页)单用“读”居多。

後來考究,却是這邊味長。(卷一百〇四,2620 页第 2 段)

朝鲜本“究”下有“竟”字。

按:究——究竟。查检中华本全书,使用“究竟”17 例。《朱子语类》中的“究竟”,既有表达穷尽义的,“只是才遇一事,卽就一事究竟其理”(396 页),也有表达结局结果义的,“各隨人說出來,須著究竟”(1055 页)。朝鲜本的这个用例也是表达结果义的。该义项《汉语大词典》的最早书证是元李寿卿《度柳翠》第三折:“師父,我柳翠將來的究竟,可是如何?”《朱子语类》的用例可提前该义项的书证。

去之則傷仁恩,人必怨。(卷一百〇九,2695 页第 1 段)

朝鲜本“怨”下有“怒”字。

按:怨——怨怒。中华本全书没有出现“怨怒”的用例,该用例为朝鲜本特有。全书 307 个用例,要么单用,要么与其他语素组合成词,如“怨望”“匿怨”“怨尤”“疾怨”等,但单用居多。

不知誰恁聰明。(卷一百〇九,2696 页第 1 段)

朝鲜本“恁”下有“地”字。

按:恁——恁地。

漢至宣帝以後,便一向衰。(卷九十四,2408 页第 4 段)

朝鲜本“衰”作“衰去”。

為今之計,大段著揀汰,但所汰者又未有頓處。(卷一百十,2705 页第 5 段)

朝鲜本“頓”前有“安”。

按:頓——安頓。

周世宗高平一戰既敗却，忽然誅不用命者七十餘人。（卷一百十，2709页第6段）

朝鲜本“誅”下有“戮”字。

按：誅——誅戮。“誅戮”，诛杀、杀害。中华本全书没有出现“誅戮”的用例，该用例为朝鲜本特有。

故濮園位下女事人者，其夫皆有官。（卷一百十一，2721页第1段）

朝鲜本“女”下有“子”字。

按：女——女子。查检中华本全书，出现“女子”22例。

以宗室簿籍獻於虜，虜依簿搜索。（卷一百十一，2721页第1段）

朝鲜本两个“虜”字下均有“人”字。

按：虜——虜人。

故唐不除尚書令，惟郭子儀功高特除，子儀堅不敢受。（卷一百十二，2725页第1段）

朝鲜本“堅”下有“辭”字。

按：堅——堅辭。中华本全书没有出现“堅辭”的用例，该用例为朝鲜本特有。

論來安石是罪之魁，却於其死。（卷一百二十三，2964页第1段）

朝鲜本“魁”下有“首”字。

按：魁——魁首。中华本全书没有出现“魁首”的用例，该用例为朝鲜本特有。

而二公門下士互相排抵，魏公之人至有作為詩賦以嘲趙公者。（卷一百三十一，3144页第2段）

朝鲜本“之”下有“門”字。

按：人——門人。查检中华本全书，出现“門人”139例。

秦爭於上，遂併論秦。（卷一百三十一，3156页第2段）

朝鲜本“上”下有“前”字。

按：上——上前。查检中华本全书，出现“上前”8例。

耿直之作浙漕時，有一榜在客位甚好，説用考課之法。（卷一百三十二，3181 页第 2 段）

朝鲜本“榜”下有“子”字，“在”下有“諸處”二字。

按：榜——榜子。查检中华本全书，出现“榜子”5 例。

南大不樂，徘徊山下數日，不肯去見。（卷一百三十二，3183 页第 2 段）

朝鲜本“南”前有“老”字。

按：南——老南（人名）。人名缩略。

如蔡君謨封贈，亦是自寫。（卷一百三十八，3293 页第 5 段）

朝鲜本“贈”下有“告”字。

按：贈——贈告。中华本全书没有出现“贈告”的用例，该用例为朝鲜本特有。

世之病難行者，以亟奪富人之田為辭。（卷九十八，2530 页第 6 段）

朝鲜本“世”作“井田”。

三、双音节词语异文

望以後，日與月行便差背向一畔。（卷二，17 页第 2 段）

朝鲜本“背向”作“背面”。

按：“背向”与“背面”为近义词关系，两可。

土無定位，故今曆家以四季之月十八日為土。（卷一，10 页第 5 段）

朝鲜本“家”作“象”。

按：曆家——曆象。“家”与“象”形近。查检全书，中华本一共出现“曆家”26 例，“曆象”6 例。联系上下文考察，“曆家”与“曆象”两可。

此虚寬之大數縱有差忒，皆可推而不失矣。（卷二，25 页第 4 段）

朝鲜本“虚寬”作“曆象”。

按：“虚寬”全书仅此 1 例，《汉语大词典》无收。《吕氏家塾读诗记》卷四：“程氏曰，虚寬貌，徐緩也，雍容之狀。”《诗经疏义会通》卷二：“虚寬貌邪，一作徐緩也，亟急也，只且語助辭。”《明儒学案》卷五十一：“有若無實。

若虛寬以居之，犯而不校，不遷怒、不貳過，則行之至健矣。"《周礼疑义举要》卷三："此言治野之法，大畧如此。十夫至百夫以上，皆為虛寬大數，不能細算。"结合前人训诂及文献用例，"虛寬"当为徐缓，在一定可伸缩的范围之内。

先生下學，見說小學，曰："前賢之言，須是真箇躬行佩服，方始有功。不可只如此說過，不濟事。"（卷七，127 页第 5 段）

"見説"，朝鲜本作"親説"。

按："見"与"親"，形近。"見説"与"親説"联系上下文意，均可。

及到灘脊急流之中，舟人來這上一篙，不可放緩。（卷八，137 页第 7 段）

朝鲜本"上"作"下"。

先一書費許多工夫，後則無許多矣。（卷十，167 页第 4 段）

朝鲜本"許多"下有"工夫"二字。

聖人教人，將許多材料來修治平此心。（卷十五，292 页第5 段）

朝鲜本"修治"作"修持"。

按：中华本出现"修治"10 例，没有出现"修持"的用例。"果爾，則有國有家者何貴乎修治?"（27 页）"爲學須先立得箇大腔當了，却旋去裹面修治壁落教綿密。"（130 页）"修治"，修理、整顿。"修持"，洪迈《夷坚甲志・崔祖武》："飲食不肯醉飽，曰：'大醉大飽，最爲傷氣，須六十日修持，始復初。'"《明儒学案》卷十一："先生只於事物上實心磨鍊，故先生之徹悟不如龍溪之修持。""修持"，修养、保养。

只是合禮處，便是天理。（卷十五，309 页第 1 段）

朝鲜本"禮"作"理"。

心主這一事，不為他事所亂，便是不容一物也。（卷十七，373 页第 5 段）

"所"，朝鲜本作"攙"。

按：所亂——攙亂。"攙亂"，中华本没有出现用例，《汉语大词典》失收。《钦定四库全书总目》卷一百三十五："世行《北堂书钞》攙亂增改，無從訂正。"《金楼子》提要："其他文雖攙亂，而幸其標目分明，尚可排比成帙。"《四书集义精要》卷三引用这段话，也作"攙亂"。根据文献用例归纳，"攙亂"，当释为错乱、打乱、扰乱。

便教盡大地只有自家一人，也只是自欺，如此者多矣。（卷十八，423 页第 2 段）

"大地"，朝鲜本作"天地"。

按：查检中华本全书，使用"天地"1139 例，使用"大地"11 例。

久久于正文邊自有細字注脚迸出來，方是自家見得親切。（卷十九，440 页第 1 段）

朝鲜本"久久"作"久之"，"正文"作"文"字，无"注脚"二字。

若讀得《大學》一書透徹，其他書都不費力，觸處便見。（卷十九，440 页第 1 段）

朝鲜本"見"下有"所以如破城云"六字，"處"作"類"。

範氏下面"樂由中出"與伊川"發散在外"之説却同。（卷二十，457 页第 2 段）

朝鲜本"發散"作"發越"。

按："發越"，中华本全书一共出现 16 例。"仁便有箇流動發越之意。"（121 页）"這箇不知如何，自然心與氣合，舒暢發越。"（170 页）"發越"，播散、散发。"發散"出现 8 例。"蓋天地之化，不翕聚則不能發散也。"（109 页）"樂則發散於外也。"（451 页）"發散"与"發越"为近义词关系。

便是這一章都生受。（卷二十，480 页第 6 段）

朝鲜本"生受"作"主愛"。

按：中华本全书出现"生受"9 例。"似此用工，初間雖覺得生受費力，久後讀書甚易爲工，却亦濟事。"（269 页）"既是天理，無許多費力生受。"（1048 页）"生受"，辛苦，受苦。中华本出现"主愛"2 例："故仁只主愛而言。"（476 页）"如'孝弟爲仁之本'，便只是主一事，主愛而言。"（476 页）

漢臣問："立者，立於斯道也？"（卷二十三，552 页第 1 段）

朝鲜本"也"下有"如何"二字。

孔子各欲其於情性上覺察，不使之偏勝，則其孝皆平正而無病矣。(卷二十三，563 页第 7 段)

朝鲜本"偏勝"作"偏失"。

按：中华本全书出现"偏失"1 例："聖人之言寬舒，無所偏失。"(658 页)出现"偏勝"4 例。"偏勝"，一方超过一方，失去平衡。"偏失"，《汉语大词典》失收。《礼记集说》卷八十九："為學之道，扶持長。養人之善端，救人之偏失。"《法苑珠林》卷十五："故字為言諦，言為理筌，音義合符，不可偏失。""偏失"，偏颇、不足之处。

推其極，乃大底不器。(卷二十四，580 页第 1 段)

朝鲜本"不器"作"不推"。

今人大率於利，雖不當得，亦泯默受之。(卷二十六，648 页第 2 段)

朝鲜本"默"作"此理"。

按："泯默"，寂然无声，寂然无言。韩愈《双鸟》诗："得病不呻唤，泯默至死休。""泯默"，中华本全书一共出现 2 例。

此段"恕"字却好看，方泝流以遡其源。(卷二十七，681 页第 2 段)

朝鲜本"泝流"作"沿流"。

按："泝流"，亦作"溯流"，指顺着水势，引申为追寻缘由而向上探寻。"泝流"，中华本出现 2 例。"中庸所謂忠恕，泝流而上者也。""沿流"，顺着水流。中华本出现 1 例。"又如水不沿流自有次第，合下便要尋其源。"(卷一百十七，2826 页)

零零碎碎，煞著了工夫，也細摸得箇影了，只是爭些小在。(卷二十七，683 页第 1 段)

朝鲜本"細摸"作"約摸"。

"盡物之謂恕"與"推己之謂恕"，如何推己只是忠中流出？(卷二十七，697 页第 6 段)

朝鲜本"盡物"作"盡己"，"恕"作"忠"。

按：《论语全解》卷二、《程氏经说》卷七、《论语》原文，均为"盡己之謂忠"与"推己之謂恕"对举。

或云忠恕只是無私己，不責人。（卷二十七，701 页第 3 段）

朝鲜本“私己”作“私心”。

吉人爲善，便自有吉人相伴，凶德者亦有凶人同之，是“德不孤，必有鄰”也。（卷二十七，707 页第 5 段）

朝鲜本“凶人”作“凶德”。

按：中华本“凶人”与前者“吉人”对举。

若如此，則是謂令尹爲相，徒使其君守僭竊之位，不能使其君王天下耳。（卷二十九，735 页第 6 段）

朝鲜本“天下”作“于楚”。

便大過，不貳也難。（卷三十，773 页第 5 段）

朝鲜本“大過”作“不遷”。

顏子之樂，不是外面别有甚事可樂，只顏子平日所學之事是矣。（卷三十一，795 页第 2 段）

朝鲜本“所學”作“所樂”。

近，是其中有這信，與行處不違背。（卷三十五，913 页第 4 段）

朝鲜本“行處”作“實處”，“不”下有“相”字，“是”前有“只”字。

人多要人我合一，人我如何合得！（卷三十六，952 页第 1 段）

朝鲜本“得”作“一”。

按：合得——合一。这段文字讨论“人我合一”，联系上下文意，“合得”与“合一”两可。

夫子免於匡人之圍，亦苟脱也。（卷三十六，957 页第 5 段）

朝鲜本“脱”作“免”。

按：“脱”与“免”为近义词关系。中华本全书“苟免”一共出现 4 例，“苟脱”仅此 1 例。“苟免”，苟且免于损害。《礼记·曲礼上》：“臨財毋苟得，臨難毋苟免。”白居易《读史诗》之四：“苟免勿私喜，鬼得而誅之。”《汉语大詞典》收有“苟免”，没有收“苟脱”。

子路却是能克治。（卷三十七，982 页第 5 段）

朝鲜本“治”作“已”。

按：克治——克已。这段文字讨论“子路終身誦之”，联系上下文意，此处“克治”与“克已”两可。

權，是稱量，教子細著。（卷三十七，987 页第 4 段）

朝鲜本“稱量”作“稱星”，“著”作“看”。

按：“稱星”，镶在秤杆上的金属小圆点，以做计量的标志。“權”，秤，也指秤锤，用作动词表称量。陆贽《论替换李楚琳状》：“夫權之爲義，取類權衡。衡者稱也，權者，錘也。”《汉书 · 律历志上》：“量多少者不失圭撮，權輕重者不失黍絫。”联系文意，似中华本义优。

但既犯了“體用”字，却成是體中亦有人欲。（卷四十三，1111 页第 2 段）

朝鲜本“是體”作“同體”。

按：“是體”的“是”，代词，此，这、这里。王安石《赠宝觉》诗序：“聞化城閣甚壯麗，可登眺，思往遊焉，故賦是詩。”“是體”与“同體”在语境中为近义关系。

“下學而上達”，自在這裏做，自理會得。（卷四十四，1137 页第 3 段）

朝鲜本“自在”作“是在”，“自”作“貼貼地”，無“得”字。

按：“貼貼地”中华本出现在下一句：“如水無石，如木無風，貼貼地在這裏，人亦無緣知得。”该句朝鲜本无“貼貼地”。

“體信”是體這誠信，達順是通行順道。（卷四十四，1146 页第 3 段）

朝鲜本“通行”作“適行”。

按：“適行”，谓适宜施行。贾谊《新书 · 道德说》：“道有載物者，畢以順理適行。”中华本全书没有出现“適行”的用例。“通行”与“適行”，在此处为近义词关系。

某五六歲時，心便煩惱箇天體是如何？（卷四十五，1156 页第 1 段）

“便煩惱箇”，朝鲜本作“便思量”。

譬如重陰之時，忽略開霽，有些小光明，又被重陰遮閉了。（卷四十七，1184 页第 1 段）

“重陰”，朝鲜本作“雲陰”。

按：查检中华本全书，出现“重陰”7 例，没出现“雲陰”的用例。“雲陰”，云翳、阴云。韩愈《南海神庙碑》：“雲陰解駮，日光穿漏。”“重陰”，指云层密布的阴天。谢惠连《咏冬》：“繁雲起重陰，迴飈流輕雪。”沈括《梦溪笔谈·象数一》：“連日重陰，人謂必雨。”联系文意，“重陰”与“雲陰”似两可。

大抵論語後數篇間不類以前諸篇。（卷四十七，1185 页第 3 段）

朝鲜本“數”“諸”皆作“十”，“類”作“似”，无“間”“以”二字。

不然，只要一日便到，如何得。（卷四十九，1203 页第 2 段）

朝鲜本“日”作“程”。

按：一日——一程。“一程”，一段路，一段日子。这段文字讨论读书治学要如登台阶一般，一级一级上，因第一级而登上第二级。此句前一句为：“如要去建寧，須從第一鋪，便去到柳營江，柳營江便去到魚峬驛。只管恁地去，這處進得一程，那處又減得一程。如此，雖長安亦可到矣。”据此判断，朝鲜本“一程”义优。

其中“格物、致知、誠意、正心、修身、齊家”等便是次序。（卷四十九，1204 页第 2 段）

“次序”，朝鲜本作“次第處”。

只一條大路，其餘千差萬别，皆是私路。（卷六十，1446 页第 3 段）

朝鲜本“私路”作“利路”。

按：私路——利路。此段文字讨论“利與善之間”。“私路”，私人所造之路，多与“官路”对举：“金溪之學雖偏，然其初猶是自説其私路上事，不曾侵過官路來。”（2961 页）中华本出现“私路”与“利路”各 2 例。

也是此初心下只趨向那邊，都是做外去了。（卷六十一，1475 页第 5 段）

朝鲜本“此”作“元”。

按：“元初”，中华本全书一共出现 21 例。“元初”，原先、最初。“元初”同“原初”。《汉语大词典》只收“原初”未收“元初”。高攀龙《讲义·人之生也直章》:"爲物欲所蔽,自家污壞了他,失了他原初本色,所以要修。"

若以爲太王事,則下又却有"虞芮質厥成"之語。(卷六十一,1460 页第 4 段)

朝鲜本"又"作"文"。

按:"則下又却有"与"則下文却有"两可。

且如今日說夜氣是甚大事,專靠夜氣,濟得甚事!(卷六十二,1487 页第 1 段)

朝鲜本"日"作"人"。

按:今日——今人。联系上下文意,两可。

若天子七廟,恐太長闊。(卷六十三,1558 页第 6 段)

朝鲜本"闊"作"些"。

按:長闊——長些。

"誠者,物之終始;不誠無物。"此二句是汎說。(卷六十四,1578 页第 3 段)

朝鲜本"二句"为"两句"。

"易"有兩義:一是變易,便是流行底;一是交易,便是對待底。(卷六十五,1602 页第 6 段)

"對待",朝鲜本作"對峙"。

按:對待——對峙。《读书录》续录卷一:"陰陽,形而下之器也。此易之交易對待也。朱子所謂易有兩義者如此。"《文公易说》卷一、卷十八引这段话,也作"對待"。

若能盡去其障,使之體統光明,豈不更好!(卷六十七,1655 页第 2 段)

朝鲜本"體統"作"統體"。

按:體統——統體。查检中华本全书,出现"體統"21 例,出现"統體"9 例。"體統"与"統體"为同素异序关系,为体系、整体的意思。

六三便是"無望之災,或繫之牛,行人之得",何與邑人事?(卷七十一,1801 页第 2 段)

朝鲜本"無望"作"無妄"。

按:《文公易说》卷二三、《周易注》卷三、《周易注疏》卷五、《周易本义》卷一,"望"均为"妄"。这段引文有误,当据朝鲜本改。

"小補之"者,謂扶衰救弊,逐些補緝,如錮鑑家事相似。(卷七十三,1847 页第 1 段)

朝鲜本"鑑"作"鏴",《文公易说》卷七作"露",《周易传义》附录卷八、《合订删补大易集义粹言》卷五十三作"鏴"。

按:鑑家——鏴家。

如"散策於君前有誅","龜策弊則埋之",不可以既揲餘數不爲策數也。(卷七十五,1917 页第 6 段)

朝鲜本"散"作"倒"。

按:散策——倒策。《文公易说》卷十一作"倒策"。

若只寫一年二年三年,則官司詞訟簿曆,憑何而決?(卷七十六,1944 页第 6 段)

朝鲜本"訟"作"訴"。

按:詞訟——詞訴。查检中华本全书,出现"詞訟"7 例,出现"詞訴"3 例。"須如人受詞訟,聽其説盡,然後方可決斷。"(179 页)"若既如此後,或有人詞訴,或自點檢一兩項,有批得不實,卽須痛治,以防其弊。"(1098 页)"詞訟"与"詞訴"为近义词关系,为诉讼、诉状义。

盤庚更沒道理。(卷七十九,2052 页第 4 段)

"道理",朝鲜本作"理會"。

"惟三月哉生魄"一段,自是脱落分曉。(卷七十九,2055 页第 2 段)

"分曉",朝鲜本作"不曉"。

按:"分曉"与"不曉"所指对象不同。因此二者两可。

天下自有一般不好底氣象。(卷七十九,2063 页第 2 段)

朝鲜本"氣象"作"氣質"。

按:"氣質"是《朱子语类》中的一个哲学概念,一共出现 245 例,它是一种在"理"(精神)之后的一种物质。由此也可指人的个性特征。"今人多是氣質偏了,又爲物欲所蔽。"(1425 页)"聖人之生,其稟受渾然,氣質清明純粹。"(1563 页)"才生五行,便被氣質拘定,各爲一物,亦各有一性。"(2374 页)"气象",在理学著作中,也可指和精神相对的一种实体。"春時盡是溫厚之氣,仁便是這般氣象。"(112 页)"看聖人所言,多少寬大氣象!"(451 页)《朱子语类》中的"氣象"除了作为哲学概念使用外,也可指事物的情况和态势。"如子衿只是淫奔之詩,豈是學校中氣象!"(2091 页)

讀詩之法,只是熟讀涵味,自然和氣從胸中流出,其妙處不可得而言。(卷八十,2086 页第 4 段)

朝鲜本"味"作"泳"。

按:涵味——涵泳。"涵泳",深入领会。中华本全书一共出现 39 例。出现"涵味"2 例。"涵味"与"涵泳"为近义词关系。

絞帶象革帶,一頭有扣子,以一頭串於中而束之。(卷八十五,2199 页第 2 段)

朝鲜本"扣"作"圈"。

按:扣子——圈子。

自四世以上,凡建事,皆當服衰麻三月,高祖蓋通稱耳。(卷八十五,2199 页第 6 段)

朝鲜本"建"作"逮"。

按:建事——逮事。"建事",中华本全书出现 4 例,谓建立事业或功业。"逮事",中华本全书没有出现用例,《汉语大词典》失收。《晋书》卷三十一:"皇后逮事,先后常冀能終始,永奉宗廟,一旦殂隕痛悼傷懷。"《宋史》卷一百五十九:"帝幸南京,詔臣僚逮事。"《宋名臣奏议》卷一百十五:"臣承乏兩制,逮事三朝於國家。""逮事",建立事业、功业。"建事"与"逮事"为近义词关系。

棺木及外用土磚來砌。(卷八十九,2284 页第 4 段)

朝鲜本"木"作"下","外"作"四圍"。

但獻官極其誠意,如或享之,鄰曲長幼並來陪。(卷九十,2296 页第 1 段)

朝鲜本"意"作"敬"。

按:誠意——誠敬。“誠意”,真诚的心意,心真意诚。“誠意”与“誠敬”为近义词关系。

所謂“名之曰‘幽’‘厲’,雖孝子慈孫,百世不能改”。(卷九十,2297 页第 1 段)

朝鲜本“謂”作“以”。

按:所謂——所以。

楊子直嘗欲用“季宗”,趙丞相以爲季是叔、季,意不好,遂不用。(卷九十,2307 页第 1 段)

朝鲜本“季宗”作“季字”。

按:此段文字讨论宗室名讳,联系上下文意,似当为“季宗”,朝鲜本误。

“舍己從人”,最為難事。(卷九十六,2472 页第 7 段)

朝鲜本“最為”作“舜禹”。

按:查检相关文献引文,《尚书日记》卷三、《书经大全》卷二、《二程遺书》卷九均为“‘舍己從人’,最為難事”。

伊川説海漚一段,與横渠水冰説不争多。(卷九十七,2483 页第 4 段)

朝鲜本“水冰”作“冰水”。

助長固是不好,然合下未能到從容處。(卷九十七,2489 页第 9 段)

朝鲜本“合下”作“一下”。

按:“合下”,当下,实时。“一下”,立刻、马上。“合下”与“一下”为近义词关系。中华本全书出现“合下”199 例,“一下”25 例。

伊川於陳乞封父母之問云。(卷九十七,2496 页第 3 段)

朝鲜本“父母”作“父祖”。

龜山却恁寬平,此是間氣。(卷一百〇一,2569 页第 1 段)

朝鲜本“氣”作“出”,万历本作“氣”。

按:間氣——間出。“間出”中华本全书出现 1 例。“猶恐林穀草莽間有小小隱伏者,或能間出爲害。”(332 页)“間出”,《汉语大词典》未收。《钦定四库全书总目》卷七十:“東坡撰謬甚,則詭舛牴牾亦時時間出。”《史记》

卷一百三十："叔孫通定禮儀，則文學彬彬，稍進詩書往往間出矣。"《隋书》卷十九："理不明致使異家間出。""間出"，根据文献归纳，当为偶尔出现、间歇出现之义。"間氣"，中华本出现仅此1例，词义不明。根据上下文意，似朝鲜本义优。

某二十年前得上蔡語錄觀之，初用銀朱畫出合處；及再觀，則不同矣。(卷一百〇四，2614页第3段)

朝鲜本"同"作"罔"。

按：不同——不罔。联系上下文意，"不同"指"與元看時不同矣"，"不罔"指不再迷惑。两个异文均通。

太守歲遣書饋懇情，恬不為意，或得三分之一，措發到一半，極矣。(卷一百〇六，2651页第1段)

朝鲜本"措"作"問"。

按：措發——問發。

先生去國，其他人不足責，如吳德夫項平父楊子直合乞出。(卷一百〇七，2669页第4段)

朝鲜本"國"作"官"。

按：去國——去官。

便有訟者，半年周歲不見消息，不得了決，民亦只得休和。(卷一百〇八，2686页第5段)

朝鲜本"了"作"予"，万历本作"了"。

按：了決——予決。

自隆興以後有恢復之說，都要來說功名，初不曾濟得些事。(卷一百〇九，2701页第2段)

朝鲜本"來"作"求"。

按：來說——求說。"求說"，中华本全书出现2例。"必欲求說，則穿鑿。"(1735页)"古注既是杜撰，如今便别求說，又杜撰不如他矣。"(2056页)"求說"，《汉语大词典》未收。《东坡易传》卷三："夫有求於人者，必致怨於其所忌，以求說此人之情也。"《春秋毛氏传》卷十八："是時，陳侯并執衛，孔達以求說於晉。"《太平广记》卷四十二："多時，特上老人求說道法，老人即以明珠付童子。”“求説”，根据文献用例归纳，为请求、央求。

今説為民減放，幾時放得到他元肌膚處！（卷一百十一，2713 页第1 段）

朝鲜本“肌膚”作“脱淨”。

按：肌膚——脱淨。“肌膚”在此处是一个比喻的说法，喻为彻底。

頃在漳州，因壽康登極恩，宗室重試出官，一日之間，出官者凡六十餘人。（卷一百十一，2720 页第 5 段）

成化本、朝鲜本“重”作“量”，万历本作“重”。

按：重試——量試。“重試”，中华本全书仅此 1 例，词义不明。“量試”，测试性的考试。宋代于科举之外为宗室弟子入仕的一种考试方法。《宋史・选举志三》：“（乾道）六年，臣僚上言：‘神宗朝，始立教養，選舉宗子之法。保義至秉義。鎖試則與京秩，在末科則升甲，取應不過量試注官，所以寵異同姓，不與寒畯等也。’”《宋史・选举志三》：“孝宗登極……（宗子）略通文墨者，量試推恩。習經人本經義二道，習賦人詩賦各一首，試論人論一首，仍限二十五歲以上合格。第一名承節郎，餘並承信郎。”[宋]赵昇《朝野类要・举业》：“量試：州、縣學略而小試其才也。”中华本及黎传本均将“量試”误作“重試”，因形致误，当据朝鲜本改。

徽宗淵聖諸子，皆是宦者指名取索。（卷一百十一，2721 页第 1 段）

“宦者”，朝鲜本作“官者”，万历本为“宦者”，下同。

按：宦者——官者。

無一箇骨肉能免者，可痛！（卷一百十一，2722 页第 1 段）

朝鲜本“可痛”二字重。

按：朝鲜本“可痛”重叠使用，感情强烈真挚。

不期今日學者乃捨近求遠，處下窺高，一向懸空説了，扛得兩脚都不著地！（卷一百十三，2748 页第 3 段）

朝鲜本“兩”作“四”。

按：兩脚——四脚。“四脚”，中华本全书一共出现 8 例。“一箇物事，四脚撐在裏面。”“如千里馬也須使四脚行。”（1527 页）“四脚”多用于代指马匹或别的事物。“兩脚”，中华本一共出现 21 例。“兩脚”除了作数量词表示两只脚外，在《朱子语类》的口语表达中，还可以表达事物的两个方面。“分明自作兩脚説。”（148 页）“此兩章止説得一邊，是約禮底事，到顏子便説出兩脚來。”（569 页）“從此句下，又分兩脚。”（1896 页）

此且做得一箇粗粗底基址在，尚可加工。（卷一百十三，2749 页第 2 段）

“加工”朝鲜本作“加功”。

按：加工——加功。

若更這處打不箇透，説甚麼學？（卷一百二十一，2944 页第 1 段）

“不箇”，朝鲜本、万历本作“一個”（作小字变行排印）。

按：打不箇——打一個。

禪學首尾皆無，只是與人説。（卷一百二十四，2985 页第 6 段）

朝鲜本“禪”作“漳”，成化本作“潭”。

按：禪學——漳學。

女真不是好人，勝契丹後，必及宋，而吾國亦不能自存，此合當思所以備之。（卷一百三十三，3191 页第 4 段）

朝鲜本“所”作“有”。

按：所以——有以。

高麗與女真相接，不被女真所滅者，多是有術以制之。（卷一百三十三，3192 页第 2 段）

朝鲜本“多是”作“他自是”。

春秋許九世復讎，與春秋不譏、春秋美之之事，皆是解春秋者亂説。（卷一百三十三，3198 页第 1 段）

朝鲜本“美之”作“美他”。

如東坡一生讀盡天下書，説無限道理。到得晚年過海，做過化峻靈王廟碑。（卷一百三十九，3310 页第 2 段）

朝鲜本后一“過”作“昌”。

按：此段文字《性理大全》卷五十六、《御纂朱子全书》卷六十五、《古今事文类聚》文集卷五均为“昌化峻靈王廟碑”。

但要說道理，便看不得，首尾皆不相應。（卷一百三十九，3311 页第 9 段）

朝鲜本“說道”作“議論”。

四、三音节及以上词语异文

居常無事，則學文講義。（卷二十一，498 页第 4 段）

朝鲜本“學文講義”作“學文講藝”。

按：这段文字讨论《弟子入则孝章》“行有余力，則以學文”。497 页最后一段论述：“力行有餘暇，便當學六藝之文。”据此判断，似朝鲜本“學文講藝”更贴切。

正如獃人相似，捱來捱去。（卷十九，437 页第 9 段）

朝鲜本“捱”作“挨”。

按：“挨”同“捱”。“捱來捱去”，中华本全书一共出现 2 例。“曾子初亦無討頭處，只管從下面捱來捱去，捱到十分處，方悟得一貫。”（2826 页）“挨來挨去”，中华本没有出现。“捱來捱去”或“挨來挨去”在口语中十分常见，至今部分地区方言中仍有保留，意思相当于靠近、坚持、打熬，有时含有不情愿的意味。

顏子著力做將去，如“克己復禮”，非禮勿視聽言動，在它人看見是沒緊要言語，它做出來多少大一件事。（卷四十五，1157 页第 2 段）

朝鲜本“多少大”作“大大”。

按：“多少大”，中华本全文一共出现 5 例。“心體是多少大！”（926 页）“看來爲天子者，這一箇神明是多少大！”（1005 页）“多少大”，类似于多么大。“大大”，中华本一共出现 3 例。“多少大”与“大大”为近义词关系。

祭饌葷食，只可分與僕役。（卷八十九，2281 页第 1 段）

朝鲜本“饌”作“餘”。

按：这段文字是说丧葬时的待客方式，“只當以素食待客”。对于仆役，中华本是能分享“祭饌葷食”，朝鲜本只能分享“祭餘葷食”。

蓋爲其意不是理會道理，只是誇多鬭靡為能。（卷九十五，2448 页第2 段）

朝鲜本“靡”作“美”。

按：誇多鬭靡——誇多鬭美。中华本全书出现“誇多鬭靡”1 例，没有出现“誇多鬭美”的用例。《泾野子内篇》卷九：“不惟不暇，看亦不必。看唐詩題目多不正大，且煆字煉句誇多鬭美。”《學易記》卷三：“世之學者，欲以雕繪組織為工，誇多鬭靡以資見聞而已。”查考文献，“誇多鬭靡”和“誇多鬭美”均有文献用例，但从使用频率上看，“誇多鬭靡”远胜于“誇多鬭美”。

第二节　中华本文本校释

一、第一册

蔡懇錄字行夫，平陽人。[①]（卷首《朱子語錄姓氏》，17 页）

按：朝鲜本“懇”下无“錄”字。“蔡懇，字行夫。瑞安府平陽縣（浙江）人。《语类》錄壬子（一一九二）所問五則。”[②]中华本《朱子语类》一共提及“蔡行夫”28 处，如 50 页第 2 段、985 页第 1 段等。“錄”字为衍文，当删去。

鄭南升字文相，潮州人。（卷首《朱子語錄姓氏》，17 页）

按：朝鲜本“相”作“振”。“鄭南升，字文振。潮州潮陽縣（廣東）人。《语类》問答三十余則，幾全關《論語》教義。”[③]中华本《朱子语类》一共提及“文振”39 处，如 495 页第 2 段、542 页第 2 段。“文相”当为“文振”之误。

問：“天有形質否？”曰：“無。只是氣旋轉得緊，如急風然，至上面極高處轉得愈緊。若轉纔慢，則地便脫墜矣！”（卷二，28 页第 1 段）

按：朝鲜本“纔慢”作“緩慢”。此处指天没有形质，运转得紧则急如风，慢则脱坠。“纔慢”语义不明，“纔”当为“緩”之误。

湖南學者說仁，舊來都是深空說出一片。（卷六，120 页第 2 段）

---

① 《朱子语类》，中华书局 1986 年版。

②③ 陈容捷：《朱子门人》，华东师范大学出版社 2007 年版，第 234 页。

按:朝鲜本"深空"作"架空"。考察中华本《朱子语类》全书,出现"深空"仅此1例,出现"架空"2例,卷八3320页第三段有"架空細巧""架空說去"两个表达,"架空"均表示不务实的意思。这个词形和词义在昆明等地的方言中也有保留。"深空"当为"架空"之误。

如存其心與持其志,亦不甚爭。存其心,語雖大,却寬;持其志,語雖小,却緊。只持其志,便收斂;只持其志,便內外肅然。(卷十二,203页第4段)

按:"只持其志,便收斂"中的"只持其志",朝鲜本作"只存其心"。此段文字讲"持養之說"的内涵及关系。联系上下文,"只持其志,便收斂"当为"只存其心,便收斂"。

因指坐門搖扇者曰:"人熱,自會搖扇,不是欲其搖扇也。"(卷十三,232页第6段)

按:朝鲜本"門"作"間"。中华本全文"坐間"一共出现13例。通过考察发现,"坐間"指朋客师生围坐在一起,进而引申可以指围坐在一起的师生或朋客,例如"先生問坐間學者"(686页)、"坐間舉佛書亦有克己底說話"(1052页)、"時坐間有楊方縣丞者"(1317页)、"坐間朋友問是誰做"(2187页)、"且如坐間說時事"(2740页)、"坐間有言及傅子囦者"(2792页)等。此处因不明白"坐間"的意思将其误为"坐門"。

二、第二册

"赤子匍匐將入井,皆有怵惕惻隱之心",只此一端,體、用便可見。如喜怒哀樂是用,所以喜怒哀樂是體。(卷十七,386页2段)

按:朝鲜本"所以"下有'能'字。此段文字讲什么是"體"、什么是"用",以及二者的关系。结合前文判断,所以喜怒哀乐是"用",能让人喜怒哀乐的是"體"。"以"下有脱漏,当据朝鲜本补。

人有言,理會得論語,便是孔子;理會得七篇,便是孟子。子細看,亦是如此。(卷十九,432页7段)

按:朝鲜本"人有"作"有人"。文字倒乙,当据朝鲜本乙正。

不必如此思量推廣添將去,且就此上看。此中學問,大率病根在此,不

特近時為然。(卷二十,452 页 2 段)

按:朝鲜本"中"下有"人"字。结合上下文,此段文字为朱熹讲读书治学的方法,读书治学要立足本体,反复仔细研读,而不是抛弃本体盲目地"思量推广添将去",如此做,是"中人"学问,会做学问的人不当如此。"中人"一词,全书一共出现 30 多例,如:"教化之行,挽中人而進于君子之域。"(2684 页)"此中人所問,大率如此:好理會處不理會,不當理會處却支離去說,說得全無意思。"(2791 页)"若是中人之資質,須大段著力,無一時一刻不照管克治,始得。"(2800 页)"中人"当为朱熹在讲治学时,与君子等会做学问的人相比较时常提到的一个对立面。此处"人"字脱漏,当据朝鲜本补,否则意思不明。

故光武起來,又損益前後之制,事權歸上,而激厲士大夫以廉恥耻。(卷二十四,600 页第 1 段)

按:朝鲜本"前後"作"前漢"。此段文字讲秦汉之事,根据文意,"後"当为"漢"之误。

自祖宗以來,千數百年,元是這一氣相傳。德厚者流光,德薄者流卑。(卷二十五,617 页第 1 段)

按:朝鲜本"光"作"尊"。根据下一句对文"德薄者流卑"判断,"光"當为"尊"之误。

零零碎碎,煞著了工夫,也細摸得箇影了,只是争些小在。(卷二十七,683 页第 1 段)

按:朝鲜本"細摸"作"約摸"。"約摸"也写作"約莫",意为大概、估计,至今在一些方言中还有保留,例如吴语、闽语和西南官话一些地区至今还这么说。[①]

然他過能改卽止,不復責他,便不怨矣。(卷二十九,745 页第 3 段)

按:"他過",朝鲜本作"聞過"。"他過能改"语义不明,根据上下文意,应为"聞過能改"。

---

① 许保华、宫田一郎:《汉语方言大词典》,中华书局 1994 年版,第 2367 页。

三、第三册

伊川以"三月不知肉味"為聖人滯于物。(卷三十四,879 页第 4 段)

按:朝鲜本"聖人"下有"不應凝"三字。据上下文判断,此处文意为孔子因听韶乐感之至深而"不知肉味",是"不滯於物"的表现,中华本"滯於物"意思表达相反,当据朝鲜本补正。

惟曾子更不放舍,若這事看未透,真是捱得到盡處,所以竟得之。(卷三十九,1018 页第 4 段)

按:朝鲜本"真"作"直"。根据本段第二句"直是捱得到透徹了方住"及上下文判斷,"真"为"直"之形误。

佛家所謂視聽,甚無道理。且謂物雖視前,我元不曾視,與我自不相干。(卷四十一,1052 页第 6 段)

按:朝鲜本"視"作"現"。"視",中华本出注:"'視',各本同,似當作'現'。"朝鲜本为中华本的疑问提供了现实依据。"視"为"現"之误。

事衰世之大夫,友薄俗之士,聽淫樂,視慝禮,皦然不惑于先王之道,難矣哉!(卷四十五,1154 页第 4 段)

按:朝鲜本"皦然"作"欲其"。"皦然"意为洁白明亮的意思,放在此处似难以明白,联系上下文分析,当据朝鲜本改为"欲其"。

四、第四册

"上無道揆",則"下無法守"。儻"上無道揆",則下雖有奉法守一官者,亦將不能用而去之矣。(卷五十六,1323 页第 1 段)

按:朝鲜本"一"作"在"。"一官者"义不明,联系上下文分析,当为"在官者"之误。

"存其心",恰如教授在此,方理會得每日職業。(卷六十,1423 页第 4 段)

按:朝鲜本"存"作'盡'。中华本上一句为:"後見信州教授林德久未甚信此說,過欲因以其易曉者譬之,如欲盡其為教授者,必知其職業,乃能盡也。”据此判断，“存”为“盡”之误。

心有未盡，便有空闕。如十分只盡得七分，便是空闕了二三分。（卷六十，1424页第4段）

按：朝鲜本“七”后有“八”。与“空闕了二三分”相对，前一句当为“盡得七八分”，“八”字脱漏，当据朝鲜本补。

才卿問：“‘兩端，謂衆論不同之極致。’且如衆論有十分厚者，有一分薄者，取極厚極薄之二說而中折之，則此為中矣。”（卷六十三，1525页第6段）

按：朝鲜本“一分”作“十分”。此段文字讨论“兩端，謂衆論不同之極致”，下文有“以極厚極薄為兩端”，“極厚極薄”即“十分厚者”和十分薄者。联系上下文，此处“十分厚者”中的“十分”为程度副词，并非数量词。“一分薄者”中的“一分”也当为程度副词“十分”。

又舉尸飲酢之禮。其特祭，每獻酬酢甚詳，不知合享如何。（卷六十三，1557页第3段）

按：朝鲜本“特”作“時”。联系上下文，此处文字描述献酬之礼的步骤，“特祭”语义不明，“特”当为“時”之形误。

誠者，事之終始，不誠，比不曾做得事相似。（卷六十四，1578页第5段）

按：朝鲜本“比”作“如”。此段文字下一句以读书作比进行解释，“且如讀書，一遍至三遍無心讀，四遍至七遍方有心讀，八遍又無心，則是三遍以上與八遍，如不曾讀相似”。据最后一句“如不曾讀相似”判断，“比”为“如”之误。

五、第五册

程易不說易文義，只說道理極處，好看。（卷六十七，1651页第2段）

按：朝鲜本“極處”作“處極”。联系上下文，此段文字讲如何看易，“極處”文字倒乙，当为“處極”，“好看”前逗号应删除。

時與位，古易無之。自孔子以來騎說出此義。（卷六十七，1671页第2段）

按:朝鲜本“驕”作“方”。《朱文公易说》卷十八也作“方”。中华本出注:“‘驕,賀疑誤’。”“驕說”语义不明。根据文意,“驕”为“方”之误。

“大哉乾乎!”陽氣方流行,固已包了全體,陰便在裏了,所以說“剛健中正”。(卷六十九,1730 页第 3 段)

按:朝鲜本“裏”作“這裏”。联系上下文判断,此处文字有脱落,《朱文公易说》卷十六“裏”也作“這裏”,当据朝鲜本补。

伏生書多說司馬司空,乃是諸候三卿之制,故其誥諸侯多引此。(卷七十八,1994 页第 1 段)

按:朝鲜本“司馬”前有“司徒”两字。“三卿”,周代以司馬、司空、司徒为“三卿”。据“諸候三卿之制”判断,“司徒”脱漏,当据朝鲜本补。

所以風者,蓋箕是南方,屬巽,巽為風,所以好風。恐未必然。(卷七十九,2050 页第 7 段)

按:朝鲜本“南”前有“東”字。根据上文“漢書謂月行東北入軫,若東南入箕則風”判断,“南”前“東”字脱漏,“南方”当为“東南方”。

且如楊惲一書,看得來有甚大段違法處?(卷七十九,2062 页第 3 段)

按:朝鲜本“來”作“未”。此段文字举例说明刑法,根据下文“謂之不怨不可,但也無謗朝政之辭,却便謂之‘腹誹’而腰斬”,意思当为杨恽虽有过错,但罪不当“腰斬”,没有“大段違法處”,因此判断,“來”为“未”之形误。

六、第六册

本朝只文潞公立廟,不知用何器。曰與叔亦曾立廟,用古器。(卷八十九,2272 页第 2 段)

按:朝鲜本“曰”作“吕”。中华本“曰”下有注:“‘曰’,似當作‘吕’,形似而誤。”通过检索发现,中华本“吕與叔”一共出现 64 处,“曰與叔”仅上述 1 例,“曰”当为“吕”之误。

曩者某人來問白鹿塑像,某答以州縣學是天子所立,既元用像,不可更。(卷九十,第 2293 页第 2 段)

按:朝鲜本“白鹿”下有“洞書院夫子廟欲”七字。中华本“問白鹿塑像”

语义不明，根据下文，“書院自不宜如此，不如不塑像”判断，“白鹿”下有脱漏，完整当为：“曩者某人來問，白鹿洞書院夫子廟欲塑像。”

此性便是言氣質之性。四者之中，去却兩件剛惡、柔惡，却又剛柔二善中，擇中而主焉。（卷九十四，2399 页第 4 段）

按：朝鲜本“又”作“於”。根据前一句“性者，剛柔善惡中而已”，“又”当为介词“於”之误。

程子解此“不及”却好，不知“止”如何又恁地說？（卷九十四，2413 页第 2 段）

按：朝鲜本“不及”作“下文”。中华本有注：“‘及’疑為‘見’。”中华本“不及”用引号引用，但考察上下文，“不及”并非篇名或引文关键字，联系文意，“不及”为“下文”形误，当据朝鲜本改，并去除引号。

前日論“既有知覺，却是動也”，某彼時一□□言句了。（卷九十六，2470 页第 2 段）

按：朝鲜本“□□”作“向泥”。根据下文“及退而思”判断，两空格当据朝鲜本补，完整当作“某彼時一向泥言句了”。

遊定夫編明道語。（卷九十六，2474 页第 7 段）

按：朝鲜本“語”下有“錄”字。根据上下文判断，“錄”字脱漏，当据朝鲜本补。

七、第七册

持國曰：“道家有三住：心住則氣住，氣住則神住。此所謂‘存存守一’。”（卷九十七，2498 页第 5 段）

按：朝鲜本“存存守一”作“存三守一”。查道藏《道藏目录详注》《阴符经讲义》相关条目，记载均为“存三守一”，道家“三住”为“存三守一”，没有“存存守一”之说。因此“存”为“三”之误。

問“遊氣”“陰陽”。曰：“游氣是出而成質。”曰：“只是陰陽氣？”曰：“然。便當初不道‘合而成質’，却似有兩般。”（卷九十八，2509 页第 6 段）

按：朝鲜本“便”作“使”。从语法角度看，“便……”中的“便”为副词，表示很短时间内即将发生，或强调很久以前就已发生。此处使用副词“便”语义不明。如使用动词“使”，可表达让、叫的致使义，兼语为“當初不道‘合而成質’”，符合“使”表达致使义的句法结构。因此“便”为“行”之形误。

大率議論文字，須要親切。（卷一百〇一，2589 页第 1 段）

按：朝鲜本“切”下有“尋究”二字。“須要親切”四字在文中费解。根据下一句的举例，“如伊川說顏子樂道為不識顏子者，蓋因問者元不曾親切尋究，故就其人而答，欲其深思而自得之爾”，“親切”下有脱漏，当据朝鲜本补出“尋究”二字。

通鑒於無統處，須立一箇為主。（卷一百〇五，2637 页第 4 段）

按：朝鲜本“無”下有“正”字。“無統”语义费解。根据前一句“綱目於無正統處，並書之，不相主客”，“無統”当为“無正統”之误。“正”字脱漏，当据朝鲜本补。

且如立傳，他那日歷上，薨卒皆有年月在……且如立傳，他那日歷上，薨卒皆有年月在。（卷一百〇五，2666 页第 1 段）

按：这两个“日歷”当为“日曆”。此处为清人避乾隆帝弘历讳而改。经仔细检查，中华本《朱子语类》“歷”一共出现 181 例，“曆”一共出现 121 例，但还有少量“曆”当改而未改，如 2665 页“今雖有那日歷”，1361 页“此却據諸歷書如此說”，2336 页“漢律歷志所載亦詳”，2338 页“律歷家最重這元聲”，2345 页“如史記律歷書”，2414 页“如歷家推朔旦冬至夜半甲子”，2666 页“他們也是將日歷做骨”，3250 页“且如禮、樂、律、歷等事”。全书一共有 11 个“歷”当改为“曆”。

嘗有人充保正，來論某當催秋税，某人當催夏税。（卷一百十一，2714 页第 7 段）

按：朝鲜本“來論某”下有“人”字。“催秋税”和“催夏税”同为列举，前一“某”脱“人”字，当据朝鲜本补。

八、第八册

溫公可謂知、仁、勇。他那活國救世處，是甚次第！（卷一百三十，3103 页第 2 段）

按:"活國",朝鲜本作"治國"。根据上下文判断,"活"为"治"之形误。

一件物事,固當十分好;若有七分好,二分不好,也要分明。(卷一百三十,3110页第2段)

按:"二分"朝鲜本作"三分"。中华本有注:"'二'似当做'三'。"根据上句"七分不好"判断,"二分不好"当为"三分不好"。

張孝純守太原,被圍甚急,朝廷遣其子灝摠師往救,却徘徊不進,坐視其父之危急而不卹,以至城陷。(卷一百三十,3131页第1段)

按:朝鲜本"遺"作"遣"。根据上下文判断,"遺"为"遣"之形误。

契勘臣前項所上章奏,及與王論議,實有妨嫌。(卷一百三十一,3141页第3段)

按:"論"朝鲜本作"倫",《宋史》卷三百七十一、《列传》第一百三十《王伦传》也作"倫","論"为"倫"之误,当据朝鲜本及《宋史》改。

及秦氣焰盛,自廣倅移某人知台州,於其家索出,而納于高宗。某人潮州人。(卷一百三十一,3156页第2段)

按:"而納",朝鲜本作"面納"。"而納于高宗"语义不明,根据上下文意,"而"为"面"之误。

亨仲因力奏之,卽莫奏。(卷一百三十一,3157页第2段)

按:朝鲜本"莫奏"作"草奏"。"莫奏"语义不明,根据上下文意,"草"为"莫"之形误,当据朝鲜本改。

余右失於許,然使其言見聽,不無所補。(卷一百三十二,3181页第1段)

朝鲜本"許"作"訐"。

按:"訐",直言无讳。北齐颜之推《颜氏家训·省事》:"訐羣臣之得失。"明方孝孺《〈张彦辉文集〉序》:"故其文深篤有謀,悲壯矯訐。"联系上下文意,"余右失於許"难以确解,"許"为"訐"之形误,当据朝鲜本改。

如二子,却所謂"是中之不中節"者。(卷一百三十二,3181页第1段)

朝鲜本"之"作"節"。

按:联系文意,当据朝鲜本改为"是中節不中節","之"为"節"之误。

某答之云："不須如何，說話不濟事。若資質弱，便放教剛；若過剛，便放教稍柔些；若懶，便放教勤……"(卷一百三十二，3183页第2段)

按：朝鲜本"如何"作"如此"。"如何"多用于询问状况或征求意见，"如此"指上文提到的某种情况。此处"某答之云"是针对上文说某人学问、读书、资质的状况而言的。

萬一被他更咆勃時，也恶模樣。(卷一百三十五，3228页第4段)

按："咆勃"，朝鲜本作"咆哮"。"咆勃"语义不明，遍检全书均没有其他用例，相关辞书均无收。根据上下文意推断，"勃"为"哮"之误。

明道《王伯劄子》說得後，自古論王、伯，至此無餘蘊矣。(卷一百三十五，3228页第7段)

按：朝鲜本"後"作"好"。"說得後"语义不明，联系上下文，"後"为"好"之误。

亦須别有箇道理。若似如此，寧可事不成。只爲後世事欲苟成功，欲苟就，便有許多事。(卷一百三十五，3236页第2段)

按：这段话第三句断句有误，意思不明。"事欲苟成，功欲苟就"是一个惯用表达，中华本将逗号于"功"后点断，造成了语义表达不清。

以後來言之，則中宗不了；以當時言之，中宗亦未有可廢之事。(卷一百三十六，3247页第4段)

按：朝鲜本"了"作"當立"。"中宗不了"意思不明，根据上下文判断，"天下之心皆矚望中宗，高宗又别無子，不立中宗，又恐失天下之望，此最是難處"，此处讨论中宗当立不当立的问题。"不了"，当据朝鲜本改为"不當立"。

今江西學者有兩種：有臨川來者，則漸染得陸子靜之學；又一種自楊謝來者，又不好。(卷一百四十，3334页第2段)

按："染得"，朝鲜本作"深得"。全文"深得"一共出现5例，"染得"仅此1例，其余3例均为"薰染得"(2432页第3段、2502页第4段)。"染得"语义不明，根据上下文判断，"染"当为"深"之誤。

來到他處箇，又是不如他底，不能問難，故絕無人與之講究，故有許多

事。(卷一百四十,3339 页第 1 段)

按:朝鲜本“箇”前有“一”字。此句原意晦涩,特别是“來到他處箇”,断句有误,并有脱文。根据上下文判断,当据朝鲜本补,完整当为:“來到他處,一个又是不如他底,不能問難,故絕無人與之講究,故有許多事。”

第五章 《朱子语类》的文献学价值

朱熹一生的主要精力集中于讲学、传授和著书立说。朱熹的思想体系，多半是通过对古代文献的整理研究表述出来的。朱熹认为，“理”完整地保存在圣贤的著作中，“穷理之要，必在于读书”[①]，主张“博学之，审问之，谨思之，明辨之”[②]。他还说过：“所谓格物云者，河南夫子所谓或读书，讲明义理，或尚论古人，别其是非，或应接事物而度其当否皆格物之事也。”[③]在格物穷理的三个方面中，读书和论古分别排名第一、第二，由此可见朱熹对前代文献整理、研究的重视。由于十分重视古代文献的整理、阐释，朱熹在古文献学史上占有重要的地位。《朱子语类》在讲学问答之中，记载了朱熹大量的文献学理论和实践，具有很高的学术价值，可以结合文集的相关论述来探讨朱熹的文献学思想和理论。

一、注释学

我国古代的传注之学，传统以经史为主，泛及诸子百家。注释的起源，主要是时与地的隔膜。清人陈澧在《东塾读书记》卷十一中指出：“时有古今，犹地有东西南北，相隔远则言语不通矣。地远则有翻译，时远则有训诂。”[④]伴随着历代文献的积累和增加，随着时间的流逝，注释工作显得越来越重要，注释的种类和方式也越来越多，范围也不再局限于早期的传注训诂。注释之学在宋人的学术中表现得非常突出。

在宋代道学家中，朱熹是反对空谈、注重求实的代表性学者之一。在他的全部学术生涯中，古籍注释占据了很大的份额。

---

① 《朱子读书法》卷一。

② 《朱子语类》卷十八。

③ 《晦庵集》卷六十四，《答赵民表》。

④ 转引自张富祥：《宋代文献学研究》，上海古籍出版社 2006 年版，第 172 页。

朱熹虽是道学家，却敢于大胆疑古，敢于怀疑古代儒家的经典，能够对古代儒家经典采取一种较为客观的历史态度，并结合当时的社会政治需要，提出新的见解。例如在《朱子语类》卷六十六、三十四中，朱熹提出，《易经》只是一部"卜筮之书"，说的都是"空的物事"，"未有是事，预先说是理，故包括得尽许多道理"，而不像《诗》《书》《礼》《乐》那样，说的都是"已有底事"。[①] 对于《诗经》，朱熹认为应从文学角度加以研究，"义理外更好看他文章"，不能像治《春秋》《书》《礼》那样，"一字皆有理"，读《诗》要"逐字将理去读"。[②] 朱熹对于传统儒家经典，一贯主张区别对待，注意各自不同的特点，循序研讨，"小作课程，大施功力"[③]。

朱熹非常推崇汉注，强调在先儒前贤的基础上推陈出新、继承创造。反对抛弃旧注，随意立说。"祖宗以来，学者但守注疏，其后便论道，如二苏直是要论道。但注疏如何弃得！"[④]他十分推崇东汉郑玄"考礼名数大有功，事事都理会得"[⑤]。朱熹注释和整理儒家经典时，立足于吸收汉注的精华，结合当时的社会政治需要，融汇汉唐经学，发展新形势下的新儒学。朱熹解经，主张要贴近原文，要通过训诂明确义理，通过义理来通达训诂，"学者只是依先儒注解，逐句逐字与我理会，着实做将去，少间自见。最怕自立说笼罩，此为学者之大病"[⑥]。又说："大抵某之解经，只是顺圣贤语意，看其血脉通贯处为之解释，不敢自以己意说道理也。"[⑦]

在注释的语言风格上，朱熹主张语言要平直浅近，"解经当取易晓底句语解难晓底句，不当反取难晓底解易晓者"[⑧]。此外，还谈到宋人解经的"四病"，"本卑也，而抗之使高；本浅也，而凿之使深；本近也，而推之使远；本明也，而必使至于晦"，认为这些毛病是"谈经之大患也"。[⑨]

二、校勘学

朱熹整理群书，非常重视校勘。现存朱熹所校最早的一种书是《上蔡

---

① 《朱子语类》卷六十六、三十四，第 1631、1922 页。
② 《朱子语类》卷八十，第 2022 页。
③ 《朱子语类》卷十，第 165 页。
④ 《朱子语类》卷一百二十九，第 3091 页。
⑤ 《朱子语类》卷八十七，第 2226 页。
⑥ 《朱子语类》卷四十，第 1037 页。
⑦ 《朱子语类》卷五十二，第 1249 页。
⑧ 《朱子语类》卷四十六，第 1176 页。
⑨ 《朱子语类》卷十一，第 193 页。

先生语录》,此外还有《孝经勘误》《周易参同契考异》等,但各书都兼具编校、考辨、诠释的性质,不全是校勘。朱熹校勘不仅校字的脱误,而且考校篇章的分合等。

朱熹的具体校勘实践和成果,在《语类》中多有保存体现。例如在校订陶渊明的《读山海经》时,针对"'形夭无千岁',改作'形天舞干戚',如何",朱熹指出:"《山海经》分明如此说,惟周丞相不信改本。向芗林家藏邵康节亲写陶诗一册,乃作'形夭无千岁'。周丞相遂跋尾,以康节手书为据,以为后人妄改也。向家子弟携来求跋,某细看,亦不是康节亲笔,疑熙丰以后人写,盖赝本也。盖康节之死在熙宁二三年间,而诗中避'畜'讳,则当是熙宁以后书。然笔画嫩弱,非老人笔也。又不欲破其前说,遂还之。"[①]这里,朱熹将校勘和辨伪相结合,并且主张要尊重版本依据,仔细考订,不能轻易妄改。又如:"杜诗最多误字。蔡兴宗正异固好而未尽。某尝欲广之,作杜诗考异,竟未暇也。如'风吹苍江树,雨洒石壁来','树'字无意思,当作'去'字无疑,'去'字对'来'字。又如蜀有'漏天',以其西北阴盛,常雨,如天之漏也,故杜诗云:'鼓角漏天东。'后人不晓其义,遂改'漏'字为'满',似此类极多。"[②]

关于改字,必须要慎重,朱熹指出:"某所改经文字者,必有意,不是轻改,当观所以改之之意。"[③]但是,文献校勘又必定会有改字,一字不改的校勘是不存在的,关键在于改得是否正确,要避免轻改、妄改。关于这一点,《语类》中指出:

> 或曰:"經文不可輕改。"曰:"改經文,固啟學者不敬之心。然舊有一人,專攻鄭康成解禮記不合改其文。如'蛾子時術之',亦不改,只作蠶蛾子,云,如蠶種之生,循環不息,是何義也!且如大學云:'舉而不能先,命也。'若不改,成甚義理!"[④]

三、辨伪学

古籍辨伪产生由来已久。文献学上的疑古辨伪,还在先秦时期就已经

① 《朱子语类》卷一百四十,第3325、3299页。

② 《朱子语类》卷一百四十,第3327页。

③ 《朱子语类》卷一百〇五,第2626页。

④ 《朱子语类》卷八十七,第2227页。

萌芽。如孔子主张"多闻阙疑",孟子认为"尽信书不如无书"等。但疑古辨伪作为一种蓬勃发展的思潮,主要还是出现在宋代。

朱熹在辨伪学上卓有成就,有实践,也有理论。宋代在辨伪方面收获最多的当推朱熹。据白寿彝的《朱熹辨伪书语》统计,已有五十多种。朱熹曾说,"今之伪书甚多"[①],"天下多少是伪书,开眼看得透,自无多书可读"[②]。朱熹对经史子集四部书的真伪、立说都有考辨,论辩不拘旧说,参考众家之长,论断大多有实有据。朱熹指出:"熹窃谓生于今世而读古人之书,所以能别其真伪者,一则以其义理之所当否而知之,二则以其左验之异同而质之。未有舍此两涂,而能直以臆度悬断之者也。"[③]

他继吴棫之后,怀疑《古文尚书》《尚书序》及孔安国传。[④] 在《朱子语类》中,他对《尚书序》及孔安国传之伪深信不疑,"尚书孔安国传,此恐是魏晋间人所作,托安国为名,与毛公诗传大段不同"[⑤],"尚书小序不知何人作。大序亦不是孔安国作,怕只是撰孔丛子底人作。文字软善,西汉文字则麤大"[⑥],"某尝疑书注非孔安国作。盖此传不应是东晋方出,其文又皆不甚好,不似西汉时文"[⑦]。

关于《诗经》,朱熹吸收刘敞、郑樵的辨伪成果,怀疑《诗序》是后人伪作。他提出"《诗序》实不足信"[⑧],"诗大序亦只是后人作,其间有病句"[⑨],"诗序多是后人妄意推想诗人之美刺,非古人之所作也"[⑩]。关于《孝经》,朱熹认为是后人附会凑合。弟子问他:"《孝经》一书,文字不多,先生何故不为理会过?"朱熹指出:"此亦难说。据此书,只是前面一段是当时曾子闻于孔子者,后面皆是后人缀缉而成。"[⑪]此外,还指出:"古文孝经却有不似今文顺者。如'父母。生之,续莫大焉',又着一箇'子曰'字,方说'不爱其亲而爱他人者,谓之悖德'。兼上更有箇'子曰',亦觉无意思。此本是一段,以

① 《朱子语类》卷一百三十七,第 3269 页。
② 《朱子语类》卷八十四,第 2187 页。
③ 《文公易说》卷二十三。
④ 孙钦善:《中国古典文献学史简编》,高等教育出版社 2001 年版,第 340—342 页。
⑤ 《朱子语类》卷七十八,第 1984 页。
⑥ 同上,第 1985 页。
⑦ 《朱子语类》卷七十九,第 2056 页。
⑧ 《朱子语类》卷八十,第 2076 页。
⑨ 同上,第 2072 页。
⑩ 同上,第 2077 页。
⑪ 《朱子语类》卷八十二,第 2141 页。

'子曰'分爲二,恐不是。"[①]

朱熹在《语类》和《文集》等著作中,考辨了很多书籍,遍及经、史、子、集,有《归藏》《孟子疏》《中庸义》《孔子家语》《中说》《论语十说》《琴志》《管子》《说苑》《阴符经》《列子解》等五十多种。白寿彝在《朱熹辨伪书语》中指出,朱熹所谓的"义理之所当否"是就理论方面说的,"左验之异同"是就证据方面说的。[②] 朱熹在理论方面的应用是根据常识来推测的,证据方面白寿彝概括了五种情况。一是确知作者是谁而知其书为伪。如"孟子疏,乃邵武士人假作。蔡季通识其人。当孔颖达时,未尚孟子,只尚论语孝经尔。其书全不似疏样,不曾解出名物制度,只绕缠赵岐之说耳"[③]。二是因一书内容与历史事实不符而知其伪。如胡瑗《书解》引东坡之说,判断"东坡不及见安定,必是伪书"[④]。三是因一书中思想与其所依托之人的思想不符而知其为伪。如《孝经》中说孝"不曾说得切要"[⑤]。四是因一书中内容抄袭凑合之迹显然可见而知其伪。五是从文章体制、气势或词句上辨别出书的真伪。

四、考据学

考据,又称考证,是从事古籍整理和文献研究,以及学术研究的一项基本活动。从文献学的角度说,考证的基本目的是针对治学或活动中所碰到的各种问题,通过各种不同的方式进行考察和证明,以排除文献资料和所记实事的不确定性,寻求相对的确定性或是"真相"。[⑥]

宋代一般道学家大多学风空疏,而作为宋代道学界的领袖人物,朱熹的文献整理活动和学术活动都体现了扎实精深的考证功夫。《朱子语类》中的考据,涉及范围广,有自然科学,也有人文科学,并且和义理紧密结合。

朱熹在自然科学方面卓有见解。朱熹认为,"天地始初混沌未分时,想只有水火二者。水之滓脚便成地。今登高而望,群山皆为波浪之状,便是水泛如此。只不知因甚么时凝了。初间极软,后来方凝得硬"[⑦],"今坐于此,但知地之不动耳,安知天运于外,而地不随之以转耶","常见高山有螺

①⑤ 《朱子语类》卷八十二,第2142页。

② 张富祥:《宋代文献研究》,上海古籍出版社2006年版,第318—323页。

③ 《朱子语类》卷十九,第444页。

④ 《朱子语类》卷七十八,第1988页。

⑥ 张富祥:《宋代文献研究》,上海古籍出版社2006年版,第324—325页。

⑦ 《朱子语类》卷一,第7页。

蚌壳，或生石中，此石即旧日之土，螺蚌即水中之物。下者却变而为高，柔者变而为刚，此事思之至深，有可验者”[①]。此外，还有“霜只是露结成，雪只是雨结成”[②]，“星恐自有光”[③]，等等。朱熹考证宇宙洪荒、日月星辰、天体运行和风霜雪露等自然现象，大都从日常经验出发，又征考文献，然后总结规律。但限于时代和条件，以今天的科学眼光来看，朱熹所言，有的还很粗疏甚至是错误的，如“雪花所以必六出者，盖只是霰下，被猛风拍开，故成六出”[④]。

在人文科学领域，朱熹常常借助书证、物证等进行考辨。例如《语类》卷五十一论《孟子·梁惠王下》记齐人伐燕事，有如下记录：

> 齊人伐燕，孟子以爲齊宣，史記以爲湣王。溫公平生不喜孟子，及作通鑑，却不取史記而獨取孟子，皆不可曉。荀子亦云：“‘湣王伐燕’，然則非宣王明矣。”問：“孟子必不誤？”曰：“想得湣王後來做得不好，門人爲孟子諱，故改爲宣王爾。”問：“湣王若此之暴，豈能慚於孟子？”曰：“既做得不是，說得他底是，他亦豈不愧也！溫公通鑑中自移了十年。據史記，湣王十年伐燕。今溫公信孟子，改爲宣王，遂硬移進前十年。溫公硬拗如此。”

关于“幞头”的来源，朱熹认为：

> 亦不知所起。但诸家小说中，时班　见一二。如王彦辅麈史犹略言之。某少时尚见唐时小说极多，今皆不复存矣。唐人幞头，初止以纱为之，后以其软，遂斫木作一山子在前衬起，名曰“军容头”。其说以为起于鱼朝恩，一时人争傚。士大夫欲为幞头，则曰：“为我斫一军容头来。”及朝恩被诛，人以为语谶。其先幞头四角有脚，两脚系向前，两脚系向后；后来遂横两脚，以铁线张之。然惟人主得裹此。世所画唐明皇已裹两脚者，但比今甚短。后来藩镇遂亦僭用，想得士大夫因此亦皆用之。但不知几时展得如此长？尝见禅家语录载唐庄宗问一僧云：“朕收中原得一宝，未有人酬贾。”僧曰：“略借陛下宝看。”庄宗以手展幞头两脚示之。如此，

---

① 《朱子语类》卷九十四，第2368页。

②④ 《朱子语类》卷二，第23页。

③ 同上，第21页。

则五代时，犹是惟人君得裹两脚者，然皆莫可考也。桐木山子相承用，至本朝，遂易以藤织者，而以纱冒之。近时方易以漆纱。尝见南剑沙溪一士夫家，尚收得上世所藏幞头，犹是藤织坯子。唐制又有两脚上下者，亦莫可晓。

除此之外，朱熹还对古代典章制度、历史记载、见闻杂录、花鸟虫鱼等都有考证，在《朱子语类》中有大量丰富的材料。其考证的方法和功力，也远非当时一般学者所能及。

五、传统小学

“小学”一词，起源于先秦，专指为贵族子弟设立的初级学校。汉代以后启蒙读物增多，字书不断出现，随着“六书”之学的兴起，学者以“小学”称呼语言文字之学。大致从刘向、刘歆父子开始，经扬雄、许慎、郑玄等人推阐发扬，范围扩大、内容丰富，逐步形成一个以文字、音韵、训诂等内容为主的综合性学科。小学是构成古典文献学的知识基础。

朱熹对于传统小学具有深厚的学殖根基。他以传统小学作为工具，对古代典籍进行了阐释，取得了巨大的成就。《朱子语类》中也有大量的论述是关于文字、音韵和训诂的。下面举例说明。

文字方面。王子韶提倡“右文说”与王安石的《字书》抗衡。[①]“右文说”从声符求字义，比一概从会意的《字说》胜一筹。朱熹很赞成这种学说，《语类》中有这样的记载[②]：

問“賁于丘園，束帛戔戔”。曰：“此兩句只是當來卦辭，非主事而言。看如何用，皆是這箇道理。”或曰：“‘賁于丘園’，安定作‘敦本’説。”曰：“某之意正要如此。或以‘戔戔’爲盛多之貌。”曰：“非也。‘戔戔’者，淺小之意。凡‘淺’字、‘箋’字皆從‘戔’。”

“戋戋”是狭小不足之意。以字义考之，从“水”则爲“淺”，从“貝”则为“賤”，从“金”则为“錢”。

① 宋人《宣和书谱》卷六：“方王安石以《字书》行于天下，而子韶亦作《字解》二十卷。大抵与王安石之书相违背，故其解藏于家而不传。”

② 两段文字分别见《朱子语类》卷七十一，第1782、1783页。

音韵方面。朱熹在《诗集传》《楚辞集注》等书中均倡导协韵说。《语类》中协韵说也有多次体现，如“然古人文章亦多是协韵”，“协韵多用吴才老本，或自以意补入”①，并且用协韵说来分析诗文。如针对“履帝武敏歆，攸介攸止”一句，朱熹说：“‘敏’字当为绝句。盖作母鄙反，协上韵耳。”②此外，朱熹还提出了可贵的观点，指出古韵和今韵的不同：“诗之音韵，是自然如此，这个与天通。古人音韵宽，后人分得密后，隔开了。”③

《朱子语类》中的训诂内容极其丰富，因为朱熹的哲学思想，大多是通过对传统文献典籍的训释阐说表达出来的。关于训诂学的目的，朱熹明确提出，要为解经服务，而解经要为明理服务。如“大抵解经不可便乱说，当观前后字义也”④，“盖解经不必做文字，止合解释得文字通，则理自明，意自足。今多去上做文字，少间说来说去，只说得他自一片道理，经意却蹉过了！要之，经之于理，亦犹传之于经。传，所以解经也，既通其经，则传亦可无；经，所以明理也，若晓得理，则经虽无，亦可”⑤。此外，在训诂实践中，朱熹总结使用了一些训诂术语和语法条例，如“虚字”“实字”“半虚半实字”等。最早从理念上区分实字和虚字的，是宋人。⑥《语类》中的例证如：“大学中大抵虚字多。如所谓‘欲’‘其’‘而后’，皆虚字。‘明明德、新民、止于至善’，‘致知、格物、诚意、正心、修身、齐家、治国、平天下’，是实字。”⑦

① 《朱子语类》卷八十，第 2079 页。

② 《朱子语类》卷八十一，第 2130 页。

③ 《朱子语类》卷八十四，第 2079 页。

④ 《朱子语类》卷五十九，第 1421 页。

⑤ 《朱子语类》卷一百〇三，第 2607 页。

⑥ 孙叙常：《汉语语法学史》，安徽教育出版社 1983 年版。

⑦ 《朱子语类》卷十五，第 309 页。

下编　《朱子语类》词汇研究

第六章 《朱子语类》复音词研究(一)

古代汉语包括文言和白话两大系统。文言在先秦就形成了,以先秦口语为基础,古白话在唐宋以后基本形成。从先秦到唐宋的口语发展,实际上反映了文言到白话、上古汉语到近代汉语的演变过程。[①] 从这个演变过程中,可以探索汉语发展的规律。《朱子语类》成书正处于上古汉语到近代汉语的转折点上,反映了上古汉语和近代汉语交叉的中间状态。这种语言的变化不是一朝一夕就形成的,其发展历经了数百年时间。

唐宋时期正是汉语词汇由单音词到复音词过渡的重要阶段,双音节结构的语言单位已占多数,这些新产生的复音词是文言少用或不用的,而在口语中则大量存在。《朱子语类》作为宋儒语录中的重要代表,其间大量使用的复音词语,极富口语色彩,如"大故""實惠""舞蹈""勞攘""累墜""勞動""精彩""古董""拍頭""大綱""節目""說話""支吾""計畫""交代""階級""解釋""發明""經理""成熟"等词。这些词看似简单,仔细考察,则发现其很多"字面普通而义别"[②],有的至今仍在现代汉语中使用,但意义已经发生了很大变化,有的则已经退出历史舞台,或者只在部分方言中有存留。这些词,对于汉语词源及其演变研究,以及整个现代汉语(普通话及个大方言)词汇的形成都有着十分重要的研究价值和意义。除了双音词,三音节词和四音节的俗成语使用面也非常广泛,极富口语性,例如"挨一挨""大體統""關捩子""活潑潑""擗初頭""半間半界""閉眉合眼""藏頭亢腦""渺渺茫茫""勉勉循循""七郎八當""撩東劄西""胡思亂量""八窻玲瓏""鶻鶻突突"等。这些白话俗语词,数量多,形象生动,在很大程度上反映了宋代的口语词汇使用状况,为汉语词汇史的研究提供了鲜活的材料。

汉语词汇史的研究一直以来都是汉语史研究的薄弱环节,而且存在详古略今、头重脚轻的状况。传统训诂学重视的是先秦两汉的旧诂雅言,对

---

① 徐时仪:《汉语白话发展史》,北京大学出版社 2007 年版,第 18—21 页。

② 徐时仪:《古白话词汇研究论稿》,上海教育出版社 2000 年版,第 72—73 页。

白话口语词几乎是完全排斥在外的，因此古白话词汇研究一直十分薄弱。由于问津者少，至今许多词似懂非懂，或者只知其一不知其二。至于就某一历史阶段而言，产生了哪些新词新义，哪些是沿用至今的，哪些是退出了历史舞台的，其间有什么规律可循，现代汉语中大量的常用词是如何成词及发展演变的，有何规律，诸如此类的问题，远远没有得到圆满的答案。造成汉语词汇学研究滞后的原因之一，就是缺乏足够的白话材料来说明词义的变迁发展。另一个原因，则是因为大量白话词语的考释，停留在零星琐碎个别的层面，缺乏对某一时代、某一典型白话文献的集中整体观照。这些年，零散的、单个的词语考释论文数量比较多，但词汇是一个系统，需要把同类型的词语集中起来进行整体考察，从而发现词语之间的内在联系，搜寻、发现构词的规律。在词义研究上，要对一组词、一类词或类型相似的词语进行整体考察，例如对某一专书，在一个有限的范围内进行穷尽性考察。这样才能从整体上系统讨论某一断代的词汇构成、变化的规律和内部机制，为汉语词汇史的构建提够更多的材料。目前在近代汉语词语考释的论文中，疑难词的考释一直是重中之重，所占份额很大，用力也颇勤，但对常用词的研究则一直不够重视。像《朱子语类中》的“舞蹈”“節目”“發明”“意思”“品格”“主張”“總統”“題目”等等大量看似简单、沿用至今的常用词，很多研究者是不屑一顾的。中古近代汉语中大量常用词的研究，比之疑难词的研究，投入的力量还很少，论文的数量也十分有限。当前，汉语常用词的演变研究，特别是古白话常用词，是词汇系统研究中最不受重视、最薄弱的一环。

初步检索发现，1998—2008 年国内发表的关于中古、近代汉语词汇研究的单篇论文有千余篇之多，内容主要集中于词语考释，研究的范围包括敦煌吐鲁番文献、汉译佛经、唐宋诗词、笔记小说、史书杂着等，有关宋代白话色彩比较浓的语录体文献的词语考释则相对较少，20 世纪 80 年代以来，关注过《朱子语类》词语并发表了相关论文的国内研究者主要有徐时仪、姚振武、唐贤清、李敏辞等学者，其中以徐时仪教授用力最多，研究成果也最为丰富，前后发表有关《朱子语类》文献、词汇研究的论文有十余篇之多，如《〈朱子语类〉口语词探义》《〈朱子语类〉词语考释》《略论〈朱子语类〉在近代汉语研究上的价值》《〈朱子语类〉文献价值考论》等论文，通过词语考释，向学术界全面介绍了《朱子语类》在古白话研究、近代汉语词汇研究、文献研究上的重要学术价值。

目前，专书词汇研究的硕博士论文和著作出了很多，经国家图书馆书目检索，二十年间大致有陈克炯的《〈左传〉复音词研究》、张振德的《〈世说新语〉语言研究》、魏德胜的《〈韩非子〉语言研究》、鲁六的《〈荀子〉词汇研究》、李建新的《〈搜神记〉复合词研究》、詹绪左的《〈祖堂集〉词语研究》、徐望架的《〈论语义疏〉语言研究》、谭耀炬的《〈三言二拍〉语言研究》、孙卓彩的《〈墨子〉词汇研究》、郭作飞的《〈张协状元〉词汇研究》、陈弘昌的《〈大唐西域记〉词汇研究》、唐德正的《〈晏子春秋〉词汇研究》、李丽的《〈魏书〉词汇研究》、陈长书的《〈国语〉词汇研究》、刘清的《〈红楼梦〉语汇研究》、车淑娅的《〈韩非子〉词汇研究》、周生亚的《〈搜神记〉语言研究》、马啓俊的《〈庄子〉词汇研究》、王东的《〈水经注〉词汇研究》、化振红的《〈洛阳伽蓝记〉词汇研究》、张能甫的《〈旧唐书〉词汇研究》、张双棣的《〈吕氏春秋〉词汇研究》、曹小云的《〈跻春台〉词汇研究》等。通过考察可以发现，近二十年来汉语词汇专书的研究，书目选择主要集中于前秦两汉至魏晋时期，这一时期，即文言占主导地位的词汇研究探讨得比较充分，而宋元明清的专书词汇研究相对较少，但这一阶段正是汉语白话的发展成熟期，特别是宋代，物质生活和精神生活的丰富促使人们的交际工具——语言变得更加丰富，出现了一大批新词新义，增加了大量的俗语词，双音词占据了词汇的主导地位，许多词语完成了从上古、中古向近古的转化，逐渐形成与现代汉语相近的词义结构，基本形成了近代汉语的词义体系。[①]

《朱子语类》作为一部大型理学著作，集中反映了宋代文人口语的面貌，举凡哲学、宗教、政治、文学、人生等，朱熹皆用当时的白话加以论述剖析，承袭孔子用白话讲学论道的传统而集大成。《朱子语类》是研究宋代词汇的绝佳材料，而当前的研究现状表明，宋元以来的专书词汇研究相对薄弱，宋代尤甚。通过上编的文献整理，下编对《朱子语类》的复音词、三字格、四字格采取分类梳理、描写分析，尽可能地全面反映《朱子语类》，特别是南宋时期汉语白话的基本面貌，为汉语白话史研究提供可靠的历史资料。

第一节 复音词概说与界定

词汇是一种语言中词与固定短语的总汇。它由两个部分组成，一是一般意义上的词，二是经常作为一个整体进入句子的熟语，如“三字格”“四字格”等固定结构。《朱子语类》作为一部语录汇编，其中的词汇，既涉及一般

① 徐时仪：《汉语白话发展史》，北京大学出版社 2007 年版，第 132 页。

意义上的词，也涉及大量丰富多彩的俗语。

从汉语史的发展来看，汉语的构词形式是由单音节词向复音词发展的。先秦时期，汉语词汇的主体是单音节词，而现代汉语则以双音节词为主。两千多年的时间，汉语的词的结构形式发生了巨大变化，新词不断产生，构词法也在逐步完备。在这个变化中，复音化、复音词的大量产生和发展，是汉语词汇发展的一个重要规律。复音词和复音化也一直是汉语史研究关注的重要课题。

复音词，又称多音节词，是与单音节词相对而言的，指具有两个或两个以上音节的词。从狭义上说，复音词指双音节词；从广义上说，复音词不但包括双音节词，还包括多音节词。本书中所指称的复音词，没有特殊说明的情况下，均是指双音节词。

学界有关专书复音词的研究，如马真的《先秦复音词初探》、唐钰明《金文复音词简论》、韩慧言《〈世说新语〉复音词研究》、李新建《〈搜神记〉复合词研究》、万久富《〈宋书〉复音词研究》、王冰《北朝汉语复音词研究》、刘志生《东汉碑刻复音词研究》、武建宇《〈夷坚志〉复音词研究》、余颖《楚简文献复音词研究》等。这些研究对断代、专书的复音词的面貌做了系统的描绘、分析，为汉语词汇史的研究提供了大量扎实丰富的材料。这些专书几乎涉及经史子集各个领域，多集中于先秦两汉至隋唐时期，对宋元及以后的重要专书的复音词关注则不多。各家著述对于复音词的切分认定有宽有严，有同有异。

从20世纪初至今，有关复音词的切分就一直是学界讨论的一个热点。复音词的认定，一直是一个难以解决的问题。造成这个问题的原因，是汉语复合词内部结构与汉语句法结构具有相似点，也就是词和词组的区别问题。早期，王力在《中国语法纲要》中指出采用插入法区别词和词组，汪馥泉在《语汇试论》中提出了离合词的问题。① 20世纪80年代学术复兴之后，关于复音词的讨论认定逐渐丰富热烈起来。马真在《先秦复音词初探》中，进行了较为全面的分析，提出了五项标准：第一，两个成分结合后，构成新义，各成分的原义融合在新的整体意义中，这样的复音组合是词，不是词组。第二，两个同义或近义成分结合，意义互补，凝结成一个更具概括的意义，这样的复音组合是词，不是词组。第三，两个成分结合后，其中一个意义消失了，只保留一个成分意义，这样的复音组合是词，不是词组。第四，重叠的复音组合，如果重叠后，不是原义的简单重复，而是在原义基础上增

① 周荐：《汉语词汇研究史纲》，语文出版社1998年版，第52—53页。

加某种附加意义,这样的重叠式是词,不是词组。第五,两个结合的成分,其中一个是没有具体词汇意义的附加成分,这样的复音组合是词,不是词组。[①] 许威汉指出,要区分词和词组,得掌握好词的定义中"最小"的含义。具体还得从以下几个方面着眼,一是以实际运用为依据,二是结合是否固定为依据(即看是否定型结构),三是以传统习惯为依据。[②]

研究《朱子语类》中的复音词,首先一个基础性的工作就是调查书中出现的复音词的情况,如数量、类型、分布等。《朱子语类》一百四十卷,二百零九万字的正文,篇幅之浩大是同类研究中不可比拟的。因语料过于庞大,准确完备地搜罗统计全书的复合词有一定的困难。对于《朱子语类》复音词的搜集整理,前人已有一些成果。祝敏彻在《〈朱子语类〉句法研究》一书中,搜罗了复音词 2503 个,按音序排列作为附录之六安排于书末。该书的复音词总表以双音节词为主,附带少量的三音节词,如"脊梁骨""莫須有""腔殼子""什麽様"等 30 个三字格词语。因此,实收复音词 2473 个。盐见邦彦的《〈朱子语类〉口语语汇索引》所收范围较广,单字、复音词、三字格、四字格、固定句式,以及一些不成词的表达也有收录。该书从单字、词组到常用表达都有搜罗,篇幅巨大。本书的复音词词表的构成,是在这两个词表的基础上,查漏补缺,剔除重复的和不当的,经仔细查找、分析、汇总而成的。根据前贤的研究成果,在确定复合词时,主要依据意义标准,其次结合形式标准,以相对较宽的范围确定《朱子语类》中的复合词。这样逐一整理下来,词表中一共收录了复合词近一万个,虽难免有少量漏收,但从总量上已基本可以反映《朱子语类》全书的复音词概貌。[③]

第二节 《朱子语类》复音词的分布

一、理学词

《朱子语类》作为一部语录体的汇编,讲学问答之间反映了朱熹的理学

---

① 马真:《先秦复音词初探》,《北京大学学报》(哲学社会科学版)1980 年第 5 期、1981 年第 1 期。

② 许威汉:《汉语词汇学导论》,北京大学出版社 2008 年版,第 33—35 页。

③ 因篇幅问题,本书附录词表已经删去,如欲参看可查阅笔者博士论文原文。刘杰:《〈朱子语类〉文献语言研究》,上海师范大学 2010 年博士论文。

思想体系。因此，谈及《朱子语类》的复音词，不可回避的一个方面就是理学词语。语类中这些词，词形与后世及当时其他领域使用的词词形一致，但在《朱子语类》及理学范围内使用具有一定的特殊意义。

例如“气象”一词，在《朱子语类》中主要有两个义项。一是指人的气质、内涵和风格，强调是一种长期修养铸炼成的“气”。卷六：“看公时一般气象如何，私时一般气象如何。”(110 页)卷五十二：“伊川龟山皆言张良有儒者气象，先生却以良为任数。”(1242 页)另一个义项是指一种独立的、客观存在的“气”，一种迹象。卷六：“春时尽是温厚之气，仁便是这般气象。”(112 页)卷二十二：“若以理言之，义自是箇断制底气象，有凛然不可犯处，似不和矣，其实却和。”(520 页)朱熹认为，太极是宇宙的根本和本体，太极本身包含了理与气，理在先，气在后。太极之理是一切理的综合，它至善至美，超越时空，是“万善”的道德标准。在人性论上，朱熹认为人有“天命之性”和“气质之性”，前者源于太极之理，是绝对的善；后者则有清浊之分，善恶之别。

除了“气象”之外，《朱子语类》还有一大批词，例如“居敬”“穷理”“流行”“天理”“人欲”等理学词，受学力和时间所限，笔者在此不做深入探讨。

二、一般社会文化常用词

语言中词汇的发展有语言内部的原因，也有来自语言外部的原因。语言外部的原因主要是社会历史等人文因素和社会风貌的影响。语言各要素中，词汇是反映社会生活最直接、最快捷的部分。《朱子语类》作为宋代语言的一面镜子，其中的社会文化常用词具有明显的时代特征。

(一)经济类

宋代是中国封建社会经济最繁荣、发达的一个历史时期，从《朱子语类》复音词的分布中，可以发现大量与经济相关的词语。

“会子”，南宋的一种纸币。卷一百十：“若如酒税伪会子，及饥荒窃盗之类，犹可以情原其轻重大小而处之。”(2711 页)卷一百十一：“两淮铁钱交子，试就今不行处作箇措置，不若禁行在会子不许过江，只专令用交子。”(2722 页)会子，初为民间发行，绍兴三十年(1160)由户部发行。除了“会子”外，《朱子语类》中还有“交子”，也是宋代发行的一种纸币，可以兑现，便于流通。初由民间发行，天圣元年(1023)，改由政府发行。《宋史·食货志下三》：“交子之法，盖有取于唐之飞钱。真宗时，张咏镇蜀，患蜀人铁钱重，不便贸易，设质剂之法，一交一缗，以三年为一界而换之。六十五年爲二十二界，谓之交子。”

“交易”，买卖。卷一百二十一：“如人交易，情愿批退帐，待别人典买。今人情愿批退学问底多。”(2927 页)《朱子语类》中的“交易”，还保留早期的交换义。卷六十五：“某以为‘易’字有二义：有变易，有交易。”(1605 页)“交易”的买卖义是后起义。在《朱子语类》中，作为买卖义的“交易”仅出现 1 例。“买卖”出现 3 例，卷八十六：“如市，便不放教人四散去买卖。”(2209 页)卷一百十一：“如淮人要过江买卖，江南须自有人停榻交子，便能换钱。”(2722 页)“经纪”，出现 1 例。卷二十六：“有汲汲求去之心，譬如人作折本经纪相似。”(647 页)

(二)宗教类

程朱理学作为儒学发展的重要阶段，适应了封建社会从前期向后期发展的转变。它以儒学为宗，吸收佛、道，使儒学走向政治哲学化。在《朱子语类》中，体现佛、道思想的词也出现了很多。佛教相关的和来源于佛教的词语有“巴鼻”“参禅”“浮屠”“方便”“世界”“未来”“参学”“执着”等，道教相关的词语有“八卦”“两仪”等。卷十三：“人生都是天理，人欲却是后来没巴鼻生底。”(224 页)卷一百二十：“子房深于老子之学。曹参学之，有体而无用。”(2913 页)

(三)饮食类

《朱子语类》中出现的饮食类复音词有“包子”“饼饵”“白面”“饾饤”“火烧”“馒头”“沙糖(砂糖)”“蒸饼”等。这些食品词从一定层面上反映了宋代的一些饮食品种。卷二：“山多蜥蜴，皆如手臂大。与之饼饵，皆食。”(24 页)卷一百三十九：“那人三四月，只喫火烧之类。此人半日不食，便软了。”(3133 页)“火烧”，俗称烧饼，一种烤制的面饼。迄今为止，北方很多地区还在广泛使用这个表达。

(四)教育科举类

《朱子语类》在谈及读书治学时，提及了相当多的复音词，如“正心”“修身”“提撕”“浃洽”“通贯”等。卷十二：“只是提撕此心，教他光明，则于事无不见，久之自然刚健有力。”(209 页)和科举考试有关的也有很多，如“举业”“揭榜”“讲学”“卷子”“科举”等，由此可见宋代科举的兴盛。卷一百〇九：“看来不必立为定额，但以几名终场卷子取一名，足矣。”(2695 页)

(五)音乐类

朱熹本人音乐修养很高,能通音律,在《朱子语类》中也有专门对音乐的论述。书中提及的有关音乐的复音词有"毕篥""大吕""歌曲""黄钟""夹钟""谱子""篥篌""太簇""清声""燕乐""五音""征声""焦杀"等。这些复音词中,有的是调名,有的是古乐器,有的是音乐术语。卷九十二:"毕篥,本名悲栗,言其声之悲壮也。"(2348 页)卷九十二:"大抵声太高则焦杀,低则盎缓。"(2336 页)

(六)动物类

朱熹在讲学问答时,常常提及一些常见动物的名称,或是讲道理时以动物作比,如"尺蠖""水牯""虾蟆(虾蟇)""鳜鱼""鸡子""螺蛳""蜗牛""鸭子""狮子""猕猴""猫子(猫儿)""蜥蜴"等。卷六十六:"鲋,虾蟆也,遂说井有虾蟆之象。"(1644 页)卷七十四:"入息,如螺蛳出壳了缩入相似,是收入那出不尽底。若只管出去不收,便死矣。"(1887 页)

(七)植物及药材类

朱熹对植物药材也有涉猎。《朱子语类》中还保留了相当多的植物名称和药材名称,如"菖蒲""卷杉""菜子""藁草""葫芦""水仙""腊梅""茄子""荔枝""枣子""瓠子""菩蕾""生姜""茯苓""脑麝""附子""大黄"等。卷五:"故五脏之心受病,则可用药补之;这箇心,则非菖蒲、茯苓所可补也。"(87 页)卷四:"看茄子内一粒,是箇生性。"(63 页)

(八)服饰用具类

《朱子语类》在讲述礼仪、装束和陈设时,保留了大量的服饰用具复音词,这些名物词可从一个侧面反映当时社会衣饰着装等基本情况。"黪巾""幞头""帕复""巾子""凉衫""绵袄""布衫""明衣""皮鞋""皁袄""凉伞""鼓扇""花斛""环珓""轿子""镜子""帘幙""卓子(桌子)""枕头"等。卷八十七:"大概都是黪衫、黪巾。后来横渠制度又别,以为男子重乎首,女子重乎带。"(2257 页)卷一百三十四:"岂有着破皂袄、破皮鞋,即能致国富邪!"(3208 页)卷九:"此两箇花斛,打破一箇,一箇在。"(159 页)

(九)身份职业类

《朱子语类》的讲学内容涉及社会生活的各个阶层和领域,其中也有大量的表现身份职业的复音词，如“博士”“教授”“讲师”“太常”“铁匠”“田夫”“天子”“婢子”“婢妮”“差役”“皂隶”“厨子”等。卷六十二：“向见刘致中说，今世传明道中庸义是与叔初本，后为博士演为讲义。”(1485 页)卷一百〇六：“后觉多了，恐被他压倒了，于是措置几只厨子在厅上，分了头项。”(2647 页)“厨子”，《汉语大词典》的最早书证是《儒林外史》，书证偏晚。

(十)文化娱乐类

宋代市民文化勃兴，文化娱乐休闲活动众多，在《朱子语类》中也有体现，如“博弈”“爆杖”“打毬”“谜子”“赌钱”“戏剧”等等。卷三：“后因为人放爆杖，焚其所依之树，自是遂绝。”(38 页)卷八：“看得道理熟后，只除了这道理是真实法外，见世间万事，颠倒迷妄，耽嗜恋着，无一不是戏剧，真不堪着眼也。”(147 页)卷一百三十七：“至其每日功夫，只是做诗，博弈，酣饮取乐而已。”(3260 页)

(十一)劳动生产类

朱熹讲学时，为求通俗明了，往往以具体的生产劳动作比，因此《朱子语类》中也有大量与宋代劳动生产有关的词语，如“刺绣”“打禾”“耕田”“架屋”“培拥”“畦町”“淘米”等。卷一百二十一：“如人刺绣花草，不要看他绣得好，须看他下针处；如人写字好，不要看他写得好，只看他把笔处。”(2926 页)卷八：“识得道理原头，便是地盘。如人要起屋，须是先筑教基址坚牢，上面方可架屋。若自无好基址，空自今日买得多少木去起屋，少间只起在别人地上，自家身己自没顿放处。”(130 页)卷八十：“如人下种子，既下得种了，须是讨水去灌溉他，讨粪去培拥他，与他耘锄，方是下工夫养他处。”(2087 页)

(十二)日常生活类

《朱子语类》中提及宋代市民日常生活的词语也出现了不少，可从一定层面反映当时的市民生活。如“打酒”“吃茶”“唱喏”“打扇”“炊饭”“啖酒”“灯笼”“官司”“词讼”“碁子”“签子”“桥子”等。卷三：“某初还，被宗人煎迫令去，不往。是夜会族人，往官司打酒，有灰，乍饮，遂动脏腑终夜。”(53 页)

(十三)季节时令类

《朱子语类》中涉及季节时令类的复音词有“春天”“夏天”“秋天”“冬天”“清明”“立春”“惊蛰”“春分”等等。卷二：“先在先生处见一书，先立春，次惊蛰，次雨水，次春分，次谷雨，次清明。”(26 页)卷九十五：“如四时，只初生底便是春，夏天长，亦只是长这生底；秋天成，亦只是遂这生底，若割断便死了，不能成遂矣；冬天坚实，亦只是实这生底。”(2416 页)

(十四)称谓类

《朱子语类》中表称谓的复音词也非常丰富，如“儿童”“儿子”“婴儿”“老大”“老娘”“老兄”“女婿”“妻子”“膳人”“姊妹”“宗子”等。卷一百三十二：“去之日，父老儿童攀辕者不计其数，公亦爲之垂泪。至今泉人犹怀之如父母!”(3176 页)卷三十八：“膳人取那饮食来，请君祭。”(1006 页)

(十五)外来词

《朱子语类》中也出现了少量外来词。例如“兰奢”，卷一百三十六：“兰奢，乃胡语之褒誉者也。于是二人亦悦。”(3242 页)兰奢，也可作“兰闍”，梵语或伊朗语译音，为褒赞之辞。《世说新语·政事》：“王丞相拜扬州，宾客数百人竝加霑接，人人有说色。唯有临海一客姓任及数胡人为未洽。公因便还到过任边云：‘君出，临海便无复人。’任大喜说。因过胡人前弹指云：‘兰闍，兰闍。’羣胡同笑，四坐并懽。”又如“獭辣”。卷一百三十一：“当时虏中诸将争权，废刘豫，以河南归我，乃是獭辣。獭辣既诛，兀术用事，又欲背约。”(3157 页)“獭辣”，《汉语大词典》未收，据文意推测，似乎是某种将领的名称或是人名。

(十六)颜色词

《朱子语类》中出现的复音颜色词有“闪青”“青赤”“鸦青”“浅红”“深紫”“绯紫”“碧绿”等。卷三十八：“绛是浅红色；绀是青赤色，如今之闪青也。”(1003 页)卷九十四：“那箇满山青黄碧绿，无非是这太极。”(2387 页)

三、宋代方俗词、口语词

方俗词、口语词，即俗语词，是和所谓的“雅言”相对的。《朱子语类》作为朱熹讲学问答的语录汇编，虽是文人口语，但出于教学深入浅出的需要，保留了相当多口语性极强的俗语词。这些俗语词，是宋代语言的一块活化石，是近代汉语研究中重要的语料。在《朱子语类》复音词的分布构成中，方俗词和口语词具有重要的地位。方俗词的大量使用，是《朱子语类》半文半白的语体中“白”的重要体现。

《竹溪鬳斋十一藁续集》卷二十八辑录了朱熹语录中出现的一些俗语词,指出:“乡邦俗语,即方言也。今人简帖或用之。试取朱文公所用者录之。诚斋东坡以下诸公并记于此。”该书罗列了以下俗语词:

索性 颟頇 儱侗 糊塗 劳攘(吕子约四十八) 持择(陈同父三十六卷) 麻嗏 斗海 無轉智 捻合(蔡李通合) 骨董(江德功书) 厮炒(杨子直) 厮崖(廖子晦) 四裢(黄商伯书) 下梢頭(潘叔昌) 活絡(黄仁卿书) 杜撰 扛夯(吕子约) 漩渦(吕子约末) 打併(吕子约四十八) 飜騰(上) 折洗(上) 排齪(上) 搏量(吕子约) 催儹(王子合未残上晋) 郎當(黄仁卿二十九) 揣模(张钦夫二十卷) 鈍滯(程正思五十) 焦躁(黄子耕五十一) 柄欛(万正淳五十一) 撈摸(万正淳) 苗脉(吴伯丰五十二) 次第節拍(姜叔) 遏捺(汪长孺五十二) 攛掇(刘季章五十三) 倒東来西(孙季和田五) 白撰(项平父五十四) 刮剔(上) 點掇(吴宜之五十四) 記當(徐居厚五十六) 意寄(方宾王五十六) 擎夯作弄(方宾王) 腔窠(方賔王五十六) 趲得課程(郑子上五六) 醜差(徐子融五十六) 湊泊(辅汉卿五十九) 千生萬變(杜叔高) 畧綽(潘子善) 襯帖(张元德六十一) 歷落(张元德六一说得历落) 相屬(季通八五) 錐劄(刘韬仲续集第四上) 間界學問(陈同父二八) 卒乍 白發(陈丞相二十五) 盤剥(运米王漕二十六) 各别(陈帅画一二十六) 私瞀(庚子封事) 顔情(戊申封事) 打併(打并人闻名利心诚斋退休集) 鬔鬖(坡诗注二十四) 拉搭(坡诗注上海市诗) 惺惚(放翁诗第一卷) 藍鑱(眼藏保宁百八) 懵懂(上妙喜拈语) 拉扱 懡㦬 麤慥(大慧真赞) 劈脊婁(上声大慧真赞) 蕯苴(大慧真赞) 摑(劈腮一掴大慧真賛押客窄字韵) 拍盲(大慧真赞) 鄒搜歛(廉上音大慧真赞) 聒譟(上) 壁角落頭(上) 压捺(压捺朝头敌子胥白詩二十二) 淡泞(和顺之琴者白诗五十二) 嶢崎(格言十六说孟子) 坯樸(格言十六说王通) 蒿惱(邵康节诗五言他人蒿恼人)

这些俗语词在宋代通俗文献中频繁出现,《朱子语类》一书因口语程度高,保留了相当多的口语词、方俗词。这些词反映社会历史某些侧面的文化语言现象,以及当时文人的口语面貌。

經畫

经营筹划。全书出现3例。卷一百〇六："東邊遣使去賑濟，西邊遣使去賑濟，只討得逐州幾箇紫綾冊子來，某處已如何措置，某處已如何經畫，元無實惠及民。"(2643页)卷一百十四："又如既取得項羽，只管喜後，不去經畫天下，亦敗事。"(2768页)[宋]苏轼《答秦太虚书》："度囊中尚可支一歲有餘，至時別作經畫，水到渠成，不須預慮，以此胸中都無一事。"

頑麻

麻木。全书出现1例。卷四十九："若只管汎汎地外面去博學，更無懇切之志，反看這裏，便成放不知求底心，便成頑麻不仁底死漢了，那得仁！"(1204页)[宋]唐庚《冬雷行》："龍蛇尺蠖踞已久，亦欲奮迅舒頑麻。"[宋]杨万里《同王见可刘子年循南溪度西桥登天柱冈望东山》："偶因閑步散頑麻，倦唤胡牀小憩些。"

漏逗

疏漏、疏忽。全书出现2例。卷五十五："只是發他志，但得於此勉之，亦可以至彼。若更說，便漏逗了。"(1308页)卷一百三十九："只是它每常文字華妙，包籠將去，到此不覺漏逗。"(3319页)[宋]杨万里《明发西馆晨炊蔼冈》："若要十分無漏逗，莫將戽斗鎮隨身。"[宋]严羽《沧浪诗话·诗评》："有如高達夫《贈王徹》云：'吾知十年後，季子多黃金。'金多何足道，又甚於以名位期人者。此達夫偶然漏逗處也。"

渾淪

囫囵、整个儿，亦作"渾侖"。全书出现65例。卷六："仁，渾淪言，則渾淪都是一箇生意，義禮智都是仁。"(107页)卷四十："如佛氏，不可謂他無所見，但他只見得箇大渾淪底道理；至於精細節目，則未必知。"(1029页)[元]耶律楚材《谢圣安澄公馈药》："子細嚼時元不礙，渾淪吞下也無妨。""渾淪"在前代文献中多指宇宙形成前的混沌状态。《列子·天瑞》："太初者，氣之始也；太始者，形之始也；太素者，質之始也。氣形質具而未相離，故曰渾淪。渾淪者，言萬物相渾淪而未相離也。""渾淪"的"整个"义仅见于《朱子语类》。

偪塞

拥塞；滞塞。全书出现4例。卷十八："天下之理，偪塞滿前，耳之所聞,目之所見,無非物也,若之何而窮之哉!”(400 页)卷六十二:“戒慎恐懼是普説,言道理偪塞都是,無時而不戒慎恐懼。”(1500 页)[宋]普济《五灯会元》卷二:“頓悟心源開寶藏,隱顯靈通現真相;獨行獨坐常巍巍,百億化身無數量。縱令畐塞滿虚空,看時不見微塵相,可笑物兮。”“偪塞”,也写作“畐塞”。《文公易说》卷十一:“地却是有空闕處,天却四方上下都周匝無空闕,偪塞滿,皆是天地之四向。”

挨拶

形容人群拥挤。全书出现 1 例。卷一百〇一:“但他故下這寬字,不要挨拶著他。”(2583 页)[宋]葛长庚《海琼集·鹤林问道篇》:“昔者天子登封泰山,其時士庶挨拶,獨召一縣尉行轎而前,呼曰:‘官人來!’衆皆靡然。”“挨拶”,也作“挨匝”。[元]曾瑞《留鞋记》第三折:“這繡鞋兒只爲人挨匝,知他是失落誰家。”

把斷

把住、占尽。全书出现 1 例。卷十:“關了門,閉了戶,把斷了四路頭,此正讀書時也。”(163 页)[宋]汪元量《越州歌》之三:“官司把斷西興渡,要奪漁船作戰船。”[宋]辛弃疾《念奴娇》:“疏影橫斜,暗香浮動,把斷春消息。”

把作

当作。全书一共出现 22 例。卷十三:“今有恣爲不忠不孝,冒廉恥,犯條貫,非獨他自身不把作差異事,有司也不把作差異事,到得鄉曲鄰裏也不把作差異事。”(245 页)卷四十:“聖人見得,只當閑事,曾點把作一件大事來説。”(1033 页)[宋]刘克庄《贺新郎·送陈真州子华》:“記得太行山百萬,曾入宗爺駕馭。今把作、握蛇騎虎。”“把作”也可作“把做”。卷八:“不可只把做面前物事看了,須是向自身上體認教分明。”(142 页)[宋]张枢《南歌子》:“琵琶可是不堪聽,無奈愁人把做、斷腸聲。”

華掞

浮华、铺张。全书出现 1 例。卷十九:“謝氏之説多華掞。胡侍郎嘗教人看謝氏論語,以其文字上多有發越處。”(443 页)[元]李治《敬斋古今黈》卷六:“賦雖主於華掞,何至使秦川之水,曲折行數千里,以入東南之震澤乎!”“華掞”,《汉语大词典》未收。该词为“摛華掞藻”的缩略。[宋]欧阳修

《欧阳修集》附录四："追其濫觴，則摛華掞藻，而於理都無所發明，告朔之餼羊亡矣。錄之使讀者知製義之源。"

蓋苴

犹邋遢，不整洁、不利落。全书出现1例。卷五十五："如五六十家，或百十家，各立箇長，自爲一處，都來朝王，想得禮數大段蓋苴。"（1312页）［宋］罗大经《鹤林玉露》卷十："面目皺瘦，行步蓋苴。"［宋］普济《五灯会元》卷十七："一日，举杖决渠，水溅衣，忽大悟。净诟曰：'此乃敢尔蓋苴邪？'"

冒子

指文章的序、引子之属。全书出现1例。卷一百三十二："嘗見九經口義，先說一段冒子，全與所講不干涉。"（3177页）［宋］王谠《唐语林·文学》："柳八駮韓十八《平淮西碑》云：'左飧右粥，何如我《平淮西雅》云"仰父俯子"。'禹錫曰：'美憲宗俯下之道盡矣。'柳曰：'韓碑兼有冒子，使我爲之，便說用兵討叛矣。'"［宋］赵溍《养疴漫笔》卷一："老兄头场冒子中用三古字，何也？"

名件

犹名目、名色。全书出现1例。卷八十："詩中頭項多，一項是音韻，一項是訓詁名件，一項是文體。"（2082页）［宋］李焘《续资治通鉴长编》卷二百三十四："辛未，詔雄州兩地供輸戶，凡有科率名件，並依舊例，不得令帶納榢箔及增他賦。"［宋］李焘《续资治通鉴长编》卷三百十二："福建路山川险阻，人材短小，自来民间所用兵械，与官兵名件制度轻重大小不同。"［元］《通制条格》卷十八："先行開寫販去物貨各各名件、筋重若幹，仰綱首某人親行填寫。""名件"，还可以指证件、证物。［宋］苏辙《颍滨遗老传》上："近日召八人者，欲遣往諸路，不審公既知利害所在，事有名件，而使往案實之耶？"

默會

谓心里领会。全书出现2例。卷十七："後來看得，且要見得'所當然'是要切處。若果見得不容已處，則自可默會矣。"（384页）。卷一百十五："夫所謂體認者，若曰體之於心而識之，猶所謂默會也。"（2773页）［宋］范成大《吴郡志》卷四十三："至雍默会妻语，诣赵，具陈恳切。""默會"，也作"嘿會"。［明］焦竑《焦氏笔乘·希夷易说》："象卦示人，本無文字，使人消息吉凶嘿會。”

榻翼

拖沓、懒散、萎靡不振。全书出现 1 例。卷二十八:“申棖也不是箇榻翼底人,是箇剛悻做事聒噪人底人。”(723 页)“榻翼”也作“闒靸”。卷十六:“能剛強卓立,不如此怠惰闒颯。”(321 页)除了“榻翼”和“闒靸”外,《朱子语类》中表达拖沓懒散义的还有四字格“闒闒翼翼”。卷四十五:“今自有此心純粹,更不走失,而於接物應事時,少些莊嚴底意思,闒闒翼翼底,自不足以使人敬他,此便是未善處。”(1167 页)

白撰

犹杜撰,没有根据的议论。全书出现 8 例。卷六十六:“看他本來裏面都無這許多事,後來人説不得,便去白撰箇話。”(1633 页)卷七十五:“諸爻立象,聖人必有所據,非是白撰,但今不可考耳。”(1915 页)[宋]沈作喆《寓简》卷一:“今之俚諺謂白撰無所本者爲杜田。或曰杜園者,語轉而然也。”[明]徐複祚《曲论》一卷:“《西廂》後四出,定為關漢卿聽補,其筆力回出二手,且雅語、俗語、措大語、白撰語層見疊出,至於‘馬戶’‘屍巾’云云,則真馬戶屍巾矣!”

包罩

概括、汇总。全书出现 2 例。卷七十五:“殊不知由卜筮而推,則上通鬼神,下通事物,精及於無形,粗及於有象,如包罩在此,隨取隨得。”(1924 页)卷八十一:“須知道那一句有契於心,著實理會得那一句透。如此推來推去,方解有得。今只恁地包罩説道好。”(2115 页)“包罩”一词仅见于《朱子语类》,《汉语大词典》也没有收。

摶摸

猜测、揣摩。卷九十七:“如一碗燈,初不識之;只見人説如何是燈光,只恁地摶摸,只是不親切。只是便把光做燈,不得。”(2484 页)卷一百十六:“吾友看文字忒快了,却不沉潛,見得他子細意思。莫要一領他大意,便去摶摸,此最害事!”(2799 页)[宋]车若水《脚气集》:“他要不落窠臼,誠是不落窠臼。然亦有可摶摸者問。”

第七章 《朱子语类》复音词研究(二)

第一节 《朱子语类》同义词研究

一、同义词概说

同义词的相关研究,国内学界已有大量论述,并各有其说。葛本仪认为,同义词是依据词义之间的相同或相近的关系形成的一种静态的意义聚合。①

因为同义词具有两种情况,一种是意义相同,一种是意义相近,所以一般也将同义词分为两种类型,等义词和近义词。分析同义词,一般从三个方面介入,即词汇意义、语法意义和色彩意义。这三种意义在构成同义词时,作用是不一样的。事实证明,只有词汇意义相同或相近,才是确定同义词的根本依据。②

学界目前有关同义词的研究,有的是同义词研究理论的探讨,在词汇通论性的著述中以专章或专节的形式展现,如蒋绍愚的《古代汉语词汇纲要》、赵克勤的《古代汉语词汇学》、何九盈和蒋绍愚的《古代汉语词汇讲话》、高守纲的《古代汉语词义通论》等。有的是同义词的实例辨析,如洪成玉和张桂珍的《古代汉语同义词辨析》、王政白的《古汉语同义词辨析》、段德森的《简明古汉语同义词词典》、薛儒章的《简明古汉语类词词典》等。有的以某个时代或是某一专书为范围进行古代汉语同义词的研究。前者的代表是汪维辉的《东汉——隋常用词演变研究》,后者的代表如冯蒸的《〈说

① 葛本仪:《汉语词汇学》,山东大学出版社 2003 年版,第 587—588 页。

② 葛本仪:《汉语词汇研究》,外语教学与研究出版社 2006 年版,第 94—100 页。

文〉同义词研究》、池昌海《〈史记〉同义词研究》、周文德《〈孟子〉同义词研究》等。目前的情况是,古汉语词汇同义词研究的成果很多,但还没有取得大的进展,一个重要的原因就是专书同义词研究成果太少,造成汉语断代词汇史与通代的研究底气不足。

二、《朱子语类》同义词例释

《朱子语类》篇幅巨大,由于其语录体的特性及半文半白的语体,同义词的使用非常广泛、丰富。通过整理发现,《朱子语类》中的同义类聚,具有非常突出的口语性,许多词语为宋代首见。有的词语至今仍活跃在人们的口头上,但词义已经发生了明显的变化。有的同义词之间,反映了当时方言和通语或是方言与方言之间的差异。通过《朱子语类》同义词的研究,可以从一个侧面,局部地展现当时丰富多彩的词汇面貌。

由于笔者学力和精力的局限,下文仅选取《朱子语类》一部分双音节的同义词进行探讨。与其他专书同义词研究不同的是,本书的同义词研究,从两个平面进行:共时平面——今通行本中华书局本《朱子语类》的同义词研究;历时平面——版本异文中的《朱子语类》的同义词研究。后者通过中华本与宋刻本(《晦庵先生朱文公语录》)和朝鲜本(《朝鲜古写徽州本朱子语类》)的异文同义词辨析,从历时的角度初步对部分词语的发展流变做一些探讨。

(一)同书同义词

收束——檢制

"收束",约束。全书出现 2 例。卷三十四:"若學者有心要收束,則入於嚴厲。"(861 页)卷九十三:"然伊川收束檢制處,孟子却不能到。"(2360 页)《汉语大词典》该义项最早书证为清代采蘅子《虫鸣漫录》,偏晚。

"檢制",约束限制。卷八十六:"或者又謂有互相檢制之意,此尤不然。"(2206 页)卷八十六:"蓋周家設六官互相檢制之意。"(2206 页)

許多——許大

"許多",如此之多。全书一共出现 1330 例。卷二十三:"人心皆自有許多道理,不待逐旋安排入來。"(558 页)卷三十四:"譬如大船有許多器具寶貝,撑去則許多物便都住了,眾人便沒許多力量。"(877 页)

"許大",如此之多。全书一共出现 10 例。卷五十九:"堯舜自稟得清明純粹底氣，又稟得極厚，所以爲聖人，居天子之位，又做得許大事業，又享許大福壽，又有許大名譽。"(1387 页)卷九十："今士人家無廟，亦無許大禮數。"(2306 页)

"許多"和"許大"都可以表示数量众多，不同之处在于，"許大"不仅可以指具体数量上的众多，还可以抽象为规模、气势的宏大，如"許大心胸""許大精神"等。

嚴凝——肅殺

"嚴凝"，严寒。全文出现 2 例。卷六："嚴凝之氣盛於西北，此天地之義氣也。"(106 页)卷七十六："如萬物到秋，許多嚴凝肅殺之氣似可畏。"(1954 页)

"肅殺"，严酷萧瑟貌。全文出现 8 例。卷六："肅殺之氣，亦只是生氣?"(107 页)卷七十一："然當氣候肅殺草木搖落之時，此心何以見?"(1791 页)

剛嚴——果毅

"剛嚴"，刚强严峻。全书出现仅 1 例。卷七十三："小過是過於慈惠之類，大過則是剛嚴果毅底氣象。"(1869 页)

"果毅"，果敢坚毅。全书出现 2 例。卷二十："又如慈愛、恭敬、果毅、知覺之屬，則又四者之小界分也。"(474 页)

容易——苟簡

"容易"，轻易、轻率。卷十六："彼所謂易簡者，苟簡容易爾，全看得不子細。"(324 页)卷三十六："聖人也不容易說與人，只說與幾箇向上底。"(950 页)卷四十二："若不敢胡亂做者，必不敢容易說，然亦是存得這心在。"(1081 页)

"苟簡"，草率简略。卷九十一："大抵前輩禮數極周詳鄭重，不若今人之苟簡。"(2335 页)卷一百十六："如今若苟簡看過，只一處，便自未曾理會得了，却要别生疑義，徒勞無益。"(2798 页)

《朱子语类》中的"容易"有多个义项，但只在"輕率"这个义项上和"苟簡"构成同义类聚。

措置——經畫

"措置"，处置、安排。全书一共出现 45 例。

卷八:"今人既無本領,只去理會許多閑汨董,百方措置思索,反以害心。"(125 页)卷十五:"堯不以天下與丹朱而與舜,舜能使瞽瞍不格姦,周公能致辟于管蔡,使不爲亂,便是措置得好了。"(307 页)卷一百〇六:"東邊遣使去賑濟,西邊遣使去賑濟,只討得逐州幾箇紫綾冊子來,某處已如何措置,某處已如何經畫,元無實惠及民。"(2643 页)

"經畫",经营计划。卷七十:"'小人勿用',則是勿更用他與之謀議經畫爾。"(1753 页)卷一百十四:"又如既取得項羽,只管喜後,不去經畫天下,亦敗事。"(2767 页)

委曲——遷就

"委曲",迁就、屈从。全书一共出现 60 例。卷三十三:"大抵後來人講經,只爲要道聖人必不如此,須要委曲遷就,做一箇出路,却不必如此。"(838 页)卷三十五:"曾子臨死時話説,必不暇如此委曲安排。"(919 页)卷八十一:"看來詩人此意,也回互委曲,却大傷巧得來,不好。"(2116 页)

"遷就",将就、迎合。全书一共出现 5 例。卷十一:"學者不可用己意遷就聖賢之言。"(185 页)卷九十七:"或有所遷就,或有所回避,或先有所主張,隨其意之所重,義理便差了。"(2481 页)

"委曲",在《朱子语类》中有多个义项。除了"遷就"义外,还可表达:①事情的原委、细节。卷七:"大學是就上面委曲詳究那理,其所以事親是如何,所以事長是如何。"(125 页)卷十九:"孔子初不曾著氣力,只似沒緊要説出來,自是委曲詳盡,説盡道理,更走它底不得。"(444 页)②委婉、婉转。卷十三:"若是有一項合委曲而不可以直遂者,這不可以爲避嫌。"(239 页)"記言'辭欲巧',非是要人機巧,蓋欲其辭之委曲耳。"(479 页)③详尽、详细。卷二十七:"君子之於義,見得委曲透徹,故自樂爲。小人之於利,亦是於曲折纖悉間都理會得,故亦深好之也。"(702 页)④周全、调和。该义项可以和"周旋"构成同义词。卷二十九:"觀衛侯爲晉文公所執,他委曲調護,此豈愚者所能爲!"(739 页)卷三十二:"子夏是箇細密謹嚴底人,中間忒細密,於小小事上不肯放過,便有委曲周旋人情、投時好之弊,所以或流入於小人之儒也。"(804 页)

切近——親切

"切近",贴切、相近。全书出现 16 例。卷十六:"此老老、長長、恤孤方是就自家身上切近處説,所謂家齊也。"(360 页)卷一百十九:"某本不喜他如此,然細點檢來,段段皆是日用切近功夫而不可闕者,於學者甚有益。"

(2874 页)

“親切”，贴切、真切。全书出现 156 例。卷十一：“看書不由直路，只管枝蔓，便於本意不親切。”(184 页)卷十七：“孟子亦是只討譬喻，就這親切處說仁之心是如此，欲人易曉。”(377 页)《朱子语类》中的“親切”，除了表达“贴切、真切”义外，还可以表达准确义。卷一百〇五：“孟子之書，明白親切，無甚可疑者。”(2631 页)卷一百十四：“讀大學章句、或問，雖大義明白，然不似聽先生之教親切。”(2768 页)该义项可提前《汉语大词典》明代的书证。

浹洽——貫通

“浹洽”，贯通。全书一共出现 48 例。卷八：“若是尋究得這箇道理，自然頭頭有箇著落，貫通浹洽，各有條理。”(130 页)卷十二：“如此而優遊涵泳於其間，則浹洽而有以自得矣。”(205 页)

“貫通”，勾通连接，引申为透彻地理解。全书一共出现 133 例。卷三：“子孫這身在此，祖宗之氣便在此，他是有箇血脈貫通。”(47 页)卷八十：“今學者看文字，若記不得，則何緣貫通！”(2088 页)

舒暢——發越

“舒暢”，舒展、伸展。全书一共出现 6 例。卷十：“這箇不知如何，自然心與氣合，舒暢發越，自是記得牢。”(170 页)卷四十：“且看莫春時物態舒暢如此，曾點情思又如此，便是各遂其性處。”(1034 页)

“發越”，展开、散发。全书一共出现 16 例。卷六：“仁便有箇流動發越之意，然其用則慈柔。”(121 页)卷十九：“胡侍郎嘗教人看謝氏論語，以其文字上多有發越處。”(442 页)

《汉语大词典》有关“舒暢”仅列了一个义项——“舒服暢快”，《朱子语类》的用例可补。

怠惰——闒颯

“怠惰”，懈怠、懒惰。卷十六：“能剛強卓立，不如此怠惰闒颯。”(321 页)卷八十七：“今人放肆，則日怠惰一日，那得強！”(2264 页)

“闒颯”，全书出现仅 1 例。此词《汉语大词典》未收，可补。《弇州四部稿》续稿卷二百〇一：“吏民來暮之謠，計已載道不腆一律，寄贈久疎。此緣故闒颯不能工，而時得瀟灑語。”《弇州四部稿》续稿卷一百九十九：“世路險巇，物情變幻。若此而尚可夷，猶其間骫骳闒颯，苟竊升斗之禄耶？”根据文献用例考察,“闒颯”当为萎靡,无风骨。

提撕——省察

“提撕”,提醒。卷十六:“然天之所以與我者,雖曰至善,苟不能常提撕省察,使大用全體昭晰無遺,則人欲益滋,天理益昏,而無以有諸己矣。”(316页)卷九十七:“今且說只是這道理,然須長長提撕,令在己者决定是做得如此。”(2489页)

“省察”,检查、内省。卷十二:“若能常自省察警覺,則高明廣大者常自若,非有所增損之也。”(202页)卷一百十三:“今且要收斂此心,常提撕省察。”(2740页)

資質——資稟

“資質”,秉性、素养。全书一共出现167例。卷六:“且以人之資質言之:溫厚者多謙遜,通曉者多刻剝。”(122页)卷四十一:“曾點資質,莫是與顔子相反?”(1048页)

“資稟”,天资、秉性。全书一共出现34例。卷二十五:“管仲資稟極高,故見得天下利害都明白,所以做得許多事。”(631页)卷一百十三:“横渠資稟有偏駁夾雜處,他大段用工夫來。”(2745页)《汉语大词典》“資稟”一词仅收一个义项——“規定發給的糧米”,义项失收,可补。

周至——周遍

“周至”,周到、遍及。全书出现仅1例。卷五十五:“蓋他既欲兼愛,則其愛父母也必疏,其孝也不周至,非無父而何。”(1320页)

“周遍”,遍及。卷一:“普萬物,莫是以心周遍而無私否?”(4页)卷十八:“須是内外本末,隱顯精粗,一一周遍,方是儒者之學。”(415页)

分曉——分别

“分曉”,分辨明白。全书一共出现106例。《汉语大词典》该义项的最早书证是元代无名氏《衣袄车》第二折:“我便有那渾身是口也難分曉,則你那好前程可惜斷送了。”《朱子语类》可提前书证。卷一:“要人自看得分曉,也有說蒼蒼者,也有說主宰者,也有單訓理時。”(5页)卷六十七:“如解孟子首章,總括古今言利之說成一大片,却於本章之義不曾得分曉。”(1676页)

“分别”,辨明。全书一共出现274例。卷十八:“通天下固同此一理,然聖賢所說有許多般樣,須是一一通曉分别得出,始得。”(410页)卷六十

九："聖人只是敷演其義，又兼要押韻，那裏恁地分別！"(1710 页)

切磋——琢磨

"切磋"，道德学问方面的相互思索探讨。全书一共出现 9 例。卷十七："切磋是始條理，琢磨是終條理。"(389 页)卷二十二："子貢便説切磋琢磨，方是知義理之無窮也。"(530 页)卷八十七："樂群，是知得滋味，好與朋友切磋。"(2250 页)

"琢磨"，比喻修养德业，研讨义理。全书一共出现 12 例。卷三十五："平居暇日琢磨淬厲，緩急之際，尚不免於退縮。"(923 页)卷四十五："大夫必要事其賢者，士必友其仁者，便是要琢磨勉厲以至於仁。"(1153 页)

《朱子语类》中的"切磋"和"琢磨"，基本上都是用于学问义理的探讨思索方面，而且多连用。"切磋琢磨"出自《大学》中"至善"一章。

惻怛——惻隱

"惻怛"，恻隐。全书一共出现 21 例。卷二十五："易，只是習得來熟，似歡喜去做，做得來手輕足快，都無那惻怛不忍底意思。"(610 页)卷二十五："湯武之征伐，只知一意惻怛救民而已，不知其他。"(637 页)

"惻隱"，同情、怜悯。全书一共出现 391 例。卷四："但若惻隱多，便流爲姑息柔懦。"(65 页)卷六十八："仁本生意，乃惻隱之心也。苟傷著這生意，則惻隱之心便發。"(1691 页)

周匝——周遍

"周匝"，周到、周密。全书一共出现 19 例。卷一："天却四方上下都周匝無空闕，逼塞滿皆是天。"(6 页)卷四："若不論那氣，這道理便不周匝，所以不備。"(70 页)

"周遍"，遍及、周全。全书一共出现 45 例。卷一："普萬物，莫是以心周遍而無私否？"(5 页)"聖人言語，都如此周遍詳密。"(1090 页)

"周匝"，也可寫作"周帀"。[唐]韩愈《元和圣德诗》："哀憐陣歿，廪給孤寡，贈官封墓，周帀宏溥。"

較量——計較

"較量"，商量、审查。全书一共出现 18 例。卷十一："蓋熟讀後，自有窒礙，不通處是自然有疑，方好較量。"(186 页)卷四十三："只看他功效處，又何必較量道聖人之效是如此，善人之效是如彼？"(1104 页)

"計較",计议、审查。全书一共出现 88 例。卷六:"無計較、無睹當底是仁,有計較、有睹當底是恕。"(116 页)卷二十一:"未消説計較,只是爲别人做事,自不著意,這箇病根最深於計較。"(485 页)"計較",也可作"較計"①。《朱子语类》中的"計較"有多个义项,除了上述义项外,还可以指:①计策、主张。卷十二:"一日之間,動多少思慮,萌多少計較,如何得善!"(205 页)②计算得失、比较优劣。卷二十七:"小人只管計較利,雖絲毫底利,也自理會得。"(702 页)卷二十七:"蓋小人於利,他見這一物,便思量做一物事用他,計較精密,更有非君子所能知者。"(703 页)卷七十三:"是使之無思算,無計較。"(1855 页)

文字——文章

"文字",文辞、词句组成的篇章。全书出现 902 例。卷十:"學者初看文字,只見得箇渾淪物事。久久看作三兩片,以至於十數片,方是長進。"(163 页)卷十:"看文字如捉賊,須知道盜發處,自一文以上贓罪情節,都要勘出。"(164 页)

"文章",文字。全书出现 173 例。卷十九:"人若能如此作文,便是第一等文章!"(436 页)卷五十八:"某嘗説,賈誼固有才,文章亦雄偉,只是言語急迫,失進言之序。"(1373 页)卷八十:"然古人文章亦多是協韻。"(2079 页)

常人——中人

"常人",平常的人。全书一共出现 88 例。卷四:"如人看水一般:常人但見爲水流,聖人便知得水之發源處。"(79 页)卷一百〇一:"然聖人之情不溺於此,所以與常人異耳。"(2591 页)

"中人",普通人。全书一共出现 36 例。卷四:"且以中人論之,其所發之不善者,固亦多矣。"(73 页)卷三十四:"聖人説命,只是爲中人以下説。"(873 页)

《朱子语类》中,"常人"常和"聖人""聖賢"对举,使用范围广泛。"中人"多指读书治学中的平常之人,"中人讀書""中人學問"等。

---

① 《朱子语类》485 页首段"子善問云云",朝鲜本作"潘子善問",無"云云"二字,具云:"為人謀而不忠,與朋友交而不信。人之為人謀、與人交,豈不欲忠信?只是較計之心勝,所以如此。"在这段文字中,出现"較計"一词,中华本全文没有出现。

矯激——崖岸

“矯激”，诡激、偏激。全书一共出现 17 例。卷一百十八：“昨日承先生教誨矯激事，歸而思之：務為長厚固不可。”(2842 页)卷一百二十二：“伊川發明道理之後，到得今日，浙中士君子有一般議論，又費力，只是云不要矯激。”(2957 页)

“崖岸”，矜庄、孤高。全书出现仅 1 例。卷一百〇八：“若是一人叉手並脚，便道是矯激，便道是邀名，便道是做崖岸。”(2687 页)

倐暢——通暢

“倐暢”，通畅、畅达。全书一共出现 13 例。卷十二：“静坐無閑雜思慮，則養得來便倐暢。”(216 页)卷十七：“今只觀天地之化，草木發生，自是倐暢洞達，無所窒礙，此便是陽剛之氣。”(375 页)

“通暢”，流畅、通达。全书一共出现 7 例。卷二十：“樂便是箇發越通暢底氣象。”(457 页)卷八十七：“只是説得粗，文意不溜亮，不如此説之純粹通暢。”(2254 页)

壁角——壁落

“壁角”，墙壁的角落。全书一共出现 5 例。卷十三：“須要前面開闊，不要就那壁角裏去。”(227 页)卷一百十七：“不要就壁角裏，地步窄，一步便觸，無處去了。”(2819 页)也可作“壁角頭”。

“壁落”，角落。全书出现仅 1 例。卷八：“爲學須先立得箇大腔當了，却旋去裏面修治壁落教綿密。”(130 页)

設使——設若

“設使”，假如、即使。全书一共出现 17 例。卷十六：“設使此心如太虛然，則應接萬務，各止其所。”(345 页)卷十七：“設使後來如何，自家也未到得如此，天下事惟其直而已。”(385 页)

“設若”，假如。全书一共出现 9 例。卷四十三：“設若衛君用孔子，孔子既爲之臣而爲政，則此説亦可通否?”(1101 页)卷四十四：“設若不肖者後能改而賢，則吾又引薦之矣。”(1137 页)除了“設使”“設若”外，表达“假如”义还可以使用“設如”。卷八十九：“設如母卒，父在，父要循俗制喪服，用僧道火化，則如何?”(2281 页)

定疊——安帖

“定疊”,安定、安当。全书一共出现 8 例。卷十四:“今人心中搖漾不定疊,還能處得事否?”(275)卷一百十八:“人要為聖賢,須是猛起服瞑眩之藥相似,教他麻了一上了,及其定疊,病自退了。”(2844)

“安帖”,安定、平静。全书出现仅 1 例。卷十三:“只是世間不好底人,不定疊底事,才遇堯舜,都安帖平定了。”(230)

(二)版本异文同义词

襯貼(中华本)——稱貼(宋刻本)

卷一百二十七:“隨眾從‘博學、審問、慎思、明辨、篤行’底做工夫,襯貼起來方實。”[①](2828 页)

按:宋刻本这段话“襯貼”作“稱貼”。“襯貼”,衬托、陪衬。中华本全书一共出现 10 例。卷五十二:“孟子分明說‘配義與道’,只是襯帖。不是兩物相襯貼,只是一滚發出來。但道理得此浩然之氣襯貼起,方有力量,事可擔當。”(1245 页)《汉语大词典》所举书证是清平山堂话本《简贴和尚》:“着一領大寬袖斜襟褶子,下面襯貼衣裳,甜鞋浄襪。”书证偏晚。“稱貼”,妥帖、配合。《汉语大词典》未收,此词仅出现于宋刻本。《世宗宪皇帝上谕内阁》卷二十七:“上諭:諾岷奏稱貼。”

懸虛(中华本)——懸空(宋刻本)

卷一百二十七:“若是只恁懸虛不已,恰似村道說無宗旨底禪樣。”(2829 页)

按:宋刻本这段话“懸虛”作“懸空”。“懸虛”,不切实际。《汉语大词典》未收,可补。中华本一共出现 2 例。卷一百十七:“今却是懸虛說一箇物事,不能得了,只要那一去貫,不要從貫去到那一。”(2829 页)“懸空”,比喻凭空、空洞。中华本一共出现 44 例。中华本“懸空”的使用频率高于“懸虛”。

渾淪(中华本)——鶻淪(宋刻本)

卷一百二十七:“四面湊合來,便只是一箇渾淪道理。”(2828 页)

按:宋刻本这段话“渾淪”作“鶻淪”。“渾淪”,整个,全部。中华本一共出现 65 例。卷六:“仁,渾淪言,則渾淪都是一箇生意,義禮智都是仁。”

① 版本异文同义词例句的卷数、页码均据中华本,下同。

(107 页)卷五十一:“大概説道理只渾淪説,又使人無捉摸處。”(1219 页)“鶻淪”,完整的、整个的。中华本出现 1 例。卷六十五:“他這物事雖大,然無間斷,只是鶻淪一箇大底物事。”(1606 页)

發泄(中华本)——發洩(宋刻本)

卷七十:“‘風行天上,小畜,君子以懿文德’,言畜他不住,且只逐些子發泄出來。”(1756 页)

按:这段文字宋刻本“發泄”作“發洩”。“發泄”,抒发、散发。中华本出现 1 例。“發洩”,表现、散发。中华本出现 1 例。卷二:“必是上氣蔽蓋無發洩處,方能有雨。”(23 页)

必竟(中华本)——畢竟(宋刻本)

卷七十:“做得雨後,這氣必竟便透出散了。”(1756 页)

按:这段文字宋刻本“必竟”作“畢竟”。作副词时,“必竟”和“畢竟”都有“終究、到底”的意思。在使用频率上,“畢竟”多于“必竟”。中华本出现“必竟”15 例。卷二十四:“他本心愛如此,雖所由偶然不如此,終是勉強,必竟所樂不在此,次第依舊又從熟處去。”(574 页)卷九十一:“左右必竟孰爲尊?”(2334 页)“畢竟”228 例。卷五十三:“畢竟那仁義禮智是甚物?”(1286 页)卷六十四:“畢竟此理是如何?”(1601 页)“必竟”一般只能用作副词表达“终究、到底”的意思,“畢竟”则还可以表达“必定”的意思。卷五十二:“既離了正路,他那物事不成物事,畢竟用不得,其説必至於窮。”(1273 页)卷五十五:“不蔽於此,則蔽於彼,畢竟須有蔽處。”(1307 页)

發揚(中华本)——發撝(宋刻本)

卷七十:“‘撝謙’,言發揚其謙。”(1769 页)

按:這段文字宋刻本“發揚”作“發撝”。“發揚”,抒发,播散。中华本一共出现 22 例。卷十九:“孟子熟讀易見,蓋緣是它有許多答問發揚。”(432 页)卷七十:“君子儻能遏止非心邪念於未萌,則善端始自發揚。”(1766 页)“發撝”,抒发、表达。《汉语大词典》未收。中华本出现 1 例。卷七十:“蓋四是陰位,又在上卦之下,九三之上,所以更當發撝其謙。”(1769 页)“發揚”和“發撝”,都有散发的意思。

大抵(中华本)——大率(宋刻本)

卷七十三:“大抵裏面水氣上,則外面底也上。”(1844 页)

按:这段文字宋刻本"大抵"作"大率"。"大抵",大都,表示总括一般的情况。中华本"大抵"出现 345 例。卷五十二:"大抵只是這一箇氣,又不是别將箇甚底去養他。"(1245 页)卷七十四:"大抵談經只要自在,不必泥於一字之間。"(1879 页)"大率",大抵、大致。中华本"大率"出现 141 例。卷十:"大率學者喜博,而常病不精。"(169 页)卷四十二:"大率説得容易底,便是他心放了,是實未嘗爲之也。"(1081 页)

持擇(中华本)——揀擇(宋刻本)

卷六十九:"如今人持擇言語,丁一確二一字是一字,一句是一句,便是立誠。"(1715 页)

按:这段文字宋刻本"持擇"作"揀擇"。"持擇",挑剔、选择。中华本"持擇"出现仅此 1 例。"揀擇",挑选。卷五:"且如有五件好底物事,有五件不好底物事,將來揀擇,方解理會得好底。"(86 页)卷三十一:"你而今便須是常揀擇教精,使道心常常在裏面,如箇主人,人心如客樣。"(800 页)"持擇"和"揀擇",都有选择的意思。

身己(中华本)——自己(宋刻本)

卷七十三:"'艮其背不獲其身',只是道理所當止處,不見自家身己。"(1855 页)

按:这段文字宋刻本"身己"作"自己"。"身己",身体。中华本"身己"出现 95 例。卷六:"今只就人身己上看有這意思是如何。"(111 页)卷二十四:"大概是令他自理會身己上事,不要先萌利祿之心。"(591 页)"自己",中华本出现 85 例。卷十:"今舉者不忖自己力量去觀書,恐自家照管他不過。"(166 页)卷二十九:"便較得分明,亦不干自己事。"(758 页)此外,"身己"也可以作"自身己"。卷二十四:"若能於待人嚴,到得於自身己也會嚴。"(574 页)卷九十七:"如今人又忒煞不就自身己理會。"(2484 页)

潦草(中华本)——老草(宋刻本)

卷一百十六:"今人事無小大,皆潦草過了。"(2791 页)

按:这段文字宋刻本"潦草"作"老草"。"潦草",草率、不认真。中华本出现仅此 1 例。"老草",潦草、草率。该词中华本没有出现,仅出现于宋刻本。宋庄季裕《鸡肋编》卷下:"世俗簡牘中多用'老草',如云草略之義。余問於博洽者,皆莫能知其所出。後因檢《禮部韻略》'恅'字注云'愺恅,心亂也。'疑本出此,傳用之訛,故去心耳。""潦草"和"老草",最早见于宋代,都有草率的意思。

差誤（中华本）——差互（宋刻本）

卷二十七："識得甲庚丙壬戊子逐字捱將去，永不差誤。"（688 页）

按：这段文字宋刻本"差誤"作"差互"。"差誤"，错误，差错。中华本"差誤"一共出现 6 例。卷七十九："恐只是得之傳聞，故多遺闕，又差誤如此。"（2026）卷九十："政和中編此書時，多非其人，所以差誤如此。"（2294 页）"差互"，差错。中华本出现 6 例。卷十一："看得有差互時，此一段終是不穩在心頭，不要放過。"（192 页）卷八十四："將來若得賢者持彼成書，復來參訂，庶幾詳審，不至差互。"（2192 页）"差誤"和"差互"都有差错的意思。

搏摸（中华本）——搏揲（宋刻本）

卷一百十六："莫要一領他大意，便去搏摸，此最害事！"（2799 页）

按：这段文字宋刻本"搏摸"作"搏揲"。"搏摸"，猜测、估摸。全书出现 2 例。卷九十七："只見人說如何是燈光，只恁地搏摸，只是不親切。只是便把光做燈，不得。"（2484 页）"搏揲"，仅出现于宋刻本，没有发现其他文献用例。"搏摸"和"搏揲"，似为方言词或是俚俗词，待考。

措發（中华本）——問發（宋刻本）

卷一百〇六："或得三分之一，措發到一半極矣。"（2651 页）

按：这段文字宋刻本"措發"作"問發"。"措發"，分配、发放。中华本出现仅此 1 例。《汉语大词典》未收，可补。《行水金鉴》卷四十三："上嚴旨命該部馬上移文南京，工兵二部各省直撫按照數措發。"《倪文贞集》卷十一："即行密察奏，餉銀多方措發。""問發"，判决发配。中华本出现 2 例。《汉语大词典》所举最早书证为明代何良俊《四友斋丛说·史八》，偏晚。"措發"和"問發"都有分配的意思。

局促（中华本）——局定（宋刻本）

卷十八："其曰'志立乎事物之表，敬行乎事物之內'，此語極好。而曰'而知乃可精'，便有局促氣象。"（419 页）

按：这段文字宋刻本"局促"作"局定"。"局促"，局限、狭隘。中华本出现 16 例。卷五十一："若說得親切，又覺得意思局促，不免有病。"（1220 页）卷八十："但是不合以今人文章如他底意思去看，故皆局促了詩意。"（2089 页）"局定"，限定、不开阔。中华本出现 10 例。卷十四："此皆外來意。凡立説須寬,方流轉,不得局定。”(274 页)卷六十五:“天地間道理,有局定底,有流行底。”(1602 页)“局促”和“局定”可以用作动词,也可以用作形容词,都有局限、不开阔的意思。

困苦(中华本)——困善(宋刻本)

卷一百三十七:“只是困苦無精彩,極好處也只有‘正誼、明道’兩句。”(3257 页)

按:这段文字宋刻本“困苦”作“困善”。“困苦”,平乏、无力。卷一百三十二:“恁地工夫,也只做得那不好底文章,定無氣魄,所以他文字皆困苦。”(3184 页)卷一百三十七:“只是困苦無精彩,極好處也只有‘正誼、明道’兩句。”(3257 页)“困善”,软弱,不雄奇。中华本出现 2 例。《汉语大词典》未收,可补。卷七十八:“尚書決非孔安國所注,蓋文字困善,不是西漢人文章。安國,漢武帝時,文章豈如此!但有太蠃處,決不如此困善也。如書序做得善弱,亦非西漢人文章也。”(1984 页)“困苦”和“困善”一般都用于指文字的软弱无力,缺乏力量和气度。

警策(中华本)——警發(宋刻本)

卷十六:“然民之所以感動者,由其本有此理。上之人既有以自明其明德,時時提撕警策。”(319 页)

按:这段文字宋刻本“警策”作“警發”。“警策”,鞭策马。引申为督教,使之儆戒振奋。中华本出现“警策”5 例。卷一百六:“此是聖賢緊要警策人處,如何不去理會?”(2655 页)卷一百十九:“讀大學章句、或問,玩味先生所以警策學者著實用工處。”(2878 页)“警發”,警醒启发。中华本出现“警發”4 例。卷一百二十一:“嘗得潁昌一士人,忘其姓名,問學多得此人警發。學道做工夫,須是奮厲警發,悵然如有所失,不尋得則不休。”(2919 页)“警策”和“警發”都有激励、敦促的意思。

省悟(中华本)——惺悟(宋刻本)

卷一百二十九:“作有義事,是省悟心;作無義事,是狂亂心。”(3029 页)

按:这段文字宋刻本“省悟”作“惺悟”。全书出现 11 例。“省悟”如卷二十:“如病風人一肢不仁,兩肢不仁,爲其不省悟也。”(477 页)卷三十三:“然夫子亦不叫來罵一頓,教便省悟。”(834 页)“惺悟”,领会、醒悟。中华本没有出现,该词为宋刻本用例。汤显祖《邯郸记》:“老翁,老翁,盧生如今惺悟了。”“省悟”和“惺悟”都有领会的意思。

尋常(中华本)——居常(宋刻本)

卷一百二十:"先生問:'尋常看甚文字?'曰:'曾讀大學。'"(2895 页)

按:这段文字宋刻本"尋常"作"居常"。"尋常",平常。中华本一共出现 118 例。卷二:"但尋常雨自是陰陽氣蒸鬱而成,非必龍之爲也。"(23 页)卷三十六:"聖人尋常多有謙詞,有時亦自諱不得。"(961 页)"居常",经常、平常。中华本出现 7 例。卷十五:"居常無事,天理實然,有纖毫私欲,便能識破他,自來點檢慣了。"(301 页)卷九十五:"蘇季明以治經爲傳道居業之事,居常講習,只是空言無益,質之兩先生。"(2445 页)

氣象(中华本)——氣質(朝鲜本)

卷七十九:"天下自有一般不好底氣象。聖人有那禮樂刑政在此維持,不好底也能革面。"(2063 页)

按:这段文字朝鲜本"氣象"作"氣質"。"氣象",指和精神相对的一种实体。卷六:"看公時一般氣象如何,私時一般氣象如何。"(110 页)卷三十九:"又如子游能養而不能敬,子夏能敬而少溫潤之色,皆見二子氣象不同處。"(1010 页)"氣質",在"理"(精神)之后的一种物质,引申指人的个性特征。卷三:"氣質是實底;魂魄是半虛半實底;鬼神是虛分數多,實分數少底。"(40 页)卷六十:"而今人只要去其氣質物欲之隔,教四者之根著土而已。"(1444 页)"氣象"和"氣質",在《朱子语类》中多用于理学概念的描绘阐发,表达一种精神之外的物质。

涵味(中华本)——涵泳(朝鲜本)

卷八十:"讀詩之法,只是熟讀涵味,自然和氣從胸中流出,其妙處不可得而言。"(2086 页)

按:这段文字朝鲜本"涵味"作"涵泳"。"涵味",深入体味。中华本出现 2 例。《汉语大词典》未收,可补。卷九:"不然,讀得這一件,却將來排湊做,韓昌黎論爲文,便也要讀書涵味多後,自然好。"(157 页)"涵泳",深入领会。卷五:"此語或中或否,皆出臆度。要之,未可遽論。且涵泳玩索,久之當自有見。"(98 页)卷四十五:"然此須是去涵泳,只恁地説過,亦不濟事。"(1150 页)

建事(中华本)——逮事(朝鲜本)

卷八十五:"自四世以上,凡建事,皆當服衰麻三月,高祖蓋通稱耳。"

(2199 页)

按:这段文字朝鲜本“建事”作“逮事”。“建事”,谓建立事业或功业,中华本出现 4 例。卷一百二十八:“不過寫换數字而已,又不會痛,當時疑慮顧忌已如此。只緣自來立法建事,不肯光明正大,只是如此委曲回護。”(3073 页)“逮事”,建事。中华本没有出现用例。《汉语大词典》失收,可补。《宋史》卷一百五十九:“帝幸南京,詔臣僚逮事。”

合下(中华本)——一下(朝鲜本)

卷九十七:“助長固是不好,然合下未能到從容處。”(2489 页)

按:这段文字朝鲜本“合下”作“一下”。“合下”,當下。中华本出现 199 例。卷一:“而今知得他合下是先有理,後有氣邪。”(3 页)卷二十二:“須是合下知得此人是如何,於其初謹之可也。”(525 页)“一下”,马上、立刻。中华本出现 25 例。卷十一:“若一下便要理會得,也無此理。”(185 页)卷六十四:“有疑處,且漸漸思量。若一下便要理會得,如何會見得意思出!”(1601 页)

第二节 《朱子语类》反义词研究

一、反义词概说

在意义上相反或者相对的一组词,就是反义词。反义词反映了汉语词汇中的一种特殊聚合关系,它所概括反映的,是同类事物或是同类现象中存在的两个相对立的方面。反义词存在的前提,是要有共同的意义领域,在同一意义场。对于反义词定义的把握,郭庆林提出要注意以下几点:第一,它是就一对词即两个词而说的,不是对单个词;第二,意义相对相反(事物的空间位置或运动方向、人在社会中所处的角色、事物的性质、自然物体的属性);第三,两个词在意义上的相对或相反,是指两个词的其中一个意义而言,不是全部或数个意义相对或相反。[1]

对反义词的界定,除了两个词意义相对或相反之外,还要注意词性和褒贬色彩,只有词性一致、色彩相同,才可能构成反义词。

---

[1] 郭庆林:《〈晏子春秋〉词汇研究》,安徽大学 2008 年博士论文,第 164 页。

二、《朱子语类》反义词例释

《朱子语类》作为朱熹的讲学语录，在理学思想的探讨阐发方面具有大量成对的反义表达。这些反义词主要分布于实词当中。在讨论问题时，多以对举的方式提出。为了说明一个问题，阐释一个现象，一组反义词同时存在于一个语境、一段问答中，这是《朱子语类》作为讲学语录体的一个重要特征。

(一)动词

收束——舒泰

卷三十四："若學者有心要收束，則入於嚴厲；有心要舒泰，則入於放肆。"(861 页)

按："收束"，约束。全书出现 2 例。卷九十三："然伊川收束檢制處，孟子却不能到。"(2359 页)《汉语大词典》最早书证是清代采蘅子《虫鸣漫录》卷一："自揣才不及，故藉是以收束身心，培養元氣。"书证偏晚。"舒泰"，舒畅安宁。全书出现 3 例。卷十六："只見得一邊，所以體不能常舒泰。"(340 页)卷一百〇四："既無遮蔽，須自有舒泰寬展處。"(2617 页)

收入——推出

卷十九："人之一心，在外者又要收入來，在內者又要推出去。"(436 页)

按："收入"，收进、收下。全书出现 7 例。卷六十一："若用都收入裏面，裏面却沒許多節次，安著不得。"(1469 页)卷七十四："入息，如螺螄出殼了縮入相似，是收入那出不盡底。"(1887 页)《汉语大词典》最早书证是清代《说唐》第二回："仁兄且收入，還有一場大富貴送與令兄，肯容納否?"书证偏晚。"推出"，展现、表现。全书出现 33 例。卷十四："修身推出，做許多事。"(252 页)卷十四："聖人言雖不多，推出來便有許多說話，在人細看之耳。"(275 页)

節約——發揚

卷七十八："禮是節約收縮底，便是鬼；樂是發揚舒暢底，便是神。"(2003 页)

按："節約"，节制约束。全书出现 3 例。卷五十二："今學者要須事事節約，莫教過當，此便是養氣之道也。"(1239 页)卷八十七："禮是收縮節約底,便是鬼。"(2254 页)"發揚",散播。全书出现 22 例。卷三:"人死時,其魂氣發揚於上。"(39 页)卷三:"魂是發揚出來底,如氣之出入息。"(40 页)

局定——流行

卷六十五:"天地間道理,有局定底,有流行底。"(1602 页)

按:"局定",限制、固定。全书出现 10 例。卷四:"人物被形質局定了,也是難得開廣。"(58 页)卷十四:"凡立説須寬,方流轉,不得局定。"(274 页)"流行",传递、运行。全书出现 244 例。卷一:"有理,便有氣流行,發育萬物。"(1 页)卷三:"天道流行,發育萬物,有理而後有氣。"(36 页)

搖漾——定疊

卷十四:"今人心中搖漾不定疊,還能處得事否?"(275 页)

按:"搖漾",荡漾,引申指心情摇摆不定。全书出现仅此 1 例。《汉语大词典》未收。《六书故》卷六:"涏,堂練切,水光澤搖漾之象也。"《御製詩集》初集卷十四《庐洲》:"摇漾含清漪,畫意澹空宇。""定疊",定当、安定。全书出现 8 例。卷十三:"只是世間不好底人,不定疊底事,才遇堯舜,都安帖平定了。"(230 页)卷十五:"待自家者已定疊,然後漸漸推去,這便是能格物。"(284 页)

更革——沿襲

卷一百三十七:"緣它於事上講究得精,故於世變興亡,人情物態,更革沿襲,施爲作用,先後次第,都曉得。"(3256 页)

按:"更革",改革、变革。全书出现 5 例。卷七十三:"若是更革,則須徹底重新鑄造一番,非止補其罅漏而已。"(1847 页)卷一百十二:"此須大有為後痛更革之。"(2730 页)"沿襲",依照旧例行事,语出自《礼记・乐记》。全书出现仅此 1 例。

舒暢——收斂

卷六:"殊不知舒暢發達,便是那剛底意思;收斂藏縮,便是那陰底意思。"(106 页)

按:"舒暢",敞开、舒展开来。全书出现 6 例。卷十:"這箇不知如何,自然心與氣合,舒暢發越,自是記得牢。"(170 页)卷一百〇七:"似今日一日與客説話,却覺得意思舒暢。"(2673 页)《朱子语类》中的"舒暢",还没有引申出舒服快意的意思。"收斂",聚敛、集中。卷六:"義便是收斂向

裹底，外面見之便是柔。”（106 页）卷三十四：“但得身心收斂，則自然和樂。”（861 页）

（二）名词

大綱——節目

卷八：“此事自有大綱，亦有節目。”（140 页）

按：“大綱”，纲要、总体框架。全书出现 174 例。卷二：“且看大綱識得後，此處用度算方知。”（14 页）卷十：“若只描摸箇大綱，縱使知道此人是賊，却不知何處做賊。”（164 页）“節目”，条目、细目。全书出现 79 例。卷八：“今人却是理會那大底不得，只去搜尋裹面小小節目。”（131 页）卷十一：“一代帝紀，更逐件大事立箇綱目，其間節目疏之於下，恐可記得。”（196 页）

恰好——過外

卷八：“今做到聖賢，止是恰好，又不是過外。”（133 页）

按：“恰好”，正好，刚好合适。全书出现 131 例。卷二：“日之健次於天，一日恰好行三百六十五度四分度之一，但比天爲退一度。”（13 页）与现代汉语相比，“恰好”的这个义项一直沿用至今。“過外”，超出正常范围或是最佳处。全书出现仅此 1 例。“過外”，也可作“過當”。卷二十九：“大抵道理都是合當恁地，不是過當。若到是處，只得箇恰好。”（755 页）

平聲——側聲

卷七十三：“疑自‘當’字以下不然，蓋十一唐中，‘上’字無平聲。若從側聲，但‘終不可長也’，‘長’字作音‘仗’，則‘當’字、‘上’字、‘亢’字皆協矣。”（1870 页）

按：“平聲”，四聲之一，指中平的字调。全书出现 20 例。卷七十二：“唯‘孚號’，古來作去聲，看來亦只當作平聲。”（1836 页）“側聲”，即仄声，与平声相对。卷一百二十一：“恭是平聲，敬是側聲。”（2937 页）

小生——大賢

卷四十一：“初學小生，何足以窺大賢君子！”（1053 页）

按：“小生”，新学后进者。全书出现仅此 1 例。“大賢”，才德超群的人。全书出现 22 例。卷二十九：“此聖人、大賢氣象所以不同也。”（751 页）卷四十一：“其餘則雖是大賢，亦須著工夫。”（1050 页）

見識——踐行

卷四十一:"南軒見識純粹,踐行誠實,使人望而敬畏之,某不及也。"(1054 页)

按:"見識",知识、见解。全书出现 102 例。卷十:"書之句法義理,雖只是如此解説,但一次看,有一次見識。"(167 页)卷四十一:"涵養得到,一步又進一步,方添得許多見識。"(1046 页)"踐行",实际行动。全书出现 3 例。卷九:"只有兩件事:理會,踐行。"(149 页)

人力——自然

卷五十三:"世間事若出於人力安排底,便已得;若已不得底,便是自然底。"(1281 页)

按:"人力",人的劳力、人的力量。卷四:"皆非人力所與,故謂之天所命否?"(63 页)卷五十二:"至於助長,則是強探力取,氣未能養,遽欲加人力之私,是爲揠苗而已。"(1250 页)全书出现 20 例。"自然",天然,非人為的。全书出现 1025 例。卷二:"周天之度,是自然之數,是強分?"(13 页)卷六:"仁有兩般:有作爲底,有自然底。"(112 页)《朱子语类》中的"自然"主要有 2 个义项,一是上述这个,作为哲学命题出现,另一个是不经人力而自由发展,常用作副词。使用后者居多。

天然——人為

卷二十七:"能近取譬,便是學者之恕。一箇是天然底道理,一箇是人爲底道理。"(688 页)

按:"天然",自然赋予的,生来具备的。全书出现 17 例。卷十三:"如人入於水則死,而魚生於水,此皆天然合當如此底道理。"(234 页)卷十八:"與程子所謂天然自有之中,劉子所謂民受天地之中相似。"(410 页)"人為",人力所制造的、形成的。卷九十七:"謂道所從出,却是就人為上說,已陷了。"(2504 页)

偏言——專言

卷六:"偏言則一事,專言則包四者。"(111 页)

按:"偏言",片言。全书出现 47 例。卷六:"不知仁只是一箇,雖是偏言,那許多道理也都在裏面。"(112 页)卷五十九:"偏言是指其一端,因惻隱之發而知其有是愛之理。"(1419 页)"專言",全面的或有针对的言语概括。《汉语大词典》未收此词。卷六:"六經中專言仁者,包四端也。"(106 页)卷

六:"專言之,則兼體、用。"(115 页)

總說——分說

卷七十七:"'和順道德而理於義',是統説底;'窮理、盡性、至命',是分説底。"(1968 页)

按:"總説",笼统说、总体说。卷十四:"大學總説了,又逐段更説許多道理。"(251 页)卷三十四:"念念不舍,即是總説,須是有許多實事。"(863 页)"分説",分别说、细说。卷三:"有是理,必有是氣,不可分説。"(46 页)卷十一:"只隨經句分説,不離經意,最好。"(193 页)此二词《汉语大词典》均未收。

一本——萬殊

卷二十七:"如今學者只是想像籠罩得是如此,也想像得箇萬殊之所以一本,一本之所以萬殊。"(676 页)

按:"一本",同一根本。"主敬、窮理雖二端,其實一本。"(150 页)"何以有是差等,一本故也,無僞也。"(1314 页)"萬殊",各种各样不同的表现。"下面節節,只是此理散爲萬殊。"(155 页)"萬殊便是這一本,一本便是那萬殊。"(677 页)"一本"和"萬殊"是一对哲学概念。

(三)形容詞

蒙昧——開發

卷七十:"蓋言蒙昧之時,先自養教正當了,到那開發時,便有作聖之功。"(1747 页)

按:"蒙昧",昏昧、迷糊。卷七十:"自家這裹先自不安穩了,外面更去不得,便是蒙昧之象。"(1745 页)卷七十:"山下已是險峻處,又遇險,前後去不得,故於此蒙昧也。"(1745 页)"开發",开化、明朗。卷九十三:"學於明道,恐易開發。"(2359 页)卷一百〇一:"紹興初入朝,滿朝注想,如待神明,然亦無大開發處。"(2576 页)

細巧——麄拙

卷六十七:"譬如天地生物,有生得極細巧者,又自有突兀麄拙者。"(1655 页)

按:"細巧",细致精巧。全书一共出现 4 例。卷一百二十三:"到而今却是氣卑弱了,凡事都無些子正大,只是細巧。"(2963 页)卷一百三十九:

"作文字須是靠實,説得有條理乃好,不可架空細巧。"(3320 页)"麄拙",粗疏拙劣,不精美。全书出现仅此 1 例。《汉语大词典》所收最早书证为鲁迅《朝花夕拾・阿长与〈山海经〉》:"可是从还在眼前的模样来说,却是一部刻印都十分粗拙的本子。"书证偏晚。《朱子语类》中还有一词"魯拙",也可以和"細巧"构成反义词。卷九十三:"曾子本是魯拙,後來既有所得,故守得夫子規矩定。"(2354 页)"魯拙",质朴粗疏。全书出现仅此 1 例。

細膩——疏略

卷四:"孔子説得細膩,説不曾了。孟子説得麄,説得疏略。"(70 页)

按:"細膩",细密、精细。全书一共出现 27 例。卷二十九:"子路底較粗,顔子底較細膩。"(754 页)卷四十:"公西華較細膩得些子,但也見不透。"(1032 页)"疏略",粗疏简略。卷二十八:"曾點見得甚高,却於工夫上有疏略處。"(718 页)卷三十一:"當時門人乃或日一至焉,或月一至焉,不應如是疏略。"(783 页)全书一共出现 30 例。

做作——自然

卷二十二:"但不做作而順於自然,便是和。"(516 页)

按:"做作",装模作样。全书一共出现 13 例。卷五十三:"而今人做作説一片,只是不如他。"(1282 页)卷六十四:"誠者,是箇自然成就底道理,不是人去做作安排底物事。"(1576 页)"自然",天然形成,没有人为痕迹。全书一共出现 1025 例。卷六:"仁有兩般:有作爲底,有自然底。"(112 页)《朱子语类》中的"自然",可以作名词、副词和形容词。

鶻突——分曉

卷十四:"伊川舊日教人先看大學,那時未有解説,想也看得鶻突。而今看注解,覺大段分曉了,只在子細去看。"(256 页)

按:"鶻突",疑惑不定。卷十:"今看文字未熟,所以鶻突,都只見成一片黑淬淬地。"(168 页)卷十四:"伊川舊日教人先看大學,那時未有解説,想也看得鶻突。"(256 页)《汉语大词典》该义项所收最早书证是[明]沈榜《宛署杂记・民风二》:"事之依違曰鶻鶟。"书证偏晚。"分曉",明白、清楚。卷一:"要人自看得分曉,也有説蒼蒼者,也有説主宰者,也有單訓理時。"(5 页)卷二十六:"這裹看得分曉,須要做下面工夫。"(648 页)《朱子语类》中的"分明"也可以和"鶻突"构成反义词。卷三十:"是非之間,有些子鶻突也不得。只管會恁地,這道理自然分明。"(770 页)

顯明——隱微

卷十六："小處如此，大處亦如此；顯明處如此，隱微處亦如此。"(335 页)

按："顯明"，鲜明、突出。全书一共出现 5 例。卷十六："所謂爲惡於隱微之中，而詐善於顯明之地，是所謂自欺以欺人也。"(336 页)卷十六："所謂誠意者，須是隱微顯明，小大表裏，都一致方得。"(336 页)"隱微"，隐约细微。全书一共出现 21 例。卷十六："誠意是檢察於隱微之際，正心是體驗於事物之間。"(342 页)卷二十四："以是察人，是節節看到心術隱微處，最是難事。"(571 页)

深厚——表露

卷三十九："閔子深厚，仲由較表露。"(1014 页)

按："深厚"，指人们学业、技艺的功底雄厚。全书出现 23 例。《汉语大词典》该义项最早书证是清王士禛《〈四溟诗话〉序》："茂秦今體工力深厚，句響而字穩，七子、五子之流，皆不及也。"书证偏晚。卷七："古人於小學存養已熟，根基已深厚，到大學，只就上面點化出些精彩。"(125 页)卷三十九："閔子騫氣象便自深厚，冉有子貢便都發見在外。"(1013 页)"表露"，肤浅、缺乏内涵。全书出现仅 1 例。《朱子语类》中的"淺露"也可以和"深厚"构成反义词。卷二十四："'深潛'，是深厚不淺露。"(568 页)

疏闊——細密

卷九："如覺言語多，便用簡默；意思疏闊，便加細密；覺得輕浮淺易，便須深沉重厚。"(151 页)

按："疏闊"，粗略、不周密。全书一共出现 9 例。卷三十三："他問得空浪廣不切己了，却成疏闊。"(843 页)卷三十九："如學子游之弊，只學得許多放蕩疏闊意思。"(1010 页)"細密"，不粗疏。全书一共出现 94 例。卷八："開闊中又著細密，寬緩中又著謹嚴。"(144 页)卷五十五："只是聖人言語細密，要人子細斟量考索耳。"(1318 页)《朱子语类》中可以和"疏闊"构成反义词的还有"高朗"，指豁达开朗、不拘小节。全书出现仅 1 例。卷三十九："他說子夏是循規守矩，細密底人；子游却高朗，又欠細密工夫。"(1010 页)"膠粘"，贴切、紧密结合。全书出现仅 1 例。卷九："如不曾下工夫，一時去旋揣摸他，只是疏闊。真箇下工夫見得底人，說出來自是膠粘。"(159 页)"疏闊"和"膠粘"构成反义词，其共同的意义场是事物之间的结合程度。

"疏闊"和"細密"构成反义词,其共同的意义场是密度的大小。

常活——死殺

卷二十四:"若知新,則'引而伸之,觸類而長之',則常活不死殺矣。"(576 页)

按:"常活",鲜活的、源源出新的。全书一共出现 2 例。卷二十四:"知新,則時復溫習舊聞以知新意,所以常活。"(576 页)"死殺",固化的,死板的。全书一共出现 7 例。卷二十四:"'記問之學,不足爲人師',只緣這箇死殺了。"(576 页)这两个词《汉语大词典》均没有收。

敬畏——狎侮

卷二十一:"仍是朋友才不如我時,便無敬畏之意,而生狎侮之心。如此則無益。"(505 页)

按:"敬畏",既敬重又害怕。全书出现 8 例。卷三:"肅然在上,令人奉承敬畏,是甚物?"(51 页)卷十六:"若把敖惰做不當有,則親愛、敬畏等也不當有。"(348 页)"狎侮",轻慢侮弄。全书出现仅 1 例。

脱灑——黏滯

卷二十二:"看文字要脱灑,不要黏滯。"(529 页)

按:"脱灑",自然、不拘束。全书一共出现 5 例。卷三:"和尚得恁不脱灑!只要戀著這木毬要熱做甚!"(54 页)卷四十:"三子雖就事上學,又無曾點底脱灑意思。"(1031 页)"黏滯",执着、拘泥。全书出现仅此 1 例。

第三节 《朱子语类》同素异序词语研究

双音节复合词很大一部分是由实词语素加上实词语素的形式组合而成的。这一类复合词在中古近代汉语中数量巨大,占有十分重要的地位。这一类复合词不仅数量多,而且构词灵活。这一时期的这一类复合词的形式为"AB",在形成之初,A 和 B 两个语素的位置是不确定的,可以前后对换,构成同素异序关系。日本汉学家香坂顺一在《近世、近代漢語の語法と詞彙》一书中,论述了近代汉语复合词的语素顺序,指出"要緊""熱鬧""言語""看覷""聲音""點檢""帶攜""鬧吵""等待""買賣""揀擇""想念"等词在开始时语素的位置都是可以倒换的。[①] 考察后发现，这些同素异序词语，都属于并列式复合词。因为并列式复合词的两个语素之间的语法功能是相同的，语义是处于同一个聚合关系之中，构成相反或是相同的语义关系。

《朱子语类》作为一部宋代语言的活语料，在宋代这样一个共时平面之下，保存了大量的同素异序词语。本节对《朱子语类》中的同素异序词语的研究，从两个方面去考察、比较：一是在《朱子语类》这个封闭的语料空间之内，两个词形共现的同素异序复合词；二是将《朱子语类》与现代汉语比较，从纵向的角度看同素异序复合词的历时发展。

一、《朱子语类》中两个词形共现的同素异序复合词

（一）异序之后词义没有发生明显变化的词语

急躁——躁急

“急躁”，全书出现 1 例。卷一百三十六：“他是急要做正統，恐後世以其非正統，故急欲亡晉。此人性也急躁，初令王猛滅燕。”（3243 页）“躁急”，全书出现 1 例。卷二十五：“其聲憤怒躁急，如人鬪相似，便可見音節也。”（627 页）“急躁”和“躁急”都表达性急、不冷静。两个词形《汉语大词典》均收。

“急躁”也作“急燥”。《汉语大词典》所举最早书证是元吴莱《狙赋》：“急躁襲取，智慮畢輸。”书证偏晚。“躁急”的最早书证是《北史·尉古真传》：“及位任重，便大躁急，省内郎中將論事者，逆即瞋罵。”现代汉语中，“躁急”仍在使用。茅盾《路》十一：“長大漢子老熊接連舞動他的一雙大手，意思是叫大家不要躁急。”

急缓——缓急

“急緩”，全书出现 3 例。卷九十四：“只是説得有詳略，有急緩，只是這一箇物事。”（2388 页）卷一百二十一：“所以這道理極難，要無所不用其力。莫問他急緩先後，只認是處便奉行，不是處便緊閉，教他莫要出來。”（2944 页）“緩急”，全书出现 42 例。卷十一：“凡看文字，專看細密處，而遺却緩急之間者，固不可；專看緩急之間，而遺却細密者，亦不可。”（182 页）卷七十三：“且令自家心先正了，然後於天下之事先後緩急，自有次第，逐旋理會，

① 转引自李文泽：《宋代语言研究》，线装书局 2001 年版，第 102—103 页。

道理自分明。"(1848 页)"急緩"和"緩急",均表达宽恕和急迫,慢和快。两个词形《汉语大词典》均收。"急緩"的最早书证是《管子·七臣七主》:"彼時有春秋,歲有敗凶,政有急緩。""緩急"的最早书证是《管子·五行》:"昔者黄帝以其緩急作立五聲,以政五鍾。"

大小——小大

"大小",全书出现 105 例。卷四:"如隙中之日,隙之長短大小自是不同,然却只是此日。"(58 页)卷四十五:"學者須是於日用之間,不問事之大小,皆欲即於義理之安,然後臨死生之際,庶幾不差。"(1153 页)"小大",全书出现 70 例。卷十:"學問,無賢愚,無小大,無貴賤,自是人合理會底事。"(161 页)卷六十四:"更須看中間五句,逐句兼小大言之,與章首兩句相應,工夫兩下皆要到。"(1591 页)"大小"和"小大",大和小,大或小,形容形状或是程度的大和小。《汉语大词典》两个词形均收,"小大"的首见书证是《书·顾命》:"柔遠能邇,安勸小大庶邦。""大小"的首见书证是《礼记·月记》:"(孟冬之月)審棺椁之薄厚,塋丘壟之大小。"

簡易——易簡

"簡易",全书出现 54 例。卷二十二:"溫是恁地溫和深厚,良是恁地簡易正直。"(508 页)卷六十三:"大凡禮制欲行於今,須有一箇簡易底道理。"(1555 页)"易簡",全书出现 5 例。卷十六:"彼所謂易簡者,苟簡容易爾,全看得不子細。"(325 页)卷十六:"易簡有幾多事在,豈容易苟簡之雲乎!"(324 页)"簡易"和"易簡"都有平易简约的意思。《汉语大词典》两个词形均收。"易簡"出自《易经》,"乾以易知,坤以簡能""易則易知,簡則易從""易簡而天下之理得"。

根本——本根

"根本",全书出现 67 例。卷三:"天下大底事,自有箇大底根本;小底事,亦自有箇緊切處。"(34 页)卷八:"刮落枝葉,栽培根本。"(144 页)卷十二:"平日養得根本。固善,若平日不曾養得,臨事時便做根本工夫,從這裏積將去。"(204 页)"本根",全书出现 17 例。卷五:"大抵言性,便須見得是元受命於天,其所稟賦自有本根,非若心可以一概言也。"(90 页)卷二十:"如草木之有本根,方始枝葉繁茂。"(462 页)卷三十六:"如今識得箇大原了,便見得事事物物都從本根上發出來。"(977 页)"根本"和"本根",两个词形《汉语大词典》均收。本义均为植物的根干,引申为事物的根源和基础,最主要的部分。"本根"最早书证见于《左传・隐公六年》:"見惡如農夫之務去草焉:芟夷蘊崇之,絶其本根,勿使能殖。""根本"的最早书证见于宋梅尧臣《送孙曼卿赴举》诗:"欲變明年花,曾不根本移。"

議論——論議

"議論",全书出现 247 例。卷八:"只是實去做工夫。議論多,轉鬧了。"(139 页)卷四十四:"如唐鑑,只是大體好,不甚精密;議論之間,多有説那人不盡。"(1132 页)"論議",全书出现 2 例。卷四十一:"某見前輩一項論議説忒高了,不只就身上理會,便説要與天地同其體,同其大,安有此理!"(1067 页)卷九十:"逐一説了後,又反復論議一段,如此亦自好。漳州煞有文字,皆不得寫。"(2295 页)"議論"和"論議",可作名词和动词,表达对人或事物的是非、好坏等的评论,或所作的评论。《汉语大词典》两个词形均收,义项也都包括名词和动词两项。其中,"議論"还可以表示一种议论文体。《后汉书・孔融传》:"所著詩、頌、碑文、論議、六言、策文、表、檄、教令、書記凡二十五篇。"就《朱子语类》来看,"議論"的使用频率要远远高于"論議"。

脚根——根脚

"脚根",全书仅出现 1 例。卷二十四:"私欲一次勝他不得,但教真箇知得他不好了,立定脚根,只管硬地自行從好路去。"(572 页)"根脚",全书出现 19 例。卷八:"學者立得根脚闊,便好。"(143 页)卷三十三:"蓋根脚已是了,所以不畔道。"(833 页)卷一百二十一:"須盡記得諸家説,方有箇襯簟處,這義理根脚方牢,這心也有殺泊處。"(2920 页)"脚根"和"根脚",都可以指植物或建筑物的根基,引申谓事物的基础、底子。《汉语大词典》两个词形均收。"脚根",也作"脚跟",由脚的后部引申为立足点或立场。卷十三:"人所以易得流轉,立不定者,只是脚跟不點地。"(223 页)卷四十三:"世衰道微,人欲橫流,若不是剛介有脚跟底人,定立不住。"(1110 页)

向方——方向

"向方",全书仅出现 1 例。卷一百〇九:"今為主司者,務出隱僻題目,以乘人之所不知,使人弊精神於檢閲,茫然無所向方,是果何法也!"(2694 页)"方向",全书仅出现 1 例。卷一百三十一:"魏公淮上方向進,趙公憂不便,奏乞退師保建康以南。"(3147 页)"向方"和"方向",东南西北,方位。两个词语《汉语大词典》均收。《宋书》卷十三:"陽之位自在已地,進失向方,退非始見。"《读书管见》卷上:"然初學之士扵道未知向方,必有先知先覺之士為之開示蘊奥。"《汉语大词典》"向方"所收的两个义项分别为归向正道、遵循正确方向。这两个义项均为引申义。"向方"的本义《汉语大词典》失收,可补。

終始——始終

"終始",全书出现 95 例。卷六:"又如乾四德,元最重,其次貞亦重,以明終始之義。"(105 页)卷二十八:"竊意開都見得許多道理,但未能自保其終始不易。"(713 页)"始終",全书出现 52 例。卷十三:"以至千載之前,千載之後,與天地相爲始終,只此一心。"(225 页)卷十七:"始終條理都要密,講貫而益講貫,修飭而益修飭。"(389 页)"終始"和"始終"都是开头和结尾的意思。两个词形《汉语大词典》均收。"终始"的首见书证是《礼记·大学》:"物有本末,事有終始,知所先後,則近道矣。""始終"的首见书证是《庄子·田子方》:"始終相反乎無端,而莫知乎其所窮。"

要緊——緊要

"要緊",全书出现 81 例。卷十:"四面雖有好看處,不妨一看,然非是要緊。"(169 页)卷三十:"讀書且要理會要緊處。"(771 页)"緊要",全书出现 145 例。卷三:"若合理會底不理會,只管去理會沒緊要底,將間都沒理會了。"(33 页)卷四十七:"尹氏自説得不緊要了。又辨其不緊要話,愈更不緊要矣。"(1189 页)"要緊"和"緊要",都有重要、至关重要的意思。《汉语大词典》两个词形均收,所举书证也均为宋代。"要緊"的首见书证是[宋]龚昱《乐庵语录》卷二:"文章如美婦,可以傾人之城,可以傾人之國,然要緊在行事處。""緊要"的首见书证是《朱子语类》卷一百十五:"道夫曰:'以此見得孟子求放心之説緊要。'"

轉移——移轉

"轉移",全书一共出现 6 例。卷十三:"今若見得十分透徹,待下梢遇事轉移,也只做得五六分。"(236 页)卷七十四:"然而某這箇例,只是一爻互換轉移,無那隔蓦兩爻底。"(1864 页)"移轉",全书出现仅此 1 例。卷一百十七:"及到講論義理,便偏執己見,自立一般門戶,移轉不得,又大可慮。"(2815 页)"轉移"和"移轉",都有转换、迁移的意思。《汉语大词典》两个词形均收。"轉移"的首见书证是《周礼·天官·大宰》:"九曰閒民,無常職,轉移執事。""移轉"的首见书证是《后汉书·赵温传》:"上命不行,威澤日損,而復欲移轉乘輿,更幸非所。"

迫促——促迫

“迫促”，全书出现 1 例。卷一百〇一：“這後面光景迫促了，虜人之來，已不可遏矣！”(2572 页)“促迫”如卷一百〇三：“如此，則氣象促迫，不好。”(2605 页)卷一百〇五：“某當初看時，要逐句去看他，便但覺得意思促迫；到後來放寬看，却有條理。”(2631 页)“迫促”和“促迫”，都有急迫、急促的意思。《汉语大词典》两个词形均收。“迫促”的首见书证是汉王符《潜夫论·爱日》：“《詩》云：‘王事靡鹽，不遑將父。’言在古閒暇而得行李，今迫促不得養也。”“促迫”的首见书证是汉焦赣《易林·贲之涣》：“利少囊縮，秖益促迫。”

量度——度量

“量度”，全书出现 12 例。卷十三：“學者若得胸中義理明，從此去量度事物，自然泛應曲當。”(237 页)卷十六：“不是真把那矩去量度，只是自家心裏暗度那箇長那箇短。”(363 页)“度量”，全书出现 24 例。卷十六：“絜矩一條，此是上下四方度量，而知民之好惡否?”(362 页)卷一百〇八：“今日人材須是得箇有見識，又有度量人，便容受得今日人材，將來截長補短使。”(2685 页)“量度”和“度量”，都有测量义和估计、思量的意思。《汉语大词典》两个词形均收。“量度”的测量义的最早书证是《墨子·天志中》：“今夫輪人操其規，將以量度天下之圜與不圜也。”“量度”的估计、思量义最早书证是《魏书·范绍传》：“詔以徐豫二境，民稀土曠，令紹量度處所，更立一州。”“度量”的测量义的最早书证是[北齐]颜之推《颜氏家训·归心》：“夫遥大之物，寧可度量?”“度量”的估计、思量义最早书证是《管子·形势解》：“善視其馬，節其飲食，度量馬力，審其足走，故能取遠道而馬不罷。”

見識——識見

“見識”，全书出现 102 例。卷五：“胡五峰説性多從東坡子由們見識説去。”(92 页)卷九：“氣質純底，將來只便成一箇無見識底獃人。”(153 页)卷七十二：“今世之人，見識一例低矮，所論皆卑。”(1819 页)“識見”，全书出现 11 例。卷七十二：“此等有何識見，而足與語，徒亂人意耳！”(1817 页)卷九十四：“而今只管去檢點古人不是處，道自家底是，便是識見不長。”(2367 页)“見識”和“識見”都有见解见识的意思。《汉语大词典》两个词形均收。“見識”的首见书证是[晋]袁宏《后汉纪·光武帝纪五》：“每幸郡國，見父老掾吏，問數十年事，吏民皆驚喜。令自以見識，各盡力命焉。”“識見”的首见书证是[南朝宋]刘义庆《世说新语·栖逸》:“郗尚書與謝居士善。常稱:‘謝慶緒識見雖不絶人,可以累心處都盡。’”

入深——深入

“入深”,全书出现7例。卷九:“須是自把來横看竪看,儘入深,儘有在。”(157页)卷十:“聖人言語,一重又一重,須入深去看。”(162页)“深入”,全书出现10例。卷十三:“如居屋室中,只在門戶邊立地,不曾深入到後面一截。”(223页)卷一百二十七:“西番小小擾邊,只是打一陣退便了,却去深入侵他疆界,才奪得鄯州等空城,便奏捷。”(3046页)“深入”和“入深”,都有进入内部或中心的意思。两个词形《汉语大词典》均收。“深入”的首见书证是[汉]贾谊《过秦论下》:“楚師深入,戰於鴻門,曾無藩籬之難。”“入深”的首见书证是《墨子·号令》:“有能入深至主國者,問之審信,賞之倍他候。”

重厚——厚重

“重厚”,全书出现12例。卷三十二:“仁只似而今重厚底人,知似而今伶利底人,然亦在人看。”(821页)卷六十四:“厚是資質恁地朴實,敦是愈加他重厚,此是培其基本。”(1587页)“厚重”,全文出现7例。卷二十一:“重亦不難見,如人言語簡重,舉動詳緩,則厚重可知。”(506页)卷四十三:“剛毅木訥,只是質朴厚重,守得此物,故曰‘近仁’。”(1112页)“重厚”和“厚重”,都有敦厚持重的意思。《汉语大词典》两个词形均收。“重厚”的首见书证是《墨子·号令》:“葆衛必取戍卒有重厚者。”“厚重”的首见书证是汉荀悦《汉纪·高祖纪》:“周勃厚重少文,然安劉氏者,必勃也。”

整齊——齊整

“整齊”,全书出现48例。卷十:“有一士人,以犯法被黥,在都中,因計會在梁師成手裏直書院,與之打併書冊甚整齊。”(175页)卷十二:“只收斂身心,整齊純一,不恁地放縱,便是敬。”(208页)“齊整”,全书出现39例。卷七:“某外家子姪,未論其賢否如何,一出來便齊整,緣是他家長上元初教誨得如此。”(127页)卷六十一:“《中庸》一書,枝枝相對,葉葉相當,不知怎生做得一箇文字齊整!”(1479页)“整齊”和“齊整”,有秩序、有条理。《汉语大词典》两个词形均收。“整齊”的最早书证是《商君书·赏刑》:“當此時也,賞禄不行,而民整齊。”“齊整”的最早书证是《三国志·魏志·郑浑传》:“入魏郡界,村落齊整如一。”《新五代史·梁书·谢彦章传》:“晉人望其行陣齊整，相謂曰：'謝彦章必在此也。'"

深淺——淺深

"深淺"，全书出现30例。卷十五："或得於小而失於大，或得於始而失於終，或得於此而失於彼，或得於己而失於人，極有深淺。"（300页）卷三十一："所謂樂之深淺，乃在不改上面。"（797页）"淺深"，出现95例。卷四："勢極重者不可反，亦在乎識之淺深與其用力之多寡耳。"（57页）卷二十三："人之氣質有淺深厚薄之不同，故感者不能齊一，必有禮以齊之。"（548页）"深淺"和"淺深"，深和浅，引申指事物的轻重、大小、多少等。《汉语大词典》两个词形均收。"深淺"的最早书证是[汉]董仲舒《春秋繁露・正贯》："論罪源深淺，定法誅，然後絶屬之分别矣。""淺深"的最早书证是《礼记・王制》："意論輕重之序，慎測淺深之量以别之。"至宋代，"深淺"和"深淺"已出现偏义现象，指深、深厚。[宋]李持正《明月逐人来・上元》词："星河明澹，春來深淺，紅蓮正滿城開遍。"[宋]苏舜钦《启事上奉宁军陈侍郎》："自爾家事細微，必爲賙給，使舉族免於流轉，得專孝思，其爲惠淺深，以此可見。"但在《朱子语类》中，还没有发现偏义的用例，"深"和"淺"两个语素义处于同等地位，两个语素可以倒序，且倒序后无明显语义变化。

始終——終始

"始終"，出现52例。卷十三："以至千載之前，千載之後，與天地相爲始終，只此一心。"（225页）卷十七："始終條理都要密，講貫而益講貫，修飭而益修飭。"（389页）"終始"，全书出现95例。卷六："又如乾四德，元最重，其次貞亦重，以明終始之義。"（105页）卷六十四："此只將别人語言鬭湊成篇，本末次第終始總合，如此縝密！"（1565页）"始終"和"終始"，从开头到结局，事物发生演变的全过程。《汉语大词典》两个词形均收。"始终"的首见书证是《庄子・田子方》："始終相反乎無端，而莫知乎其所窮。""終始"的首见书证是《礼记・大学》："物有本末，事有終始，知所先後，則近道矣。"

荒凶——凶荒

"荒凶"，全书出现1例。卷五十九："如古者國有荒凶，則殺禮而多昏。"（1418页）"凶荒"，全书出现7例。卷二十四："然耕却有水旱凶荒之虞，則有時而餒。"（590页）卷六十二："且如人生積累愆咎，感召不祥，致有日月薄蝕，山崩川竭，水旱凶荒之變，便只是此類否？"（1501页）"荒凶"和"凶荒"，荒灾。《汉语大词典》收"凶荒"，未收"荒凶"。"凶荒"的首见书证是《周礼·地官·遺人》:"縣都之委積,以待凶荒。"贾公彦疏:"凶荒,謂年穀不熟。""荒凶"的文献用例如《金史》卷五十:"每口但儲三月,已及千萬數,亦足以平物價救荒凶矣。"《唐文粹》卷八十四:"近歲荒凶死亡過半。邑無吏,市無貨。百姓草木刺史以下計粒而食。""荒凶"在文献中有大量用例,可补收或在"凶荒"词条下做说明。

滅絕——絕滅

"滅絕",全书出现1例。卷一百二十六:"釋氏之失,一是自利,厭死生而學,大本已非;二是滅絕人倫,三是逕求上達,不務下學,偏而不該。"(3035页)"絕滅",全书出现18例。卷二十四:"雖如秦之絕滅先王禮法,然依舊有君臣,有父子,有夫婦,依舊廢這箇不得。"(595页)卷四十二:"如老莊之徒,絕滅禮法,則都打箇沒理會去。"(1085页)"滅絕"和"絕滅",毁灭、消失。《汉语大词典》两个词形均收。"滅絕"的最早书证是《管子·牧民》:"民惡危墜,我存安之;民惡滅絶,我生育之。""絕滅"的最早书证是《墨子·明鬼下》:"咸恐其腐蠹絶滅,後世子孫,不得而記,故琢之盤盂鏤之金石以重之。"从使用频率上看,《朱子语类》中"絕滅"的数量远胜于"滅絕",但现代汉语最终选择了"滅絕"。

蹺崎——崎嶢

"嶢崎",全书出现13例。卷十一:"易有箇陰陽,詩有箇邪正,書有箇治亂,皆是一直路逕,可見別無嶢崎。"(188页)卷六十六:"然當初也只是理會罔罟等事,也不曾有許多嶢崎,如後世經世書之類,而今人便要說伏羲如神明樣,無所不曉。"(1624页)"崎嶢",全书出现1例。卷七十八:"但那人也是崎嶢。且說而今暗昧底人,解與人健訟不解?"(1993页)"嶢崎"和"崎嶢",奇特、奇怪。《汉语大词典》两个词形均收。"嶢崎"的首见书证是[元]邓玉宾《村里迓古·仕女圆社气毬双关》套曲:"場户兒寬綽,步驟兒虚囂,聲譽兒蓬勃,解數兒崎嶢。"书证偏晚,可提前。"崎嶢"的首见书证就是《朱子语类》。从使用频率上看,《朱子语类》中"嶢崎"的数量远胜于"崎嶢",但现代汉语最终选择了"崎嶢"。和"嶢崎""崎嶢"意义相同的还有一组异形词"蹺蹊""蹊蹺"。"蹊蹺"全书出现6例。卷九十三:"嘗見某人祭明道文說蹺蹊,說明道要著樂書。"(2358页)卷一百三十:"不能言而蹺蹊者有之,未有言蹺蹊而其中不蹺蹊者。"(3113页)"蹊蹺",全书出现1例。卷二十六:"仁者之過,只是理會事錯了,無甚蹊蹺,故易說。"(658页)"蹺蹊"和"蹊蹺"《汉语大词典》也均收。首见书证是《朱子语类》。

發生——生發

“發生”，全书出现 81 例。卷三：“地之神，只是萬物發生，山川出雲之類。”(51 页)卷三十四：“譬如種植之物，人力隨分已加，但正當那時節欲發生未發生之際，却欠了些子雨。”(872 页)“生發”，全书出现 1 例。卷一百〇一：“言性時，便主在寂然不動處；言心時，便主在生發處。”(2584 页)“發生”和“生發”，萌发、滋长。《汉语大词典》收“發生”未收“生發”。《现代汉语词典》收有“生發”，释义为滋生、发展。[①] “發生”的首见书证是萌发、滋长。[汉]张衡《东京赋》：“既春游以發生，啓諸蟄於潛户。度秋豫以收成，觀豐年之多稌。”从使用频率上看，《朱子语类》中“發生”的数量远胜于“生發”。这两个词形在现代汉语中也有大量使用。不同的是，在表达滋生、滋长义时现代汉语选择了“生發”，“發生”则专门用于表达产生义。

通貫——貫通

“通貫”，全书出现 38 例。卷五：“心該備通貫，主宰運用。”(95 页)卷十六：“今人亦須自理會教自家本領通貫，却去看他此等議論，自見得高下分曉。”(369 页)“貫通”，全书出现 133 例。卷二十七：“曾子偶未見得，但見一箇事是一箇理，不曾融會貫通。”(686 页)卷五十二：“此章須從頭節節看來看去，首尾貫通，見得活方是，不可只略獵涉説得去便是了。”(1260 页)“通貫”和“貫通”，谓全部透彻地理解，通晓明白。《汉语大词典》两个词形均收。“通貫”的最早书证是[宋]陆游《杨夫人墓志铭》：“二子未從外塾，而於幼學之事，各已通貫精習。”“貫通”的最早书证是[汉]董仲舒《春秋繁露·正贯》：“然後援天端，布流物，而貫通其理，則事變散其辭矣。”《朱子语类》“貫通”的使用频率远远超过“通貫”。现代汉语选择了“貫通”，淘汰了“通貫”。

短長——長短

“短長”，全书出现 5 例。卷十五：“看得大學了，閒時把史傳來看，見得古人所以處事變處，儘有短長。”(292 页)卷六十三：“氣盛，則言之短長與聲之高下皆宜。”(1539 页)“長短”，全书出现 41 例。卷二：“日去表有遠近，故景之長短爲可驗也。”(17 页)卷十八：“蓋長短大小，自有準則。”(407 页)“短長”和“長短”，长和短。指距离、时间等。《汉语大词典》两个词形均收。

---

① 中国社科院语言所词典编辑室：《现代汉语词典》(汉英双语)，2002 年 11 月第 2 版，第 1714 页。

"短長"的首见书证是《管子・明法解》:"尺寸尋丈者,所以得短長之情也,故以尺寸量短長,則萬舉而萬不失矣。""長短"的首见书证是《孟子・梁惠王上》:"權然後知輕重,度然後知長短。"《朱子语类》"短長"的词频远远超过"短長"。"短長"和"長短"二者均没有出现偏义现象。

問學——學問

"問學",全书出现 67 例。《朱子语类》中的"問學"有两个义项,①求知,求学。卷一百十六:"少時從劉衡州問學。"(2798 页)卷一百十八:"且如這一柄扇,自家不會做,去問人扇如何做。人教之以如何做,如何做,既聽得了,須是去做這扇,便得。如此,方是道問學。若只問得去,却掉下不去做,如此,便不是道問學。"(2861 页)②犹学问。卷八:"如今看文字,且要以前賢程先生等所解爲主,看他所説如何,聖賢言語如何,將己來聽命於他,切己思量體察,就日用常行中著衣喫飯,事親從兄,盡是問學。"(140 页)卷一百三十六:"南軒言其體正大,問學未至。"(3235 页)"學問",《朱子语类》中的"學問"也有两个义项,一是学习和询问(知识、技能等)。卷十二:"人能操存此心,卓然而不亂,亦自可與入道。況加之學問探討之功,豈易量耶!"(205 页)卷二十八:"若是不學問,只隨那資質去,便自是屈於慾,如何勝得他! 蓋學問則持守其本領,擴充其識,所以能勝得他而不爲所屈也。"(723 页)卷十六:"二是知识,学识。武公大段是有學問底人。"(320 页)卷五十五:"如近世王介甫,其學問高妙,出入於老佛之間,其政事欲與堯舜三代爭衡。"(1320 页)卷一百十八:"學以聖賢為準,故問學須要復性命之本然,求造聖賢之極,方是學問。"(2844 页)"問學"和"學問",动词义和名词义在《朱子语类》中共现,反映了语言发展、词义演变中新质和旧质共存的现象。"學問"的动词义和名词义出现均较早。学习和询问义,《汉语大词典》的最早书证是《易・乾》:"君子學以聚之,問以辯之。"知识和学识义的最早书证是《荀子・劝学》:"不聞先王之遺言,不知學問之大也。""問學"的动词义出现也较早,求知和求学义的最早书证是《礼记・中庸》:"故君子尊德性而道問學,致廣大而盡精微。"郑玄注:"問學,學誠者也。"学问义则出现较晚,到宋代才开始大量出现。[宋]罗大经《鹤林玉露》卷十六:"試將此酒反觀我,胸中問學當日新。"

(二)异序之后,词义变化的词语

尾頭——頭尾

"尾頭",尾端、结尾。"頭"为后缀。全书出现 5 例。《汉语大词典》未收。卷六十二:“若説是起頭,又遺了尾頭;説是尾頭,又遺了起頭。”(1500页)卷八十:“或頭邊是,尾説不相應;或中間數句是,兩頭不是;或尾頭是,頭邊不是。”(2092 页)“頭尾”,开头和结尾。全书出现 6 例。卷三十六:“兩端也只一般,猶言頭尾也。”(961 页)卷七十三:“未濟與既濟諸爻頭尾相似。”(1873 页)卷一百三十九:“且如歐陽公初間做本論,其説已自大段拙了,然猶是一片好文章,有頭尾。”(3310 页)《汉语大词典》“头尾”该义项的最早书证是林志钧《〈黄远生遗著〉序》:“其托人抄来头尾不全的,也只好不要。”“頭尾”还可以引申为从头至尾、全过程。《水浒传》第七回:“便去房内取出渾鐵禪杖,頭尾長五尺,重六十二斤。”现代汉语中,“頭尾”还可以指头绪。赵树理《孟祥英翻身》三:“什麼時候才能了結,想來想去,沒有個頭尾。”

物事——事物

“物事”,全书出现 799 例。《朱子语类》中的“物事”,大多是指东西,物品,能够接受数量词的修饰。卷一:“且如天地間人物草木禽獸,其生也,莫不有種,定不會無種子白地生出一箇物事,這箇都是氣。”(3 页)卷二十三:“這箇物事,上面有箇腦子,下面便有許多物事,徹底如此。太極圖便是這箇物事。”(560 页)“事物”,全书出现 289 例。《朱子语类》中的“事物”,大多是指客观存在的一切物体和现象。书中大量使用的搭配就是“事物之理”。卷二:“畢竟古人推究事物,似亦不甚子細。”(20 页)卷十五:“大學不説窮理,只説箇格物,便是要人就事物上理會,如此方見得實體。所謂實體,非就事物上見不得。”(288 页)“事物”可重叠为“事事物物”。卷十五:“事事物物,各有箇至極之處。”(291 页)卷三十六:“博之以文,是事事物物皆窮究。”(965 页)

二、《朱子语类》与现代汉语同素异序的复合词

澡洗——洗澡

“澡洗”,沐浴、盥洗。全书出现 1 例。“若論學,唯佛氏直截。如學周公孔子,乃是抱橋柱澡洗。”(3037 页)“澡洗”的最早书证是《山海经·西山经》:“華山之首曰錢來之山,其上多松,其下多洗石。”[晋]郭璞注:“澡洗可以石磢體去垢圿。”《朱子语类》出现“澡洗”没有出现“洗澡”。“洗澡”的最早书证是唐于鹄《过凌霄洞天谒张先生祠》诗:“鍊蜜敲石炭,洗澡乘瀑泉。”检索文献发现,“澡洗”在宋元时期的各类文献及大藏经中都有大量文献用

例,元以后逐渐减少。元代“澡洗”和“洗澡”共现的用例如《朴通事》:“我兒你來,好孤兒,好孩兒,你弟兄兩個的那小廝們,背後河裏洗澡去。”[元]周达观《真腊风土记》:“所泊之家,有女育子,備知其事,且次日即抱嬰兒同往河内澡洗。”“洗澡”则在宋元及之前和“澡洗”有少量共现,元以后在小说等各类通俗文献中使用频率急剧增加,最终取代了“澡洗”。

习熟——熟习

“習熟”,犹熟悉、熟知。全书出现 13 例。卷十一:“文字不可硬説,但當習熟,漸漸分明。”(185 页)卷二十:“今人學所以便住了,只是不曾習熟,不見得好。”(454 页)《朱子语类》出现“習熟”没有出现“熟習”。《汉语大词典》“习熟”的最早书证是汉王充《论衡·超奇》:“著書之人,博覽多聞,學問習熟,則能推類興文。”“熟習”,熟知,了解得深刻。《旧唐书》卷十八上:“縱有出人之才,登第之後始得一班一級,固不能熟習也,則子弟成名不可輕矣。”《汉语大词典》举最早书证为明唐顺之《条陈蓟镇练兵事宜》:“又以其暇時使綏兵談説虜力之情狀,與對敵勝敗之故事,以熟習薊人之心,而使之不懾。”书证偏晚。《旧唐书》卷十八上:“縱有出人之才,登第之後始得一班一級,固不能熟習也,則子弟成名不可輕矣。”现代汉语的用例如老舍《骆驼祥子》一:“地名他很熟習。”“熟習”和“習熟”长期并存,在现代汉语中“熟習”取代了“習熟”。

感通——通感

“感通”,谓此有所感而通于彼。意即一方的行为感动对方,从而导致相应的反应。语本《易·系辞上》:“《易》無思也,無爲也,寂然不動,感而遂通天下之故。”全书出现 21 例。卷三:“人心才動,必達於氣,便與這屈伸往來者相感通。”(34 页)卷二十五:“此只是説聖人窮盡物理,而無一念之不實,雖至幽至遠之神,猶能感通,則其治天下自是明且易否?”(618 页)《朱子语类》出现“感通”没有出现“通感”。“通感”,修辞手法之一。人们日常生活中视觉、听觉、触觉、味觉等各种感觉彼此交错相通形成的心理经验。“感通”或“通感”,作为一种心理现象由来已久。《敦煌变文集新书》:“審如此語,實是精靈通感,天地稀有一人。信者,立身之本。”“感通”和“通感”的异序形式长期并存,至现代汉语,两个词语依然并存,不过有了明确分工。“通感”专门用于指修辞手法,“感通”的使用逐渐弱化,少量用于表达人们感官的互通,如“感通生死”“感通科技”等。

本节从共时平面和历时平面展现了《朱子语类》中的部分同素异序词

语，这些词语大部分在宋以前就存在，且两个形式长期共存，少量为宋代特有。可见《朱子语类》中出现的同素异序词语大多为继承前代，新产生的不多。通过对这些同素异序词语的词频统计、首见书证考察及词义的分析，可以发现：能够形成同素异序关系的词语，都是并列结构的复合词。两个语素义的关系是同义类聚或是反义类聚。两个语素之间地位均等，所以可以自由移位。因易位之后词义不变，所以一定时期内两个词形并存。但两个并存的形式不符合语言的经济原则，且复合词两个语素义之间的地位不可能永远维持均等，因此，同素异序复合词的两个形式不可能长期存在，必然发生分化。有的同素异序复合词会产生偏义现象而自然分化淘汰；有的同素异序复合词会从发音的顺畅、语言的经济原则出发，淘汰一个保留一个。

"如鼻息，言呼吸则辞顺，不可道吸呼。"[①]对于两个可自由移位的语素，排除语言自身发展的内因、其他外在因素的影响，人们在发音时，一般总是愿意将发音轻便、受阻较小的音节放在前面，发音困难、阻力大的放在后面。正如"澡洗"与"洗澡"并存，从发音的角度上看，"洗"的发音受阻较小，"澡"则相对困难，因此选择"洗澡"而逐步淘汰了"澡洗"。

第四节　《朱子语类》复音词的新词新义与《汉语大词典》编纂

语言的发展，最敏感的表现就是词汇的变化。随着社会历史的发展，词汇也处于一个不断变化的状态之中。词汇的发展变化，主要表现在新词的产生、旧词的衰亡及词义的演变发展之中。汉语词汇史研究的一项重要内容，就是要弄清楚汉语词汇发展到某一个历史时期出现的新变化，即出现了哪些新词，旧词出现了哪些新的变化。考察某一历史时期的新词新义，可以翔实地反映汉语词汇系统丰富、发展、变化的情况。王力曾指出："我们应当把每一个词在每一个时期的意义范围加以确定，而不是囫囵吞枣，以差不多为满足。"[②]

《朱子语类》篇幅巨大，内容浩繁，是宋代文人语言的一面镜子。通过对《朱子语类》复音词的考察，可以将宋代出现的新词新义整理出来，并且可以展现《朱子语类》作为文人口语的的词汇面貌。在考察《朱子语类》的

① 《朱子语类》卷一，第 1 页。
② 王力：《汉语史稿》，中华书局 1980 年版，第 546 页。

新词新义时,本章采用学界一贯通行的原则——以《汉语大词典》作为标准和参照。毕竟《汉语大词典》是目前为止,我国最全面地反映汉语词汇面貌的大型历史性辞典,其可信度是学界支持和认可的。本文对《朱子语类》新词新义的判断,主要就是立足于《汉语大词典》的。

一、《朱子语类》复音词新词新义

(一)《朱子语类》的复音新词例释

身己

身体。卷六:"今只就人身己上看有這意思是如何。"(111 页)卷十一:"一向盡要理會得許多沒緊要底工夫,少刻身己都自恁地顛顛倒倒沒頓放處。"(190 页)卷二十九:"此只是各説身己上病痛處。"(752 页)

折本

赔本、亏本。卷二十六:"云我不當得貧賤,有汲汲求去之心,譬如人作折本經紀相似。"(647 页)卷一百〇八:"此亦不柰何,吾輩蓋是折本做也。"(2685 页)

殺定

定死、硬行规定。卷五十五:"這一段却有三百五十里,不成又去别處討一段子五十里來添,都不如此殺定。"(1312 页)卷一百十七:"天下萬事都是合做底,而今也不能殺定合做甚底事。"(2816 页)

殺斷

断定、定死。卷六十九:"問:乾皆聖人事,坤能賢人事否? 曰:怕也恁地殺斷説不得。"(1728 页)《朱子语类》出现仅此 1 例。

沙魘

指一种在睡梦中发生无意识行为的现象,亦比喻浑浑噩噩。卷一百三十:"今世説佛,也不曾做得他工夫;説道,也不曾做得此邊工夫。只是虛飄飄地沙魘過世。"(3116 页)《朱子语类》出现仅此 1 例。元杨瑀《山居新话》卷二:"湖南益陽州每有人夜半忽自相打,莫曉所謂,名之曰沙魘。"

始間

开始时。卷一百二十一："又有始間是好人，末後不好者；又有始間不好，到末好者，如此者多矣。"(2944 页)

奢遮

犹言了不起、出色。卷三六："孟子便道如欲平治天下，當今之世舍我其誰也。便說得恁地奢遮。"(961 页)《朱子语类》出现仅此 1 例。《京本通俗小说·碾玉观音》："他有個花枝也似女兒，獻在一個奢遮去處，這個女兒不受福德，却跟一個碾玉的待詔逃走了。"

手段

本领、技巧。卷一百十五："因舉禪語云：寸鐵可殺人。無殺人手段，則載一車鎗刀，逐件弄過，畢竟無益。"(2769 页)卷七十："看否泰二卦，見得泰無不否，若是有手段底，則是稍遲得。"(1759 页)

手頭

亲身、切身。卷十六："聖人事事從手頭更歷過來，所以都曉得。"(959 页)卷一百二四十："是真實從手頭過，如飲酒必醉，食飯必飽。"(2982 页)

按："手頭"，也可作"脚手頭"。"君子小人，更不可相對，更不可與相接。若臣妾，是終日在自家腳手頭，若無以係之，則望望然去矣。"(1823 页)

詫異

奇怪、令人惊异。卷三十五："他只怕人都識了，却沒詫異，所以吝惜在此。"(938 页)"又有一等人知讀聖賢書，亦自會作文，到得說聖賢書，却別做一箇詫異模樣說。"(3304 页)

按："詫異"，《朱子语类》也可写作"吒異"。卷六十二："若有些子吒異，便不是極精極密，便不是中庸。"(1482 页)卷八十四："且如喪禮冠服斬衰如此，而吉服全不相似，却到遭喪時，方做一副當如此著，也是吒異！"(2185 页)

滯泥

拘泥、固执。卷六十三："只是說得忒煞鄭重滯泥，正如世俗所謂山東學究是也。"(1555 页)卷六七："若先靠定一事說，則滯泥不通了。"(1660 页)

卒乍

仓促、突然。卷一百〇四:“讀了書,今人卒乍便要讀到某田地,也是難。”“他日用動靜間,全是這箇本子,卒乍改換不得。”(2957 页)

做病

出毛病、出问题。卷一百十四:“事事物物皆有箇透徹無隔礙方是,才一事不透便做病。”(2766 页)卷一百三十二:“因論人以先入爲主,一生做病。”(3169 页)

趲逼

催迫。卷二十四:“又却趲逼他不得,他亦大段用力不得。”(570 页)卷九四:“二者須相趲逼,庶得互相振策出來。”(2371 页)

直截

简单明白。卷四:“恐孟子見得人性同處,自是分曉直截,却于这些子未甚察。”(74 页)卷二十:“因説陸先生每對人説,有子非後學急務,又云,以其説不合有節目,多不直截。”(458 页)

做主

下决心、做决定。卷十二:“敬,只是此心自做主宰處。”(210 页)卷十三:“自天地以先,羲黄以降,都即是這一箇道理,有異,只是代代有一箇人出來做主。做主,便即是得此道理於己,不是堯自是一箇道理,舜又是一箇道理,文王周公孔子又别是一箇道理。”(231 页)

做作

作为、举动、所作所为。卷二十二:“禮是嚴敬之意。但不做作而順於自然,便是和。”(516 页)卷六十四:“誠者,是箇自然成就底道理,不是人去做作安排底物事。”(1576 页)

伉壯

强壮。卷一百〇一:“《吕与叔文集》煞有好處,他文字極是實,説得好處,如千兵萬馬,飽滿伉壯。”(2556 页)《宋史》卷四百八:“當精擇伉壯廣其尺籍悉隸御前軍額,分擘券給以助州郡衣糧之功。”

偪塞

拥塞、滞塞。卷十八："天下之理，偪塞滿前，耳之所聞，目之所見，無非物也，若之何而窮之哉！"（400 页）卷一百〇四："今人大抵偪塞滿胸，有許多伎倆，如何便得他虛。"（2622 页）

窠槽

木器合榫的槽。借喻事物的要点、关键。卷一百二十一："讀書之法，只要落窠槽。今公們讀書，盡不曾落得那窠槽，只是走向外去思量，所以都説差去。如初間大水瀰漫，少間水既退，盡落低窪處，方是入窠槽。"（2929 页）

跨子

指带子上的搭扣。卷九一："那時猶只是軟帽，搭在頭上；帶只是一條小皮穿幾箇孔，用那跨子縛住。"（2326 页）

繁絮

繁杂啰唆。卷八十九："數日見公説喪禮太繁絮，禮不如此看，説得人都心悶。"（2284 页）卷一百三十九："六經，治世之文也，如《國語》委靡繁絮，真衰世之文耳。"（3297 页）

翻騰

犹言改作。卷九六："他本是釋學，但只是翻騰出來説許多話耳。"（2476 页）卷一百三十五："欽夫所説，只是翻騰好看，做文字則劇，其實不曾説著當時事體。"（3231 页）

翻繹

犹推演。卷十九："如老蘇輩，只讀《孟》《韓》二子，便翻繹得許多文章出來。"（440 页）《秋声集》卷五："公乃杜門蟄跡，謝絶人事。惟繙繹古書、訓勵子弟時過丙舍。"

放鵰

耍无赖，用狡猾的手段使人为难。卷八十："如此，亦似里巷無知之人，胡亂稱頌諛説，把持放鵰。"（2076 页）卷八十六："子產是應急之説。他一時急後，且恁地放鵰，云，何故侵小？這非是至論。"（2209 页）"放鵰"，多写作

"放刁"。元王实甫《西厢记》第四本楔子:"這小賤人到會放刁,羞人答答的,怎生去!"明冯梦龙《挂枝儿·跳槽》:"明知我愛你,故意來放刁。"

縫罅

空隙、空间。卷八:"人之資質有偏,則有縫罅。"(146 页)卷六七:"又有説得極密處,無縫罅,盛水不漏。"(1655 页)卷十:"讀書,須是看著他縫罅處,方尋得道理透徹。若不見得縫罅,無由入得。看見縫罅時,脈絡自開。"(162 页)

扶植

栽种,后引申为扶持培植。卷六十三:"物若扶植,種在土中,自然生氣湊泊他。"(1552 页)卷八十七:"或疑此句未純,恐其終使人不臣,如蔡卞之扶植王安石也。"(2268 页)

渾全

完整、完全。卷六十一:"善人只是渾全一箇好人,都可愛可欲,更無些憎嫌處。"(1469 页)卷九十八:"然亦非是元地頭不渾全,只是氣稟之偏隔著。故窮理盡性,則善反之功也。"(2516 页)

含洪

宽宏含蓄。卷一百三十六:"做好事亦做教顯顯地,都無些含洪之意,亦是數短而然。"(3251 页)卷一百三十九:"韓較有些王道意思,每事較含洪,便不能如此。"(3303 页)

玩索

反复玩味探索。卷十四:"中年以後之人讀書不要多,只少少玩索,自見道理。"(175 页)卷九十四:"正當沉潛玩索,將圖象意思抽開細看,又復合而觀之。"(2368 页)卷八十:"未要去討疑處,只熟看。某注得訓詁字字分明,却便玩索涵泳,方有所得。"(2088 页)

温吞

不冷不热。也可指人没有火性。卷六十:"利與善之間,不是冷水,便是熱湯,無那中間温吞煖處也。"(1446 页)《说郛》卷三十四上:"天色汪囊,不要喫温吞蠖託底物事。"

冒罩

笼统、概括。卷三十一:"才説樂道,只是冒罩説,不曾説得親切。"(796页)

末梢

末尾、最后。卷十一:"爲學須是先立大本,其初甚約,中間一節甚廣大,末梢又約。"(188页)卷四十四:"少間公吏追呼,出入搔擾,末梢計其所費,或數十倍於所爭之多。"(1132页)

按:"末梢",也可作"末梢頭"。

旄燥

犹干燥。比喻不相关。卷一百十六:"自家此心都不曾與他相黏,所以旄燥,無汁漿。如人開溝而無水,如此讀得何益!"(2802页)

慢蕩

琴声绵长不止。卷九十二:"怕如今未必如此。這箇若促些子,聲便焦殺;若長些子,便慢蕩。"(2345页)

慢忽

犹豫、不确定。卷二十一:"纔信,便當定如此,若恁地慢忽,便沒有成。今日恁地,明日不恁地,到要節用,今日儉,明日奢,便不是節用。"(496页)卷二十一:"若誠實,方有這物。若口裏説莊敬,肚裏自慢忽,口裏説誠實,肚裏自狡僞,則所接事物還似無一般。"(504页)

描摸

捉磨、猜测。卷五十:"'言性與天道',是所見直恁地高,人自描摸他不著,差見得是聰明。"(1214页)卷九十七:"須是輕輕地挨傍它,描摸它意思,方得。若將來解,解不得。"(2480页)

面分

情面、情分。卷七二:"若必欲人人面分上説一般話。"(1817页)卷七十二:"與人説話,或偶然與這人話未終,因而不暇及其他,如何逐人面分問勞他得!"(1817页)

汩董

琐碎的、琐事。卷七:“今人既無本領,只去理會許多閑汩董,百方措置思索,反以害心。”(125 页)卷一百〇八:“如公所說,只是要去理會許多汩董了,方牽入這心來,却不曾有從這裹流出在事物上底意思。”(2687 页)

按:“汩董”,也可写作“骨董”。“今若只去學多能,則只是一箇雜骨董底人。”(958 页)“若不先去理會得這本領,只要去就事上理會,雖是理會得許多骨董,只是添得許多雜亂,只是添得許多驕吝。”(2181 页)《汉语大词典》及《近代汉语大词典》均释为“古董,骨董指古代留传的器物,亦比喻过时的东西或顽固守旧的人”,不太妥当。《朱子语类》中的“汩董”或“骨董”,主要是指无关紧要的、杂零杂碎的事物,还没有后世所说的古董文物的意思。

(二)《朱子语类》的复音词新义例释

攝取

捉拿。卷一百三十一:“帥上其事於秦,即時攝取黃下大理,并其妻孥皆繫之。”(3161 页)

脚手

犹手脚。谓暗中采取的行动。卷一百十六:“德修向時之事,不合將許多條法與壽皇看,暴露了,被小人知之,却做了脚手。”(2790 页)卷一百三十:“故某嘗説,今人容易爲異説引去者,只是見識低,只要鶻突包藏,不敢説破。纔説破,便露脚手。”(3111 页)

實地

实实在在。卷二十七:“如格物、致知以至洒掃應對,無非就實地上拈出教人。”(677 页)卷四十:“看來他們都是合下不曾從實地做工夫去,却只是要想像包攬,説箇形象如此,所以不實。”(1037 页)

按:王守仁《大学问》附明钱德洪曰:“學者果能實地用功,一番聽受,一番親切。”

時候

时间里的某一点。卷七十六:“到這時候,合當如此變。”(1944 页)卷七十四:“今以天運言之,則一日自轉一匝。然又有那大轉底時候,須是大著

心腸看，始得，不可拘一不通也。”(1905 页)

按：“時候”，①季节、节候。[唐]赵璘《因话录·宫》：“九月衣衫，二月衣袍，與時候不相稱。”②有起点和终点的一段时间。《醒世恒言·张淑儿巧智脱杨生》：“(他)不够吃一杯茶時候，便看完一部(書)。”

殺活

指定人之死活。卷一百十：“蓋龜山當此時，雖負重名，亦無殺活手段。”(2573 页)

按：谓死与生。[汉]刘向《列女传·齐义继母》：“今皆赦之，是縱有罪也；皆殺之，是誅無辜也；寡人度其母能知子善惡，試問其母，聽其所欲殺活。”《三国志·魏志·高柔传》：“帝不聽，竟遣使齎金屑飲晃及其妻子。”

窒礙

不明了、疑难。卷五十二：“須待十分曉得，無一句一字窒礙，方可看别處去。”(1232 页)

少間

一会儿、不多久。卷六十九：“有是君必有是臣，雖使而今無，少間也必有出來。”(1727 页)《古今小说·新桥市韩五卖春情》：“我耽擱長久，不吃飯了。少間，我送盤纏來與你。”

受用

犹受益、得益。卷九：“今只是要理會道理，若理會得一分，便有一分受用；理會得二分，便有二分受用。”(157 页)

汁子

燃烧后留下的粉末。卷六十八：“但出底氣便是魂，精便是魄。譬如燒香，燒得出來底汁子便是魄，那成煙後香底便是魂。”(1686 页)

按：“汁子”，《汉语大词典》释义为汁液、汤汁，所用书证为《红楼梦》第六十回、《儿女英雄传》第三七回和周立波《山那面人家》。用“汁子”指燃烧后留下的粉末，除了《朱子语类》外，还见于《文公说易》《朱子五经语类》，其他的文献用例没有发现。

蹤由

缘由、情由。卷六十八:"神則忽然如此,忽然不如此,無一箇蹤由。"(1685页)

反倒

回溯、追溯到原来的情况状貌。卷八十:"今且就詩上理會意義,其不可曉處,不必反倒。"(2067页)卷一百三十:"元祐諸公大綱正,只是多疏,所以後來熙豐諸人得以反倒。"(3105页)

按:《汉语大词典》"反倒"只有一个义项,释义为"反而",做副词使用。《朱子语类》的"反倒",是名词和动词用法。

放倒

犹放下、停止。卷三十七:"居之無倦者,便是要此心長在做主,不可放倒,便事事都應得去。"(1088页)卷二十六:"今學者都不濟事,才略略有些利害,便一齊放倒了!"(650页)

鏖糟

肮脏。卷七十二:"某嘗説,須是盡吐瀉出那肚裹許多鏖糟惡濁底見識,方略有進處。"(1818页)卷二十七:"緣是他氣稟中自元有許多鏖糟惡濁底物,所以纔見那物事便出來應他。"(703页)

合掌

谓诗文中对偶词句的意义相同或相类。卷四十一:"'克己復禮',是合掌説底。"(1048页)卷一百三十四:"這兩句自是合掌説,後人皆不曉。唐時却説寬鄉爲井田,狹鄉爲阡陌。"(3217页)

合殺

了结、结果。卷三十九:"凡日用之間,一禮一樂,皆是禮樂。只管文勝去,如何合殺!"(1009页)卷四十:"若是不裁,只管聽他恁地,今日也浴沂詠歸,明日也浴沂詠歸,却做箇甚麼合殺!"(1032页)

按:"合殺",也可作"殺合"。卷四十二:"它作事初頭乘些鋭氣去做,少間做到下梢,多無殺合,故告以'居之無倦'。"(1088页)卷八十七:"大率禮家説話,多過了,無殺合。"(2268页)《汉语大词典》"合殺"和"殺合"均收,都为首见书证。

渾淪

囫囵、整个儿。卷三十三:"程説似渾淪一箇屋子,某説如屋下分間架爾。"(850 页)卷一百二十六:"他只見得箇渾淪底物事,無分别,無是非,横底也是,豎底也是,直底也是,曲底也是,非理而視也是此性,以理而視也是此性。"(3022 页)

頭腦

主旨、要旨。卷六十二:"《中庸》工夫,只在'戒慎恐懼'與'慎獨'。但二者工夫,其頭腦又在道不可離處。"(1506 页)卷一百三十五:"後面又説太子,文勢都不相干涉。不知怎地,賈誼文章大抵恁地無頭腦。"(3225 页)

味道

情味、意味。卷五十七:"兩箇都是此樣人,故説得合味道。"(1356 页)卷一百十四:"仁父味道却是别,立得一箇志趨却正,下工夫却易。"(2757 页)

籠罩

概括、统摄。卷二十七:"如今學者只是想像籠罩得是如此,也想像得箇萬殊之所以一本,一本之所以萬殊。"(676 页)卷二七:"江西學者偏要説甚自得,説甚一貫,看他意思只是揀一箇儱侗底説話,將來籠罩,其實理會這箇道理不得。"(683 页)

毛病

缺点、错误。卷一百三十一:"有才者又有些毛病,然亦上面人不能駕馭他。"(3148 页)

眇忽

顷刻、瞬息。指极短时间。卷五十九:"見此良心,其存亡只在眇忽之間,才操便在這裏,才舍便失去。"(1398 页)

顢頇

糊涂而马虎。卷一百四十:"上句謂不求其所以然,只説箇自然,是顢頇也,謂不可如此爾。"(3341 页)卷九三:"居仁謂伊川顢頇語,是親見與病

叟書中說。"(2362 页)

二、《朱子语类》与《汉语大词典》商补

《汉语大词典》作为我国语文辞书编纂领域最高水平的代表,古今兼收,源流并重,规模宏大,成就斐然。但书无完书,编纂这样一部反映汉语几千年历史变迁的大型语文词典,不可能达到一蹴而就的完美境界。由于所收词目浩繁,以及编纂时间紧迫,发生词目失收、书证滞后、义项失收等疏漏错误自然是不可避免的。

本节以《朱子语类》的复音词为参照,从失收词语、书证滞后、异文词语对汉大的补正三个方面,为《汉语大词典》书证方面存在的瑕疵提供一些可供补正的例证。同时,也可从一个侧面展现《朱子语类》的词汇面貌和学术价值。

(一)失收词语例释

石墩

卷三十八:"闑,如一木拄門,如今人多用石墩當兩門中。"(1001 页)

殺泊

卷一百二十一:"而今看自家如何說, 終是不如前賢,須盡記得諸家說,方有箇襯簟處,這義理根脚方牢,這心也有殺泊處。"(2920 页)

按:"殺泊",停泊、安顿。《汉语大词典》收有"殺定""殺斷"。《朱子语类》卷一百十七:"天下萬事都是合做底,而今也不能殺定合做甚底事,聖賢教人也不曾殺定教人如何做。"(158 页)《朱子语类》卷六九:"問:乾皆聖人事,坤能賢人事否? 曰:怕也恁地殺斷說不得。"(1728 页)

深潛

卷八:"且先讀典謨之書,雅頌之詩,何嘗一言一句不說道理,何嘗深潛諦玩,無有滋味,只是人不曾子細看。"(141 页)卷三十:"顏子深潛純粹,所謂不遷不貳,特其應事之陳跡。"(772 页)

劄定

立定、站稳。卷二十:"義理才覺有疑,便劄定脚步,且與究竟到底。"(469 页)卷一百十九:"今當截頭截尾,劄定脚跟,將這一箇意思帖在上面。"

(2874 页)

摘撮

摘录、归纳选择。卷十:"某最不要人摘撮。看文字,須是逐一段、一句理會。"(167 页)

按:《龙云集》卷二十八:"其失顧多,在於摘撮衆家而寡所自負。"《说郛》卷七十上:"令每遇決一事,案牘紛委,憚於徧閲,率令吏摘撮供具,謂之事目。""摘撮"《汉语大词典》失收,可补。

粘泥

不干脆、不利索。卷三十八:"形容說話做事拖泥帶水。龜山爲人粘泥,故說之較密。"(1006 页)

按:《陕西通志》卷五十九:"宜君之戰,以單騎擒賊,首點燈子,不粘泥,斬獲甚衆,授守備。"《尚书疑义》卷四:"愚意配屬,雖有此理,然亦看得活落不要粘泥。""粘泥"《汉语大词典》失收,可补。

枝榦

树干的支脉、树枝。卷七十五:"太極如一木生上,分而爲枝榦,又分而生花生葉,生生不窮。"(1931 页)《释名》卷二:"肝,幹也。五行屬木,故其體狀有枝幹也,凡物以大為幹也。"《文公易说》卷二十三:"萌芽則元華,葉則亨,枝幹堅强則利子實成熟。""枝榦"多和"枝節"相对。《朱子语类》中,多用"枝榦"比喻主要的、主体的,以"枝節"比喻比喻横生旁出的、不必要的细节。《朱子语类》卷十:"讀書且就那一段本文意上看,不必又生枝節。"(167 页)卷六十:"此只是聖賢之心坦然直截,當事主一,不要生枝節否?"(1450 页)

執捉

抓住、把握住。卷十二:"故伊川只説箇'敬'字,教人只就這'敬'字上捱去,庶幾執捉得定,有箇下手處。"(209 页)卷九十七:"'誠'字說來大,如何執捉以進德?"(2492 页)

開劃

拓展、展开。卷十五:"且如一穴之光,也喚做光,然逐旋開劃得大,則其光愈大。"(291 页)

困睡

倦极思睡、打盹。卷十二:“人有此心,便知有此身。人昏昧不知有此心,便如人困睡不知有此身。人雖困睡,得人喚覺,則此身自在。”(200 页)卷一百二十一:“有侍坐而困睡者,先生責之。”(2946 页)

按:“困睡”《汉语大词典》失收。《朱子语类》中还有和“困睡”义近的常用表达“瞌睡”。卷一百十五:“而今學者去打坐後,坐得瞌睡時,心下也大故定。”(2787 页)

空浪

虚空,不切实际。卷三十三:“他問得空浪廣不切己了,却成疏闊。”(843 页)

按:“空浪”,《朱子语类》全书出现仅此 1 例。《朱子语类》中和“空浪”义近的常用表达还有“孟浪”。卷一百三十四:“如藺相如豈是孟浪恁地做?它須是料度得那秦過了。”(3214 页)[宋]司马光《乞罢刺陕西义勇第五上殿札子》:“若以臣所言皆孟浪迂闊,不可施行,則臣之智識愚闇,無以勉强變更,不可久汙諫諍之列。”

總腦

主体、要旨。卷三:“祖宗亦只是同此一氣,但有箇總腦處。”(47 页)卷五:“今先説一箇心,便教人識得箇情性底總腦,教人知得箇道理存著處。”(91 页)

旨歸

宗旨、要领。卷五十六:“聖賢説話,各有旨歸,且與他就逐句逐字上理會去。”(1334)“旨歸”,《朱子语类》全书出现仅此 1 例。

紛攪

纷扰。卷一百二十:“居常苦私意紛攪,雖即覺悟而痛抑之,然竟不能得潔静不起。”(2901 页)“紛攪”,《朱子语类》全书出现仅此 1 例。

按:“紛攪”,也作“紛擾”。卷六:“思慮紛擾於中,都是不能存此心。”(114 页)“紛擾”全书一共出现 54 例。“攪”和“擾”都有打搅的意思。

忿暴

愤怒、暴躁。卷一百十八:“可學稟性太急,數年來力於懲忿上做工夫,似減得分數。然遇事不知不覺忿暴,何從而去此病?”(2840 页)

按:“忿暴”,《朱子语类》全书出现仅此 1 例。和“忿暴”义近的表达还有“忿懥”“忿怒”等。卷十六:“如忿懥乃戾氣,豈可有也?”(347 页)卷十六:“若只管忿怒滯留在這裏,如何得心正。”(344 页)“忿暴”“忿懥”和“忿怒”都有情绪激动,愤恨的意思,但词义侧重点不同,程度不同。

拂殺

去掉、停止。卷七:“可拂殺了,我不愛人恁地,此便是燒火不敬。”(127 页)

按:《朱子语类》“拂殺”出现仅此 1 例。“拂”有掠过、甩手之意进而可引申为违背、违逆和去掉之意,如“拂徹”“拂除”等。《朱子语类》中有“違拂”。卷九十八:“以天地言之,生當順事而無所違拂,死則安寧也。”(2522 页)“殺”或“煞”有停止义,这在《朱子语类》中有大量的用例,如“收殺”和“收煞”等。

番訴

轮流诉说、几经诉说。卷一百〇六:“某年某月某日某家於某官番訴,某官又如何斷。以後幾經番訴,並畫一寫出,後面却點對以前所斷當否,或有未盡情節,擬斷在後。”(2648 页)

附著

依附。卷六十三:“若已傾倒,則生氣無所附著,從何處來相接?”(1552 页)卷九十:“今世鬼神之附著生人而説話者甚多,亦有祖先降神於其子孫者。”(2310 页)

合是

应当、应该。卷六十七:“蓋文王雖是有定象,有定辭,皆是虚説此箇地頭,合是如此處置,初不黏著物上。”(1647 页)卷一百二十一:“人合是疑了問,公今却是揀難處來問,教人如何描摸?”(2930 页)

按:“合是”,也可作“合當”。卷四:“性,便是合當做底職事。”(64 页)全书“合當”出现 197 例,“合是”出现 22 例。

合湊

合并、联合。卷九十四:"移過這邊也不是,移過那邊也不是,只在中央,四畔合湊到這裏。"(2369 页)卷一百○七:"遂顧左右,即取紙筆令劉作,眾人合湊,遂成。"(2668 页)

未審

不知道、不明白。卷三十六:"此説於孟子本意殊不合,然未審張子之説是如此否?"(956 页)卷八十:"振鷺詩不是正祭之樂歌,乃獻助祭之臣,未審如何?"(2071 页)

除此之外,以下词语《汉语大词典》未收,在修订再版时可以考虑补充:"安裕""擺換""摻前""撑拄""澄治""提誨""藏掩""奥澀""開説""看認""考援""科闕""渴殺""空浪""控定""口容""口邊""窟子""苦硬""郖郭""困善""括盡"等等。

(二)书证滞后示例

識取

识别、辨别。卷三十三:"如日月,雖些小孔竅,無不照見。此好識取。"(850 页)卷六十四:"如看此兩段,須先識取聖人功用之大,氣象規模廣大處。"(1592 页)《汉语大词典》为明代用例,书证偏晚。[明]李贽《别刘肖川书》:"豪傑、凡民之分,只從庇人與庇於人處識取。"

失落

丢失、遗失,遗忘的东西。卷一百二十六:"故學禪者只是把一箇話頭去看,'如何是佛''麻三斤'之類,又都無義理得穿鑿。看來看去,工夫到時,恰似打一箇失落一般,便是參學事畢。"(3018 页)《汉语大词典》为元代用例,书证偏晚。《元典章・吏部八・案牍》:"追會一切公事合用元行文卷,回申多有推稱更换人吏,失落不存。"

參學

佛教谓参访大德,云游修学。亦泛指游学。卷一百二十六:"看來看去,工夫到時,恰似打一箇失落一般,便是參學事畢。"(3018 页)《汉语大词典》为元代用例,书证偏晚。[元]黄镇成《用鹭峰师韵送涧泉上人游方》之四:"直到無生參學畢,逢人遮莫説輪迴。"

蝨子

亦作“虱子”。哺乳动物的体外寄生虫。卷三十五：“是他力量大，見有犯者，如蚊蟲、蝨子一般，何足與校！”(921页)《汉语大辞典》为元明用例，书证偏晚。[元]郑廷玉《看钱奴》第二折：“你且着他靠後些，餓虱子滿屋飛哩。”《西游记》第七一回：“那些毫毛即變做三樣惡物，乃虱子、虼蚤、臭蟲，攻入妖王身内，挨着皮膚亂咬。”

失忘

忘记，忘却。卷十一：“只教他恁地説，則他心便活，亦且不解失忘了。”(194页)《汉语大词典》为明代用例，书证偏晚。《水浒传》第二十回：“兄長是誰？真個有些面熟，小人失忘了。”

實跡

亦作“實蹟”。卷一百二十：“真确的事实。亦偏指业绩。既能克己，則事事皆仁，天下皆歸仁於我，此皆有實跡。”(2904页)《汉语大词典》书证是《明史·孝宗纪》：“壬戌，諭吏部、都察院，人材進退，考察務得實跡，不可偏聽枉人。”《初刻拍案惊奇》卷十七：“况且‘捉姦捉雙’，我和你又無實跡憑據，隨他説長説短，官府不過道是攔詞抵辯，决不反爲兒子究問娘姦情的。”

實見

实地见闻、实际见闻。卷十五：“若實見得，自然行處無差。”(301页)“須就中實見得仔細，方好。”(819页)《汉语大词典》书证是鲁迅《二心集·〈艺术论〉译本序》：“第二篇《原始民族的藝術》先據人類學者，旅行家等實見之談，從薄墟曼，韋陀，印地安以及別的民族引了他們的生活，狩獵，農耕，分配財貨這些事為例子，以證原始狩獵民族實為共產主義的結合。”

時常

常常、经常。卷六十二：“不呼喚時不見，時常準備著。”(1505页)《汉语大词典》书证是元无名氏《独角牛》第一折：“(這孩兒)學拳摔交，時常裏把人打傷了。”

事頭

情由、事由。卷七十八：“他不復更説那事頭。”(1980页)《汉语大词典》书证是[元]关汉卿《四春园》第二折：“我欲待問一個事頭，昏天黑地，誰敢向花園裏走?”

世故

世俗人情。卷四十一:“佛氏之學,超出世故,無足以累其心,不可謂之有私意。”(1047 页)卷一百十七:“此書自是難看,須經歷世故多,識盡人情物理,方看得入。”(2813 页)《汉语大词典》书证是[明]高启《玉漏迟》词:“只爲微知世故,比别箇倍添煩惱。須信道,人生稱心時少。”

收附

使归附。卷九十四:“才説太極,便帶著陰陽;才説性,便帶著氣。不帶著陰陽與氣,太極與性那裏收附? 然要得分明,又不可不拆開説。”(2371 页)《汉语大词典》书证是《元典章·兵部四·入递》:“本部参詳亡宋收附以來,諸國悉平。”

收回

取回。卷三:“我才用出二分便收回,及收回二分時,那人已用出四分了,所以我便能少延。”(43 页)卷六十三:“放去收回,只在這些子,何用别處討?”(1543 页)《汉语大词典》书证是老舍《茶馆》第一幕:“我真想收回這裏的房子!”

識取

辨别。卷六十四:“如看此兩段,須先識取聖人功用之大,氣象規模廣大處。”(1592 页)卷一百二十一:“如某向來作或問,蓋欲學者識取正意。”(2928 页)《汉语大词典》书证是[明]李贽《别刘肖川书》:“豪傑、凡民之分,只從庇人與庇於人處識取。”

收檢

犹整理,自是如此。卷二十九:“且如狂簡底人,不裁之則無所收檢,而流入於異端。”(742 页)《汉语大词典》书证是《老残游记》第一回:“老殘行李本不甚多……收檢也極容易。”

收殺

收煞、结束。卷二十七:“子貢多是説過曉得了便休,更沒收殺。”(682 页)卷二十九:“狂簡底人,做來做去沒收殺,便流入異端。如子路底人,做來做去沒收殺，便成任俠去。"(751 页)《汉语大词典》书证是[明]章懋《与侄以道书》之三："吾嘗論人之處世，如舟在江中，或遇安，或遭風浪，任其飄蕩，皆未知如何收殺。"

收束

结束、结尾。卷三十四："若學者有心要收束，則入於嚴厲；有心要舒泰，則入於放肆。"(861 页)卷九十三："孟子才高，恐伊川未到孟子處。然伊川收束檢制處，孟子却不能到。"(2359 页)《汉语大词典》书证是鲁迅《华盖集续编的续编·〈阿 Q 正传〉的成因》："《阿 Q 正傳》大約做了兩個月，我實在很想收束了。"

善端

善言善行的端始。卷七："古人小學養得小兒子誠敬善端發見了。"(124 页)卷十二："學者之於善惡，亦要於兩夾界處攔截分曉，勿使纖惡間絕善端。"(203 页)《汉语大词典》书证是[明]徐渭《〈诗说〉序》："而其所以寓勸戒，使人感善端而懲逸志者，自藹然溢於言外。"

分外

另外。卷二十三："却是這句分外於身心上指出，若能知愛其身，必知所以愛其父母。"(563 页)卷二十九："而今若加二字，或四字，皆是分外有了。"(729 页)《汉语大词典》书证是元关汉卿《窦娥冤》楔子："准了他那先借的四十兩銀子，分外但得些少東西，勾小生應舉之費，便也過望了。"

這樣

①指性状、方式和程度。卷八："想他平日這樣處都理會來。然自身又卻在規矩準繩之外！"(128 页)②代替某种情况或动作。第一个义项，《汉语大词典》所用最早书证是[元]无名氏《货郎旦》第一折："有你這樣人，我倒要嫁你，你倒不來娶我。"第二个义项，《汉语大词典》所用最早书证是老舍《月牙儿》三三："文明人知道了我是賣，他們是買，就肯來了；這樣，他們不吃虧，也不丟身分。"

卒急

匆促、急迫。卷一百二十："要知道理只是這箇道理，只緣失了多年，卒急要尋討不見。"(2892 页)"蔡確也是卒急難去，也是猾。"(2964 页)《汉语大词典》所引最早书证是《元典章·兵部一·逃亡》,“若不依例定奪,雖行文字招收,各户又懼復業,隨即起遣當軍,因此卒急不肯出首。”

作弄

耍弄、戏弄。卷二十八:“邵堯夫見得恁地,却又只管作弄去。”(717页)卷六十二:“他便是只認得這箇,把來作弄。”(1497页)《汉语大词典》所引最早书证是[元]高文秀《遇上皇》第二折:“不想贓官要娶小人渾家爲妻,故意要作弄小人性命。”

招收

招募接收。卷一百三十三:“范公嘗立一軍爲‘龍猛軍’,皆是招收前後作過黥配底人,後來甚得其用。”(3189页)卷一百三十:“宗澤在東京,煞招收得諸路豪傑、盜賊,力請高宗還都,亦以圖恢復。”(3135页)《汉语大词典》所引最早书证是《宋史·兵志九》:“今三衙與諸將招軍,惟務增數希賞,但及等杖,不問勇怯。招收既不精當,教習又不以時。”

寬裕

富裕、充足。卷七十:“至其他諸公欲且寬裕無事,莫大段整頓。”(1773页)《汉语大词典》所引最早书证是《警世通言·玉堂春落难逢夫》:“你那知道,我那同年門生,在京頗多往返交接,非錢不行。等他手中寬裕,讀書也有興。”

枯燥

单调、无趣味。卷六十二:“龜山門人自言龜山中庸枯燥,不如與叔浹洽。”(1485页)卷一百十五:“淺,故覺得枯燥,不恁條達,只源頭處元不曾用工夫來。”(2783页)《汉语大词典》关于“枯燥”的“单调,无趣味”这一义项最早书证是(明)胡应麟《诗薮·近体上》,“故習杜者,句語或有枯燥之嫌,而體裁絶無靡冗之病。”

枯竭

匮乏、竭尽。卷五十七:“若是所資者淺,略用出便枯竭了。”(1345页)《汉语大词典》“枯竭”收有三个义项:干涸,谓饥肠,匮乏、竭尽。最后一个义项书证全为现代文学的用例。沈从文《顾问官》:“軍中餉源既異常枯竭,收入不敷分配,因此一切用度都來自對農民的加重剝削。”

翻弄

翻动摆弄。卷一百〇八:“被幾箇秀才在這裏翻弄那吏文,翻得來難看。”(2688 页)《汉语大词典》所引最早书证是《红楼梦》第二九回:“(寶玉)因叫個小丫頭子捧着方才那一盤子賀物,將自己的玉帶上,用手翻弄尋撥,一件一件的挑與賈母看。”

放置

搁置、安放。卷一百十五:“而今且放置閑事,不要閑思量,只專心去玩味義理,便會心精,心精,便會熟。”(2779 页)《汉语大词典》所收两个书证为现当代的用例。鲁迅《書信集·致王志之》:“我的意見,以為還是放置一時,不要去督促。”徐迟《財神和觀音》:“每一條扁擔挑起四隻花籃,前後面各放置兩隻。”

放頓

安放、安置。卷十三:“既探討得是當,又且放頓寬大田地,待觸類自然有會合處。”(223 页)卷二十七:“聖人將此放頓在萬物上,故名之曰恕。一猶言忠,貫猶言恕。”(675 页)《汉语大词典》所收最早书证为[明]汤显祖《邯鄲记·行田》:“白屋三間,紅塵一榻,放頓愁腸不下。”

俸給

俸禄、薪金。卷一百〇六:“如某為守,凡遇支給官員俸給,預先示以期日,到此日,只要一日支盡,更不留未支。”(2649 页)卷一百十一:“宗室俸給,一年多一年。”(2720 页)《汉语大词典》所收最早书证为《宋史·赵禼传》:“朝廷欲官其任事之酋,鐫歲賜以爲俸給。”

費解

难懂、不易理解。卷八十:“理會得那興、比、賦時,裹面全不大段費解。今人要細解,不道此説爲是。”(2069 页)《汉语大词典》所收最早书证为[清]沈复《浮生六记·闺房记乐》:“芸曰:‘《楚辭》爲賦之祖,妾學淺費解!’”

合目

闭目。卷十二:“敬、義只是一事。如兩脚立定是敬,才行是義;合目是敬,開眼見物便是義。”(215 页)《汉语大词典》所收最早书证为《后西游记》

第十一回:“果看見一个老和尚垂眉合目,坐在殿上。”

合用

该用、须用。卷七十八:“凡人有罪,合用五刑,如何不用?”(2002 页)卷一百〇六:“今之官司合用印處,緣兵火散失,多用舊印。”(2640 页)《汉语大词典》所收最早书证为(明)刘若愚《酌中志·内府衙门职掌》:“(御前作)專管營造龍牀、龍桌、箱櫃之類。合用漆布、桐油、銀硃等件,奏准于甲字庫關支。”

渾化

浑然化一、融为一体。卷四十二:“質美者明得盡,渣滓便渾化,却與天地同體。”(1077 页)卷六十四:“只緣氣稟不齊,若至誠盡性,則渣滓便渾化,不待如此。”(1571 页)《汉语大词典》所收最早书证为[明]王守仁《传习录》卷中:“來書云:質美者,明得盡,查滓便渾化。”

無頭

没有线索可查的。卷七十九:“從古相傳來,如經傳所引用,皆此書之文,但不知是何故説得都無頭。”(2052 页)卷一百三十七:“看得這樣底,都是箇無頭學問。”(3272 页)《汉语大词典》所收最早书证是[清]蒲松龄《聊斋志异·老龙舡户》:“朱公徽蔭巡撫粵東時,往來商旅,多告無頭冤狀。”

尾梢

末尾。卷一百三十:“今東坡經解雖不甚純,然好處亦自多,其議論亦有長處。但他只從尾梢處學,所以只能如此。”(3120 页)《汉语大词典》所举书证是茅盾《子夜》八:“話是在尾梢處轉了調子,顯著不能輕信的意味。”

務外

只致力于表面,不求深入。卷九十一:“如‘色取仁而行違’,便是不務實而專務外。”(1091 页)卷九十三:“孔門學者,如子張全然務外,不知如何地學却如此。”(2355 页)《汉语大词典》所举书证是[明]王守仁《答顾东桥书》:“吾子所謂務外遺内、博而寡要者,無乃亦是過歟!”

猥碎

卑小琐碎。卷三十二:“看這氣象,便不恁地猥碎。”(806 页)《汉语大词典》所举书证是[清]姚鼐《赠钱献之序》:“久之,通儒漸出,貫穿羣經,左右證明,擇其長説。及其敝也,雜之以讖緯,亂之以怪僻猥碎,世又譏之。”

位子

名位、职位。卷二十三:“極星亦微轉,只是不離其所,不是星全不動,是箇傘腦上一位子不離其所。”(534 页)卷一百一:“人說性,不肯定說是性善,只是欲推尊性,於性之上虛立一箇‘善’字位子,推尊其性耳。”(2590 页)《汉语大词典》所举书证是《元朝秘史》卷六:“成吉思說:‘若果有顏色,教尋去,尋得來時,肯將你位子讓與麼?’”

晚間

晚上。卷九十一:“如宋文帝明日欲殺某人,晚間更與他説話,不能得他去。”(2331 页)卷一百二十:“早上思量不得,晚間又把出思量;晚間思量不得,明日又思量。”(2892 页)《汉语大词典》所举书证是《水浒传》第四五回:“哥哥放心自去,晚間兄弟替你料理。”

溫醇

淳朴、敦厚。卷八十:“詩人溫醇,必不如此。如詩中所言有善有惡,聖人兩存之,善可勸,惡可戒。”(2092 页)《汉语大词典》所举书证是[明]沈鲸《双珠记·纩衣得诗》:“此詩立意溫醇,措詞雅麗,乃才女子也。”

穩實

稳定、踏实。卷四十:“學者須是學曾子逐步做將去,方穩實。”(1037 页)《汉语大词典》所举书证是[元]李致远《还牢末》第一折:“哎,原來是梁山泊好漢,我待番悔來,則怕兄弟心中不穩實。”

紊亂

杂乱、纷乱。卷一百三十五:“自高祖賜姓,而譜系遂無稽考,姓氏遂紊亂,但是族系紊亂,也未害於治體。”(3221 页)《汉语大词典》所举书证是[清]林则徐《会批义律于封港后递求诚禀》:“且貨船若不阻留,則並無毆斃林維喜之案,又何至事務紊亂乎?”

買賣

生意、商业经营。卷八十六:“如市,便不放教人四散去買賣;他只立得一市在那裏,要買物事,便入那市中去。"(2209 页)卷一百十一:"如淮人要過江買賣,江南須自有人停榻交子,便能換錢。"(2722 页)《汉语大词典》所举书证是[元]无名氏《盆儿鬼》楔子:"今蚤到長街市上,本意尋個相識,合火做買賣。""買賣",也可作"賣買"。卷九十:"後中圈爲市,不似如今市中,家家自各賣買。"(2304 页)卷九十:"如那時措置得好,官街邊都無閑雜賣買,汙穢雜揉。"(2304 页)

每常

犹往日、往常。与"今日"相对。卷一百十八:"每常遇無事,却散漫;遇有事,則旋求此心。今却稍勝前。"(2842 页)卷一百十九:"每常遇事時也分明知得理之是非,這是天理,那是人欲。然到做處,又却為人欲引去;及至做了,又却悔。此是如何?"(2875 页)《汉语大词典》所举书证是[元]关汉卿《拜月亭》第一折:"我每常幾曾和個男兒一處説話來,今日到這無奈處。"

滿足

达到一定期限。卷十八:"如排數器水相似;這盂也是這樣水,那盂也是這樣水,各各滿足,不待求假於外。"(399 页)卷四十一:"莫只要不失這道理,而滿足此心?"(1055 页)《汉语大词典》所举书证是[元]郑光祖《伊尹耕莘》楔子:"奉上帝着貧道遣文曲星下降,投胎於義水有莘趙家莊上。十月滿足,其母不肯收留,送於空桑之内。後伊員外收留,養大成人,名爲伊尹。"

除了上述所列举的词语外,《朱子语类》中的以下词语也可提前《汉语大词典》的书证:"辨識""別個""操切""草率""承受""粗戾""卒急""存放""打扇""單子""當抵""跌落""放頓""放開""分開""管屬"貫徹""合目""後次""昏倦""昏昧""渾化""激惱""解曉""今番""抉破""克勝""空罅""攔截""力索""例子""連纏""輪番""慢慢""忙急""莽莽""磨弄""驀地""驀然""默會""内里""内面""拈弄""胖脹""偏僻""品物""平白""平地""擒捉""輕可""確當""入去""時常""拾取""事頭""松爽""貼貼""頭邊""吐瀉""晚間""掀翻""懸虛""夜里""依樣""照應""真切""壓制""最初""沾醉""好高""稽尋""後次""活法""等待""交子""懊悶""戲説""可靠""沒事""放置""輪番""欠缺""梳理""輕可""快捷""務外""俸給""結末""泄瀉""惡濁""粗心""溫淳""歷練""立腳""克治""克除""散句""圓密""造説""終場""段落""充周""卒急""包攬""實踐""短處""存放""豐壯""恢廣""角頭"等。

(三)异文词语与《汉语大词典》编纂

稱貼

隨衆從"博學、審問、慎思、明辨、篤行"底做工夫,襯貼起來方實。(卷一百十七,2828 页第 2 段)

宋刻本《晦庵先生朱文公语录》此段内容"襯貼"作"稱貼"。"稱貼",《汉语大词典》未收。"襯貼"和"稱貼"为近义词关系,意思是密切配合、结合使之妥帖。《圣济总录纂要》卷十九:"獨頭蒜,一味。截兩頭去心,作艾炷火與蒜稱貼。"《世宗宪皇帝上谕内阁》卷二十七:"上諭,諾岷奏稱貼。""稱貼",《汉语大词典》可补。

發撝

"撝謙",言发扬其谦。(卷七十,1769 页第 6 段)

宋刻本《晦庵先生朱文公语录》此段内容"發揚"作"發撝"。"發撝",《汉语大词典》未收。《黄氏日抄》卷五十九:"然歷數百年,至本朝歐陽公方能得公之文於殘弃而發撝之,否者終於湮没。"《明文海》卷一百五十二:"後之文士,揮筆含輝,斂采發撝,理道豈不蔚哉。"《御览经史讲义》卷二十九:"規矩之至,變化自生,真學者未有不發撝乎?""發撝",义为阐发、抒发。《汉语大词典》可补。

桔槔

恐是桔鍛之類?(卷七十三,1844 页第 4 段)

宋刻本《晦庵先生朱文公语录》此段内容"桔鍛"作"桔槔"。"桔鍛"與"桔槔",两个词《汉语大词典》均未收。"桔槔",《骈雅》卷四《释器》:"桔槔,轒轤龍骨汲具也。"《文公易说》卷八:"問是桔槔之類,答云亦恐是如此。"《太平寰宇记》卷一百四十六:"漢陰叟楚人居漢水之陰,子貢南遊,見丈人為圃鑿池,抱甕出,灌園用力多。子貢教鑿木為桔槔。""桔槔",当为一种取水的工具。《汉语大词典》可补。

秋採

這兩卦各自是一箇物,不相秋采。(卷七十三,1850 页第 5 段)

宋刻本《晦庵先生朱文公语录》此段内容"秋采"作"秋採"。"秋采"和"秋採",为理解的意思,《汉语大辞典》均没有收。和"秋採"形近的写法还有"揪采",见四库全书本《朱子语类》。"偢采",见《南湖集》卷十《眼兒媚·

初秋》:“起來没箇人倸采,枕上越思量,眼兒業重,假饒睪睡又且何妨?”“瞅睬”,见无名氏《争报恩》第二折:“我這裏聲寃叫屈誰瞅睬? 原來你小處官司利害,衙門從古向南開。”“揪採”,见《清惠集》卷四:“賴宗等前來職衙門揪採,凌辱詆罵之言至不忍聞。”以上各个词形,收入《汉语大词典》的是“揪采”,且最早书证是[元]关汉卿的《蝴蝶梦》第四折,书证偏晚。

落莫

呂丈在鄉里,方取其家來,骨肉得團聚,不至落寞。(卷一百二十二,2956 页第 4 段)

宋刻本《晦庵先生朱文公语录》此段内容“落寞”作“落莫”。“落寞”与“落莫”为异形词关系,指冷落、寂寞,引申有落魄、潦倒义。《诗缉》卷二十三:“是子宜乘駟車六轡,沃然榮耀于時,何為落莫如此乎?”《汉语大词典》“落莫”的潦倒义书证最早为[元]辛文房的《唐才子傳·李宣古》:“竟薄命無印綬之譽,落莫自終。”中华本的“落莫”例可提前书证。

錯緫

如陰陽五行錯綜不失條緒,便是理。(卷一,3 页第 4 段)

宋刻本《晦庵先生朱文公语录》此段内容“錯綜”作“錯緫”。“錯緫”,交错、综合。《礼记注疏》序:“是以所見各記舊聞,錯緫鳩聚以類相附。”《文公易说》卷二:“若就一陰一陽,又不足以該衆理,於是錯緫為六十四卦三百八十四爻。”“錯緫”,《汉语大词典》失收,可补。

困善

只是困苦無精彩,極好處也只有“正誼、明道”兩句。(卷一百三十七,3257 页第 2 段)

宋刻本《晦庵先生朱文公语录》此段内容“困苦”作“困善”。“困善”,软弱无力、平乏,《汉语大词典》未收,相关文献用例还有《钦定古今图书集成·理学汇编·文学典·第三卷》:“董仲舒文字卻平正,只是又困善。仲舒、匡衡、劉向諸人文字皆善弱無氣燄。”

第八章 《朱子语类》多音节词语研究

第一节 《朱子语类》三字格词语研究

三字格词语是《朱子语类》中口语化程度比较高的一类语言单位。笔者在《朱子语类》中，收集到三音节词 130 多个。这些三字格，有附加式、主谓式、重叠式、动宾式等各种结构；大多朗朗上口，生动形象，是《朱子语类》口语特征的一个体现；有的具有对应的复音词形式，但与复音词相比，富于感情色彩和韵律特征。

一、附加式

附加式是采用附加组合、派生的方式，在词根上添加词缀构成新词的构词方式。在近代汉语中，广泛使用前缀、后缀以构成新词。《朱子语类》中的三音节词语，以附加式的形式构成的，主要是词根加上后缀"子"和"頭"构成。

(一)词根+"子"

本領子

意为能耐、本事。卷六十四："'唯天下至誠'，言做出天下如許大事底本領子。"(1567 页)

按："本領子"为"本領"的口语化表达。卷七："今人既無本領，只去理會許多閑汨董，百方措置思索，反以害心。"(125 页)

禅和子

参禅人的通称。卷十二："有亲如伙伴之意。和，谓和尚。也不必要似禪和子様去坐禪方爲靜坐。但只令放教意思好,便了。"(217页)《水浒传》第五八回:"當日便收拾腰包行李,魯智深只做禪和子打扮,武松裝做隨侍行者。"

按:"禪和子"为和尚的俗称,亦作"禪和尚"或省称"禪和"。卷一百二十六:"何況號爲尊宿禪和者,亦何曾寂滅得!"(3038页)

大板子

根据上下文判断,当为一种祭祀时用的一种牌子。卷九十:"溫公用大板子。今但依程氏古式,而勿陷其中,可也。"(2311页)

端緒子

谓开端、渊源。卷一百十九:"端,便是那端緒子。"(2868页)

按:"端緒子"为"端緒"的口语化表达。卷十八:"如齊宣王因見牛而發不忍之心,此蓋端緒也,便就此擴充,直到無一物不被其澤,方是。"(403页)宋濂《〈曾学士文集〉序》:"先生之裔,分自南豐。父祖皆宋進士,書詩之業,遠有端緒。"

分段子

按时间或区域分成的几个部分。卷六:"公江西有般鄉談,才見分段子,便説道是用,不是體。"(101页)

按:"分段子"为"分段"的口语化表达。卷九十四:"但'繼之者善'方是天理流行處,'成之者性'便是已成形,有分段了。"(2390页)

初頭子

开头、当初。卷六:"惻隱、羞惡、辭遜、是非,都是兩意:惻是初頭子,隱是痛。"(115页)

按:"初頭子"为"初頭"的口语化表达。卷十七:"故大學必教人如此用工,到後來却會復得初頭渾全底道理。"(376页)

規模子

程式、范式、制度。卷六十三:"但老子則猶自守箇規模子去做,到得莊子出來,將他那窠窟盡底掀番了,故他自以爲一家。"(1540页)

按:"規模子"为"規模"的口语化表达。卷七十一:"荊公此意便是慶曆范文正公諸人要做事底規模。"(1799页)

機關子

犹机键，比喻要害、关键、圈套。卷一百二十一："這箇是轉水車相似，只撥轉機關子，他自是轉，連那上面磨子篩籮一齊都轉，自不費力。"（2929页）

按："機關子"为"機關"的口语化表达。卷九十四："而今看他說這物事，這機關一下撥轉後，卒乍攔他不住。"（2387页）

家活子

犹言家产、家业、事业。卷一百三十五："光武要小小自做家活子，亦是鄧禹先尋得許多人。"（3229页）

按："家活子"为"家活"的口语化表达。欧阳修《论不才官吏状》："其人西京廣有家活，而昏病之年，貪禄不止。"

窠臼子

旧式门上承受转轴的臼形小坑，门臼。比喻旧有的现成格式，老套子。卷五十三："四端本是對著，他後流出來，恐不對窠臼子。"（1294页）

按："窠臼子"为"窠臼"的口语化表达。卷六十七："而爲先儒說道理太多，終是翻這窠臼未盡，故不能不致遺恨云。"（1655页）

空殼子

比喻没有真才实学的人或徒具形式的事物。卷十四："若只讀得空殼子，亦無益也。"（250页）卷七十三："這箇事却不只是空殼子做得。"（1846页）

按："空殼子"也作"空殼"。卷六十九："若把箇空殼下在裏面，如何會發生。"（1722页）

匡格子

犹言格式、套式。卷十五："'據於德'，却是討得箇匡格子。"（293页）

門戶子

比喻治学的入口、门径。卷四十三："大抵學問只要得箇門戶子入。"（1107页）

按："門戶子"为"門戶"的口语化表达。卷一百十七："及到講論義理，便偏執己見，自立一般門戶，移轉不得，又大可慮。”（2815 页）《文公易说》卷十九：“但當時草草抄出踈畧未成文字耳，然試略攷之亦粗見門户梗槩。”

模匣子

小型的盛物器具，有比喻义。卷十二：“所以程子推出一箇‘敬’字與學者說，要且將箇‘敬’字收斂箇身心，放在模匣子裏面，不走作了，然後逐事逐物看道理。”（208 页）

坯璞子

谓初具规模的事物，半成品。卷一百二十：“論語只是箇坯璞子，若子細理會，煞有商量處。”（2891 页）

按：“坯璞子”也作“坯璞”。卷七：“古者小學已自養得小兒子這裏定，已自是聖賢坯璞了，但未有聖賢許多知見。”（124 页）

樸素子

犹简单、朴素的模式。卷四十四：“上面四人所長，且把做箇樸素子，唯‘文之以禮樂’，始能取四子之所長，而去四子之所短。”（1125 页）

腔殼子

犹言躯体、胸腹。卷九十六：“心要在腔殼子裏。”（2462 页）心要有主宰。

按：“腔殼子”也作“腔子”。《二程遺书》卷七：“心要在腔子裏。”《西厢记》第二本第二折：“腔子裏熱血權消渴，肺腑内生心且解饞。”

胎骨子

指坯子或骨架。卷七十五：“緼是袍中之胎骨子。”（1934 页）陶穀《清异录・缕子脍》：“造縷子膾，其法用鯽魚肉鯉魚子，以碧筍或菊花爲胎骨。”

香山子

山名。卷一百三十八：“時陳居士方死，尚在坐，未曾斂。見面前一石頭，似箇香山子。”（3296 页）

按：名叫“香山”的山名有三处：①在今河南省洛阳市龙门山之东。[唐]白居易曾在此筑石楼，自号香山居士。②在江苏省吴县西南。相传吴王种香处。下有采香径。③北京市西郊西山山岭之一。

小兒子

犹言儿童，也可指青年人。卷三十四："小兒子教他做詩對，大來便習舉子業，得官，又去習啟事、雜文，便自稱文章之士。"(867 页)卷一百〇九："某嘗經歷諸州，教官都是許多小兒子，未生髭鬚。"(2700 页)

小山子

"小山子"，即小山。卷一百〇五："蟻垤也，北方謂之"蟻樓"，如小山子，乃蟻穴地。"(2634 页)《明文衡》卷三十七："又西南有小山子，遠望鬱然，日光横照，紫翠重疊。"

(二)词根十"頭"

末梢頭

末尾、最后。卷五十二："蓋知言是那後面合尖末梢頭處，合當留在後面問，如《大學》所論，自修身正心。"(1275 页)

按："末梢頭"为"末梢"的口语化表达。卷十一："其初甚約，中間一節甚廣大，到末梢又約。"(188 页)《宣和遺事》前集："誅竄了這四箇凶人，天下百姓，皆服其威斷。明四目，達四聰，末梢頭賢人在位，小人在野，朝綱自治。"

交滚頭

意为混杂、交融。卷三十："敬之問：'不遷怒，不貳過，顏子多是靜處做工夫。'曰：'不然。此正是交滚頭。'"(772 页)

脚手頭

脚和手，负责行走和做事，比喻暗中或私下行动、行事。卷七十二："若臣妾，是終日在自家脚手頭，若無以係之，則望望然去矣。"(1823 页)

按："脚手頭"为"脚手"的口语化表达。卷八十四："某之諸生，度得他脚手，也未可與拈盡許多，只是且教他就切身處理會。"(2181 页)冯梦龙《挂枝儿・调情》："早是不曾做脚手，險些露出馬脚兒。"

角落頭

泛指类似墙的东西相接处的凹角或方形物件的一角。比喻狭小、不开阔的空间，有的方言也作"旮旯"。卷一百二十一："須教他心裏活動轉得，

莫著在那角落頭處。"(2930 页)

軍容頭

幞头之一种。卷九十四:"唐人幞頭,初止以紗爲之,後以其軟,遂斫木作一山子在前襯起,名曰'軍容頭'。"(2327 页)

劈初頭

开头、起始。卷十四:"如中庸之書,劈初頭便説'天命之謂性'。"(255 页)《宣和遺事》前集:"且說唐堯、虞舜是劈初頭第一箇皇帝。"

按:"劈初頭"为"劈初"的口语化表达。卷四十九:"且看隋煬帝劈初如何?下梢又如何?"(1212 页)

下梢頭

结果、结局。卷一百十八:"近日學者多緣草略過了,故下梢頭儹無去處,一齊棄了。"(2841 页)《初刻拍案惊奇》卷二二:"却是富貴的人只據目前時勢,横着膽,昧着心,任情做去,那裏管後來有下梢頭没下梢頭。"

按:"下梢頭"为"下梢"的口语化表达。卷九:"今既要理會,也須理會取透;莫要半青半黄,下梢都不濟事。"(154 页)

大路頭

比喻大道、正道。卷一百二十:"君盡其職,臣效其功,各各行到大路頭,自有箇歸一處。"(2897 页)

按:"大路頭"是"大路"的口语化表达。卷一百十三:"聖人教人如一條大路,平平正正,自此直去,可以到聖賢地位。"(2747 页)

(三)"大"十词根

大本原

根源、根本。卷一百二十:"語孟開陳許多大本原,多少的實可行,反以為恐流於空虛,却把左傳做實,要人看。"(2896 页)

按:"大本原"为"本原"的口语化表达。卷一百三十八:"姓與氏之分:姓是本原所生,氏是子孫下各分。"(3281 页)苏辙《御试制策》:"臣請爲陛下推其本原,而極言其故。"

大本領

主旨、要领。卷十五:“治國、平天下,規模雖大,然若有未到處,其病却小,蓋前面大本領已自正了。”(312 页)

按:“大本領”为“本領”的口语化表达。卷十六:“讀書專留意小處,失其本領所在,最不可。”(352 页)王守仁《传习录》卷上:“若泥文逐句,不識本領,即支離决裂,工夫都無下落。”

大病痛

意谓关键的问题、毛病、缺点。卷十五:“格物、誠意,其事似乎小。然若打不透,却是大病痛。”(312 页)

按:“大病痛”为“病痛”的口语化表达。卷八:“意誠,則道理合做底事自然行將去,自無下面許多病痛也。”(147 页)王守仁《传习录》卷上:“知善知惡是良知,爲善去惡是格物。只依我這話頭,隨人指點,自没病痛。此原是徹上徹下功夫。”

大變亂

动荡、由战争等造成的混乱。卷三十三:“齊自太公初封,已自做得不大段好。至後桓公管仲出來,乃大變亂拆壞一番。”(828 页)

按:“大變亂”为“變亂”的口语化表达。卷三十三:“看來魯自桓公以來,閨門無度,三君見弒,三家分裂公室,昭公至於客死,以至不視朔,不朝聘,與夫税畝、丘甲、用田賦,變亂如此,豈得是周公法制猶存乎?”(829 页)

大段落

意谓大量的篇幅。卷一百十四:“且如程門中如游定夫,後來説底話,大段落空無理會處,未必不是在扶溝時只恁地聽了。”(2762 页)

大綱目

纲领和大纲。卷五十三:“孟子裏面大綱目是如何?”(1296 页)

按:“大綱目”为“綱目”的口语化表达。卷十一:“一代帝紀,更逐件大事立箇綱目,其間節目疏之於下,恐可記得。”(196 页)

大綱領

主旨、要领。卷七十九:“貫穿一件事的主線,要領。聖人做事,便有大綱領:先決九川,距四海了,却逐旋爬疏小水,令至川。”(2027 页)

按:"大綱領"为"綱領"的口语化表达。卷十四:"先通大學,立定綱領,其他經皆雜説在裹許。"(252 页)

大關節

关键处、重要环节。卷四十五:"死生是大關節,要之,工夫却不全在那一節上。"(1153 页)[明]胡应麟《少室山房笔丛・丹铅新录四・铣钡》:"必多讀史傳,則此等事自能燭照源流,洞見真妄,迺學問中一大關節,不可不知。"

大規模

体式、程序。卷十三:"品藻人物,須先看他大規模,然後看他好處與不好處,好處多與少,不好處多與少。"(243 页)

按:"大規模"为"規模"的口语化表达。卷十四:"某要人先讀《大學》,以定其規模;次讀《論語》,以立其根本。"(250 页)

大鶻突

不明白事理。卷七十八:"若使如今誥令如此,好一場大鶻突!"(2022 页)

按:"大鶻突"为"鶻突"的口语化表达。卷一百〇一:"今人於義利處皆無辨,直恁鶻突去。"(2592 页)此外,還可以用四字格"鶻鶻突突"。卷十六:"今人多鶻鶻突突,一似無這箇明命。"(315 页)

大皇恐

惊惶、恐惧。卷一百〇六:"孝敘大皇恐,即時自劾,枷此僧送獄。"(2654 页)

按:"大皇恐"为"皇恐"的口语化表达。卷一百十七:"後來聞尊長鎮日相尋,又令人皇恐!"(2825 页)

大機會

好时机、关键处。卷五十一:"孟子平生大機會,只可惜齊宣一節。"(1230 页)

大渾淪

囫囵、整个儿。卷四十:"如佛氏,不可謂他無所見,但他只見得箇大渾

淪底道理。”(1030 页)

按:“大渾淪”为“渾淪”的口语化表达。卷六:“仁,渾淪言,則渾淪都是一箇生意,義禮智都是仁。”(107 页)

大節目

指事物的关键之处或主要部分。卷十:“文字大節目痛理會三五處,後當迎刃而解。”(162 页)《儿女英雄传》第二十三回:“這部《兒女英雄傳》的書演到這個場中,後文便是弓硯雙圓的張本,是書裏一個大節目,俗説就叫作‘書心兒’。”

按:“大節目”为“節目”的口语化表达。卷十一:“人讀史書,節目處須要背得,始得。”(197 页)

大界限

限制、范围。卷二十六:“聖人且立箇大界限,先要人分别得箇路頭。”(649 页)

按:“大界限”为“界限”的口语化表达。卷四十一:“須是立箇界限,將那未能復禮時底都把做人欲斷定。”(1047 页)

大階級

大阶段、大段落。卷十七:“如志學至從心,中間許多便是大階級,步却闊。”(381 页)

按:“大階級”为“階級”的口语化表达。卷一百〇三:“然为學自有許多階級,不可不知也。”(2602 页)

大精神

指人的精气、元神。卷九十三:“今覺見朋友間,都無大精神。”(2350 页)

按:“大精神”为“精神”的口语化表达。卷一百〇一:“齋戒只是要團聚自家精神。”(2565 页)

大狼狽

困窘、尷尬。卷十三:“這箇少間只是做得會差,亦不至大狼狽。”(243 页)

按:“大狼狽”为“狼狽”的口语化表达。卷一百〇一:“蔡京晚歲漸覺事

勢狼狽，亦有隱憂。”(2570页)

大拍頭

大的声势、虚张声势。卷四十二：“蓋才放退，則連前面都壞，只得大拍頭居之不疑，此其所以駕虛而無實行也。(1091页)

按：李敏辞认为，“大拍頭”大约是指古代的某种器物，能发出很大的声响。[①] 但此说缺乏证据。“大拍頭”一词，几乎没有相关文献及辞书中收录。《朱子语类》全书一共出现了7个用例，根据下面用例中的“且説這大話了”判断，“大拍頭”有说假话、夸张的意思。卷一百三十四：“商鞅先以帝王説孝公，此只是大拍頭揮他底。它知孝公必不能用得這説話，且説這大話了。”(3216页)

大頭腦

根本的、重要的事理。卷九：“如孔子教人，只是逐件逐事説箇道理，未嘗説出大頭腦處。然四面八方合聚湊來，也自見得箇大頭腦。”(155页)

按：“大頭腦”也可作“頭腦”。卷六十：“然‘修身以俟’一段，全不曾理會，所以做底事皆無頭腦，無君無父，亂人之大倫。”(1429页)

大勞攘

纷乱、繁杂的意思。“不知當初何故不只教本土人築，又須去别處發人來，豈不大勞攘？”(2136页)

按：“大勞攘”是“勞攘”的口语化表达。卷十五：“然這裏只是説學之次序如此，説得來快，無恁地勞攘，且當循此次序。”(311页)［明］李贽《初潭集·兄弟下》：“初何嘗有册文金縢，做出許多勞攘來耶！”“勞攘”也作“撈攘”。卷一百二十：“他資質本自撈攘，後來又去合那陳同父。”(2912页)

大闢闔

巨大的开合变化。卷五十八：“康節以十二萬九千六百年爲一元，則是十二萬九千六百年之前，又是一箇大闢闔，更以上亦復如此。”(2367页)

大腔當

躯体、框架。卷八：“爲學須先立得箇大腔當了，却旋去裏面修治壁落

---

① 李敏辞：《〈朱子语类〉词语义释》，《衡阳师范学院学报》，2004年第4期。

教綿密。”(130 页)

按:“大腔當”是“腔當”的口语化表达。《渔隐丛话》前集卷五十:“東坡愛其句,恨不得其腔當有知者。”

大切要

緊要的事。卷七十一:“這箇須是大切要底事。”(1781 页)

按:“大切要”是“切要”的口语化表达。卷十:“學問,就自家身己上切要處理會方是,那讀書底已是第二義。”(161 页)

大説話

比喻语言表达浮夸、夸夸其谈。卷一百十一:“而今耳裏聞得,却把做箇大説話。”(2715 页)

按:“説話”一词在《朱子语类》中有多个义项。①用语言表达意思。卷十九:“聖人説話,開口見心,必不只説半截,藏著半截。”(435 页)②文字。卷十九:“前輩解説,恐後學難曉,故集注盡撮其要,已説盡了,不須更去注脚外又添一段説話。”(438 页)③言辞、表达。卷十九:“上蔡過高,多説人行不得底説話。”(442 页)

大題目

比喻重要的内容。卷八十一:“公多年不相見,意此來必有大題目可商量,今却恁地,如何做得工夫恁地細碎!”(2115 页)卷四十四:“此是一箇大題目,須細思之。”(1144)

按:“題目”一词在《朱子语类》中有以下义项:①试题、习题。卷二十六:“譬如秀才赴試,有一人先得試官題目將出來賣,只要三兩貫錢,便可買得,人定是皆去買。”(647 页)②主题、要领。卷二十六:“此數段,皆是緊要處,須是把做箇題目,只管去尋始得。”(653 页)③标题。卷七十四:“‘聖人設卦觀象’至‘生變化’三句,是題目,下面是解説這箇。”(1884 页)

大統體

总体、全体。卷四十:“曾子先未曾見得箇大統體,只是從事上積累做將去,後來方透徹。”(1036 页)

按:“大統體”为“統體”的口语化表达。田艺蘅《留青日札·三才图》:“所謂三才,統體一太極也。”

大物事

大的物件和事情，比喻整体、宏观。卷十九："夫子教人，零零星星，説來説去，合來合去，合成一箇大物事。"（429 页）卷三十六："是顔子見得未定，只見得一箇大物事，沒奈他何。"（964 页）

大項目

比喻大工程。卷八："學者做工夫，莫説道是要待一箇頓段大項目工夫後方做得，卽今逐些零碎積累將去。"（132 页）

大形勢

指总体的山川形体、状貌等地理状况。卷七十九："且太行山自西北發脈來爲天下之脊，此是中國大形勢。"（2025 页）卷七十九："學者亦先識箇大形勢，如江河淮先合識得。"（2027 页）

按：《朱子语类》中的"形勢"，主要有三个义项。一是指山川形体、状貌等地理状况。卷七十九："先決九川而距海，然後理會畎澮，論形勢，須先識大綱。"（2028 页）二是指局势。卷一百二十七："建康形勢勝於臨安。"（3054 页）三是指声势、气势。卷一百二十七："建康形勢雄壯，然攻破著淮，則只隔一水。"（3055 页）

大眼力

好眼力，很强的鉴别力。卷一百十："當無事之時，欲識得將，須是具大眼力，如蕭何識韓信，方得。"（2710 页）

大意思

全局、整体和宏观的想法观念。卷六十四："須先看取這樣大意思，方有益。"（1592 页）卷九十四："夫子許多大意思，盡在顔子身上發見。"（2411 页）

按："意思"，是《朱子语类》使用频率非常高的一个常用词。在中华本一共出现 1244 例。词义比较丰富。①意义、道理。卷六："説仁，便有慈愛底意思；説義，便有剛果底意思。"（105 页）②表达、迹象、现象。卷六："天理著見，一段意思可愛，發出卽皆是。"（119 页）卷十三："向來做時文，只粗疏恁地直説去，意思自周足，且是有氣魄。"（247 页）③思维、思维过程。卷五十八："意思如何便是天理？意思如何便是私慾？"（1358 页）④神情、表情。卷五十九："且如某歸家來，見説某人做得好，便歡喜；某人做得不好，便意思不欒。"(1391 页)卷六十四:"今人做事,若初間有誠意,到半截後意思懶散,謾做將去,便只是前半截有物,後半截無了。"(1580 页)

大意氣

气势、外在的风貌。卷四十二:"世上有此等人,專以大意氣加人。"(1091 页)

按:朱熹认为,"以意氣加人之意,只此便是慾也"。卷二十八:"只有學問,才不會'只隨那資質去,便自是屈於慾'。"(723 页)

大總腦

根本的或重要的主旨、事理。卷九:"如此節節推上,亦自見得大總腦處。"(156 页)卷一百三十八:"姓是大總腦處,氏是後來次第分別處。"(3280 页)

按:和"大總腦"义近的三字格还有"大頭腦""大頭段""大頭項"。卷九:"凡看道理,要見得大頭腦處分明。"(155 页)卷一百十六:"今欲於此數月揀大頭段來請教,不知可否?"(2789 页)卷八:"學者貪高慕遠,不肯從近處做去,如何理會得大頭項底!"(131 页)"頭"为身体的重要部分,这几个带"頭"的三字格均可表示根本的或重要的地方。

以"大""頭""子"为词缀的三音节词语,在《朱子语类》里使用十分普遍。这些三字格,口语性强,但大部分文献不载,一般词典也不收,仅仅在《朱子语类》中有保留。通过考察发现,大部分附加式三字格有对应的复音词形式,如"端緒子——端緒""機關子——機關""規模子——規模""窠臼子——窠臼""大腔當——腔當""末梢頭——末梢"等。与复音词相比,这些加上词缀的三字格具有更强的口语性和形象性。以"大"为前缀的三字格,大多具有形象的色彩和强调的意味,如"大意氣""大形勢""大說話""大切要"等。前缀"大"已有虚化的倾向,并和复音词密切结合,形成一个凝固的结构充当句子成分。这些附加式三字格,大多不见于其他正统文献,一般辞书也不收。这些词语数量多,使用范围广,贯穿于全书始终,是《朱子语类》口语化的一个重要体现。

二、重叠式

(一)A—A

挨一挨

经历,感受一下。卷一百二十:“而今都只是悠悠,礙定這一路,略略拂過,今日走來挨一挨,又退去;明日亦是如此。”(2910 页)

按:和“挨一挨”义近的表达还有单音节“挨”和“捱”。卷十一:“讀書理會道理,只是將勤苦捱將去,不解得不成。”(190 页)卷十五:“才有些發見處,便從此挨將去,漸漸開明。”(287 页)除了使用单音节和三字格外,义近的表达还有“挨來挨去”,也作“捱來捱去”。卷一百十七:“曾子初亦無討頭處,只管從下面捱來捱去,捱到十分處,方悟得一貫。”(2826 页)

操一操

义同“操”,是“操”的形象化表达。卷六十二:“操亦不是著力把持,只是操一操,便在這裏。”(1503 页)

穿一穿

义同“穿”,是“穿”的形象化表达。卷二十七:“而今人元無一文錢,却也要學他去穿,這下穿一穿,又穿不著,那下穿一穿,又穿不著,似恁爲學,成得箇甚麼邊事!”(683 页)

类似的用例还有“動一動”“接一接”“看一看”“隔一隔”“審一審”等等,单音节动词以“A 一 A”的形式重叠之后,富有韵律感,朗朗上口,非常适合口语表达的需要。

(二)ABB

光噲噲

形容光辉明亮的样子。卷一百十五:“遇無事則靜坐,有書則讀書,以至接物處事,常教此心光噲噲地,便是存心。”(2775 页)

按:和“光噲噲”义近的三字格还有“光輝輝”。卷九十四:“‘無極而太極’,不是説有箇物事光輝輝地在那裏。”(2387 页)

光蕩蕩

光明坦荡、不留杂念。卷八十："須是打疊得這心光蕩蕩地，不立一箇字，只管虛心讀他，少間推來推去，自然推出那箇道理。"（2086 页）

黑淬淬

形容漆黑一片的样子。卷一："夜半黑淬淬地，天之正色。"（6 页）

按：和"黑淬淬"义近的三字格还有"黑洞洞""黑籠籠""黑漫漫""黑窣窣""黑卒卒"。这几个 ABB 式中的"BB"，"洞洞""籠籠""漫漫""窣窣""卒卒""淬淬"，虽字形各异，但都是起记音作用，用于协调韵律。在各地方言中，还有其他各种表达和写法。

活潑潑

鲜活生动的样子，不呆板。卷八："如飢之欲食，渴之欲飲，如救火，如追亡，似此年歲間，看得透，活潑潑地在這裏流轉，方是。"（134 页）卷六十："躍如，是道理活潑潑底發出在面前，如甲中躍出。"（1454 页）

按："活潑潑"在《朱子语类》中使用频率很高，出现了 22 例，都是充当状语成分。"活潑潑"在宋代笔记中也有用例。谢采伯《密斋笔记》卷三："結尾活潑潑地，把捉不得，爲不可及。"

空豁豁

形容空无一物的状态。卷一百二十六："釋氏所謂'敬以直內'，只是空豁豁地，更無一物，却不會'方外'。"（3015 页）

按：和"空豁豁"义近的三字格还有"空蕩蕩"。卷九十四："象山常要說此語，但他說便只是這箇，又不用裏面許多節拍，却只守得箇空蕩蕩底。"（2370 页）

困漫漫

怠慢、不主动。卷四十四："看公多恁地困漫漫地，'則不敬莫大乎是'！"（1147 页）

亂董董

乱七八糟的样子。卷六十七："六十四卦，只是上經說得齊整，下經便亂董董地。"（1672 页）卷四十四："好學而首章，說得亂董董地，覺得他理會這物事不下。"（1132 页）

按：与“亂董董”义近，在昆明方言中的三字格还有“亂麻麻”“亂蓬蓬”“亂騰騰”“亂糟糟”等。这些表达，昆明人口头使用十分普遍。“董董”“麻麻”“蓬蓬”“騰騰”“糟糟”等均为记音成分，没有实际意义，但作为口语韵律表达的需要，又是必不可少的。

密拶拶

形容密密麻麻的样子。卷五十三：“若常常恁地體認，則日用之間，匝匝都滿，密拶拶地。”（1295 页）

死搭搭

死板，不灵活。卷六十四：“今言道無不在，無適而非道，固是，只是説得死搭搭地。”（1601 页）

虚飄飄

犹言空洞，不坐实。卷一百三十：“説道，也不曾做得此邊工夫；只是虚飄飄地，沙魘過世。”（3116 页）

按：“虚飄飄”，也可作“虚蕩蕩”。卷一百十三：“以前看得心只是虚蕩蕩地，而今看得來，湛然虚明，萬理便在裹面。”（2743 页）

（三）AA 然

蠢蠢然

犹言愚蠢不晓事。卷六十六：“古時人蠢蠢然，事事都不曉，做得是也不知，做得不是也不知。”（1625 页）

綽綽然

宽松、有余的样子。卷二十一：“所謂有餘，莫是入孝出弟之理，行之綽綽然有餘裕否？”（499 页）

斷斷然

形容界限分明的样子。卷二十六：“若是外不爲利而内實爲利，則是爲利尤甚於斷斷然爲利者。”（666 页）

拘拘然

拘泥貌。卷七十三：“竊恐外物無有絕而不接之理，若拘拘然務絕乎

物,而求以不亂其心,是在我都無所守,而外爲物所動,則奈何?"(1858 页)

切切然

放在心上、急切。卷二十六:"正而不公,則切切然於事物之間求其是,而心却不公。"(645 页)卷三十四:"它亦何嘗切切然存心,要去理會這事。"(878 页)

"AA 然"具有很强的描摹性。与"A 然"相比,"AA 然"重叠后富于韵律和口语化,"A 然"使用广泛,《朱子语类》中也大量出现了"A 然",如"漠然""茫然""斷然""浩然"等,但书面语的"文"的成分要多一些。

三、偏正式

釘盤星

卷十六:"戥子或秤杆上的第一星儿。如稱子釘盤星上加一錢,則稱一錢物便成兩錢重了。"(347 页)

按:"釘盤星",也可作"定盤星"。《古尊宿语录・洞山第二代初禅师语录》:"師云:'千斤秤不住。'云:'鳥道不存也?'師云:'錯數定盤星。'"也比喻正确的基准或确定的主意。

多少般

多少样、多少种。卷二十七:"且看論語,如鄉黨等處,待人接物,千頭萬狀,是多少般!"(680 页)卷五十五:"物欲亦有多少般。"(1307 页)

分水嶺

河流的分界。卷三十四:"嘗觀分水嶺之水,其初甚微;行一兩日,流漸大;至到建陽,遂成大溪。"(897 页)

接脚夫

卷一百〇六:"夫死後女子在家招夫。昔為浙東倉時,紹興有繼母與夫之表弟通,遂為接脚夫,擅用其家業,恣意破蕩。"(2645 页)

軟郎當

软弱无力,没有刚性。卷七十八:"司馬遷亦不曾從安國受尚書,不應有一文字軟郎當地。"(1985 页)卷一百三十:"張文潛軟郎當,他所作詩,前

四五句好，後數句胡亂填滿，只是平仄韻耳。”（3122 页）

按：“郎當”，《朱子语类》中也作“狼當”。《朱子语类》中有 7 例“郎當”，4 例“狼當”。“郎當”有拖沓、颓唐的意思，在近代汉语和现代汉语方言中都有大量用例。在昆明方言中，“郎當”除了表示肮脏外，还可以作为后缀附着在双音节名词或名词性词组后面，构成贬义形容词，如“二話郎當”“臭屁郎當”“靶子郎當”等。

食次册

菜单。卷十四：“看大學前面初起許多，且見安排在這裏。如今食次冊相似，都且如此呈說後，方是可喫處。”（251 页）

按：“食次”，食品，如酒菜、点心等。卷三十：“便是請客，也須臨時兩三番換食次。”（763 页）邵璨《香囊记・琼林》：“今年張狀元及第，賜宴瓊林，本官着我舖排筵席，點檢食次。”

閑功夫

犹言有时间。卷一百十九：“某舊讀書，看此一書，只看此一書，那裏得恁閑功夫錄人文字！”（2874 页）

閑勾當

无聊的事情。卷一百二十：“靜坐只是恁靜坐，不要閑勾當，不要閑思量，也無法。”（2886 页）

閑汩董

无关紧要、琐碎的陈旧事物。卷七：“今人既無本領，只去理會許多閑汩董，百方措置思索，反以害心。”（125 页）

按：“汩董”，《朱子语类》也写作“骨董”。卷八十四：“只要去就事上理會，雖是理會得許多骨董，只是添得許多雜亂，只是添得許多驕吝。”（2181 页）《朱子语类》中的“汩董”或“骨董”，多指瑣碎、陈腐的内容，与现代汉语的“古董”意义相去甚远。

閑物事

琐碎的、可有可无的、不重要的事情。卷十二：“如世上一等閑物事，一切都絕意，雖似不近人情，要之，如此方好。”（216 页）卷一百三十：“這道理只是一箇道理，只理會自家身己是本，其他都是閑物事。”（3116 页）

硬本子

实实在在的书本，喻套路、框架。卷二十四："如所引《學記》，則是溫故而不知新，只是記得箇硬本子，更不解去裹面搜尋得道理。"(576 页)卷一百三十四："必須别有規模，不用前人硬本子。"(3218 页)

一般樣

样子、式样、范式。卷三十九："如升降揖遜，古人只是誠實依許多威儀行將去，後人便自做得一般樣忒好看了。"(1008 页)卷五十七："若不'克己復禮'，别做一般樣，便是不以道。"(1343 页)

雜骨董

喻所学杂而不精。卷三十六："今若只去學多能，則只是一箇雜骨董底人，所以說：'君子多乎哉？不多也。'"(958 页)

版帳錢

南宋初征收的一种军用税钱。卷一百〇六："後來區處每月版帳錢，令縣官逐人輪番押來，當日留住，試以公事。"(2655 页)《宋史》食货志下一："州縣之吏固知其非法，然以版帳錢額太重，雖欲不横取於民，不可得也。"

按：类似"版帳錢"，《朱子语类》还出现有"頭子錢"。卷一百二十八："應干稅錢物，雜色場、務納錢，每貫刻五十文，作頭子錢。"(3082 页)《宋史》卷二十九載有："乙丑，增收州縣頭子錢為激賞費。""頭子錢"是按一定比例在法定租赋外加收的或在官府出纳时抽取的税钱，为附加税的一种。

四、动宾式

喫辛苦

费力气，花功夫。卷四十五："堯不曾喫辛苦做工夫，依舊聰明聖知，無欠缺。"(1165 页)卷一百十五："某是如此喫辛苦，從漸做來。若要得知，亦須是喫辛苦了做，不是可以坐談僥倖而得。"(2771 页)

搏謎子

猜谜。卷一百三十九："某人如搏謎子，更不可曉。"(3314 页)

打關節

打交道，疏通关系。卷一百二十七："他若出來外面與人打關節，也得。"（3058 页）

按："關節"，《朱子语类》出现 4 例，可归纳为两个义项。一是关键、紧要。卷十三："死生是大關節處。"（242 页）二是暗中与官吏权贵勾通行贿。卷一百二十七："中貴只合令入大內住，庶可免關節之類。"（3058 页）

犯手脚

谓动手、实践。卷二十七："聖人是不犯手脚底忠恕，學者是著工夫底忠恕，不可謂聖人非忠恕也。"（672 页）

按："犯手脚"，也可作"犯手"。卷六十七："'潔靜精微'是不犯手。"（1663 页）卷六十八："他那句語都是懸空說在這裏，都不犯手。"（1696 页）"犯手"也是动手实践之义。

犯手勢

动手去实践、验证，义同"犯手脚"。卷三十六："故謂'絕四'之外，下頭有一不犯手勢自然底道理，方真是義。"（956 页）卷九十四："'誠無爲'，只是自然有實理恁地，不是人做底，都不犯手勢，只是自然一箇道理恁地。"（2389 页）

開後門

谓打开通道、寻求退路。卷一百〇五："今未曾做工夫在，便要開後門。"（2636 页）

按：《朱子语类》中的"開後門"，还没有出现后世所说的"打通关系为个人牟利"的意思。

弄精神

虚妄作为、徒费心神。卷六十三："會得時活潑潑地，不會得只是弄精神。"（1536 页）卷六十三："'弄精神'，是操切做作也，所以說：'知此，則入堯舜氣象。'"（1536 页）

著地頭

按照具体情况办事。卷十一："看文字不可相妨，須各自逐一著地頭看他指意。"（184 页）卷三十一："聖人於小處也區處得恁地盡，便是一以貫之

處。聖人做事著地頭。"(779 页)

按:"地頭",《朱子语类》中出现了 70 多例。"地頭"有以下几个义项。①方面、角度。卷十五:"若修身與絜矩等事,都是各就地頭上理會。"(307 页)卷六十八:"然濂溪伊川之說,道理只一般,非有所異,只是所指地頭不同。"(1707 页)②地点。卷五:"向要至雲谷,自下上山,半塗大雨,通身皆濕,得到地頭。"(84 页)卷十五:"格,謂至也,所謂實行到那地頭。"(289 页)③要点,目的。卷七十九:"凡看文字,且就地頭看,不可將大底便來壓了。"(2048 页)卷一百二十一:"覺得公今未有箇地頭在,光陰可惜!"(2923 页)④距离。卷一百十七:"譬如十里地頭,自家行到五里,見人說十里地頭事,便把為是,更不進去。"(2817 页)

著工夫

用心用力去做。卷十:"須大段用著工夫,無一件是合少得底。"(165 页)卷十五:"今當就其緊要實處著工夫。"(309 页)

按:在《朱子语类》中,"著工夫"与"著功夫"并存,都表示花费心力的意思。"工夫"与"功夫"词义大致分工明确,"功夫"偏重于指本领、本事,如卷四:"須是看人功夫多少如何。若功夫未到,則氣質之性不得不重"(74 页),"工夫"多和花费时间精力做事有关,如卷八:"聖門日用工夫,甚覺淺近"(130 页)。但二者在《朱子语类》中常混用。"著工夫"也可作"作工夫""做工夫",《朱子语类》中也有大量的用例。

著脚手

展开行动、采取措施。卷五十三:"方其乍見孺子入井時,也著脚手不得。"(1281 页)卷八十九:"去年此間陳家墳墓遭發掘者,皆緣壙中太闊,其不能發者,皆是壙中狹小無著脚手處,此不可不知也。"(2286 页)

按:"著脚手",也可作"著手脚""做手脚"。卷四十二:"如顏子'克己復禮'工夫,却是從頭做起來,是先要見得後却做去,大要著手脚。"(1077 页)卷七十二:"觀上六一爻,則小人勢窮,無號有凶之時,而君子去之之道,猶當如此嚴謹,自做手脚。"(1837 页)"手脚"或"脚手",由具体的四肢引申为抽象的行动义,单独使用,还有手段、本事的意思。卷八十四:"某之諸生,度得他脚手,也未可與拈盡許多,只是且教他就切身處理會。"(2181 页)

著精神

打起精神、用心留神。卷六:"且要存得此心,不爲私欲所勝,遇事每每

著精神照管,不可隨物流去,須要緊緊守著。”(114 页)卷八:“凡做事,須著精神。”(139 页)

按:“著精神”,也可作“著精采”“著精彩”。卷十:“看文字,須大段著精彩看。”(163 页)卷五十九:“操存舍亡,只在瞬息之間,不可不常常著精采也。”(1401 页)“精彩”或“精采”,在《朱子语类》中多为精神、神采的意思,也较早出现了今天的常用义——形容事物佳妙出彩。卷一百三十八:“國語説得絮,只是氣衰。又不如戰國文字,更有些精彩。”(3297 页)

著氣力

用心用力、认真对待。卷六十九:“閑邪存誠,不大段用力;修辭立誠,大段著氣力。”(1714 页)卷十九:“孔子初不曾著氣力,只似沒緊要説出來,自是委曲詳盡,説盡道理,更走它底不得。”(444 页)

著衣服

穿衣服。卷二十五:“但非如道家説,真有箇‘三清大帝’著衣服如此坐耳!”(621 页)

按:《朱子语类》中的“衣服”已大量广泛使用。全书使用“著衣服”46 例,使用“著衣”20 例。就穿衣服这一义项上看,复音词的使用频率已超过单音词。

翻筋斗

比喻不平实、不直接。卷六十七:“近來林黄中又撰出一般翻筋斗互體,一卦可變作八卦,也是好笑!”(1652 页)

按:“翻筋斗”也可作“打筋斗”。卷一百〇一:“如孟子説‘反身而誠’,本是平實,伊川亦説得分明。到後來人説時,便如空中打箇筋斗。”(2559 页)

落窠槽

比喻读书时切实地领会和把握原意。卷一百二十一:“讀書之法,只要落窠槽。”(2929 页)

按:“落窠槽”,也可作“落窠臼”。卷一百十六:“説得行時,却又為他精思,久久自落窠臼。”(2799 页)

劈初頭

开头、起头。卷十四:“如中庸之書,劈初頭便説‘天命之謂性’。”(255

页)卷五十八:"初見梁惠王,劈初頭便劈作兩邊去。"(1374 页)

按:"劈初頭",也作"擗初頭"。卷二十三:"東萊詩記編在擗初頭。"(546 页)"劈初頭"或"擗初頭",也可用"初頭"表达开端义。卷十二:"堯是初頭出治第一箇聖人。"(206 页)

五、附加式

一把頭

一个开端、开始。卷二十:"務者,朝夕爲此,且把這一箇作一把頭處。"(461 页)

一副當

整体、全部、一整套。"一副當"可在句中充当名词或形容词。卷十六:"外面一副當雖好,然裏面却踏空,永不足以爲善,永不濟事,更莫説誠意、正心、修身。"(336 页)卷十八:"天之生人物,箇箇有一副當恰好、無過不及底道理降與你。"(410 页)

一落索

一系列、一连串。卷二十三:"那一邊道理是如何,一見便一落索都見了。"(556 页)卷一百〇四:"據他説時,只這一句已多了,又況有下頭一落索?"(2619 页)

一界子

一方面。卷六:"却自仁中分四界子:一界子上是仁之仁,一界子是仁之義,一界子是仁之禮,一界子是仁之智。"(115 页)

一些子

一些、少量。卷六:"譬如水,若一些子礙,便成兩截,須是打併了障塞,便滔滔地去。"(117 页)卷五十三:"如怵惕孺子入井之心,這一些子能做得甚事。"(1292 页)

按:"些子",全书一共出现近 400 例,是一个广泛使用的口语化表达。卷二:"月饒日些子,方好無食。"(21 页)卷三十一:"若無這些子,却便是聖人也。"(782 页)"一些子",也可用"一些",义同。

六、主谓式

眼孔小

比喻视野狭窄，鼠目寸光，缺乏前瞻性。卷六十六："而今人只是眼孔小，見他説得恁地，便道有那至理，只管要去推求。"(1623 页)

赤骨立

赤裸站立，比喻赤裸裸、一无所有。卷二十九："子路譬如脱得上面兩件鏖糟底衣服了，顏子又脱得那近裏面底衣服了，聖人則和那裏面貼肉底汗衫都脱得赤骨立了。"(754 页)卷三十一："聖人便是一片赤骨立底天理。"(798 页)

按："赤骨立"，还可写作"赤骨力""赤骨律"。《五邓会元》卷四："夏天赤骨力，冬寒須得被。"《蜀中广记》卷八十六："淨躶躶空無一物，赤骨律貧。"

七、并列式

百千萬

形容数量极多，用在名词前，类似一个词缀。卷二十七："忠只是一箇忠，做出百千萬箇恕來。"(672 页)卷八十："釋氏之説固不足據，然其書説盡百千萬劫，其事情亦只如此而已，況天地無終窮，人情安得有異！"(2083 页)卷一百三十七："但以某觀，人之性豈獨三品，須有百千萬品。"(3272 页)

八、其他三字格

胡鶻突

糊涂、马虎。卷一百二十六："到其後又窮，故一向説無頭話，如'乾矢橛''柏樹子'之類，只是胡鶻突人。"(3028 页)

按："胡鶻突"，也可作"胡鶻"。卷一百二十六："今年往莆中弔陳魏公，迴途過雪峰，長老升堂説法，且胡鶻過。"(3031 页)

匹似閑

平平常常、如同寻常。卷三十九："又有一等人心性自不要如此，見此事自匹似閑;又有一等人雖要求進,度其不可,亦有退步之意。”(1017 页)卷一百〇五:“伊川易傳云‘拒之以不信,絕之以不為’,當初也匹似閑看過。”(2630 页)

《朱子语类》中的三字格数量众多,从结构方式上看,以附加式居多,尤其以“大”为前缀的三字格很有特色,口语性很强。查阅文献发现,很多三字格仅仅在《朱子语类》中有保留,同时期口语性较强的通俗文献,如话本小说中也没有太多用例。查阅《汉语大词典》等相关辞书,大多不收。杨爱娇的博士论文《近代汉语三音词研究》,对附加式三字格有专门论述,但对于以“大”为前缀的三音节词语没有涉及。以“大”为前缀的三字格,在其他通俗文献中也有少量用例,但在《朱子语类》中则有集中、大量的体现:大根本、大说话、大阶级、大眼力、大段落、大项目、大头脑、大狼狈等。“大”加上名词或者形容词构成三字格,表达一种强调的意义或是夸张的色彩,这是《朱子语类》口语化表达的一大特色。

第二节 《朱子语类》四字格词语研究

吕叔湘在《汉语语法分析问题》一书中指出:“现代汉语里有大量的四字语,这是一种特殊的短语。”四音节形成的结构,不仅在现代汉语中数量巨大,在近代汉语语料中也大量存在。《朱子语类》中就保留了大量的四音节的特殊短语,四字结构构成的成语和俗语。武占坤在《汉语熟语通论》中,将成语分为两类,一类是古典成语,来自古代神话、寓言以及历史传说,具有古代汉语语音、词汇、语法的特点,另一类是俗成语。[①]《朱子语类》中出现的大量四字格,以俗成语居多。本节讨论的四字格,也是以口语性极强的俗成语为对象。俗成语的内容和表达以人们常见的日常事物为主,情调俚俗,朗朗上口。在朱熹的讲学过程中常常以俗语配合来讲说抽象的事理,表达显白直率、形象生动。《朱子语类》中大量的四字格形式,有很多至今仍活在现代汉语口语、方言中。《朱子语类》文白夹杂的语体,“白”的一个重要体现,除了三字格,就是本节要说明的四字格俗语。

为了方便描写,本节将《朱子语类》中的四字格的结构形式从以下几个种类进行考释说明。

---

① 武占坤:《汉语熟语通论》,河北大学出版社 2007 年版,第 114—117 页。

一、并列式

(一)有固定格式的四字格

1. ABAC 式

捱來捱去

到处寻讨,有遭受、忍受义。卷一百十七:“曾子初亦無討頭處,只管從下面捱來捱去,捱到十分處,方悟得一貫。”(2826 页)

按:“捱來捱去”,朝鲜本也作“挨來挨去”。《朱子语类》中,表达经受、煎熬义多用“捱”,“挨”除了用于表达这个意思外,多表达靠近的意思,如卷十八:“諸公説,挨著便成粉碎了”(421 页)。在《朱子语类》中,同样的格式还有“弄來弄去”“比來比去”“併來併去”“纏來纏去”“讀來讀去”“合來合去”“積來積去”“使來使去”等。“A 來 A 去”式,具有相当的能产性,通过动词的重叠,表达来回经历多次,富有韵律感,与单音节的动词相比,具有形象化的特色。

乍往乍來

比喻突然到来、突然出现,没有征兆。卷一百〇三:“人心中大段惡念却易制伏。最是那不大段計利害、乍往乍來底念慮,相續不斷,難為驅除。”(2603 页)

2. 不 A 不 B 式

不差不錯

即没有差错。卷六十七:“若得諸公見得道理透,使諸公之心便是某心,某之心便是諸公之心,見得不差不錯,豈不濟事耶!”(1678 页)

按:“不差不錯”,也可作“無有差錯”。卷十五:“其知之所及者,則路逕甚明,無有差錯。”(302 页)

不分不明

即模糊不分明、不清楚明了。卷三十五:“泰伯處父子之際,又不可露形跡,只得不分不明且去。”(910 页)卷一百三十九:“李舜舉永樂敗死,墓誌説得不分不明,看來是不敢説。”(3315 页)

按:“不分不明”也可作“不分明”。卷十八:“只是斷置不分明。”(393 页)

不有不無

谓难以准确言说有无，是一种存疑的表达。卷三："世間有一般不有不無底人馬。"(35 页)卷三："如此，則是不有不無底紙筆。"(45 页)

不間不界

即不间界，谓完整、彻底、恰好的，不留有空间余地。卷三十四："聖人全體極至，沒那不間不界底事。"(888 页)

按："間界"，作名词时为界限，作形容词时指有界限、分隔的。《汉语大词典》未收。《西山读书记》卷三十："明於天性，知自貴於物云云，又似得性善模樣，終是說得間界，不分明端的。"《说郛》卷九十五下："觀宇宙兩行之間界，行最肥而直界伸脚十字下，出横闌外，三也。"另见《通雅》卷四十九，释"尴尬"："弱侯曰，不恰好曰尴尬，今反云不尴尬，誤。智按，今葢曰不間界也。"《文公易说》卷十五："這利字是箇尴尬鏖糟底物事。"由此判断，"間界"似來自"尴尬"，有尴尬、难以应付的意思。

"不 A 不 B"式，具有较强的能产性，例如今天现代汉语常见的"不知不觉""不声不响""不高不低""不明不白""不偏不倚"等等。在这个格式中，"AB"大多能独立成词，两个成分表达一类事物相近或相反的属性。"不 A 不 B"式，具有一定的强调性，与单纯的"不 AB"相比，还有韵律上的和谐效果，非常适合口语表达。

3. 半 A 半 B 式

半沉半浮

义同"半上落下"，比喻处于中间状态，不得要领和主旨，付出不到位。卷八："若半上落下，半沉半浮，濟得甚事！"(137 页)

半間半界

即不分明、不明确。卷十七："故大學必使人從致知直截要理會透，方做得，不要恁地半間半界，含含糊糊。"(378 页)

按："半間半界"，也可作"半間不界"。"半 A 不 B"也是口语中常见的一个结构，有厌恶不满的意味。有的"半 A 半 B"和"半 A 不 B"结构义同可替换。

半真半草

即处于真实和模仿改写的中间状态，有意不偏向任何一个极端。卷一百三十八："見人名諱同，不可遽改，只半真半草寫。"（3282 页）《墨池编》卷一："似獸伏龍，遊其墨。或灑或淡，或浸或燥，隨其形勢，隨其變巧，藏鋒靡露，壓尾難討，忽正忽斜，半真半草。"

按："半真半草"，也可作"半真半赝""半真半假"。

半吉半凶

吉凶参半。卷七十三："惟蒙卦半吉半凶。"（1851 页）

"半 A 半 B"式，《朱子语类》使用也很多，其中"AB"两个语素之间多为反义关系，表达两种相反的性质或状态并存，有不确定性的意思。

4. 大 A 大 B

大本大根

即根本、本来、原来。卷十五："他大本大根元無欠闕，只是古今事變，禮樂制度，便也須學。"（295 页）卷一百二十一："是乃天地萬物之大本大根，萬化皆從此出。"（2938 页）

按："大本大根"，也可作"大根本"。卷一百〇八："天下事自有箇大根本處，每事又各自有箇緊要處。"（2679 页）也可倒序作"大根大本"。

大本大原

根本的、本原的。卷十一："讀書之法，有大本大原處，有大綱大目處，又有逐事上理會處，又其次則解釋文義。"（182 页）卷四十五："聖人只是一箇大本大原裏發出。"（1150 页）

大功大業

即大事业、大成就。卷一百〇七："今人只是虛美其親，若有大功大業，則天下之人都知得了，又何以此為？"（2676 页）

大姦大惡

邪恶，邪恶的人或事。卷十六："哀矜，謂如有一般大姦大惡，方欲治之，被它哀鳴懇告，却便恕之。"（352 页）

以"大 A 大 B"式构成的四字格，"AB"大多是意义相近或相反的两个语素构成的复合词。"大 A 大 B"，也可作"大 AB"，如"大根本""大功业"等。

"大A大B"式具有很强的能产性。

5. 大A小B

大男小女

即男男女女,形容人多。卷八十九:"伊川却教拜了,又入堂拜大男小女,這不是。"(2274页)卷九十:"某嘗在新安見祭享,又不同,只都安排了,大男小女都不敢近。"(2321页)

大驚小怪

形容对很平常的事情感到惊讶、慌张或不适应。卷二十八:"'屢憎於人',是他説得大驚小怪,被他驚嚇者豈不惡之。"(711页)卷一百十三:"只是要人做得徹。做得徹時,也不大驚小怪,只是私意剝落淨盡,純是天理融明爾。"(2747页)

大膽小膽

即胆量、勇气。卷六十三:"其有忌憚、無忌憚,只爭箇大膽小膽耳。"(1522页)

大事小事

即各种大小琐碎的事务。卷十二:"如今看聖賢千言萬語,大事小事,莫不本於敬。"(206页)卷二十七:"故孔子説,我每日之間,大事小事,皆只是一箇道理。"(684页)

"大A小B"式,"A"和"B"可以是同一个语素,也可以是由两个意义相近或相反的语素构成的复合词。"大A小B"式具有很强的能产性。

6. 或A或B

或有或無

有无两种情况都有可能出现,含有不确定性。卷三:"此則所謂不正邪暗,或有或無,或去或來,或聚或散者。"(34页)

或寬或猛

要么宽缓,要么猛烈。卷四:"氣質,便是官人所習尚,或寬或猛。"(64页)

7. 無A無B

無諂無驕

不过分骄傲自得,也不求媚于他人。卷二十二:"無諂無驕,是知得驕

諂不好而不爲之耳。"(528 页)。卷二十二:"自無諂無驕者言之,須更樂與好禮,方爲精極。"(529 页)

按:"驕諂",娇纵谄谀。《榕坛问业》卷七:"聖門説話,都是真實,如無驕諂是子貢已往真實境。"《通志》卷一百二十六:"超天性謙慎,歷事三帝,恒在機密並蒙親遇,而不敢因寵驕諂。"

無形無狀

即没有形体,没有依据。卷一百十六:"但是我恁地説他箇無形無狀,去何處證驗?"(2788 页)

無形無影

形容虚构的事物。卷六十六:"不應恁地千般百様,藏頭伉腦,無形無影,教後人自去多方推測。"(1633 页)卷一百二十:"而必曰'天下皆歸吾仁之中',只是無形無影。"(2904 页)《汉语大词典》所收书证为(清)李渔《闲情偶寄·词曲上·结构》:"傳奇所用之事,或古或今,有虚有實,隨人拈取……虚者,空中樓閣,隨意構成,無影無形之謂也。"《朱子语类》的用例可以提前书证。

無欠無剩

没有多余的,很完备。卷三十四:"但這裏面道理也自完具,無欠無剩。"(876 页)

無時無候

经常、常常。卷一百〇五:"看過了後,無時無候,又把起來思量一遍。"(2626 页)

無始無終

没有开头和结尾。卷六十八:"氣無始無終,且從元處説起,元之前又是貞了。"(1689 页)卷九十五:"名雖不同,只是一理發出,是箇無始無終底意。"(2424 页)

8. 有 A 有 B

有倫有序

讲求条理和顺序。卷二十九:"隨他所見所習,有倫有序,有首有尾

也。"(743 页)

按:"有倫有序"是"有倫序"的口语化表达。"倫序",条理、顺序。卷八:"理明學至,件件是自家物事,然亦須各有倫序。"(140 页)

有始有終

即做事贯彻到底、坚持到底。卷一百二十:"如半板已前心在書上,則只在半板有始有終。"(2907 页)

按:"有始有終",《朱子语类》中还有"有始有末"的表达。卷二十一:"如人做事,只至誠處,便有始有末。"(504 页)

9. 說 A 說 B

說空說妙

说话玄虚不着边际,不肯就实。卷一百二十一:"近世有人爲學,專要說空說妙,不肯就實,却說是悟。"(2940 页)

按:"說空說妙",也可作"說玄說妙"。卷一百〇一:"蓋見異端好說玄說妙,思有以勝之,故亦去玄妙上尋,不知此正是他病處。"(2559 页)

說千說萬

即不管说多少,不管怎么说,都意义不大或者没有用。卷六十七:"說千說萬,與易全不相干。"(1661 页)

說神說鬼

即故弄玄虚、故作神秘。卷一百二十六:"其言旁引廣諭,說神說鬼,只是一箇天地萬物皆具此理而已。"(3026 页)

10. 至 A 至 B

至詳至悉

极其详尽、细致。卷十六:"自致知至於平天下,其道至備,其節目至詳至悉,而反覆於終篇者,乃在於財利之說。"(368 页)

按:"至詳至悉"也可作"至纖至悉"。卷十七:"至善只是明德極盡處,至纖至悉,無所不盡。"(378 页)

至微至賤

微不足道,极其轻贱。卷十五:"且如草木禽獸,雖是至微至賤,亦皆有理。"(295 页)

至微至細

极其微小、细小。卷四："天下之物，至微至細者，亦皆有心，只是有無知覺處爾。"(60 页)

至幽至遠

极其悠远、难以到达。卷二十五："雖至幽至遠之神，猶能感通，則其治天下自是明且易否?"(618 页)

11. 徹 A 徹 B

徹首徹尾

从头到尾，形容很彻底。卷七十："徹首徹尾，不過敬而已。"(1761 页)卷八："此數句乃是徹首徹尾。"(133 页)

徹上徹下

从上至下，形容彻底、完全。卷六："如孟子言義，伊川言敬，都徹上徹下。"(120 页)卷七："敬是徹上徹下工夫。"(125 页)

徹始徹終

自始至终，坚持到最后。卷二十三："十五志于學，此學自是徹始徹終。"(554 页)

徹心徹髓

形容关键的、核心的、根本的。卷十八："且如爲忠，爲孝，爲仁，爲義，但只據眼前理會得箇皮膚便休，都不曾理會得那徹心徹髓處。"(414 页)

12. 千 A 萬 B

千度萬態

各种各样的表现情状、形式。卷三十："若是自家見得是非分明，看他千度萬態，都無遯形。"(770 页)

千條萬目

形容细目众多、不可胜数。卷二十七："聖人之道，見於日用之間，精粗小大，千條萬目，未始能同，然其通貫則一。"(674 页)

千古萬古

比喻时间久远。卷八十六:"他便是敢恁地說,千古萬古後,你如何知得無一箇人似舜!"(2221 页)

千事萬事

形容各种各样的事情,头绪复杂众多。卷三十:"一念之初,千事萬事,究竟於此。"(770 页)

13. 左 A 右 B

左來右去

形容前后左右,来来往往川流不息,到处都是。卷二十九:"左來右去,盡是天理,如何不快活!"(751 页)

左牽右撰

比喻各种牵扯、干扰较多,不切要、不顺畅。卷一百二十:"讀得書多,左牽右撰,橫說直說,皆是此理。"(2914 页)

左提右挈

指多多帮助、提携。卷十三:"須是聖人出來,左提右挈,原始要終,無非欲人有以全此理,而不失其本然之性。"(231 页)

左過右過

指来回重复。卷十三:"學者如行路一般,要去此處,只直去此處,更不可去路上左過右過,相將一齊到不得。"(223 页)

"左 A 右 B"式,"AB"既可以是同一个语素,也可有两个意义相近或相反的语素组成复合词。"左 A 右 B"式具有很强的能产性,可表达繁多的意思。"左 A 右 A",多表达重复、反复的意思,有不满足、不高兴、不愿意的意味。

14. 東 A 西 B

東倒西擂

形容左右开弓,忙于应对的样子。卷六十一:"鄉原是箇無骨肋底人,東倒西擂,東邊去取奉人,西邊去周全人。"(1477 页)

東馳西騖

到处乱跑，形容精力不集中。卷一百二十："如此至一二十段，亦未解便見箇道理，但如此心平氣定，不東馳西騖，則道理自逐旋分明。"（2913 页）

東撞西撞

形容没有方向感，到处碰壁。卷一百三十五："全是箇醉人東撞西撞！"（3227 页）

東去西去

形容到处乱跑，形容思想或行动不集中，没有目的性。卷一百二十："若動時收斂心神在一事上，不胡亂思想、東去西去，便是主一。"（2888 页）

15. 一 A 一 B

一才一藝

才能、看家本领。卷二十四："及廓然貫通，有以盡其心之全體，故施之於用，無所不宜，非特一才一藝而已。"（579 页）卷二十四："小人時便也有一才一藝可取，故可小知。"（579 页）

一語一言

形容话语不多、只言片语。卷一百二十六："一語一言可取，亦是惑人，況佛氏之説足以動人如此乎！"（3011 页）

按："一語一言"，《朱子语类》也作"一言一語"。卷八："只先生一言一語，皆欲爲一世法，所以須著如此。"（132 页）

一消一息

增加、兴盛和减少、衰落交替相伴。卷十二："大凡這箇都是一屈一信，一消一息，一往一來，一闔一闢。"（219 页）

一枝一葉

泛指树木的组成部分，也可比喻事物的细节。卷四十三："譬之木然，一枝一葉，無非生意。"（1107 页）

"一 A 一 B"式，有列举排比的强调意味，A 与 B 两个语素间可以是同类事物的近义关系，也可以是反义关系。当 A 与 B 两个语素是同类事物的近义关系时，该结构也可作"一 A 半 B"，表达的意义相近。例如《朱子语类》中的"一朝半日""一言半句"等。

16.三A五B

三朝五日

泛指几天的时间。卷十四:"須是教他疑三朝五日了,方始與說他,便通透。"(257页)

三反五折

谓几经来回、几经周折。卷二十七:"如賢人以下,知得我既是要如此,想人亦要如此,而今不可不教他如此,三反五折,便是推己及物,只是爭箇自然與不自然。"(691页)

三番四番

泛指好几次。卷二十四:"若它人,則三番四番說都曉不得。"(568页)

七郎八當

形容拖沓无力的样子。卷一百二十六:"陳了翁好佛,說得來七郎八當!"(3037页)

七勞八攘

形容纷扰、不安。卷五十九:"睡夢裏亦七勞八攘。"(1393页)

按:《朱子语类》中,和"七勞八攘"同源意近的表达还有"勞勞攘攘"。卷六:"義如利刀相似,胸中許多勞勞攘攘,到此一齊割斷了。"(120页)"勞攘",也可写作"撈攘"。卷一百二十:"他資質本自撈攘,後來又去合那陳同父。"(2912页)"勞攘"在《朱子语类》中主要有以下两个义项:①忙于,辛苦去做。卷六十二:"對道心說著,便是勞攘物事,會生病痛底。"(1486页)②纷扰、不安。卷十八:"如飢便啼,渴便叫,恁地而已,不似大人恁地勞攘。"(425页)

四停八當

十分地稳当,完美无缺。卷十一:"須要熟看熟思,久久之間,自然見箇道理四停八當,而所謂統要者自在其中矣。"(182页)

按:"四停八當",也可作"亭亭當當""停停當當"。卷十九:"聖人之言,雖是平說,自然周遍,亭亭當當,都有許多四方八面,不少了些子意思。"

(435 页)卷六十二:"恐是喜怒哀樂未發,此心至虛,都無偏倚,停停當當,恰在中間。"(1510 页)"四停八當""亭亭當當"或"停停當當"都是"停當"(也作"亭當")的扩展和生动形象的表达。

四頭八面

有关的各个方面、各个领域。喻想尽办法。卷十五:"聖人却去四頭八面說來,須是逐一理會。"(311 页)

按:"四頭八面",有的方言作"三頭六面"。[清]李渔《风筝误·释疑》:"究竟不得明白,方纔在這邊三頭六面,認將出來,方纔曉得是這本新戲。"江淮官话和吴语可作"三當六面"。①

在方言和汉语口语中,以数字和单字或复合词糅合而成的四字格非常丰富,数量巨大。以《朱子语类》为例,"四頭八面"由"四""八"和"頭面"搭配组成四字格,"七勞八攘"由"七""八"和"勞攘"组成,"四分五裂"由"四""五"和"分裂"组成。数字的嵌入,使得复音词富于韵律和节奏,增强了口语性。《朱子语类》中的这一类四字格,嵌入的数字主要有"三四""七八""四八""三五"。这些数字嵌入式构成的四字格,能产性强,口语程度高,有的因使用频率高,相对凝固而收入词典,如"三心二意""七上八下""四分五裂"等。这些结构大部分活跃在广大人民群众的口头上,组合也相对松散,没有进入词典,但确实是一块口语的活化石。《朱子语类》中大量的数字嵌入式四字格,如"四方八面""重三疊四""横三豎四""四停八當""七郎八當""七通八達""七縱八横""七穿八透""三反五折""三朝五日"等,有的至今仍在部分地区方言中使用。

17. 横 A 豎 A

横說豎說

即不管如何表达言说都可以,具有很强的自由度。卷六十六:"如過劍門相似,須是驀直攧過,脫得劍門了,却以之推說易之道理,横說豎說都不妨。"(1629 页)卷八十:"正如易解,若得聖人繫辭之意,便横說豎說都得。"(2084 页)

按:"横說豎說",也可作"横說直說"。卷一百二十:"讀得書多,左牽右撰,横說直說,皆是此理。"(2914 页)

---

① 许保华、宫田一郎:《汉语方言大词典》,中华书局 1994 年版,第 170 页。

横看豎看

"横看豎看"在《朱子语类》中有两个义项。①即仔细看、认真看。卷九:"須是自把來横看豎看,儘入深,儘有在。"(157 页)②随意看,大致看。卷九十四:"陰陽無處無之,横看豎看皆可見。"(2375 页)

横來豎來

无所顾忌,胡乱来。卷一百二十六:"思睿也得,不睿也得,它都不管,横來豎來,它都認做性。"(3020 页)

18. 沒 A 沒 B

沒巴沒鼻

没有来由、没有根据。卷一百二十:"或有看不得底,少間遇著别事沒巴沒鼻,也會自然觸發,蓋為天下只是一箇道理。"(2892 页)

沒理沒會

不关注、不理睬。卷二十一:"不敬於事,沒理沒會,雖有號令,何以取信於人?"(496 页)

按:《朱子语类》中的"理会"有两个义项。一是关注、理解。卷三:"然又有其事昭昭,不可以理推者,此等處且莫要理會。"(35 页)二是领悟、理解。卷三:"待日用常行處理會得透,則鬼神之理將自見得,乃所以爲知也。"(33 页)

沒頭沒尾

形容事情没来由、没结果,不清楚,很突兀。卷一百二十三:"今永嘉又自說一種學問,更沒頭沒尾,又不及金溪。"(2961 页)

按:"沒頭沒尾",《朱子语类》中也作"藏頭沒尾"。卷四十四:"如晉文,都是藏頭沒尾,也是蹺蹊。"(1127 页)

19. 套用式

胡說亂道

没有根据地乱说,想怎么说就怎么说。卷三十:"若見得這箇分明,任你千方百計,胡說亂道,都著退聽,緣這箇是道理端的著如此。"(769 页)卷一百二十:"此固是不好底術數,然較之今者浮躁胡說亂道底人,彼又較勝。"(2913 页)

胡思亂量

不切实际的、无根据地瞎想。卷一百十七:“操存只是教你收斂,教你心莫胡思亂量,幾曾捉定有箇物事在那裏!”(2833 页)

按:“胡思亂量”,也作“胡思亂想”。卷十四:“若心未能靜安,則總是胡思亂想,如何是能慮!”(275 页)

粘手惹脚

形容行动畏缩,不爽快。卷二十九:“若今人恁地畏首畏尾,瞻前顧後,粘手惹脚,如何做得事成!”(750 页)卷一百三十六:“便是後世聖賢難做,動著便粘手惹脚。”(3236 页)

按:“粘惹”,绸缪、缠绵、不爽利。《临川梦·访梦》:“情生這些,處處皆黏惹;情銷那些,件件都抛捨。”《证治准绳》卷八十四:“粘惹痛疼者,用敗草散或蕎麥粉以絹袋盛於身體上。”

粘皮帶骨

比喻刻板,不灵活、不爽利,拖泥带水。卷八十一:“此語大概是如此,不必恁粘皮帶骨看,不成說聖人之徒便是聖人。”(2114 页)

按:“粘皮帶骨”,也可作“粘皮著骨”。卷四十三:“其深淺在人,不必恁地粘皮著骨去說。”(1104 页)

套用式的四字格,是由两个复音词穿插套用组合而成的四字结构。例如“胡说乱道”,由“胡乱”和“说道”穿插构成,“粘手惹脚”由“粘惹”和“手脚”穿插构成。穿插套用之后,形成类似互文见义的效果,形式活泼,表意生动,非常适合口语的表达。

(二)没有固定格式的四字格

安帖平定

安定、平静。卷十三:“只是世間不好底人,不定疊底事,才遇堯舜,都安帖平定了。”(230 页)

安意肆志

安下心来,纵恣不受约束。卷七十二:“不成說天下已平治,可以安意肆志!”(1836 页)卷七十三:“君臣上下動以此藉口,於是安意肆志,無所不爲,而大禍起矣!”(1860 页)

飽滿伉壯

强壮，实在有力。卷一百："他文字極是實，說得好處，如千兵萬馬，飽滿伉壯。"(2556 页)

辨味點茶

选择好水泡茶。卷七十九："禹治水，不知是要水有所歸不爲民害，還是只要辨味點茶，如陸羽之流。"(2025 页)

按："點茶"，泡茶。也可作"鬬茶"。《续茶经》卷下之一："惠州人喜鬬茶，此水不虚出也。"《说郛》卷九十三下："政和二年三月壬戌，二三君子相與鬬茶於寄傲齋。"

表裏內外

里里外外。卷十六："所謂"誠其意"者，表裏內外，徹底皆如此，無纖毫絲髮苟且爲人之弊。"(335 页)

藏頭亢腦

遮遮掩掩、躲躲闪闪。卷一百〇五："伯恭大事記忒藏頭亢腦，如摶謎相以。"(2636 页)卷一百二十三："因說鄉里諸賢文字，以爲皆不免有藏頭亢腦底意思。"(2961 页)

按："藏頭亢腦"也作"藏頭伉腦"。卷六十六："不應恁地千般百樣，藏頭伉腦，無形無影，教後人自去多方推測。"(1633 页)"藏頭亢腦"，义近"藏頭露尾"。《朱子语类》中表达遮遮掩掩、躲躲闪闪时，除了用"藏頭亢腦"或"藏頭伉腦"外，也单用"藏頭"表达不想让别人知道的意思。卷一百二十三："祇緣怕人譏笑，遂以此爲戒，便藏頭不說。"(2961 页)

叉手並脚

恭敬肃立的样子。卷一百〇八："若是一人叉手並脚，便道是矯激，便道是邀名，便道是做崖岸。"(2686 页)

撐腸拄肚

形容吃得过饱而挺胀，也比喻读书贪多而不去领会消化。卷十一："將甚麼雜物事，不是時節，一頓都喫了，便被他撐腸拄肚，沒奈何他。"(190 页)卷一百二十三："至如君舉胸中有一部周禮，都撐腸拄肚，頓著不得。"(2960 页)

按:“撑腸拄肚”,也可作“撑腸拄腹”。《东坡全集》卷三:“不用撑腸拄腹,文字五千卷。”《朱子读书法》卷三:“遂欲左拏右攫盡納於口,快嚼而亟吞之,豈不撑腸拄腹而果然一飽哉?然未嘗一知其味。”

撑眉弩眼

竖眉瞪目,形容很愤怒的样子。卷二十八:“如那撑眉弩眼,便是慾。”(722页)卷三十五:“他所以撑眉弩眼,使棒使喝,都是立地便拶教你承當識認取,所以謂之禪機。”(936页)

撑天柱地

顶天立地、坚强挺立,形容气势、气概不凡。卷十七:“若還一日不扶持,便倒了。聖人只是常欲扶持這箇道理,教他撑天柱地。”(379页)

丁一確二

形容十分认真、实在可靠。卷六十九:“修辭便是立誠,如今人持擇言語,丁一確二,一字是一字,一句是一句,便是立誠。”(1715页)

按:“丁一確二”,也可作“丁一卯二”。《初刻拍案惊奇》卷三三:“本説的丁一卯二,生扭做差三錯四。”《醒世姻缘传》第六六回:“若要丁一卯二地算計起來,這二十一兩多的本兒,待了這兩個月,走了這兩千里路,極少也賺他八九兩銀子哩。”黎本系统的现代刊本——中华本作“丁一確二”,宋刻本《晦庵先生朱文公语录》同段内容作“的一確二”①。《文公易说》卷十六该段内容也作“的一確二”。

發越條暢

昂扬通畅、充满活力。卷九十四:“所以萬物到秋冬時,各自收斂閉藏,忽然一下春來,各自發越條暢。”(2387页)

按:“發越條暢”,也可作“發越通暢”。卷二十:“樂便是箇發越通暢底氣象。”(457页)

毫釐絲忽

古代“分”以下四个微小长度单位的并称。喻指极微细的事物。卷二十三:“細則入毫釐絲忽裏去,無遠不周,無微不到,但須是見得箇周到底是

① 见《晦庵先生朱文公语录》卷二十八,《夔渊录》,残本第三册第75页。

何物。"(560页)卷六十二:"致和亦然,更無毫釐絲忽不盡,如何便不用力得!"(1518页)

按:"毫釐絲忽",《汉语大词典》所收书证为《醒世恒言·李道人独步云门》:"我來時不知吃了多少苦楚,真個性命是毫釐絲忽上挣來的。"书证偏晚。

毫芒纖芥

形容极其微小。卷十八:"此心至靈,細入毫芒纖芥之間,便知便覺,六合之大,莫不在此。"(404页)

灰頭土面

佛教用语。谓菩萨为度化众生而随机应现各种混同凡俗的化身。这里指朴素的、普通的、凡俗的。卷二十八:"漆雕開,想是灰頭土面,朴實去做工夫,不求人知底人,雖見大意,也學未到。"(716页)

按:《碧岩录》卷五:"曹洞下有出世不出世,有垂手不垂手。若不出世,則自視雲霄;若出世,便灰頭土面。"《朱子语类》的"灰頭土面"与现代汉语"灰頭土臉"有较大的差别。今天常用的"灰头土脸",在"面部污秽"的基础上引申,指做事失败或遭到拒绝而心情沮丧。

撩東劄西

犹言舍此就彼。卷一百〇四:"若撩東劄西,徒然看多,事事不了。"(2612页)

落脚下手

施展、发挥,做事情。卷九十三:"畢竟他落脚下手立得定,壁立萬仞!"(2354页)

淪肌浹髓

渗透到肌肉骨髓。形容程度很深或到达某种境界。卷三十一:"今須且將此一段反覆思量,渙然冰釋,怡然理順,使自會淪肌浹髓。"(784页)卷七十三:"詔令之入人,淪肌浹髓,亦如風之動物也。"(1861页)

亂常咈理

违背事理常规。卷七十二:"不能大同者,亂常咈理之人也;不能獨異

者,随俗習非之人也。"(1829 页)

齊脚斂手

比喻顺从、伏贴。卷一百二十五:"老子收斂,齊脚斂手;莊子却將許多道理掀翻説,不拘繩墨。"(2989 页)

牆根壁角

偏僻地方角落,比喻不重要的地方场所。卷一百二十六:"自家有箇大寶珠,被他竊去了,却不照管,亦都不知,却去他牆根壁角,竊得箇破瓶破罐用,此甚好笑!"(3011 页)

千了萬當

即一切了结、完备妥帖。卷六十三:"若大知之人,一下知了,千了萬當。"(1532 页)卷九十七:"發憤便忘食,樂便忘憂,直是一刀兩段,千了萬當!"(2495 页)

按:"千了萬當",也可作"千了百當"。卷一百十六:"今有人雖胸中知得分明,説出來亦是見得千了百當。"(2800 页)

灑掃應對

洒水扫地、酬答宾客。封建时代儒家教育、学习的基本内容之一。卷七:"古者教小子弟,自能言能食,即有教,以至灑掃應對之類,皆有所習,故長大則易語。"(126 页)卷七:"所以聖人教小兒灑掃應對,件件要謹。"(127 页)

深潛沉粹

形容十分投入、用心、专一。卷三十六:"顔子平日深潛沉粹,觸處從容,只於喟然之歎見得他煞苦切處。"(968 页)

按:《朱子语类》中和"深潛沉粹"近义的四字格还有"深潛純粹""深潛淳粹"。卷三十六:"顔子平日深潛純粹,到此似覺有苦心極力之象。"(968 页)卷二十九:"顔子自是深潛淳粹。"(750 页)无论是"沉粹""純粹"还是"淳粹",都有专一、淳朴的意思。

塗眉畫眼

乔装打扮,可比喻做作的、没有必要的添枝加叶。卷一百三十九:"今人文字全無骨氣，便似舞訝鼓者，塗眉畫眼，僧也有，道也有，婦人也有，村人也有，俗人也有，官人也有，士人也有，只不過本樣人。”(3319 页)

按：“塗眉畫眼”也可作“塗眉畫眼”《金瓶梅词话》第一回有“從九歲賣在王招宣府裏，習學彈唱，就會描眉畫眼，傅粉施朱。”《汉语大词典》所收词目为“描眉”。“塗眉畫眼”是一个整体，只收“描眉”欠妥，当完整收录。

循塗守轍

墨守成规，遵循已有经验、规矩。卷三十九：“但他既天資之善，故不必循塗守轍，行之皆善。”(1020 页)

按：“循塗守轍”，《汉语大词典》收录。

研窮考究

认真考察研究。卷八：“進取得失之念放輕，却將聖賢格言處研窮考究。”(138 页)

張官置吏

安排官吏。卷二十六：“古人禁人聚飲，今却張官置吏，惟恐人不來飲。”(667 页)

撞頭搕腦

磕磕碰碰，比喻还不太熟练，把握得还不熟练。卷四十九：“政如義理，只理會得三二分，便道只恁地得了，却不知前面撞頭搕腦。”(1203 页)

真贓正賊

比喻实实在在的凭证。卷一百二十四：“此乃捉著真贜正賊，惜方見之，不及與之痛辯。”(2973 页)

周遍兼該

涵盖、包括各个方面。卷十八：“蓋致知本是廣大，須用説得表裏内外周遍兼該方得。”(419 页)

按：“兼該”，兼备，包括各个方面。《朱子语类》中出现“兼該”2 例，“周遍”44 例。

二、主谓式

矮人看戲

比喻己无所见，只能人云亦云，随声附和。卷二十七："後人只是想像説，正如矮人看戲一般，見前面人笑，他也笑。"(688 页)卷一百四十："今人只見魯直説好，便却説好，如矮人看戲耳！"(3326 页)

按："矮人看戲"，也可作"矮子看戲"。卷一百十六："如矮子看戲相似，見人道好，他也道好。"(2802 页)

癩漢指頭

枸杞的俗称。卷八十一："問枸。是機枸子，建陽謂之'皆拱子'，俗謂之'癩漢指頭'，味甘而解酒毒。"(2121 页)

百家紛紛

指流派众多。卷五："百家紛紛，只是不識'性'字。"(84 页)

按：《朱子语类》中的"百家"，多指不同的流派。如"诸子百家""唐百家诗""百家书"等。

壁立萬仞

本义指山崖石壁陡峭险峻，比喻身处险境而不惧。卷四十四："且如舊日秦丞相當國，有人壁立萬仞，和宫觀也不請，此莫是世間第一等人！"(1115 页)

按："壁立萬仞"，也可写作"壁立千仞"。卷二十八："那拖泥帶水底便是慾，那壁立千仞底便是剛。"(723 页)"壁立千仞"，《汉语大词典》只收本义，形容山崖石壁高峻陡峭，所举例证为(晋)张载的《剑阁铭》和(北魏)郦道元的《水经注》。《朱子语类》的这个义项可为《汉语大词典》增补义项。

燈花落手

即将燃尽的蜡烛芯落在手上。卷二十二："且如今人被些子燈花落手，便説痛。到灼艾時，因甚不以爲痛?"(514 页)

尾大不掉

比喻上下失衡或事情前轻后重，难以驾驭的现象。卷一百〇八："封建後來自然有尾大不掉之勢。"(2679 页)卷一百〇八："却無前代尾大不掉之患，只是州縣之權太輕。"(2681 页)

頑麻不仁

肢体发麻，没有感觉，是神经系统的病态之一。比喻对外界事物反应迟钝。卷四十九："若只管汎汎地外面去博學，更無懇切之志，反看這裏，便成放不知求底心，便成頑麻不仁底死漢了，那得仁！"(1204 页)

按："頑麻不仁"，义同"麻木不仁"。这两个词在很多医书中都有大量使用，如《普济方》《薛氏医案》等都有大量用例。《普济方》卷一百十："驅烏丸，治大風癩疾，皮肉頑麻不仁，或風疹腫痒、浸淫惡瘡。"《普济方》卷一百九十八："附香散，治十指疼痛麻木不仁。孫盈仲嘗患此，其祖善醫，云，有風而非虛以此治之而愈，又名香附湯。"《薛氏医案》卷十九："神效黄芪湯，治渾身或頭面手足麻木不仁，兩目緊縮，羞明畏日，或視物不明。"

血脈通貫

比喻流畅、通顺易解。卷十九："讀孟子，非惟看它義理，熟讀之，便曉作文之法：首尾照應，血脈通貫，語意反覆，明白峻潔，無一字閑。"(436 页)卷五十二："大抵某之解經，只是順聖賢語意，看其血脈通貫處爲之解釋，不敢自以己意說道理也。"(1249 页)

按："血脈通貫"，也可作"血脈貫通"。卷三："子孫這身在此，祖宗之氣便在此，他是有箇血脈貫通。"(47 页)

三、偏正式

靳靳自足

刚刚满足、够用，没有盈余。卷一百十一："狹鄉富家靳靳自足，一被應役，無不破家蕩產，極可憐憫！"(2718 页)

千仞之崖

形容极高极深，十分危险。卷一百二十六："他又愛說一般最險絕底話，如引取人到千仞之崖邊，猛推一推下去。"(3029 页)

卼鼿不安

因为不坐实、不确定而心里感到不踏实、不安定。卷十:"思而不讀,縱使曉得,終是卼鼿不安。"(170 页)

浩浩不窮

浩荡而没有边际,无法穷尽。卷四:"天理固浩浩不窮,然非是氣,則雖有是理而無所湊泊。"(65 页)

四、重叠式

安安排排

过多、过分地筹划和打算。卷一百二十一:"若恁地安安排排,只是做不成。"(2924 页)

按:《朱子语类》全书出现"安排"143 例,出现"安安排排"仅此 1 例。

汩汩沒沒

埋没、沉沦。卷五十九:"且看自家今汩汩沒沒在這裏,非出入而何?"(1402 页)

按:《朱子语类》全书出现"汩沒"12 例,出现"汩汩沒沒"仅此 1 例。

勉勉循循

执着、坚持不断。治学时应具有一种态度和方法。卷三十一:"學者工夫只得勉勉循循,以克人欲存天理爲事。"(783 页)卷三十一:"人之爲學,不能得心意勉勉循循而不已。"(788 页)

零零星星

零碎不成体系。卷十九:"夫子教人,零零星星,説來説去,合來合去,合成一箇大物事。"(429 页)卷一百十七:"正如明珠大貝,混雜沙礫中,零零星星逐時出來。"(2808 页)

按:《朱子语类》全书出现"零星"5 例,出现"零零星星"2 例。

羅羅嘈嘈

比喻琐碎的,没有头绪的杂事情。卷一百二十四:"少間只見得下面許多羅羅嘈嘈,自家自無箇本領,自無箇頭腦了。"(2981 页)

歷歷落落

清晰、整齐，有条理。卷十："須是無這冊子時，許多節目次第都恁地歷歷落落，在自家肚裏，方好。"(171 页)卷二十五："打疊了心胸，安頓許多道理在裹面，高者還他高，下者還他下，大者還他大，小者還他小，都歷歷落落，是多少快活！"(634 页)

皇皇汲汲

惶恐急切貌。卷二："古人只是日夜皇皇汲汲，去理會這箇身心。"(222 页)卷五十八："若謂伊尹有這些意思在，爲非聖人之至，則孔孟皇皇汲汲，去齊去魯，之梁之魏，非無意者，其所以異伊尹者何也？"(1366 页)

按：皇，通"惶"，"皇皇"有惊慌、恐慌的意思。苏洵《上皇帝书》："陛下皇皇汲汲以處之，而不暇擇其賢不肖。"沈遘《建宁军节度推官丁君墓志铭》："世之皇皇汲汲，不知命者，聞之，亦可以少覺矣哉！""皇皇汲汲"也可作"汲汲皇皇"。卷九十三："看聖人汲汲皇皇，不肯沒身逃世，只是急於救世，不能廢君臣之義。"(2351 页)

渺渺茫茫

辽阔，没有边际。卷一百十三："今如所論，却只於渺渺茫茫處想見一物懸空在，更無捉摸處，將來如何頓放，更沒收殺。"(2748 页)卷一百二十四："使得這心飛揚跳躑，渺渺茫茫，都無所主，若涉大水，浩無津涯，少間便會失心去。何故？"(2978 页)

按："渺渺茫茫"，《汉语大词典》收有该词目，但所用书证为《红楼梦》第一百二十回，书证偏晚。《朱子语类》的"渺渺茫茫"可为其书证提前至宋代。

平平泛泛

贫乏的、平淡的、不吸引人的。卷一百〇四："某舊時讀書，專要揀好處看，到平平泛泛處，多闊略，後多記不得，自覺也是一箇病。"(2615 页)

按：《朱子语类》中，以"平平"开头的重叠式四字格还有"平平正正""平平當當""平平穩穩"。以"平平"构成的重叠式四字格，大都有普通、平常的意思。

心心念念

一心一意、念念不忘。卷十一:“讀一件書,須心心念念只在這書上,令徹頭徹尾,讀教精熟,這説是如何,那説是如何,這説同處是如何,不同處是如何,安有不長進!”(197 页)卷十三:“心心念念,只要做得向上去,便逐人背後鑽刺,求舉覓薦,無所不至!”(245 页)

在在處處

到处、各个地方。卷四十:“他看見日用之間,莫非天理,在在處處,莫非可樂。”(1026 页)卷七十四:“安,是隨所居而安,在在處處皆安。”(1893 页)

昭昭靈靈

分明的、显著的、清楚的。卷六十二:“善端雖是方萌,只是昭昭靈靈地別,此便是那不可揜處?”(1501 页)卷一百〇四:“却與劉説,某也理會得箇昭昭靈靈底禪。”(2620 页)

按:“昭靈”,出自《楚辞》王逸《九思・伤时》:“惟昊天兮昭靈,陽氣發兮清明。”原注:“昊天,夏天也。昭,明也;靈,神也。”“昭靈”,是光明神奇的意思。

悠悠漾漾

懒散不尽心的样子。卷一百二十一:“悠悠漾漾,似做不做,從生至死,忽然無得而已。”(2919 页)

按:“悠悠”,《朱子语类》全书出现 65 例,形容不尽心、不用心的态度和行为。卷八:“今人所以悠悠者,只是把學問不曾做一件事看,遇事則且胡亂恁地打過了。”(134 页)卷八:“若悠悠地似做不做,如捕風捉影,有甚長進!”(138 页)“悠悠漾漾”,《朱子语类》中还有“游游漾漾”。卷十八:“雖上蔡龜山也只在淮河上游游漾漾,終看他未破。”(415 页)

營營皇皇

形容内心焦虑不安。卷十七:“才不定,則心下便營營皇皇,心下才恁地,又安頓在那裏得!”(380 页)

按:“營營”,形容内心的慌张不定。《朱子语类》中出现了 12 例。卷十四:“知止而有定,便如人撞著所失,而不用終日營營以求之。”(279 页)卷三十一:“今舉世日夜營營於外,直是無人守得這心。”(790 页)

惺惺了了

清醒、清楚。卷一百〇八:“有人少負能聲,及少經挫抑,却悔其太惺惺了了。”(2686 页)

按:“惺惺”,清楚、清醒。《朱子语类》全书一共出现 42 例。卷十二:“心既常惺惺,又以規矩繩檢之,此內外交相養之道也。”(200 页)卷五十九:“如人睡著覺來,睡是他自睡,覺是他自覺,只是要常惺惺。”(1415 页)“了了”,明白、清楚。《朱子语类》全书一共出现 5 例。卷二十七:“顏子聰明,事事了了。”(678 页)卷一百三十九:“今覺得要說一意,須待節次了了,方說得到。”(3320 页)

亭亭當當

妥当、合宜。卷十九:“聖人之言,雖是平說,自然周遍,亭亭當當,都有許多四方八面,不少了些子意思。”(435 页)卷九十五:“天地間亭亭當當直上直下之正理,出則不是。”(2435 页)

按:“亭亭當當”,也可作“停停當當”。卷六十二:“此心至虛,都無偏倚,停停當當,恰在中間。”(1510 页)《朱子语类》全书出现“亭當”4 例,“停當”3 例。

班班駮駮

比喻不全面、不完整,驳杂不清楚。卷一百二十五:“道教最衰,儒教雖不甚振,然猶有學者班班駮駮,說些義理。”(3005 页)

按:《朱子语类》另有“班班剝剝”。卷八十一:“讀書且要逐處沉潛,次第理會,不要班班剝剝,指東摘西,都不濟事。”(2101 页)《朱子语类》全书出现“班班駮駮”和“班駮”各 1 例。

膠膠擾擾

纷乱不宁的样子。卷八:“常使截斷嚴整之時多,膠膠擾擾之時少,方好。”(144 页)卷一百十三:“當官事多,膠膠擾擾,柰何?”(2740 页)

按:“膠膠擾擾”也可作“紛紛擾擾”。卷九十五:“且如今人私欲萬端,紛紛擾擾,無可柰何,如何得他大公?”(2441 页)“擾擾”,烦乱貌、纷乱貌。卷十二:“胸中擾擾,轉覺多事。”(215 页)卷十九:“不然,方讀此,又思彼,擾擾於中。”(432 页)《朱子语类》全书出现“膠膠擾擾”2 例,出现“膠擾”9 例。

揞揞定定

坐实的、实在的。卷一百二十:“聖賢之學,是揞揞定定做,不知不覺,自然做得徹。”(2914 页)

按:“揞定”,《晦庵集》卷十九:“雖不起發,然皆是逐月揞定之數。”《清正存稿》卷一:“盖守臣將去之時,已是揞定一年米數。”《黄氏日抄》卷七十九:“及追捕一行人回縣詐錢,不即時於地頭書填格目及茶食,引保人揞定。保正通同打話,將干繫人視貨輕重為操縱出入。”“揞定”,确定、坐实。《汉语大词典》未收“揞定”,但实际文献用例很多,可补。

勞勞攘攘

纷繁、杂乱。卷六:“義如利刀相似,胸中許多勞勞攘攘,到此一齊割斷了。”(120 页)卷二十四:“你才犯我法,便死,更不有許多勞勞攘攘。”(600 页)

按:“勞勞攘攘”,有的也作“勞勞嚷嚷”“勞勞穰穰”。[元]岳伯川《铁拐李》第四折:“好看我慌慌亂亂,勞勞嚷嚷,怨怨哀哀。”[元]宫大用《七里滩》第一折:“則咱這醉眼覷日月,不來來往往;則咱這醉眼覷富貴,不勞勞穰穰。”也可作“勞勞擾擾”。《高子遗书》卷五:“今日吾輩胸中勞勞擾擾,千萬物俱容在此,豈止一物?”《朱子语类》出现“勞勞攘攘”2 例,出现“勞攘”33 例。

隈隈衰衰

弱小、萎靡不振。卷六十七:“吝則是那隈隈衰衰,不分明底,所以屬陰。”(1671 页)

按:“隈隈衰衰”,也可作“萎萎衰衰”。卷二十六:“人出來恁地萎萎衰衰,恁地柔弱,亦只是志不立。”(655 页)也可写作“隈隈猥猥”。《古尊宿语录》卷三十八:“行腳不遇師匠,最苦莫過於此。可惜許大丈夫兒,莫隈隈猥猥地。”

《朱子语类》中 AABB 式的重叠式四字格,大多与重叠前的 AB 式共存。如“勞勞攘攘”——“勞攘”“亭亭當當”——“亭當”“渺渺茫茫”——“渺茫”“汩汩沒沒”——“汩沒”等。也有的没有原型,例如“惺惺了了”“營營皇皇”“悠悠漾漾”“在在處處”等。

《朱子语类》中的四字格,绝大部分不为大型辞书所收,研究者一般也不太注意。大量丰富多彩的四字格,是《朱子语类》口语特征的重要体现。这些四字格,形式相对固定,部分有变体。经查阅,很多四字格词语都是首次出现,且后世文献没有或少见的。这些丰富多彩的四字格,是宋代文人口语材料的活化石,具有重要的研究价值。

第九章 《朱子语类》的语言学价值

第一节 语录体与《朱子语类》

语录是一种特殊的文体，是对一人或多人口头言论表达的记录或摘录。五代宋的语录在汉语白话发展史上具有十分重要的地位，除了禅宗语录外，还有理学家的讲学语录。语录主要有《祖堂集》《景德传灯录》《二程语录》等，其中《朱子语类》是宋儒语录的重要代表。宋儒在诠释儒家经典的时候，选择了"语录"这种方式来保存和记录讲学或谈话的记录。[①] 语录著作的成书，得益于弟子们坐在老师面前参与讨论，聆听教诲，忠实地记录下老师与其交谈的内容。经整理汇总加工，流传后世。宋儒语录的语言是一种混杂的半文半白的语言，在这些语录中，包含了宋代的口语成分和文言成分，

宋代以前，语录这种形式就早已存在。孔子的《论语》，就是由他的弟子记录编纂而成的言说集子。因此，《论语》作为儒家学派的核心著作可谓是"语录"这种文体的先驱。清人钱大昕指出，"释子之语录始于唐"，"儒家之语录始于宋"，"达摩西来，自称教外别传，直指人心，数传以后，其徒日众，而语录兴焉"。[②] 钱大昕认为禅门语录兴起于唐。禅宗语录记录了禅师和弟子之间的对话，以及由禅师传授给追随者的训诫和说教。禅门内的一问一答、一动一默、参禅棒喝，机锋冷语，记录下来就是语录。禅宗语录是一种白话文体，是对参禅谈禅时言行的如实记录。[③] 语录体发端于《论语》，唐以后迅速发展，到了宋代则大量涌现，几乎所有的新儒学思想家都留下

---

① 徐时仪：《汉语白话发展史》，北京大学出版社 2007 年版，第 137—146 页。

② 钱大昕：《十驾斋养心录》，卷十八。

③ 张美兰：《禅宗语言概论》，五南图书出版公司 1997 年版，第 1 页。

了语录，数量上蔚为大观。宋人晁公武的《郡斋读书志》中，甚至专列一类"语录类"，其中列举了宋代新儒学的语录卷目百余卷。[①] 独立设置"语录类"，表明新儒家语录体的真正形成，以及对语录体的重视。除了新儒家，宋代的笔记小说也相继以"录"命名[②]，尽管这个"录"与新儒家的语录不大相同，但这与宋代语录体的盛行密切相关的。

在宋儒语录中，《朱子语类》篇幅巨大，卷帙浩繁，内容宏富，具有相当的代表性。宋儒语录的编纂，是受到禅宗"语录"体的影响而形成的。因为这两种"语录"具有很大的相似性，主要体现在口语化词汇的运用和表达风格上。禅宗语录用活泼生动的口语去启发学人的独立思维，以独特的方式阐述禅宗的观念、宗旨。这种平易的口语深为士大夫阶层喜欢和借鉴。禅宗教义对当时的人，无论是平民百姓还是达官贵人都有很强的吸引力和诱惑力。宋代儒学的统治地位面临空前的挑战，如何重振儒学，发展和创造一种全新的解释经典的方式成为一个十分迫切的任务。以《朱子语类》为代表的宋儒语录，吸收借鉴了禅宗语录优势，大量采用以俗见长的日常生活语言来讲说抽象的义理之学。

传统儒家对经典的评注，一般都是采用注疏的方式进行一种学究式的表达。对儒家经典进行逐行的注疏，这种"我注六经"的表达方式在汉儒当中十分盛行，并且取得了辉煌的成就。但到了宋代，新儒学家对传统儒家经典有了更多的反思和独立的思考，他们需要一种全新的传播方式，能自由地反思和发挥，但又不彻底颠覆经典在传统文人士大夫心目中的权威和神圣。选择语录而放弃传统的注疏，既是宋代社会思潮的需要，也是新时期儒学发展振兴的一个新途径。

语录和注疏相比，优势很明显。首先，语录可以把经典作为一个整体来把握和反思，突破了传统注疏字里行间注释的局限。朱熹指出，"圣人言语，一重又一重，须入深去看。若只要皮肤，便有差错，须深沉方有得"，"看文字，只看得一重，更不去讨他第二重"。[③] 这些言论表明，宋儒对经典的解

---

① 见《郡斋读书志》卷五下：《河南程氏遗书》二十五卷、《附录》一卷及《外书》十二卷、《横渠先生语录》三卷、《横渠先生经学理窟》一卷、《元城先生语录》三卷、《谭录》一卷、《道护录》两卷、《龟山先生语録》四卷、《上蔡先生》语录三卷、《延平先生问答》一卷、《晦菴先生语录》四十三卷、《晦菴先生语续录》四十六卷、《朱子语略》二十卷、《师诲》三卷《附录》一卷、《近思录》十四卷、《续近思录》十四卷、《五峰先生知言》一卷、《无垢先生心传录》十二卷等。

② 据张伯伟统计，宋代笔记小说中以"录"为名的，包括"笔录""闻录""谈录"等大约有四十多种。详见张伯伟：《禅与诗学》，浙江人民出版社 1992 年版，第 33 页。

③ 《朱子语类》卷十，第 162 页。

释，不再局限于一个字或是词的具体含义，突破了以往研读经典的传统。语录中对某一问题的反思阐释，可以局限于文本的某一点，也可以完全扩展延伸。在诠释经典上，语录具有更为广阔的自主权。

第二，语录中关注的问题具有很强的现实性，与现实的政治、社会生活密切相关。例如，当时佛、道两家声势的日益壮大造成对儒学的倾轧，面对危机，朱熹分析指出："今之学者往往多归异教者，何故？盖为自家这里工夫有欠缺处，奈何这心不下，没理会处。又见自家这里说得来疏略，无个好药方治得他没奈何底心；而禅者之说，则以为有个悟门，一朝入得，则前后际断，说得恁地见成捷快，如何不随他去！此却是他实要心性上理会了如此。不知道自家这里有个道理，不必外求，而此心自然各止其所。非独如今学者，便是程门高弟，看他说那做工夫处，往往不精切。"①

第三，语录多采用完整的问答形式。传统注疏一般采取评注者与古代圣贤一对一的逐行对话方式，而语录则通常采用大师同弟子之间进行一对一或多对一的讨论问答的方式，或是就某一个问题，朱熹有针对性地解说回答。有时就一问一答一个回合，有时则一问一答几个回合，逐层深入探讨问题。一问一答一个回合形式的如：

> 或问"文之以礼乐"。曰："此一句最重。上面四人所长，且把做个朴素子，唯'文之以礼乐'，始能取四子之所长，而去四子之所短。然此圣人方以为'亦可以为成人'，则犹未至于践形之域也。"②

一问一答两个回合形式的如：

> 问："意是心之运用处，是发处？"曰："运用是发了。"问："情亦是发处，何以别？"曰："情是性之发，情是发出恁地，意是主张要恁地。如爱那物是情，所以去爱那物是意。情如舟车，意如人去使那舟车一般。"③

此外，一问一答超过两个回合的语录也有很多。《朱子语类》全书

---

① 《朱子语类》卷一百二十六，第 3036 页。
② 《朱子语类》卷四十四，第 1125 页。
③ 《朱子语类》卷五，第 95 页。

14295 条语录，可以大致归结为两种形式：一是问答式的，弟子提出一个问题，朱熹做答，或是针对某一个重要的、有价值的问题，朱熹做阐释。问答式占语录总量的大多数，是语录的主体。二是独立成文的语录，只有朱熹本人的阐释。这种形式的语录，没有标志性的"问""曰"等对答标志，只有直接的陈述。这种语录的形成，有的源于编辑语录时的删削，去掉了问题部分而只保留了答语，有的是朱熹讲课时的即兴阐发，不一定是有问而答。

作为主体的问答式语录，保留了谈话交流时的具体语境，以及朱熹和弟子讲学讨论时的神情语态，因此具有相当的现场感和真实性。比起传统严肃刻板的注疏形式，一问一答、有弟子参与的记录形式，更加有利于新儒家思想的接受和传播。

第四，语录的解释方式和语言特点非常明显。作为一种全新的诠释方式，语类与传统注疏的一个明显区别，就在于其独特的解释方式和口语化的语言表达。宋代的新儒家，作为精英成员，对于传统的书面语形式——文言具有熟练的掌握程度，但却选择了以白话为主体的语录形式来记录和传播儒学。在此之前，以大白话的形式来记录和传播儒家思想几乎是不能想象的，但在宋儒语录中，口语被赋予了合法性，讲学和记录都可以以口头语的形式存在，却并不影响经典的权威性。从语录的解释方式上看，朱熹以阐发义理为根本原则，在解释文本时，习惯采用心理体验法和体验涵咏法。[①] 在解释抽象的义理或是治学经验时，比喻、排比等修辞方式的运用是语录解释方式的重要特点之一。例如讲"气之伸屈"，朱熹说："譬如将水放锅里煮，水既干，那泉水依前又来，不到得将已干之水去做它。"[②]在讲读书治学时，学生提出："看文字为众说杂乱，如何？"朱熹以比喻的方式回答："且要虚心，逐一说看去，看得一说，却又看一说。看来看去，是非长短，皆自分明。譬如人欲知一个人是好人，是恶人，且随他去看。随来随去，见他言语动作，便自知他好恶。"[③]比喻是语录解释形象化的一个重要体现。

---

① 心理体验法和体验涵咏法，详见张伟博：《〈朱子语类〉的解释学思想研究》，黑龙江大学2008年硕士论文。

② 《朱子语类》卷一，第8页。

③ 《朱子语类》卷十一，第180页。

第二节 《朱子语类》的语言特点

日本学者入矢义高很早就指出，若论宋代口语，当推《朱子语类》。[①] 徐时仪指出，《朱子语类》记载的是书面形式的口语，既有书面语成分，也有口语成分，大致反映了当时文人的口语概貌。[②]《朱子语类》半文半白的语言特点，一直是近代汉语研究者关注的一个热点。

半文半白的"文"，可以从两个层面来理解，一是由于文人知识分子的身份，尽管用日常口语，但不可能完全等同于村夫野老的日常语言；二是语录本身主要是儒家经典的阐释理解，文本本身的语言就是典雅的文言，在引用讲述时，不可能完全脱离经典的语境，因此保留了不少雅的成分和表达。

但之所以说《朱子语类》是宋代口语的代表，关键还在于它的"白"，即口语色彩。《朱子语类》保留了大量的经过加工的宋代口语，正好是上古汉语和近代汉语成分的均衡混合，处于上古汉语和近代汉语相交叉的中间状态。[③]《朱子语类》的语言特色和价值，主要体现就是具有时代特点的白话。通过前面几章的材料梳理，《朱子语类》的语言特点可归纳如下：

第一，俗语词数量巨大。以 A 字头为例，如"阿比""阿附""阿黨""挨排""挨推""挨拶""挨傍""礙塞""礙定""拗縛""拗強""拗曲""鏖糟""傲睨""安排""按款"等共有五十多个。这些词，与文言用词大不相同，是"世间常用"的口语化极强的俗语词。经仔细搜集整理，论文附录收录了《朱子语类》中的双音节俗语词近八千个。《朱子语类》中的词语运用灵活多变，形成了大量的同义类聚。由于是口语表达，词语的分合、组合灵活，富有弹性，单音词、复音词及多音节词语交替运用，体现了说话人强烈的主体性和口语表达的多样性。

第二，三字格和四字格等多音节语汇数量众多，能产性强。三字格和四字格的大量使用，是《朱子语类》的一大语言特色。语录中出现的形容词生动形式 ABB 式，就有"黑淬淬""光噲噲""光輝輝""黑籠籠""活潑潑""空

---

① 转引自盐见邦彦：《〈朱子语类〉口语语汇索引》后记。

② 徐时仪：《略论〈朱子语类〉在近代汉语研究上的价值》，《上海师范大学学报》(社会科学版)，2000 年第 4 期。

③ 徐时仪：《朱子语类学术价值考论》，《徽州社会科学》，1999 年第 1 期。

豁豁""困漫漫""亂董董""慢滕滕""密拶拶""虚飄飄""笑嘻嘻""死搭搭""虚蕩蕩"等大量用例。这些重叠式,有的"AB"可独立成词,有的"BB"是记音成分没有实义,因而具有多种书写形式。除了重叠式以外,以复音词作为词根,加上词缀构成的三字格也数量巨大。三字格中出现的主要词缀如"老""頭""子""大""小"等。《朱子语类》中的词缀,有的继承前代,有的为宋代常用词缀,既有通用的,也有富于时代和地域特色的,展现了宋儒语录口语表达的丰富性和多样性。语类中生动活泼的三字格正统文献基本不载,因此具有重要的文献价值。这些三字格对于现代汉语形容词重叠式的构成、句法功能、产生演变研究都有很重要的研究价值。

《朱子语类》中的四字格,口语性强,富于韵律,结构和成分具有一定的灵活性。通过附录的词表可以看出,有"不A不B"式、"半A半B"式、"大A大B"式、"一A一B"式、"或A或B"式、"无A无B"式、"有A有B"式、"说A说B"式、"至A至B"式、"千A万B"式、"左A右B"式、"东A西B"式等大量相对稳定的结构。在这些结构中,"AB"有的可独立成词,也可以嵌入相关结构中,嵌入格式之后可增加韵律感或是渲染感情色彩。

《朱子语类》中的三字格和四字格,数量巨大,具有一定的能产性,很多复音词、三字格、四字格往往可以根据语境或是表达者的需要自由转换。例如表达没有根据地乱说,《朱子语类》中有"胡説""胡説亂説""胡説亂道"等几种表达:

如今人全不曾理會,才見一庸人胡説,便從他去。(卷五,92页)

今人解者又須要胡説亂説。(卷八十,2065页)

若見得這箇分明,任你千方百計,胡説亂道,都著退聽,緣這箇是道理端的著如此。(卷三十,769页)

例如表达根基、本原,主要有三种表达:"本根""大本根""大本大根"。

大抵言性,便須見得是元受命於天,其所稟賦自有本根,非若心可以一概言也。(卷五,90页)

天下事自有箇大根本處,每事又各自有箇緊要處。(卷一百○八,2678页)

若曾點所見,乃是大根大本。(卷四十,1035页)

他大本大根元無欠闕,只是古今事變,禮樂制度,便也須學。(卷十五,295页)

第三，异形词和同素异序词在同一个语料空间成对共现。异形词是同词异形、同词异写的词，即词形不同而词义相同的词。《朱子语类》中的异形词是共时性的。很多词具有两个或两个以上的书写形式。造成异形的原因，一是由于书写记录及传抄者各自书写习惯的不同，二是由于某一时间段汉字的书写形体不统一，两种或多种书写形体并存。《朱子语类》中异形词的构成主要有这么两种情况，一是义符或声符的替换。

慢侮/嫚侮：轻慢侮辱。

大王慢侮人，故廉節之士多不爲用，然廉節士終不可得。（卷一百三十四，3216 页）

他知得高祖決不能不嫚侮以求廉節之士。（卷一百三十四，3216 页）

籠統/儱統/儱侗/隴侗：总体，概括。

今每覺心中有三病：籠統不專一，看義理每覺有一重似簾幙遮蔽，又多有苦心不舒快之意。（卷一百〇四，2617 页）

若只'道之以德'，而無禮以約之，則儱統無收殺去。（卷二十三，548 页）

心統攝性情，非儱侗與性情爲一物而不分別也。（卷五，94 页）

二是增省形旁，例如：

蓓蕾/菩蕾：花骨朵。

謂如見花方蓓蕾，則知其將盛。（卷一百，2546 页）

枇杷具四時之氣：秋結菩蕾，冬花，春實，夏熟。（卷四，62 页）

仔細/子細：小心，细致。

也須先統讀傳文教熟，方好從頭仔細看。（卷十四，253 页）

畢竟古人推究事物，似亦不甚子細。（卷二，20 页）

除此之外，《朱子语类》中的异形词还有"含蓄/含畜""欠缺/欠闕""寒暖/寒煖""分辨/分辯""懦弱/儒弱""安貼/安帖""妥帖/妥貼""鶻崙/鶻淪""綽見/逴見""查滓/渣滓""伶俐/靈利""桌子/卓子""鼿隴/臬兀/嵲屼""應副/應付""蹺蹊/蹺崎""提醒/提省"等，这些异形词在同一个文本中共现，是相当值得注意的语文现象，可以从文字学和音韵学角度解释或验证某些理论。

同素异序词，在各种结构的复音词中均有存在。本文仅讨论联合式的同素异序复合词。《朱子语类》中，联合式同素异序词也大量共现，如“狭窄/窄狭”“飲食/食飲”“通貫/貫通”“根本/本根”“尾頭/頭尾”“議論/論議”“向方/方向”“終始/始終”“要緊/緊要”“轉移/移轉”“迫促/促迫”“量度/度量”“見識/識見”“入深/深入”“重厚/厚重”“整齊/齊整”“深淺/淺深”“習熟/熟習”“呼吸/吸呼”“荒凶/凶荒”“習熟/熟習”等。这些联合式的同素异序复合词，两个形式在《朱子语类》中共现。就某一个义位而言，两个语素异序之后意义没有发生变化。经过长期的使用，到了现代汉语当中，其中一个形式保留了下来，作为常态广泛使用，另外一个则逐渐走向消亡或是弱化。

第三节 《朱子语类》的语言研究价值

《朱子语类》的语录性质和半文半白的语体特征，使其成为近代汉语研究的一部重要的语料。《朱子语类》的语法研究和词汇研究是目前学界的两大热点。

《朱子语类》在语法研究领域具有很高的价值，语法史上一些重大的问题都能在《朱子语类》中得到线索和验证。例如关于“底”的来源问题，王力先生认为来自“之”，吕叔湘先生认为来自“者”。考察《朱子语类》可以发现，“底”的运用十分广泛，经计算机统计，一共出现了 4637 例。其中作“底下”“底盖”义的实词性质的“底”有 49 例，作复音词词素的有 28 例，作结构助词的一共有 4560 例。[①] 祝敏彻先生在朱子语类中《“地”、“底”的语法作用》一文中，通过分析“底”字结构的 13 种内部构成，认为“底”既有来源于“之”的，也有来源于“者”的。[②] 关于《朱子语类》的语法学价值，论文综述部分已有突出的体现。

《朱子语类》的语言研究价值，还突出表现在词汇方面。《朱子语类》半文半白的语体，保留了不少雅言古语，也保留了相当多的俗语词。这些俗语词，从单音节、双音节词到三音节词、四音节词，集中反映了当时的词汇

---

① 徐时仪：《略论朱子语类在近代汉语研究上的价值》，《上海师范大学学报》(社会科学版)，2000 年第 4 期。

② 祝敏彻：《朱子语类句法研究》，长江文艺出版社 1991 年版，第 147—149 页。

面貌和文人的口语风格。特别是其间复音词的大量使用，体现了汉语由上古汉语向近代汉语发展过程中，双音节词逐渐占据主导的趋势。《朱子语类》特殊的语体特征决定了它是研究近代汉语词汇语法发展演变的一部重要文献，是研究宋代语言的一面镜子。

《朱子语类》是朱熹及门人讲学问答的记录，其中保留了大量“字面普通而义别”[①]的口语常用词。这些常用词在词汇系统中居于核心地位，生命力强，使用频率高，词义“具有时代性”[②]。如“舞蹈”“节拍”等现代汉语中习见的词，在《朱子语类》中就有着不同的词义。对这些断代常用词的研究，有助于探讨常用词的使用状况和古今汉语词义系统的发展演变。《朱子语类》的有些词语由于缺乏研究，新编辞书每多失载，有些词语则与一般辞书所收的常见义不同，很多常用词“在词汇史的研究方面具有弥足珍贵的价值”[③]。

以“舞蹈”一词为例。“舞蹈”，今天常见义是指一种艺术门类。以经过提炼、组织和艺术加工的人体动作为主要表现手段，表达人们的思想感情，反映社会生活。其基本要素是动作姿态、节奏和表情。舞蹈与诗歌、音乐结合在一起，是人类历史上最早产生的艺术形式之一。“舞蹈”这一词在现代汉语中使用非常广泛。“舞蹈团”“舞蹈表演”“舞蹈队”“民族舞蹈”等，无论怎样搭配组合，或者在什么样的语境中使用，“舞蹈”一词的意义都是十分明确的。

“舞蹈”这个常用词，在《朱子语类》中也有出现，全书一共出现六例。

①問：“如古人詠歌舞蹈，到動盪血脈流通精神處，今既無之；專靠義理去研究，恐難得悦樂。不知如何？”(卷一百十五，2779 页)

②舊時朝見，皆是先引見合門，合門方引從殿下舞蹈後，方得上殿，而今都省了。(卷一百二十八，3063 页)

③今合門引見，便用舞蹈。近日多是放見，只是上殿拜於階下，直前奏事而已。惟授告門謝有舞蹈。(卷一百二十八，3064 页)

④近日上殿禮簡，如所謂舞蹈等事，皆無之。只是直至殿下拜一雙，上殿奏事，退又拜，即退。(卷一百二十八，3064 页)

---

① 张相：《诗词曲语辞汇释》，中华书局 2001 年版，第 1 页。

② 王云路：《词汇训诂论稿》，北京语言文化大学出版社 2002 年版，第 236 页。

③ 徐时仪：《略论朱子语类在近代汉语研究上的价值》，《上海师范大学学报》(社会科学版)，2000 年第 4 期。

⑤問朝見舞蹈之禮。曰:“不知起於何時。”(卷一百二十八,3064 页)

例①“舞蹈”,近似于今天我们所说的作为艺术门类的“舞蹈”,但它偏重于指手舞足蹈的肢体动作,“舞”和“蹈”两个语素还没有完全凝固成词。例②至例⑤的五个“舞蹈”,既不单纯是手舞足蹈的肢体动作,也不是今天艺术学意义的舞蹈,通过上下文的分析考察,可以看出,是指一种下对上的礼节。类似的例证还有很多。例如:

忠不舞蹈而出,高宗目送之,謂中書令薛元超。(唐·刘肃《唐新语》)

昶還位,與官屬皆舞蹈再拜,三呼萬歲。(宋·李攸《宋朝事实》)

虎力大仙披了法衣,擎著玉簡,對面前舞蹈揚塵,拜伏於地,朝上啟奏道。(明·吴承恩《西游记》)

莊征君戴了朝巾,穿了公服,跟在班末,嵩呼舞蹈,朝拜了天子。(清·吴敬梓《儒林外史》)

《宋史》记载:“唐礼,宫臣参贺皆舞蹈,开元始罢。”[①]通过考察,我们发现,将“舞蹈”视为一种臣对君的正式参拜礼节,在唐以后的各种文献中都有大量的使用,如“拜伏舞蹈”“称臣舞蹈”“北面舞蹈”“再拜舞蹈,三呼万岁”“舞蹈拜谢”“舞蹈谢恩”“舞蹈迎驾”等,“舞蹈”的礼节义在各种史书、类书和通俗小说中都有大量使用。最迟至晚清民国时期,“舞蹈”作为封建时代臣子对君王的礼仪,这一意义开始随封建王朝的衰落而淡化,现代艺术门类意义上的“舞蹈”开始全面取代传统意义的“舞蹈”。

“舞蹈”作为人类的一种文化事象,早在先民身上就有体现。作为艺术学意义的“舞蹈”一词,成词稍晚,但“舞”则早在《尚书》中就有“击石拊石,百兽率舞”[②]等有关原始舞蹈形态的记载。早期的舞蹈多数具备“巫”的性质,一些学者认为,“巫”字是从甲骨文的“舞”字演化而来,巫人是早期的舞蹈家。[③] 早期人类的蒙昧,对周围未知世界的不可认知,因此,舞蹈除了一

① 脱脱等:《宋史》,中华书局 2000 年版,第 2664 页。

② 阮元:《十三经注疏(校勘记)》,中华书局 1980 年版,第 131 页。

③ 王克芬:《中国舞蹈发展史》,上海人民出版社 2007 年版,第 130—148 页。

定的娱乐作用之外还具有一定的“通神”和“娱神”的功用，在手舞足蹈的肢体语言之中，达到某种祈求和祭祀的要求。随着生产力的发展和私有制的产生，舞蹈逐步由祭神祈求的实用功能发展出一定的艺术表演功能，服务于奴隶主娱乐的需要，但舞蹈的进行始终与一定的祭祀和礼仪活动相关。无论是殷商的武舞与傩仪相关的“傩舞”，还是周代礼乐制度之下的“文舞”和“武舞”，都和一定的仪式和程序相关。

中国古代的乐，往往是音乐、诗歌和舞蹈的结合。《说文解字》卷五：“舞，乐也。用足相背从舛无声。”[①]因此“乐”常常就是指乐舞。儒家认为乐与政是相通的。因此十分重视乐舞、政治和礼仪的教化作用。正如《乐书》卷十所言“礼节民心，乐和民声，政以行之，刑以防之。礼乐刑政，四达而不悖，则王道备矣”，将乐舞的教育作用和政治作用提到了一个很高的地位。在儒家的推崇之下，乐舞理论在两千多年的中国社会中被统治者不断被强化，舞蹈在发挥娱乐功能的同时，承载了一种神圣的教化和礼仪作用。汉代以后，出现了一种“以舞相属”的即兴的礼节性舞蹈。“通过舞蹈进行礼仪性交往，甚至利用即兴表演的机会给皇帝提意见，在魏晋时期都有盛行。”[②]

纵观中国舞蹈史的发展，从最初的与祭祀活动的密切相关，到儒家的推崇和与政治教化相结合，舞蹈在上层社会里一直承载着一定的礼仪教化功能，是关系到文治武功的一项重要仪式。因此我们认为“舞”和“蹈”作为肢体活动以表达心情，到后来结合成词表达臣子对帝王的一种尊崇礼节，其间可以看出早期舞蹈的仪式含义和儒家乐舞理论推崇影响的痕迹。但朝见舞蹈之礼究竟来自何处，朱熹认为大概来自鲜卑拓跋氏建立的魏国，目前尚未找到文献佐证。从时间上看，朝见之礼的“舞蹈”大量出现于唐以后文献，在历代封建王朝都有使用和记载。

那么臣子对君王的尊崇的“舞蹈”之礼，究竟是怎样的呢？《金史》有这样一段描述有助于我们理解臣对君的“舞蹈”之礼：“金之拜制，先袖手，微俯身稍复却跪左膝，左右摇肘若舞蹈状。凡跪摇袖，下拂膝上则至左右肩者，凡四如此者，四跪复以手按右膝单跪左膝而成礼。”[③]但从金史中记载的金人的“舞蹈”之礼中，可以发现“舞蹈”之礼和舞蹈的关系，在下跪过程中，“左右摇肘若舞蹈状”。

---

① 许慎：《说文解字》，中华书局 2004 年版，113 页。

② 王克芬：《中国舞蹈发展史》，上海人民出版社 2007 年版，第 145 页。

③ 脱脱等：《金史》，中华书局 1975 年版，第 827 页。

宋代文献典籍中,"舞"和"蹈"以同义并列的形式相结合,除了《朱子语类》中所引例子外,《二程遗书》中还有五个用例,例如:

文章物采以養其目,聲者以養其耳,舞蹈以養其血脈,皆所未備。(卷二上)

彈琴心不在便不成聲,所以謂琴者禁也,禁人之邪心。舞蹈本要長袖欲以舒其性情。(卷三)

此外《二程遗书》卷十七、十八、二十二均有"声音以养其耳,舞蹈以养气血脉"一句。

由此可见,"舞蹈"一词成词发展的基本线索是:宋以前,表达"舞蹈"这一概念多用单音词"舞"或"儛","舞"和"蹈"并列连用,目前所见较早的用例是萧纲的《上皇太子玄圃讲领启》中的"徒怀舞蹈之心,终愧清风之藻"。"舞蹈"成词以后,大量用于指臣子朝见君王所行的礼节义,从文献记载来看,最晚至宋代开始,"舞蹈"也用于表达肢体动作艺术,但数量一直很少,基本上还是以单音节的"舞"或"儛"占绝大多数。晚清民国以后,表达肢体语言义的"舞蹈"逐步增多,如清小说《海公大红袍传》中的"嵩又以美女十名,教以歌舞,各穿五彩云衣,每当筵前舞蹈,望之如五色云锦,灿烂夺目,名为'霓裳舞'。"随着封建帝制的没落,"舞蹈"的臣对君的礼节义逐渐衰落,直至消亡,成为历史词汇,最终形成单一表肢体动作艺术意义的"舞蹈"。

再以"节拍"一词为例。"节拍"是现代音乐学的一个重要术语。它是指音乐中拍子的组合形式,即每隔一段时间重复出现的有一定强弱分别的一系列拍子,是衡量节奏的单位,如 2/4,3/4,4/4,3/8,6/8 等。打开网络检索可以发现,"节拍"早已成为现代汉语里使用极为广泛的一个词,例如"生命节拍""都市节拍""流行节拍""校园节拍""动感节拍""奥运节拍""经典节拍""自由节拍""健康节拍"等等。"节拍"的词义,早已由音乐学的节奏义泛化,指音乐,进而指带有速度感的现代都市社会生活。

考察《朱子语类》的"节拍"一词,在全书一共出现了七例:

①蓋其言合節拍,所以雖言而人不厭之,雖言而實若不言也。(卷四十四,1126 页)

②又問:"是使他做事,要他做得來合節拍否?"(卷四十五,1168 页)

③象山常要說此語，但他說便只是這個，又不用裏面許多節拍，卻只守得個空蕩蕩底。公更看横渠西銘，初看有許多節拍，卻似狹。（卷九十四，2370 页）

④神宗極聰明，於天下事無不通曉，真不世出之主，只是頭頭做得不中節拍。（卷一百二十七，3046 页）

⑤又如本朝太祖，直是明達。故當時創法立度，其節拍一一都是，蓋緣都曉得許多道理故也。（卷一百三十六，3251 页）

⑥每讀其書，看得人頭痛，更無一版有一件事做得應節拍。（卷一百二十七，3050 页）

以上几个例子不难看出，《朱子语类》的"节拍"不能等同于今天我们所说的"节拍"。《辞海》对"节拍"一词的解释有两项，第一项是作为音乐术语来解释的，是衡量节奏的单位。第二项是指流水生产过程中，连续出产的前后两件相同产品（如零件、部件、机器）的间隔时间。[①]《汉语大词典》对"节拍"一词的解释也有两项，一也是作为音乐术语。另一个是"比喻有规律的进程"[②]。对于例①，把"节拍"训释为"比喻有规律的进程"似乎还能解释，但对于其他几个例子，如此解释就显得有些牵强了，笔者认为此处"节拍"解释为枝节，要领似乎更恰当一些。

"节"和"拍"的结合在文献中出现很早，目前可见"节拍"的较早结合的用例出自[唐]杜佑诗《感王将军柘枝妓殁》："画鼓不闻招节拍，锦靴空想挫腰肢"。

"节"和"拍"，早期都是打击乐器。《钦定大清会典》有如下记载：

慶隆樂，箏阮各一，琵琶三弦各八，節拍各十有六，世德舞德勝舞，同笳吹樂笳、阮、箏、口琴、各一。番部合奏樂，箏、琵琶、三弦、二弦、月琴、胡撥、篥阮、四弦、阮、雲璈、篴、管、簫、笙、拍、各一。[③]

从"節拍各十有六"可以看出，"節"和"拍"是各自作为独立的器乐种类

① 夏征农、陈至立：《辞海》，上海辞书出版社 2002 年版，第 1803 页。
② 罗竹风：《汉语大词典》，汉语大辞典出版社 2007 年版，第 5333 页。
③ 允祹等：《钦定大清会典（景印文渊阁四库全书本）》，台湾商务印书馆 1985 年版，第521 页。

而存在，在宫廷礼乐中占有一席之地的。“節”和“拍”都是什么样的乐器，《御制律吕正义后编》有如下记载：

> 節，形如箕，中長一尺五寸七分六厘，為三倍仲呂蕤，賓相和之度，邊長一尺三寸六分五厘，為三倍夷則之度，口闊一尺三寸六分五厘，為三倍太蔟之度，口深一寸九分四厘四毫，為太蔟十分之三，掌闊一尺五寸三分六厘，為三倍蕤賓之度，掌深三寸二分四厘，為太蔟半度，鎊二枝長一尺一寸五分二厘，為姑洗倍度，上連下開相距一寸九分四厘四毫，與箕口深等皆用紅漆，箕背繪虎頭，以鎊劃箕為節。①

> 拍，紫檀板，四片以合，三片為一束，執一片拍之，中長一尺一寸一分五厘，為姑洗仲呂共度，邊長一尺零五分一厘，為仲呂蕤賓共度，上闊二寸零二厘，為無射半度，下闊二寸四分三厘，為林鐘半度，中闊一寸六分七厘，為仲呂十分之三，厚三分五厘，為黃鐘大呂相和二十分之一，面上一片中起，脊棱厚四分，為無射十分之一，二孔距上端三寸五分二厘，為黃鐘大呂相和之半度，二孔周相距三分五厘，為黃鐘大呂相和二十分之一，以黃絨紃結之，按拍制，較丹陛樂拍制微小，又彼六片，此四片耳，其義則同也。②

“拍”就是我们今天的“拍板”，是一种打击乐器，用竖木数片，以绳串联。［明］张羽的诗《席上听歌妓诗》：“浅按红牙拍，轻和宝钿筝。”“红牙拍”也是拍板的一种，打节奏用。

“節”和“拍”作为打击乐器都与音乐舞蹈的节奏相关，在乐队演奏中功用相同，联合使用表示歌舞的节奏，“节与拍同义，但多往复以为歌舞之节耳”③。

“節”与“拍”作为和节奏有关的打击乐，二者都可以单独使用表示音乐节奏或打节奏，例如：

節：“展詩兮會舞，應律兮合節。”（《楚辞・九歌・东君》）

---

① 允祹等：《御制律吕正义后编（景印文渊阁四库全书本）》，台湾商务印书馆 1985 年版，第 206 页。

② 同上，第 207 页。

③ 同上，第 206 页。

節："古之舞者，未嘗不節之以鼓。"(《乐书》)

節、拍："擊竹之制，近世民間多有之，蓋取竹兩片，緊厚者治而為之，其長數寸，手中相擊為節，與歌拍相和焉。"(《乐书》)

拍："凡藝是者，宜平其氣，緩取其音，雖清激而不失悠徐之韻，乃為雅樂，若促拍弄巧，則淫哇俗樂而已。"(《古乐书》)

"拍"的节奏义在历代诗歌中有很多用例，例如：

入拍："中序擘騞初入拍，秋竹竿裂春冰拆。"(白居易《霓裳羽衣歌》)

殘拍："再三博士留殘拍，索向宣徽作徹章。"(王建《宫中词》)

歌拍："舞蝶似隨歌拍轉，遊人只怕酒杯干。"(方干《海石榴》)

急拍："江梅冷艷酒清光，急拍繁弦醉畫堂。"(李郢《醉送》)

"節"和"拍"除了单独使用，以及"節拍"聯合使用以外，还可以"拍節"形式出现，例如宋《东斋记事》就有"拍節"记載："蜀有朝日蓮，蔓生。其花似蓮而色白，其大如錢，人家以盆貯水而植之，朝生於東，夕沉於西，隨日出沒，可以測候時刻，又有虞美人草，唱虞美人曲，則動搖如舞狀以應拍節，唱他曲則不然乎。"

通过文献考察可以发现，《朱子语类》中的"節拍"与前后各时期的"節拍"有一定的差异。其"節拍"的特殊意义在《朱子语类》中有保留，后世的《明儒学案》卷五十三也有这个义项的用例："晦翁謂，象山常說宇宙，但他說便只是這個，又不用裏面許多節拍，卻只守得過空蕩蕩底，中以為道，體本是空蕩蕩底。""節"，《说文》释为"竹約也"，本义是竹节的意思。由竹节义后来逐渐引申为骨节、关节，再到节气、节拍等，从"節"的语义发展来看，"節"由"连接两端之间的节"到后来的"節拍"，始终带有突出的、重要的、彰显的含义。竹节作为连接两端竹管的部分，是重要的载体，每隔一段就需要一个节来连接。骨节、关节也是人和动物连接骨骼的重要部分。节拍也是周期性出现的连接旋律的关节点的表现。因此，《朱子语类》中出现的"蓋其言合節拍""只是頭頭做得不重節拍""更無一版有一件事做得應節拍"等几个"節拍"释为"事情的枝节、要领"更为恰当，也比较适合"節"的语义发展。作为"事情的枝节、要领"义的"節拍"和音乐学意义上的"節拍"其实并不矛盾。《汉语大辞典》引用《朱子语类》，将"節拍"笼统释为"有规律的进程"，是可以进一步讨论的。

宋代物质生活与精神生活的丰富和发展，使得语言也变得更加丰富，出现了一大批新词新义。这一时期，增加了大量的俗语词、方言词、行话市语。宋儒语录的代表《朱子语类》的语言，给人的鲜明印象就是大量富于表现力的俗语词和平白如话的语体风格。正如徐时仪指出的："这一时期，许多词语完成了从上古、中古向近代的转化，逐渐形成了与现代汉语相近的词义结构，基本形成了近代汉语的词义体系。"[①]《朱子语类》作为一种语录体，这种著述体制，是在禅宗兴起以后才得以兴盛和大发展的。以《朱子语类》为代表的语录形式在宋代的兴旺发达，在一定程度上是汉语白话发展的一座里程碑，其文白夹杂的语体和词汇面貌，对于我们探究汉语文白的彼此消长和嬗变具有重要的意义。

《朱子语类》语言价值巨大，词汇部分还有相当多的领域和空白点有待深入挖掘。本文语言部分的写作，在系统搜集整理词表的基础上，通过复音词、三字格和四字格的整理、爬梳，对《汉语大词典》进行了补正，并力图从一个侧面钩沉和展示《朱子语类》的文人口语的语言面貌和词汇特征，为继续深入研究《朱子语类》及宋代语言抛砖引玉，为汉语词汇史的研究以及汉语白话发展史的深入构建提供一些扎实的材料和准备。

---

① 徐时仪:《汉语白话发展史》，北京大学出版社 2007 年版，第 131 页。

结 语

一、对本书研究工作的总结

《朱子语类》是朱熹讲学语录的汇编。据《朱子实纪》卷七记载，朱熹学生中号称高第有着作者68人，录有问答记录及被称许者71人，存有姓氏爵邑者180人。这些弟子门生受学于朱熹，多有记录师说的笔记。景定四年(1263)，黎靖德糅合诸家刊印的朱熹语录，编为《朱子语类》一百四十卷。这是目前的通行本。

在黎本成书之前，曾出现过"六录三类"，即《蜀录》《池录》《饶录》《婺录》《饶后录》《建别录》和"蜀类""徽类""徽续类"。从发展线索来看，黎本主要汇集、整合了之前的这些"语录"和"语类"，并以黄士毅的二十六个门目为框架，进行了归纳重组，统筹进行了相关体例的调整，之后又吸收了吴坚的《建别录》进行充实。上述的各个"语录"和"语类"，对于现在的通行本《朱子语类》的成书起到过重要作用，但遗憾的是，目前可见的只有《池录》的残本——宋刻《晦庵先生朱文公语录》和"徽类"传本的校正本——朝鲜古写徽州本《朱子语类》。胡适先生曾在《〈朱子语类〉的历史》一文中论述过上述各本，指出通行本《朱子语类》的材料来源。本文则通过详细大量的版本校勘，利用稀见材料，特别是宋刻本和朝鲜本的异文材料，证明李道传的《池录》和黄士毅的"蜀类"(这里是说"蜀类"的校正本朝鲜古写徽州本《朱子语类》)存在明显的继承借鉴关系。例如：

(1)卷六十七："文王周公説底象象做一樣看，孔子説底做一樣看，王輔嗣伊川説底各做一樣看方得。"(1645页)朝鲜本"看"下有"方得"，宋本同。

(2)卷七十六："横渠説得别。"(1940页)朝鲜本"得"下有"這個"二字，宋本同。

(3)卷七十六："是有那許多變，所以如此。"(1956页)朝鲜本"是"前有"他這個"三字，宋本同。

(4)卷三十六:“作與過趨者,敬之貌也,何爲施之於齊衰與瞽者?”(962页)朝鲜本“作”上有“子見齊衰者冕衣裳者與瞽者見之雖少必作過之必趨”二十二字。宋本同。

(5)卷十八:“李德之問‘立誠意以格之。’”(401页)此句朝鲜本作“李德之問:‘或問中致知章引程子云:窮理格物,須立誠意以格之。誠意如何却在致知之先?’”凡三十五字。宋本同。

根据现有的文献材料,校勘之后可以明确理出《池录》—“蜀类”(以朝鲜徽州古写本为代表)—黎靖德本《朱子语类》这样一个明晰的版本发展流程。宋刻本是现存唯一可见的“语录”本,虽是残卷,但其间“贞”“玄”“恒”等字的缺笔改字现象可以确定其宋代无疑。

本书对现存可见的对《朱子语类》成书具有重要价值的两个善本进行了考察、校勘和异文整理,用意有两个方面,一是通过大量的异文材料说明这两个本子的重要学术价值。宋刻本和朝鲜本,均保留了大量未经黎靖德删削的文字材料,且更加口语化和符合当时记录的原貌。通过异文的研究,还可以看出黎靖德编纂汇总时的体例和原则。丰富的异文材料,可以为《朱子语类》的成书研究提供大量可靠翔实的资料。例如,宋刻本保留了许多当时的刻本用字,如“疏”,宋刻本多用作“踈”或“蹠”,“救”用作“捄”,“沿”用作“㳂”等等。宋刻本保留了大量词语异文,如“襯貼(中)/稱貼(宋)”“懸虛(中)/懸空(宋)”“發泄(中)/發洩(宋)”“秋采/秋採”等。朝鲜本也保留了大量的词语异文,如“修治(中)/修持(朝)”“生受(中)/主愛(朝)”“偏勝(中)/偏失(朝)”“氣象(中)/氣質(朝)”。这些异文词语,可对汉语词汇的流变发展提供大量有依据的材料,可对《汉语大词典》提供一些具体的商补建议。

此外,宋刻本和朝鲜本,因成书时间早,后世稀见,经仔细校勘,可以为今天通行的中华本《朱子语类》提供大量校补勘正的材料。书中的两节中华本文本校释的内容,即是对黎本的现代刊印本中华本的重要补正。这些版本异文,为黎本成书几百年来一直存在的文本错误提供了有利的版本依据。鉴于宋刻本和朝鲜本对于《朱子语类》研究重大的学术价值,所以本书专章研究整理了这两个本子,通过版本叙录和大量的校勘材料,考察了对《朱子语类》成书具有重要价值和意义的两个善本。另外,通过大量的异文材料,特别是异文词语的发掘来研究汉语词汇。这是本书的一个亮点。例如卷五:“存養主一,使之不失去。”(92页)宋刻本“失去”作“走作”。“走作”一词,是越规、放逸的意思。“走作”恰当地诠释了“失去”一词。例如卷一百三十七:“只是困苦無精彩,極好處也只有‘正誼、明道’兩句。”(3257页)

宋刻本"困苦"作"困善"。"困善",《汉语大词典》及相关辞书均没有收,文献用例仅在《朱子语类》中出现 2 例,异文的出现,为"困善"一词的训释提供了线索和依据。

本书下编词汇部分的研究,建立在搜罗整理《朱子语类》复音词、三字格和四字格词表的基础之上。下编首先考察了《朱子语类》复音词的分布,将其中的复音词分为三类:理学词,一般社会文化常用词,宋代方俗词、口语词。理学词是《朱子语类》中的特色词,如"氣象""天理""人欲""居敬""窮理"等。一般社会文化常用词包括经济类、宗教类、饮食类、科考类、服饰用具类、文化娱乐类、劳动生产类、季节时令类等十多个种类,这些词反映了宋代民众日常生活的方方面面。《朱子语类》中最具特色的当属宋代方俗词、口语词。《朱子语类》作为朱熹讲学问答的语录汇编,虽为文人口语,但出于教学深入浅出的需要,保留了相当多口语性极强的俗语词。《朱子语类》中的词语,最具有研究价值的就是这些方俗词。这些方俗词,有的是方言特色词,当时常用而今天已不再或很少使用的,如"打硬""生受""稱停""冒罩""挨拶""拗縛""把斷""華掞""壽苴""榻圾"等。《朱子语类》中还有大量的词是字面普通而意义与今天已经发生了很大变化的词,如"舞蹈""安排""流行""階級""計較""消息""親切""規模""古董""分别"等。本书方俗词的研究,结合异文词语,将《朱子语类》中的复音词分为三类考察:48组同义词、28 组反义词、31 组同素异序词语。《朱子语类》复音词的研究,最能体现应用价值的是对《汉语大词典》的商补部分。该部分指出了《汉语大词典》失收复音词 28 个,提前书证 45 例。最后考释了《朱子语类》中的120 个三字格,133 个四字格。这些三字格中广泛使用的词缀主要有"老""頭""子""大""小"等。这些四字格大都具有固定的格式,具有很强的能产性,如"不 A 不 B"式、"大 A 小 B"式、"至 A 至 B"式、"有 A 有 B"式等,这些三字格和四字格,绝大部分不为大型辞书所收,研究者一般也不太注意,但它们是《朱子语类》口语特征的重要体现。

《朱子语类》的词汇特点可归纳如下:第一,双音节俗语词数量巨大,是古白话研究的重要语料;第二,三字格和四字格等多音节词语数量众多,能产性强,富有韵律感;第三,异形词和同素异序词在同一个语料空间成对共现。第四,出现了大量的新词新义。

本书的创新之处在于:第一,首次全面校理了宋残刻本《晦庵先生朱文公语录》,向学术界展示了该版本的重要学术价值。之前有关该书的情况,只零星见于石立善等人的介绍。该书是现存唯一可见的"语录本",成书时间早,版本价值和学术价值巨大。宋刻本的材料是黎本《朱子语类》编纂时的重要来源。利用这个版本来校理目前研究用通行本——中华书局本《朱子语类》，具有十分重要的校勘学价值。宋刻本可以校正黎本成书几百年来一直延续的一些版本错误。第二，可利用异文材料来研究汉语词汇。典籍异文是汉语词汇史研究的重要材料。异文校勘对于词汇史的研究也具有方法论的意义。本书立足于通行本，利用宋刻本和朝鲜本的异文材料研究《朱子语类》的词汇，这是本研究的一个亮点，有别于同类的专书词汇研究。

此外，笔者花费了大量的时间和精力搜集整理汇总了《朱子语类》复音词、三字格、四字格。此前祝敏彻等学者也曾专门作过一些整理，笔者汇集各家数据，逐一对照，查缺补漏，汇总成附录词表，为今后的研究奠定基础。词表作为附录置于博士论文附录，因篇幅问题，本书词表删去。

二、本课题研究的后续工作和展望

《朱子语类》是一部百科式的著作，语体文白夹杂，既有雅言，也有俗语，是宋代文人口语的书面记录。本书的研究从两个珍稀版本入手，考察异文，考辨版本发展源流，向学术界展现了两个版本的学术价值。黎本《朱子语类》的编纂成书及传播发展过程是一个值得深入研究的课题，特别是海外传本的流传刊刻等问题，目前还是研究的空白点。黎本《朱子语类》成书后，也形成了康熙本、四库全书本等一系列传本，限于时间和精力，也都没有触及。《朱子语类》是一部大书，篇幅宏大，一百四十卷，有两百多万字的篇幅，弄清版本的源流发展、异文的变化发展，才能为朱熹思想的研究、汉语白话词汇的研究提供坚实的基础。

《朱子语类》的词汇研究，一直是研究的薄弱环节。仅复音词一项，笔者就从各种途径搜集了五六千条，但依然做不到穷尽。这些看似明白易懂的词语，字面普通而义别，生命力强，使用频率高却常常不被重视。白话俗语词的研究和考释，是汉语常用词演变研究的一项重要内容。在《朱子语类》中，表达同一个语义，有文言的形式，也有白话的形式；有单音节词的形式，也有复音词、三音节词甚至四音节词的表达形式；异形词和同素异序词在同一个语料空间共现。此外还有大量的同义词类聚和反义词类聚。这些都是《朱子语类》词汇丰富性的具体体现。多层次、多种类的词汇在同一时空的共现，是《朱子语类》词汇系统复杂性的一个表现，而这也正是《朱子语类》词汇研究的价值和魅力所在。《朱子语类》的词汇还有相当多的领域和空白点有待深入挖掘。该书对于汉语白话发展史的研究意义重大。本文的研究，仅仅是一次开拓和宏观的审视。对于《朱子语类》，无论是一词一义的具体研究，还是历史性研究、全面性研究，以及词汇体系的建构都是十分迫切和必要的。

参考文献

一、著　作

[1] 朱熹. 晦庵先生朱文公语录[M]. 刻本,1216(宋嘉定九年).

[2] 朱熹. 晦庵先生朱文公语录[M]. 明抄本.

[3] 朱熹. 晦庵先生语录类要[M]. 刻本,1470(明成化六年).

[4] 朱熹. 朝鲜古写徽州本朱子语类[M]. 东京:中文出版社,1982.

[5] 朱熹. 朱子语类[M]. 北京:中华书局,1986.

[6] 朱熹. 晦庵先生语录大纲领:再造善本[M]. 北京:北京图书馆出版社,2003.

[7] 脱脱,等. 宋史[M]. 北京:中华书局,2000.

[8] 脱脱,等. 金史宋史[M]. 北京:中华书局,1975.

[9] 阮元. 十三经注疏(校勘记)[M]. 北京:中华书局,1980.

[10] 许慎. 说文解字[M]. 北京:中华书局,2004.

[11] 允祹,等. 景印文渊阁四库全书本[M]. 台北:商务印书馆,1985.

[12] 白兆麟. 校勘训诂论丛[M]. 合肥:安徽大学出版社,2001.

[13] 蔡方鹿. 朱熹与中国文化[M]. 贵阳:贵州人民出版社,2000.

[14] 蔡镜浩. 魏晋南北朝词语例释[M]. 南京:江苏古籍出版社,1990.

[15] 曹小云. 中古近代汉语语法词汇丛稿[M]. 合肥:安徽大学出版社,2005.

[16] 曹炜. 现代汉语词汇研究[M]. 北京:北京大学出版社,2004.

[17] 曹林娣. 古籍整理概论[M]. 北京:北京大学出版社,2007.

[18] 陈荣捷. 朱子新探索——陈荣捷朱子学论著丛刊[M]. 上海:华东师大出版社,2007.

[19] 陈荣捷. 朱学论集——陈荣捷朱子学论著丛刊[M]. 上海:华东师大出版社,2007.

[20] 陈荣捷.朱子门人——陈荣捷朱子学论著丛刊[M].上海:华东师大出版社,2007.
[21] 陈光磊.汉语词法论[M].上海:学林出版社,2001.
[22] 程湘清.汉语史专书复音词研究[M].北京:商务印书馆,2003.
[23] 程娟.词汇专题研究[M].北京:北京语言大学出版社,2004.
[24] 常敬宇.汉语词汇与文化[M].北京:北京大学出版社,1995.
[25] 董志翘.《入唐求法巡礼行记》词汇研究[M].北京:中国社会科学出版社,2001.
[26] 董志翘.中古近代汉语探微[M].北京:中华书局,2007.
[27] 董志翘.训诂类稿[M].成都:四川大学出版社,1999.
[28] 董为光.汉语词义发展基本类型[M].武汉:华中科技大学出版社,2004.
[29] 董秀芳.词汇化:汉语双音词的衍生和发展[M].成都:四川人民出版社,2002.
[30] 董秀芳.汉语的词库与词法[M].北京:北京大学出版社,2004.
[31] 方彦寿.朱熹书院门人考[M].上海:华东师大出版社,2000.
[32] 方一新.东汉魏晋南北朝史书词语笺释[M].合肥:黄山书社,1997.
[33] 符淮青.汉语词汇学史[M].合肥:安徽教育出版社,1996.
[34] 符淮青.词义的分析和描写[M].北京:语文出版社,1998.
[35] 高守纲.古汉语词义通论[M].北京:语文出版社,2000.
[36] 高文达.近代汉语词典[M].北京:知识出版社,1992.
[37] 葛本仪.汉语词汇学[M].济南:山东大学出版社,2003.
[38] 葛本仪.汉语词汇研究[M].北京:外语教学与研究出版,2006.
[39] 郭良夫.词汇与词典[M].北京:商务印书馆,1999.
[40] 郭在贻.训诂丛稿[M].上海:上海古籍出版社,1985.
[41] 郭在贻.训诂学[M].北京:中华书局,2005.
[42] 郭芹纳.训诂学[M].北京:高等教育出版社,2006.
[43] 郭作飞.《张协状元》词汇研究[M].成都:巴蜀书社,2008.
[44] 顾学颉,王学奇.元曲释词[M].北京:中国社会科学出版社,1983.
[45] 何九盈.中国古代语言学史[M].广州:广东教育出版社,2000.
[46] 胡敕瑞.《论衡》与东汉佛典词语比较研究[M].成都:巴蜀书社,2002.
[47] 胡适.中国哲学史[M].北京:中华书局,1988.
[48] 胡适.胡适文集[M].北京:北京大学出版社,1998.
[49] 胡双宝.易混易错词语辨析[M].北京:北京大学出版,2002.

[50] 黄金贵. 古代文化词义集类辨考[M]. 上海:上海教育出版社,1995.
[51] 黄侃. 文字音韵训诂笔记[M]. 上海:上海古籍出版社,1983.
[52] 韩陈其. 汉语词汇论稿[M]. 南京:江苏古籍出版社,2002.
[53] 蒋礼鸿. 敦煌变文字义通释[M]. 上海:上海古籍出版社,1999.
[54] 蒋绍愚. 汉语词汇语法史论文集[M]. 北京:商务印书馆,2000.
[55] 蒋绍愚. 近代汉语研究概况[M]. 北京:北京大学出版社,2000.
[56] 蒋绍愚. 古代汉语词汇纲要[M]. 北京:商务印书馆,2005.
[57] 蒋冀骋,吴福祥. 近代汉语纲要[M]. 武汉:湖北教育出版社,1997.
[58] 蒋冀骋. 近代汉语词汇研究[M]. 长沙:湖南教育出版社,1991.
[59] 江蓝生. 古代白话说略[M]. 北京:语文出版社,2000.
[60] 陆志伟. 汉语的构词法[M]. 北京:科学出版社,1957.
[61] 鲁国尧. 鲁国尧自选集[M]. 郑州:河南教育出版社,1994.
[62] 李维琦. 佛经释词[M]. 长沙:岳麓书社,1993.
[63] 李维琦. 佛经续释词[M]. 长沙:岳麓书社,1999.
[64] 李宗江. 汉语常用词演变研究[M]. 上海:汉语大辞典出版社 1999 年
[65] 李申. 近代汉语文献整理与研究[M]. 石家庄:河北教育出版社,2002.
[66] 李文泽. 宋代语言研究[M]. 北京:线装书局,2001.
[67] 林庆彰. 朱子学研究书目[M]. 台北:文津出版社,1992.
[68] 陆宗达,王宁. 训诂方法论[M]. 北京:中国社会科学出版社,1983.
[69] 陆忠发. 现代训诂学探论[M]. 杭州:浙江大学出版社,2008.
[70] 吕叔湘. 现代汉语八百词[M]. 北京:商务印书馆,1994.
[71] 刘坚. 二十世纪的中国语言学[M]. 北京:北京大学出版社,1998.
[72] 刘中富. 实用汉语词汇[M]. 合肥:安徽教育出版社,2003.
[73] 刘子瑜.《朱子语类》述补结构研究[M]. 北京:商务印书馆,2008.
[74] 梁晓红,徐时仪,陈五云. 佛经音义与汉语词汇研究[M]. 北京:商务印书馆,2005.
[75] 梁晓红. 佛教词语的构造与汉语词汇的发展[M]. 北京:北京语言学院出版社,1994.
[76] 廖珣英.《全宋词》语言词典[M]. 北京:中华书局,2007.
[77] 罗竹风. 汉语大辞典[M]. 上海:汉语大辞典出版社,2007.
[78] 马清华. 语义的多维研究[M]. 北京:语文出版社,2005.
[79] 倪其心. 校勘学大纲[M]. 北京:北京大学出版社 2004 年
[80] 潘文国. 汉语的构词法研究[M]. 上海:华东师范大学出版社,2004.
[81] 潘允中. 汉语词汇史概要[M]. 上海:上海古籍出版社,1989.

[82] 濮之珍. 中国语言学史[M]. 上海:上海古籍出版社,1987.
[83] 启功. 汉语现象论丛[M]. 北京:中华书局,1999.
[84] 齐佩瑢. 训诂学概论[M]. 北京:中华书局,1984.
[85] 钱穆. 朱子学提纲[M]. 成都:巴蜀书社,1986.
[86] 宋子然. 古汉语词义丛考[M]. 成都:巴蜀书社,2001.
[87] 苏新春. 汉语语义学[M]. 广州:广东教育出版社,1997.
[88] 苏新春. 汉语词汇计量研究[M]. 厦门:厦门大学出版社,2002.
[89] 苏新春. 二十世纪汉语词汇学著作论文研究索引[M]. 上海:上海辞书出版社,2004.
[90] 苏新春. 汉语释义元语言研究[M]. 上海:上海教育出版社,2005.
[91] 苏宝荣. 词义研究与辞书释义[M]. 北京:商务印书馆,2000.
[92] 苏杰.《三国志》异文研究[M]. 济南:齐鲁书社,2006.
[93] 孙常叙. 汉语词汇[M]. 北京:商务印书馆,2006.
[94] 孙钦善. 中国古文献学史(上、下)[M]. 北京:中华书局,1994.
[95] 孙钦善. 中国古文献学史简编[M]. 北京:高等教育出版社,2004.
[96] 束景南. 朱子大传(全两册)[M]. 北京:商务印书馆,2003.
[97] 田浩. 宋代思想史论[M]. 北京:社会科学文献出版社,2003.
[98] 谭耀炬."三言二拍"语言研究[M]. 成都:巴蜀书社,2005.
[99] 吴金华. 中古汉语词语考释[M]. 合肥:安徽教育出版社,1994.
[100] 吴金华. 古文献整理与诂汉语研究[M]. 南京:江苏古籍出版社,2001.
[101] 吴金华. 古文献整理与古汉语词汇研究[M]. 南京:江苏古籍出版社,2001.
[102] 吴福祥.《朱子语类辑略》语法研究[M]. 洛阳:河南大学出版社,2004.
[103] 吴福祥. 中古近代汉语研究(1) [M]. 上海:上海教育出版社,2000.
[104] 汪维辉. 东汉—隋常用词演变研究[M]. 南京:南京大学出版社,2000.
[105] 汪维辉.《齐民要术》词汇语法研究[M]. 上海:上海教育出版社,2007.
[106] 王重民. 中国善本书提要[M]. 上海:上海古籍出版社,1983.
[107] 王懋竑. 朱熹年谱[M]. 北京:中华书局,1998.
[108] 王艾录. 汉语的语词理据[M]. 北京:商务印书馆. 2001.
[109] 王彦坤. 历代避讳字汇典[M]. 郑州:中州古籍出版社,1997.

[110] 王克芬.中国舞蹈发展史[M].上海:上海人民出版社,2007.
[111] 王宁.古代汉语通论[M].北京:北京师范大学出版社,1996.
[112] 王宁.训诂学原理[M].北京:中国国际广播出版社,1996.
[113] 王锳.近代汉语词汇语法散论[M].北京:商务印书馆,2004.
[114] 王锳.诗词曲词语杂释[M].北京:中华书局,1990.
[115] 王锳.《汉语大词典》商补[M].合肥:黄山书社,2006.
[116] 王锳.宋元明市语汇释[M].北京:中华书局,2008.
[117] 王锳.唐宋笔记语辞汇释[M].北京:中华书局,2008.
[118] 王力.中国语言学史[M].太原:山西人民出版社,1994.
[119] 王力.汉语史稿[M].北京:中华书局,2002.
[120] 王军.汉语词义系统研究[M].济南:山东人民出版社,2005.
[121] 王云路,方一新.中古汉语词语例释[M].长春:吉林教育出版社,1992.
[122] 王云路,方一新.中古汉语研究[M].北京:商务印书馆,2001.
[123] 王云路.词汇训诂论稿[M].北京:北京语言文化大学出版社,2002.
[124] 王德春.词汇学研究[M].济南:山东教育出版社,1983.
[125] 伍宗文.先秦汉语复音词研究[M].成都:巴蜀书社,2001.
[126] 武占坤.汉语熟语通论[M].保定:河北大学出版社,2007.
[127] 吴福祥.《朱子语类辑略》语法研究[M].洛阳:河南大学出版社,2004.
[128] 万献初.汉语构词论[M].武汉:湖北人民出版社,2004.
[129] 万久富.《宋书》复音词研究[M].南京:凤凰出版社,2006.
[130] 吾三省.古代汉语八千词[M].上海:上海辞书出版社,2006.
[131] 魏达纯.近代汉语简论[M].广州:广东高等教育出版社,2004.
[132] 向熹.简明汉语史[M].北京:高等教育出版社,1993.
[133] 徐振邦.联绵词概论[M].北京:大众文艺出版社,1998.
[134] 徐德明.朱熹著作版本源流考[M].北京:中国文联出版社,2000.
[135] 徐时仪.古白话词汇研究论稿[M].上海:上海教育出版社,2000.
[136] 徐时仪.佛经音义概论[M].台北:大千出版社,2003.
[137] 徐时仪.玄应《众经音义》研究[M].北京:中华书局,2005.
[138] 徐时仪.汉语白话发展史[M].北京:北京大学出版社,2007.
[139] 徐时仪.中华传统文化丛书——语言文字[M].南京:南京大学出版社,2009.
[140] 徐时仪.玄应和慧琳《一切经音义》研究[M].上海:上海世纪出版集

团,2009.
[141] 徐国庆.现代汉语词汇系统论[M].北京:北京大学出版社,1999.
[142] 许威汉.二十世纪的汉语词汇学[M].太原:书海出版社,2000.
[143] 许威汉.汉语词汇学导论[M].北京:北京大学出版社,2008.
[144] 许威汉.训诂学导论[M].北京:北京大学出版社,1996.
[145] 许少峰.近代汉语词典[M].北京:团结出版社,1997.
[146] 许少峰.近代汉语大词典[M].北京:中华书局,2008.
[147] 许保华,宫田一郎.汉语方言大词典[M].北京:中华书局.1994.
[148] 香坂顺一着.白话语汇研究[M].江蓝生,白维国,译.上海:上海教育出版社,1997.
[149] 邢福义.文化语言学[M].武汉:湖北教育出版社,2000.
[150] 盐见邦彦.《朱子语类》口语词汇研究索引[M].东京:中文出版社,1985.
[151] 颜洽茂.佛教语言阐释——中古佛经词汇研究[M].杭州:杭州大学出版社,1997.
[152] 杨荣祥.近代汉语副词研究[M].北京:商务印书馆,2005.
[153] 杨爱娇.近代汉语三音词研究[M].武汉:武汉大学出版社,2005.
[154] 杨永龙.《朱子语类》完成体研究[M].洛阳:河南大学出版社,2001.
[155] 遇笑容.《儒林外史》词汇研究[M].北京:北京大学出版社,2001.
[156] 袁宾.近代汉语概论[M].上海:上海教育出版社,1992.
[157] 袁宾.宋语言词典[M].上海:上海教育出版社,1999.
[158] 朱义禄.《朱子语类》选评[M].上海:上海古籍出版社,2006.
[159] 朱杰人,严佐之,刘永翔.朱子全书[M].上海:上海古籍出版社、安徽教育出版社,2002.
[160] 朱庆之.佛典与中古汉语词汇研究[M].台北:文津出版社,1992.
[161] 朱承平.异文类语料的鉴别与应用[M].长沙:岳麓书社,2005.
[162] 祝敏彻.《朱子语类》句法研究[M].武汉:长江文艺出版社,1991.
[163] 邹永贤.朱子学研究[M].厦门:厦门大学出版社,1989.
[164] 周荐.汉语词汇研究史纲[M].北京:语文出版社,1998.
[165] 周荐.汉语词汇结构论[M].上海:上海辞书出版社,2004.
[166] 周荐.汉语词汇研究史纲[M].北京:语文出版社,1998.
[167] 周祖谟.汉语词汇讲话[M].北京:人民教育出版社,1959.
[168] 周光庆.古汉语词汇学简论[M].武汉:华中师大出版社,1989.
[169] 周秉钧.古代汉语纲要[M].长沙:湖南教育出版社,2002.

[170] 张斌.汉语语法学[M].长沙:上海教育出版社,1998.
[171] 张相.诗词曲语词汇释[M].北京:中华书局,1997.
[172] 张能甫.郑玄注释语言词汇研究[M].成都:巴蜀书社,2001.
[173] 张志毅.词汇语义学[M].北京:商务印书馆,2001.
[174] 张永言.词汇学简论[M].武汉:华中工学院出版社,1982.
[175] 张志毅.词汇语义学与词典编纂[M].北京:外语教学与研究出版社,2007.
[176] 张志毅,张庆云.词汇语义学[M].北京:商务印书馆,2005.
[177] 张永言.词汇学简论[M].武汉:华中工学院出版社,1982.
[178] 张美兰.近代汉语语言研究[M].天津:天津教育出版社,2001.
[179] 张美兰.禅宗语言概论[M].台北:五南图书出版公司,1997.
[180] 张富祥.宋代文献学研究[M].上海:上海古籍出版社,2006.
[181] 赵克勤.古代汉语词汇学[M].北京:商务印书馆,2005.
[182] 赵振铎.训诂学史略[M].郑州:中州古籍出版社,1988.
[183] 赵国璋,潘树广.文献学大辞典[M].扬州:广陵书社,2005.
[184] 詹鄞鑫.汉字说略 [M].沈阳:辽宁教育出版,1991.
[185] 祝敏彻.朱子语类句法研究[M].武汉:长江文艺出版社,1991.

二、博硕士论文

[1] 戴从喜.朱子与文献整理[D].上海:华东师范大学,2006.
[2] 姜勇仲.《朱子语类》词汇研究[D].北京:北京大学,1998.
[3] 李敏辞.《朱子语类》的文献学研究[D].北京:北京大学,1994.
[4] 刘子瑜.《朱子语类》述补结构研究[D].北京:北京大学,2002.
[5] 刘文正.《朱子语类》量词研究[D].贵阳:贵州大学,2006.
[6] 唐贤清.《朱子语类》副词研究[D].长沙:湖南师范大学,2003.
[7] 杨永龙.《朱子语类》完成体研究[D].上海:复旦大学,1999.
[8] 王树瑛.《朱子语类》问句系统研究[D].福州:福建师范大学,2006.
[9] 韦伟.《朱子语类》助动词研究[D].南京:南京师范大学, 2006.
[10] 杨文森.朱熹的文献学成就[D].开封:河南大学,2007.
[11] 赵金丹.《朱子语类》新词新语初探[D].西安:陕西师范大学,2007.
[12] 郭庆林.《晏子春秋》词汇研究[D].合肥:安徽大学,2008.
[13] 张伟博.《朱子语类》的解释学思想研究[D].哈尔滨:黑龙江大学,2008.

三、期刊论文

[1] 曹娜.《朱子语类》四字语分析[J]. 理论界,2006(10).
[2] 曹儒.《朱子语类》四字语分析[J]. 南开语言学刊,2006(1).
[3] 崔兰.《朱子语类》"门限"和"石坐子"辩[J]. 文教资料,2007(12).
[4] 刁晏斌.《朱子语类》中几种特殊的"被"字句[J]. 汉语研究,1995(3).
[5] 董志翘. 训诂学与汉语史研究[J]. 语言研究,2005(5).
[6] 高文盛.《朱子语类》中的让步连词"虽"及相关问题[J]. 江南大学学报(人文社会科学版),2005(5).
[7] 党静鹏. 汉语复合词内部形式与词义之间关联的考察[J]. 语言学论集,2002(4).
[8] 何理. 浅析《朱子语类辑略》的"比"字句[J]. 现代语文(语言研究版),2007(5).
[9] 金小栋.《朱子语类》词语义释[J]. 广西民族大学学报(哲社版),2007(12).
[10] 何洪峰. 释《朱子语类》中带"绰"字的词[J]. 郧阳师专学报,1992(2).
[11] 何洪峰. 释《朱子语类》中的"撮""绰"——兼与袁庆述先生商榷[J]. 语文研究,1996(3).
[12] 蒋冀骋. 俗语源简论[J]. 古汉语研究,1990(2).
[13] 蒋冀骋. 近代汉语词义系统与辞书编纂[J]. 湖南师范大学学报,1991(3).
[14] 蒋绍愚. 关于汉语词汇系统及其发展变化的几点想法[J]. 中国语文,1989(1).
[15] 李思明.《朱子语类》中单独作谓语的可能性"得" [J]. 安庆师范学院学报,1993(2).
[16] 李思明.《朱子语类》的处置式[J]. 安庆师范学院学报,1994(4).
[17] 李思明.《朱子语类》的让步复句[J]. 安庆师范学院学报,1996(1).
[18] 李士金. 朱熹修辞学说的哲学精神[J]. 修辞学习,2001(2).
[19] 李士金. 朱熹论明白平易的总体文风[J]. 修辞学习,2002(4).
[20] 李士金. 朱熹理解修辞的实践意义[J]. 修辞学习,2005(2).
[21] 李士金. 从《朱子语类》看朱熹的理想主义历史观[J]. 史学月刊,2007(4).
[22] 李敏辞.《朱子语类》词语义释[J]. 衡阳师范学院学报,2004(4).

[23] 李敏辞.《朱子语类》口语词释义[J]. 长沙电力学院学报(社会科学版)，2004(2).
[24] 李文泽.《朱子语类》一书的动量词研究[J]. 汉语史研究集刊，2005(8).
[25] 李文泽.《朱子语类》一书的动量词研究[J]. 汉语史研究集刊，2005(7).
[26] 刘学智.《朱子语类》中朱熹所犯的一个错误辩证[J]. 陕西师范大学学报(哲学社会科学版)，2004(5).
[27] 刘文正.《朱子语类》附加式双音量词及发展[J]. 徐州教育学院学报，2007(1).
[28] 刘又辛. 训诂学与汉语词语词义研究[J]. 语文，1986(6).
[29] 刘又辛，张博. 汉语同族复合词的构成规律及特点[J]. 语言研究，2001(1).
[30] 罗丹.《朱子语类辑略》中的"般"和"一般"[J]. 乐山师范学院学报，2006(10).
[31] 木霁弘.《朱子语类》中的时体助词"了"[J]. 中国语文，1986(4).
[32] 闵祥顺.《朱子语类辑略》中的复音词的构词法[J]. 兰州大学学报，1987(4).
[33] 黄志强，杨剑桥. 论汉语词汇双音化的原因[J]. 复旦大学学报，1990(1).
[34] 唐贤清.《朱子语类》中的副词"大段"[J]. 湖南大学学报(社会科学版)，2002(6).
[35] 唐贤清.《朱子语类》副词"旋旋"杂议[J]. 零陵学院学报，2002(5).
[36] 唐贤清.《朱子语类》重叠式副词的类型[J]. 中南大学学报(社会科学版)，2003(4).
[37] 唐贤清.《朱子语类》重叠式副词的语用分析[J]. 湖南广播电视大学学报，2003(3).
[38] 唐贤清.《朱子语类》副词"大故"探析[J]. 船山学刊，2003(2).
[39] 唐贤清.《朱子语类》中的"太"、"煞"与"太煞"[J]. 云梦学刊，2003(3).
[40] 唐贤清.《朱子语类》重叠式副词的语义、语法分析[J]. 湖南大学学报(社会科学版)，2003(5).
[41] 唐贤清. 从《朱子语类》的"索性"看汉语副词的发展[J]. 邵阳学院学报(社会科学版)，2004(1).

[42] 魏达纯.复音词的形成与修辞方法关系探讨[J].语文辅导,1994(4).
[43] 徐时仪.《朱子语类》词语考释[J].上海师大学报,1991(2).
[44] 徐时仪.《朱子语类》词语特点举隅[J].集美师专学报,1993(3).
[45] 徐时仪.《朱子语类》口语词探义[J].徽州社会科学,1995(4).
[46] 徐时仪.汉语两个书面语系统与汉语词典编撰[J].辞书研究,1997(5).
[47] 徐时仪.《朱子语类》文献价值考论[J].徽州社会科学,1999(1).
[48] 徐时仪.略论《朱子语类》在近代汉语研究上的价值[J].上海师范大学学报,2000(2).
徐时仪.白话俗语词研究的百年历程[J].文献,2000(1).
徐时仪.古白话及分期管窥[J].南阳师范学院学报,2007(1).
[49] 徐规.新本《朱子语类》订误举例[J].文献,2004(4).
[50] 徐小波.《朱子语类》"把"字句研究[J].现代语文(语言研究版),2008(1).
[51] 徐国庆.论词汇体系研究的三个平面[J].学术交流,1999(1).
[52] 谢晓东.《朱子语类》中两条重要语录辩误[J].中国哲学史,2004(1).
[53] 徐鹏鹏.浅析《朱子语类辑略》的比喻特色[J].乐山师范学院学报,2006(3).
[54] 徐鹏鹏.《朱子语类》中的词尾"然"[J].哈尔滨学院学报,2006(4).
[55] 姚瀛艇.黄士毅与《朱子语类》[J].河南师大学报(社会科学版),1982(2).
[56] 袁庆述.《朱子语类》方言俗语词考释[J].语文研究,2009(4).
[57] 姚振武.《朱子语类》词语杂释[J].中国语文,1993(6).
[58] 杨永龙.《朱子语类》中"不成"的句法语义分析[J].中州学刊,2000(2).
[59] 王风.从《朱子语类》看《周易本义》成稿过程[J].中国哲学史,2003(4).
[60] 王锳.古代白话词语与大型辞书修订[J].辞书研究,1991(6).
[61] 王锳.宋元明市语略论[J].语言研究,1995(1).
[62] 王树瑛.《朱子语类》中问句系统所体现的人际意义[J].福建师范大学学报(哲学社会科学版),2007(5).
[63] 王春琴.也论朝鲜古写本《朱子语类》的校勘价值[J].商业文化科教纵横,2007(5).
[64] 吴培德.《朱子语类》论《诗经》[J].云南师范大学学报,1999(2).

[65] 武振玉.《朱子语类》中的“十分”[J].古籍整理研究学刊,2004(2).
[66] 祝敏彻.《朱子语类》中的“地”“底”的语法作用[J].中国语文,1982(3).
[67] 祝敏彻.《朱子语类辑略》中的“便”与“就”[J].中国语文通讯,1983(6).
[68] 章新传.《朱子语类》的“比”字句及其汉语史价值[J].上饶师专学报,1991(2).
[69] 周莹.论《朱子语类》疑问句的语用特色[J].攀枝花学院学报,2007(5).
[70] 周荐.论词的构成、结构和地位[J].中国语文,2003(2).
[71] 张慧远.《朱子语类》“理禅交融”思想探微[J].学术界,2007(2).
[72] 张清常.关于汉语双音节同形异义词语的问题[J].语言教学与研究,1987(1).
[73] 高歌蒂.《朱子全书》中所见的宋代口语[J].远东博物馆馆刊,1958(30).

四、文　集

[1] 白寿彝.白寿彝史学论集[Z].北京:北京师范大学出版社,1996.
[2] 朱杰人.迈入21世纪的朱子学:纪念朱熹诞辰87周年逝世800周年文集[Z].上海:华东师范大学出版社,2001.
[3] 朱杰人,严文儒.《朱子全书》与朱子学[Z].上海:华东师范大学出版社,2003.
[4] 祝敏彻.王力学生纪念论文集[Z].北京:商务印书馆,1990.
[5] 祝敏彻.近代汉语研究(1)[Z].北京:商务印书馆,1992.
[6] 程湘清.宋元明汉语研究[Z].济南:山东教育出版社,1992.
[7] 叶朗.北京大学百年国学文萃:哲学卷[Z].北京:北京大学出版社,1998.
[8] 武夷山朱熹研究中心.朱子学与21世纪国际学术研讨会论文集[Z].西安:三秦出版社,2001.
[9] 吴福祥.洪波语法化与语法研究(一)[Z].北京:商务印书馆,2003.
[10] 北大中文系《语言学论丛》编委会.语言学论丛(二十三)[Z].北京:商务印书馆,2001.

后 记

2010年6月，我从上海师范大学古籍所中国古典文献学专业博士毕业，恩师为徐时仪教授。毕业工作多年，辗转多地，初出象牙塔的稚嫩已经逐渐退去。刚工作的时候，徐师就多次建议及时修改出版博士论文，以便继续做深入的研究。当时一直在想，论文不成熟，问题很多，出版专著是一件多么神圣的事，不能就这么轻易面世。

徐师长期关注古白话词汇及文献，对于《朱子语类》这部语录体的近代汉语研究语料有较为深入的学术积累。我2007年入学，便在先生的指导下从事《朱子语类》的校勘，熟悉文本。2008年先生成功申报国家社科基金项目"《朱子语类》词汇研究"，把我也列入研究团队，共同从事《朱子语类》语言研究。后来经过讨论商议，博士论文选题就定为《〈朱子语类〉文献语言研究》。该论文是徐师门下第一篇有关《朱子语类》的博士论文。当时为了做好这篇博士论文，还专门到北京中国国家图书馆搜集资料，在古籍馆泡了近一年。看着昏黄不清的胶片，过录了宋刻本《晦庵先生朱文公语录》、明刻本、抄本《晦庵先生语录大纲领》等相关珍稀古籍文献。这些文献，后来也成了师弟师妹博士论文的研究对象。

2010年以后徐门群贤辈出，佳作不断，都是《朱子语类》不同角度、不同领域的深入细致研究。随后四川大学、南京师范大学、浙江大学等多位博士都以《朱子语类》的语言为研究对象，撰写了博士论文，随后出版了专著。我的博士论文是《朱子语类》语言研究较早的一篇，相对粗放，只能算是抛砖引玉，出版的事情就一拖再拖，总觉得时机还不够成熟。

毕业多年，每每想起这些年来求学的一幕幕，不禁百感交集。2007年，我克服重重困难和阻力，从昆明偷偷到上海报考博士，蒙先生不弃，忝列先生门下。从西南边陲来到了上海，彻底改变了我的人生轨迹，实现了一名专科学校行政办事员到上海师大博士生，再到一名大学专任教师的蜕变。多年过后，回想起来，依旧从内心深处对先生感激不尽。三年的博士求学生涯中，无数次的办公室长谈，几百封电子邮件的来回交流，记载了徐师对我的细心指导和关爱。我总能在与先生如沐春风的言语交谈中，获得全新的思路和启发。先生平和无争的性格，扎实稳健的学风，儒雅宽厚的形象，从入学到工作后踏上大学讲台，一直潜移默化地影响着我。

几年来，心境变化，工作变迁，颠沛流离，唯一不变的是内心深处对汉语言文字和传统文化的崇敬和热爱。传统小学和古典文献学是需要长期坐冷板凳的学科，需要长期的积累和深厚的功底，不可能产生什么巨大的经济效益。在这个急功近利、躁动不安的时代静下来严谨治学，不随波逐流，相当不易。我曾经彷徨过，曾经迷茫过，但是一想到先生当年的经历，后来的坚持和付出，自己所经历的这些小波折和小磨难，又算什么？

2008 年以后，国内掀起了《朱子语类》语言研究的热潮。在先生的引领下，以上海师大徐门弟子为中心，涌现出了一大批优秀的硕士、博士论文，出版了专著。同时一些兄弟院校的研究生和学者也发表了一大批高质量的研究成果。时过境迁，七年过去，再次翻开当年的博士论文，既有难忘的回忆，又有些遗憾和不满意。比起后来一篇又一篇深入细化的研究论文和专著，当年我的博士论文仅仅是迈出了第一步，很多方面还不成熟，还没来得及深入研究和打磨。这是当时《朱子语类》词汇宏观研究的第一篇博士论文，长江后浪推前浪，后出转精是必然。如果全面整合后来的研究成果进行修改，研究综述得重写，部分内容也面临重新调整，几乎等于全面重写。

我的博士论文作为优秀论文，2010 年就送交国家图书馆博士论文库永久保存，供阅览和审阅。现得到学校出版基金的支持，总算下定决心，再不完善也要勇敢面对广大方家的批评指正。出版修改时，论文的框架结构和内容没有做大的变化和调整，仅对全文的文字错漏和部分内容进行了修改。部分文字因公开出版需要改为简体，因篇幅问题删去了附录。论文最初的面貌最能代表当年求学时的状态。以最初的状态出版，也是对我博士求学生涯最好的一个纪念。论文出版修改时，本人还在国外教学，身边资料实在有限，查阅资料核对文献比较困难，这也是论文没能大范围修改的一个原因。

本书第三章、第四章、第九章部分内容在读博期间，曾经修改后在《文史》《文化学刊》等杂志发表过，特此说明。

在本书即将出版之际，我首先要感谢我的导师徐时仪教授，是先生把我带入汉语词汇史研究的领域，现在虽然我已转行至国际汉语教育领域，但古代汉语研究的底子对我的教学及研究依然发挥着重要作用。现代汉语书面语中存在着相当数量的文言成分，有纯词汇的，也有很多语法成分。

在汉语作为第二语言教学的中高级阶段，书面语成分及口语成分和文言、古白话有着千丝万缕的联系。现代汉语的教学和研究，不能仅仅停留在共时的平面，现代汉语不是一夜之间突然形成的。汉语作为第二语言的教学和研究，如果没有古代汉语历时的观念和基础，很多文字、词汇和语法现象只能知其然，不能知其所以然。写作后记的时候，笔者还在米尼奥大学承担东方学专业本科生的现代汉语、古代汉语，硕士生的中国文化语言学等课程的教学工作。

我还要感谢浙江工商大学出版社任晓燕编辑、沈明珠编辑对拙著进行的一遍又一遍的校对和审改。因为拙著是古典文献的语言文字研究，编辑时极为费心劳神。感谢浙江工商大学出版社为本书的出版所付出的辛勤劳动！

刘　杰

2017年冬于葡萄牙国立米尼奥大学